岭南禅宗史

林有能 主编

图书在版编目（CIP）数据

岭南禅宗史 / 林有能主编. — 北京：商务印书馆，2024
ISBN 978-7-100-21898-6

Ⅰ. ①岭⋯ Ⅱ. ①林⋯ Ⅲ. ①禅宗－佛教史－广东 Ⅳ. ①B946.5

中国国家版本馆CIP数据核字（2023）第067889号

权利保留，侵权必究。

岭南禅宗史
林有能　主编

商　务　印　书　馆　出　版
（北京王府井大街36号　邮政编码 100710）
商　务　印　书　馆　发　行
三河尚艺印装有限公司印刷
ISBN 978-7-100-21898-6

2024年11月第1版　　开本 889×1194　1/32
2024年11月第1次印刷　印张 18 3/8
定价：98.00元

目　　录

绪　论　岭南禅宗史研究的范围界定及学术史回顾 …………………… 1

第一章　达摩祖师登岸之前禅法在岭南地区的传播 …………………… 17
 第一节　海上航路的开通与佛教传入岭南 ………………………… 18
  一、中印海上航路的开通 ……………………………………… 18
  二、早期佛教僧人的活动路线 ………………………………… 20
 第二节　早期禅僧在岭南的传法活动 ……………………………… 25
  一、安世高入粤传法资料辨释 ………………………………… 26
  二、杯度在岭南的活动 ………………………………………… 30
  三、耆域在岭南的活动 ………………………………………… 31
  四、昙摩耶舍在岭南弘传禅法的活动 ………………………… 31
  五、佛驮跋陀罗在岭南的活动 ………………………………… 38
  六、求那跋摩的传法活动 ……………………………………… 41
  七、求那跋陀罗在岭南的弘法活动 …………………………… 46
 第三节　早期梵僧在岭南的译经活动 ……………………………… 51
  一、支疆梁接与强梁娄至的译经活动 ………………………… 53
  二、昙摩耶舍在广州的译经活动 ……………………………… 54
  三、求那跋陀罗与《楞伽经》的翻译 ………………………… 55

四、真谛在广州的译经活动 ·· 59
五、般剌密谛与《楞严经》的翻译 ····························· 62

第二章 达摩来粤及其在岭南的传法活动 ···························· 64
第一节 达摩祖师入粤路线略考 ·································· 64
一、达摩来华路线及弘法活动 ···································· 64
二、达摩入华时间 ·· 68
三、达摩禅学的基本内涵 ··· 70
第二节 达摩初祖在岭南的传法活动 ···························· 73
一、达摩在广州的活动时间 ·· 73
二、达摩祖师在广州的弘法活动 ·································· 75

第三章 六祖慧能之前岭南地区的禅宗流传情况 ·············· 80
第一节 三祖僧璨在岭南的活动 ·································· 80
一、三祖南下之前的岭南禅修活动 ······························· 81
二、三祖僧璨南下岭南传法 ·· 82
第二节 《信心铭》及三祖禅法主旨 ···························· 86
一、《镜智禅师碑铭》所载之三祖禅法 ························· 87
二、《信心铭》所反映的三祖禅理禅法 ························· 89
三、三祖之后岭南的禅法传习情况 ······························· 95

第四章 慧能禅学思想与南派顿教建立 ··························· 97
第一节 慧能家世略考 ·· 97
一、慧能籍贯——河北范阳的歧说 ······························· 98

二、慧能父亲卢行瑫贬谪岭南新州……………………102
　　三、慧能出生与名字的神奇传说……………………104

第二节　唐代岭南文化与慧能接触禅法的机缘……………112
　　一、慧能时代的岭南社会……………………………112
　　二、岭南佛教文化对慧能的影响……………………118

第三节　北上求法与南下修行………………………………124
　　一、慧能北上黄梅求法………………………………124
　　二、接法后南遁隐匿…………………………………135
　　三、法性寺剃戒和弘法………………………………147

第四节　曹溪道场与《六祖坛经》的辑录…………………155
　　一、大梵寺开坛与曹溪大道场………………………155
　　二、《坛经》的辑录……………………………………165

第五节　慧能禅学思想………………………………………168
　　一、"三无"——南禅的本体观………………………168
　　二、即心即佛——南禅的佛性观……………………170
　　三、顿悟成佛——南禅的修行观……………………173
　　四、自性自度——南禅的解脱观……………………175
　　五、人间佛教——南禅的入世观……………………176

第六节　南禅顿宗的形成与传播……………………………178
　　一、南禅顿宗的形成…………………………………178
　　二、南禅的"一花五叶"与"五家七宗"………………183

第五章　"五家七宗"时期岭南的禅门宗派………………188
　第一节　中晚唐至五代岭南禅宗的发展…………………188

一、六祖座下的岭南弟子 189
　　二、石头希迁与南禅的发展 209
　　三、中晚唐至五代岭南各区的禅宗发展 218
第二节　两宋时期岭南禅宗的发展 241
　　一、南禅宗祖庭中兴 244
　　二、两宋岭南禅林与士大夫 250
第三节　元代岭南禅宗 258
　　一、《六祖坛经》的编校与刊印 262
　　二、元代岭南的禅僧 264
　　三、元廷对岭南禅寺的支持与保护 265

第六章　云门宗的形成及岭南云门概貌 273
第一节　云门宗的世系溯源 273
　　一、陈尊宿 274
　　二、雪峰义存 277
第二节　云门文偃与云门宗的创立 281
　　一、云门文偃 282
　　二、云门宗的创立 295
　　三、云门宗旨宗风 298
第三节　云门宗的勃兴与断续 305
　　一、云门宗的勃兴 305
　　二、云门的断续 333

第七章 明中前期禅宗的俗世化走向与禅学心学的合流 … 348

第一节 明代的佛教政策与禅门寺僧的凋零 … 348
一、明代的佛教政策与分类管理 … 349
二、明中前期岭南寺院兴修与禅门凋零 … 352

第二节 禅宗俗世化走向——官方与民间的角力 … 363
一、禁淫祠与魏校岭南毁佛 … 364
二、香花佛事——岭南禅佛教与民间社会的互动 … 370

第三节 岭南禅学心学的合流与儒佛会通 … 373
一、白沙心学即白沙禅学 … 373
二、杨起元会通儒佛 … 384

第八章 明末清初：岭南禅宗发展的第二个高潮 … 391

第一节 憨山德清与明末岭南禅宗 … 393
一、流放岭南，白衣说法 … 394
二、驻锡南华，中兴曹溪 … 399

第二节 平南王与清初岭南禅门 … 407
一、尚可喜与"广州屠城" … 407
二、尚可喜捐资重修、新建岭南佛教禅宗道场 … 408
三、对尚可喜"佞佛"的评价 … 419

第三节 明清易代与清初"遗民逃禅" … 422
一、"遗民逃禅"释义 … 422
二、岭南是"遗民逃禅"的中心之一 … 425
三、岭南遗民僧群像 … 427
四、"遗民逃禅"与岭南禅宗新气象 … 457

第四节 天然海云系与清初岭南曹洞宗的兴盛 ……… 458
- 一、空隐道独与岭南曹洞宗博山系的开山 ……… 458
- 二、天然函昰与海云系的形成 ……… 461

第五节 木陈道忞与清初岭南临济宗的兴起 ……… 479
- 一、木陈道忞的行历与临济天童系的传续 ……… 480
- 二、木陈道忞与临济宗在清初岭南的兴起 ……… 484

第六节 清初岭南主要禅宗寺院 ……… 493
- 一、华首台 494
- 二、南华寺 495
- 三、光孝寺 497
- 四、海云寺 499
- 五、别传寺 500
- 六、海幢寺 501
- 七、庆云寺 503

第九章 衰落与重振 ……… 506

第一节 丛林复兴之曲折 ……… 506
- 一、庙产兴学对佛教禅宗的冲击 ……… 507
- 二、广东佛教总会的成立与纷争 ……… 510
- 三、广州佛教阅经社的设立 ……… 512
- 四、"佛教革命"主张与论争 ……… 516

第二节 禅宗与密宗之融汇 ……… 523
- 一、解行精舍的建立 ……… 524
- 二、王弘愿省垣传密教与禅密关系的梳理 ……… 526

第三节　岭东佛学院的创办和《人海灯》的创刊……535
　一、岭东佛学院的创办……536
　二、佛教期刊《人海灯》的创刊……542

第四节　虚云来粤与禅宗之复兴……547
　一、李汉魂迎请虚云入粤……548
　二、虚云重修南华寺和云门寺……551

第五节　抗战胜利后的广东佛教禅宗……561
　一、六榕之争与铁禅入狱……561
　二、宽鉴与六榕风波……565
　三、冯达庵与《圆音月刊》……566

后　记……573

绪　论
岭南禅宗史研究的范围界定及学术史回顾

近二十年来，岭南的禅宗文化研究和推广活动好戏连台，高潮迭起，特别是连续五次"禅宗六祖文化节"的举办，更是让人觉得岭南禅宗研究似乎进入了全盛时期。[①]但从历史研究的角度而言，岭南禅宗史研究的成果并不多，有关岭南禅宗发展史的许多问题仍然有深入研究的必要。任何研究都是在前人研究的基础上展开和推进的，岭南禅宗史的研究也不例外。所以，作为本书的绪论，我们将从岭南禅宗史研究的内容和范围入手，在厘清岭南禅宗史研究边界的基础上，试图对岭南禅宗史的学术研究历程作一个简要的回顾，为本书的研究做一点基础性的铺垫工作。

一、岭南禅宗史研究的范围和内容

岭南禅宗史，顾名思义就是岭南禅宗产生、发展、演变的历史。问题似乎简单明了，但如果考虑到岭南在佛教传入中的特殊

[①] 参见林有能、何方耀：《十多年来广东的禅宗六祖文化研究》，《韶关学院学报（社会科学版）》2012年第7期，第5页。

地位，佛教传播发展过程中整体性与地域性之间的复杂关系，寺院分布的地域性和僧人弘法活动的跨地域性特点，以及不同宗派之间既交融又矛盾的互动关系，就需要对岭南禅宗史研究的范围和内容进行界定。

（一）研究范围界定

如何界定岭南禅宗史的研究范围是一个复杂的问题，这里既涉及区域，即岭南的界定，也涉及禅宗史本身的界定，但无论采用什么样的标准，至少以下五个方面必须加以考虑。

第一，由于禅宗是佛教的一个宗派，与整个中国佛教的传播、发展史密不可分，受整个佛教发展的制约和影响，因此，讨论岭南禅宗史不能不涉及岭南佛教的发展历史乃至整个中国和印度的佛教发展历史，尤其要处理好岭南佛教史与禅宗史的关系，即岭南佛教史中哪些是属于当地禅宗史的内容，这样就必须有一个取舍的标准，不能将禅宗史当佛教史写。就禅宗本身而言，禅宗是一个世界性的宗派，研究岭南禅宗史必然会涉及全国甚至其他国家禅宗的发展，那么，在讨论岭南禅宗与其他地方禅宗发展的关系时，应花多大篇幅论及其他地方的情况就值得考究。如果完全避而不谈，则无法厘清源流和影响；如果笔墨花费太多，又会喧宾夺主。因此，这里必须有一个较为明确的界限和范围。[①]

第二，禅宗与禅学的关系。禅宗与"三学""六度"中的"定

[①] 如清初岭南籍的木陈道忞，其主要弘法活动不在岭南，但他又是粤地著名禅僧，如何处理他与岭南禅门的关系就值得仔细推敲。

学",即禅定是不相同的,但又不是完全没有关系。禅定可以说是佛教各派,甚至是世界各大宗教的共法,正如南怀瑾先生所言:"禅那(Dhyāna)的境界,释迦也曾说过,这是一种共法,所谓共法,并不是佛法所独特专有的,凡普通世俗的人,与其他宗教、异派学术的人,只要深明学理,努力修证,都可以做到类似的定境。"[①] 台湾印顺法师也指出,"禅定是共世间法"[②]。所以,禅门中人也修习禅定,禅宗吸收了禅定的一些方法和思想,至少禅学是禅宗的渊源之一。那么在叙述禅宗产生的渊源时,势必要谈到各种禅学经典的翻译、流布,中国佛门禅修活动的历史,但禅宗之前的禅学历史中哪些部分该纳入禅宗的范围,比如在初祖达摩来华之前,一些禅僧在岭南的弘法活动是否应纳入禅宗史的范围,或者哪些内容该纳入禅宗史的范围,也应该有相关的原则。

第三,禅僧的弘法活动与地域之关系。禅僧活动的一大特点就是行脚参访、交流心得、印证所学,一个著名的禅师往往四处参学问道,开悟成名之后其驻锡寺庙往往也非止一处,其学说思想的形成也不能说就属于某一地区。也许只有六祖慧能大师是一个例外,其出生、闻道、出家、弘法、圆寂都在岭南,其中只有短短八个月的黄梅印证接法活动是在岭南之外,其一生的行迹、思想都明确属于岭南,没有疑义。但其他大多数祖师大德,包括六祖门下的许多弟子,其弘法活动都非止一地。以近代的禅门泰斗虚云老和尚为例,他在粤振兴曹溪和云门两大禅宗祖庭,对岭

---

① 南怀瑾:《禅宗与道家》,复旦大学出版社 1998 年版,第 22 页。
② 释印顺:《印度佛教思想史》,中华书局 2011 年版,第 28 页。

南禅宗的复兴具有划时代的意义，然而，其一生参学弘法、建寺安僧、兼祧五宗、培养后学，行脚遍亚洲，弟子满天下，他在粤的弘法活动只是其一生弘法事业的一小部分。他在粤事迹比较清楚，但讨论其思想时，应该掌握一个怎样的限度也是值得推敲的问题。

第四，岭南是海路佛教传入中国的第一站，印度东来传法的梵僧首先在这里登岸，中国西行求法的僧俗大多在这里启程。无论来华梵僧还是求法华僧，其中不少人都与禅学和禅宗有关，如求那跋陀罗，他作为早期禅宗宗经《楞伽经》的传译者，在达摩祖师之前就曾泛海来粤并弘传禅法，此外，还有许多中国禅僧沿海路赴印求法[1]，他们的事迹是否应包括在岭南禅宗史之内？对许多求法僧而言，岭南只是他们求法途中的一个驿站，他们的所有求法活动是否应纳入岭南禅宗史？

第五，岭南作为地理概念并不像行政区划那样有一个十分明晰的地域界线。从理论上讲，除广东一带外，它应该还包括广西的一部分、海南省和今越南的北部；因此在叙述岭南禅宗的发展史时，如何将以上三地，特别是广西、越南北部（宋以前）的禅宗史实纳入岭南禅宗史的框架之内，这也是一个需要审慎处理的问题。

所以，要写出一部岭南禅宗史，就必须处理好上述五个方面的关系，既要兼顾岭南禅宗史与整个佛教发展史，以及其他宗派、其他地域的互动关系，又要在材料的剪裁取舍上恰到好处；既要阐明岭南禅宗自身发展的脉络和特点，又要展示它与其他地区、

---

[1] 西行求法禅师（如大乘灯禅师）行迹，参见（唐）义净著，王邦维校注：《大唐西域求法高僧传校注》，中华书局1988年版，第88—89页；另参见何方耀：《晋唐时期南海求法高僧群体研究》，宗教文化出版社2008年版，第44页。

其他宗派的相互联系和相互影响。

（二）岭南禅宗史研究的主要内容

禅宗作为一个最具中国特色的佛教宗派，经历了一个思想由隐到显、僧众由少到多、寺庙由寡到众、内部管理体制由简略到完善、影响由小到大的发展过程，与其说禅宗是一个宗派，不如说它是一场运动；在这场运动中，人（高僧大德）是主体，思想是灵魂，著述是载体，寺庙是道场，环境是助力，这些因素的隐显兴衰导致了禅宗发展的曲折隆替。因此，岭南禅宗史的研究，既要描述禅宗作为一种思想和社会运动整体的发展过程，又要揭示构成这场运动的各种要素的兴替变化和相互关系。具体而言，岭南禅宗史的研究至少应包括如下六个方面：

1. 禅宗发展演变过程的整体描述

岭南禅宗史首先必须从整体上勾勒出禅宗在岭南形成、传播、发展、演变的基本轮廓。从历时性上展示其消长变化的大致轨迹，从共时性上揭示其地域分布以及各要素之间的构成情况；从横向联系上揭示其与其他宗派、其他地域以及其生存发展之社会环境之间的互动关系，从纵向内涵上展示岭南禅宗不同于其他地区的自身特征和属性。

2. 禅宗思想形成发展的基本轨迹

禅宗作为一个宗派，除了佛教的共同理论之外，它还有自己独特的理论和思想，考察禅宗基本思想的源流、内涵及其演变历程是禅宗史的题中应有之义。在众多的禅宗史著作中，不同学者对此都进行了翔实的梳理和考察，但目前尚无专门论著对岭南禅宗之基本思想和义理进行全面的考察。如果要对岭南禅宗史进行全面研究，岭南禅宗思想史的整体考察无疑是其重要内容，而其中的问题在于，在禅宗的整体理论中，哪些思想内容是岭南所独有而其他地方所没有的，这是一个要审慎处理的难点。

3. 禅门大德的生平事迹

禅门的祖师大德影响着禅宗发展的方向和状态，他们的思想行为、著作法语构成了禅宗史的主要内容，因此，禅门祖师大德的生平事迹是撰写岭南禅宗史最为核心的内容。要处理好这一部分内容，需要对粤籍禅门大德和来粤弘化之禅门大德进行恰如其分的考察。粤籍禅僧，有的主要在粤弘化（如六祖和天然禅师），也有许多主要在其他地方弘法（如石头希迁和木陈道忞）；入粤弘法的高僧大德，有的一世都在南粤弘化（如澹归今释和石濂大汕），有的只是一部分时间在粤传法（如憨山德清和虚云长老）。对这些粤籍禅僧的外地弘法活动以及外地来粤弘化大德的生平事迹进行怎样的取舍，才能真实反映岭南禅宗的历史面貌，也是颇费斟酌的问题。

4. 禅门文献著述的基本情况

禅宗虽以不立文字、教外别传为特点，然在《大藏经》中，本土著述绝大多数是有关禅宗的文献，如禅宗的传记、灯录、公案、谱牒等等。岭南禅僧在漫长的岁月中也留下了许多文献和著述，对这些禅宗文献加以介绍和整理，对其所反映的禅宗风貌的变化进行归纳总结，也是岭南禅宗史的重要内容。

5. 禅宗寺院的分布和兴替

古代中国佛教的弘法活动常常是以寺院为依托，形成一种佛教文化中心，进而辐射并影响其周围民众的社会生活，禅宗也是如此，一个宗派和法系常常由一个或几个寺院形成一个活动中心（如云门宗以乳源云门寺为中心）。岭南是禅宗南派的发源地，有众多的禅宗祖庭，禅宗寺院的分布和变化往往反映了禅宗兴衰变化的情况，所以禅宗寺院的分布和变化情况也是岭南禅宗史的一个重要内容。

6. 禅宗对社会生活的影响

禅宗与禅学的本质区别就在于一个是一种修行方式，一个是一种生活方式，禅宗将禅定由一种修行方式转变为一种生活态度，一种直面人生问题的心态，用心态的调整取代了姿势的调整。将过去禅修者离群索居、山栖涧饮的头陀行变成了行住坐卧、心定即禅的生活态度，将禅修融入生活之中，因此，也对社会生活产生了巨大影响。禅宗与生活的这种互动关系，既是岭南禅宗的特色，也是岭南禅宗发展壮大的源泉。因而，阐明岭南的自然环境和社会文化与禅宗之间的相互影响，不仅是禅宗史的重要内容，也是探讨岭南禅宗特色的重要依据之一。

二、岭南禅宗史研究的基本情况

明确了岭南禅宗史研究的范围和内容之后，我们再来回顾既往有关岭南禅宗史研究的基本情况，就会更加准确地了解前辈和时贤有关岭南禅宗史研究的关注重点和主要成果，把握当下岭南禅宗史研究的重点和难点所在。

（一）岭南禅宗史研究最受关注的两个阶段

就现有的研究成果而言，第一本岭南禅宗史研究的著作是1996年出版的覃召文的《岭南禅文化》[①]，虽然该书是从文化史的角度切入，但也简要介绍了岭南禅宗的形成发展过程，岭南禅门的主要祖师大德和主要禅宗寺院，并对岭南禅文化的特点进行了初步探讨。紧接着，于1997年出版的第二本禅宗研究方面的专著是胡京国的《慧能与禅宗》[②]，书稿虽以介绍慧能生平和《六祖坛经》（也简称为《坛经》）的内容为主，也简要介绍了岭南禅宗的发展历史，内容包括祖师禅以前的习禅僧人行迹，禅宗的兴起、演变，以至近代的八指头陀和太虚大师等，所述内容虽然并不仅仅是岭南禅宗史，但毕竟勾勒出了岭南禅宗史发展演变的大致轮廓。

就总体而论，岭南禅宗发展史上有两个阶段最受重视，研究成果也比较丰富：一个是唐五代时期；一个是明末清初。前一阶段是曹溪禅形成和云门宗兴起的阶段；后一阶段则是明清易代之

[①] 覃召文：《岭南禅文化》，广东人民出版社1996年版。
[②] 胡京国：《慧能与禅宗》，广东人民出版社1997年版。

际，遗民逃禅，庄臣故士大量削发为僧的时期，是岭南禅宗发展的第二个高潮。

六祖慧能大师创立南宗，在曹溪宝林说法三十七年，其生平事迹和开示法语被结集为《六祖坛经》，并成为禅宗宗经，其弟子将顿悟法门推向全国，成为中国佛教的主流宗派。所以《坛经》和慧能生平历来都是学术研究的热点，不仅岭南禅宗史，中国禅宗的研究也都是如此，每一本研究禅宗的专著都会花大量篇幅讨论慧能的生平和《坛经》的思想，研究《坛经》和慧能的著作和论文可说汗牛充栋。近年，广东省佛教协会出版了《六祖坛经集成》[1]，收集了各种版本和文字的《坛经》；正在编辑《禅宗研究大全》，将搜集中外学者禅宗研究方面所有论著，包括中文和外文的论著，并结集出版，这将是一项浩大而有学术价值的文化工程。

云门宗是"五家七宗"中唯一形成于岭南的分灯禅，所以也是学者关注的重点之一，研究著作中除了许多单篇的论文之外，已出版了冯学成的专著《云门宗史话》[2]。此前有由岑学吕居士编写的《云门山志》[3]，其中也有大量篇幅讨论文偃祖师和云门宗的历史。可以说，云门宗是岭南禅宗史研究中成果较多的一个部分。

学术界关注的第二个时期的重点是明清之际的遗民僧群体，这方面较有代表性的著作是蔡鸿生的《清初岭南佛门事略》[4]。虽然该书并非禅宗专史，但书稿研究的主体却是明清之际的遗民僧群

---

[1] 广东省佛教协会编：《六祖坛经集成》，2012年内部印刷出品。
[2] 冯学成：《云门宗史话》，南方日报出版社2008年版。
[3] 岑学吕编，仇江整理：《云门山志》，上海古籍出版社2014年版。
[4] 蔡鸿生：《清初岭南佛门事略》，广东高等教育出版社1997年版。

体,对清初佛门与官府的关系、禅门僧人的临终偈、清初三大著名禅僧(天然、剩人、成鹫)进行了开创性的研究,可说是明清之际岭南禅宗史的开创性著作。进入20世纪90年代末,明末清初的遗民僧研究渐成热点,广东学术界召开了数次专门的学术研讨会[①],发表了一批有学术水准的论文,使明清之际的岭南禅宗史,特别是曹洞宗高僧群体的生平事迹和著作诗文成为学界关注的焦点。

(二)岭南禅宗史研究最受重视的两项内容

在既往的研究中,禅门人物研究和禅宗文献研究格外受到学者们的重视,成果也相对较多。这实际是两个相关联的内容,著名禅师往往有著作语录存世,而禅门著述的作者常常也是著名的高僧大德,所以,人物研究与文献研究可以说是互为表里。

1.岭南禅宗史人物研究

在岭南禅宗人物的研究中,慧能、文偃、德清、天然、澹归、大汕、成鹫的研究尤其引人注目。这其中尤以禅宗南派的实际开创者六祖慧能的研究成果为最。在"中国知网"上以"慧能"为关键词进行检索,显示近三十年来有关慧能的研究论著达5508篇(部)之多,而涉及慧能与岭南禅宗发展关系的文章亦达百篇之数,其内容涉及慧能的生平、事迹,慧能的思想、著作,慧能的法嗣、弟子,慧能与岭南文化的关系,等等。近来,学者对慧能

[①] 钟东主编:《悲智传响——海云寺与别传寺历史文化研讨会论文集》,中国海关出版社2007年版;释印觉主编:《天然禅师与岭南文化——广州华严寺首届"华严论坛"论文集》,巴蜀书社2014年版。

的研究之细密,连其名讳也有专文进行研究商榷。①这些研究成果从总体上肯定了慧能作为佛教禅宗的实际开创者和中国文化伟人的地位②,并对他的顿悟思想的渊源、特点、影响进行了专门探讨,对慧能思想与岭南社会文化背景的互动关系进行了研究。虽然慧能的生平事迹、思想特点、著述文献都有专门的研究,但慧能在岭南的行迹活动并非已经全部清楚了然,仍然有些问题尚待澄清,例如,慧能隐藏怀集、四会十五年的具体行迹和活动,慧能与岭南士人的关系,慧能著述(包括《坛经》)中所引证的佛教经典以及慧能是否真是一字不识的文盲,诸如此类的问题,虽然前人有所涉及③,但并未彻底澄清,还有待进一步研究探讨。

除六祖慧能之外,岭南禅宗史上最受关注的人物就是明末清初的大汕、天然和澹归禅师了。作为明清之际岭南遗民僧的精神领袖,天然禅师自民国以来就受到关注,1942年汪宗衍就撰有

---

① 参见普慧:《禅宗六祖名讳小考》,《文学与文化》2010年第2期,第30—38页;谭世宝:《"獦獠"的音义形考辨》,《敦煌研究》2013年第6期,第50—59页;林有能:《中国禅宗六祖慧能研究表微》,《学术研究》2006年第11期,第96—99页。

② 当然也有认为禅宗是彻底主观唯心主义而加以批判的,如万毅的论文《云门文偃的禅学思想》就认为云门宗是"反理性、反逻辑思维包含的蒙昧主义的东西",有"客观唯心主义的思想框架"。参见万毅:《云门文偃的禅学思想》,《现代哲学》2007年第1期,第118—122页。

③ 近期有关这方面的研究成果,可参见林有能:《中国禅宗六祖慧能研究表微》,《学术研究》2006年第11期,第96—99页;林有能:《文献与传说:六祖慧能迹址考释二则》,《学术研究》2014年第8期,第109—115页;林有能:《六祖慧能学经略述》,《中山大学学报(社会科学版)》2012年第3期,第91—97页;李明山:《六祖慧能的韶州因缘与〈坛经〉讲说》,《韶关学院学报(社会科学版)》2012年第11期,第5—10页;李明山:《韦璩与慧能的关系及其对〈坛经〉创作的作用》,《韶关学院学报(社会科学版)》2010年第10期,第5—9页;龚隽:《曹溪禅学典据考释——从〈大乘起信论〉看曹溪禅学的形成与发展》,《中国哲学史》1998年第2期,第63—71页;宋伟华:《基于语料库的六祖慧能大师韶州弘法行迹考》,《韶关学院学报(社会科学版)》2012年第11期,第17—21页。

《天然和尚年谱》。进入 20 世纪 90 年代,以天然为代表的曹洞宗法脉再次成为学术界关注的重点,天然的生平事迹、诗文著述、法嗣传人及其与官府的关系都受到了全方位的重视,广东学界召开了数次专题学术会议,发表了众多的学术论著。①

除天然之外,其嗣法弟子中最受关注的是澹归禅师。1987 年吴天任就在香港出版了《澹归禅师年谱》,详细梳理了其生平著述。广东学术界也召开了有关澹归的专题研讨会,并整理出版了其诗文著作。目前虽无研究他的专著出版,但却有众多具有相当学术质量的论文发表,对其出家前后的生平事迹、诗文著述、鼎建丹霞山别传寺的经历以及与平南王尚可喜的关系都进行了深入的研究。②

大汕虽非天然一系的禅师,但在清初的广东也有巨大影响,且曾泛海至越南弘法,著有《海外纪事》一书叙述其弘法越南的事迹,后因各种人事纠纷而被官府逮捕,死于羁押途中。对他的研究有姜伯勤先生的专著《石濂大汕与澳门禅史——清初岭南禅

---

① 参见钟东主编:《悲智传响——海云寺与别传寺历史文化研究论文集》,中国海关出版社 2007 年版;杨权主编:《天然之光——纪念函昰禅师诞辰四百周年学术研讨会论文集》,中山大学出版社 2010 年版。

② 何方耀:《澹归金堡与〈元功垂范〉关系考辨》,见《华学》编辑委员会编:《华学》第七辑,中山大学出版社 2004 年版,第 253—268 页;何方耀:《从金堡到今释的夷夏观评析——兼论儒佛夷夏观之异同》,见香港城市大学中国文化中心编:《九州学林》2010 年第 3 期(秋季),第 48—70 页;李舜臣:《法缘与俗缘的反复纠葛——金堡澹归逃禅考论》,《宗教学研究》2006 年第 4 期,第 73—77 页;李舜臣:《释澹归与〈遍行堂〉词》,《中国韵文学刊》2002 年第 2 期,第 95—101 页;潘承玉、吴承学:《和光同尘中的骯髒气骨——澹归〈遍行堂集〉的民族思想评议》,《南京师大学报(社会科学版)》2005 年第 3 期,第 120—125 页;李舜臣、欧阳江琳:《王夫之与金堡澹归关系考论》,《船山学刊》2005 年第 1 期,第 32—36 页。

学史研究初编》①,翔实探讨了他的生平事迹、诗文著述、弘法海外的经历、他与天然一系的人事交往,以及他与澳门禅史的复杂关系。

除上述三人外,屈大均、今无(阿字无)、剩人函可、成鹫、唐代的大颠、宋代来粤的大慧宗杲、明末来粤的憨山德清、近代的虚云长老也受到学界关注,并有专门论著进行研究。

2. 岭南禅宗史文献研究

历史研究离不开文献资料,岭南禅宗史的研究也是如此。第一个对岭南禅宗史文献资料进行系统研究的是冼玉清先生,她所编撰的《广东释道著述考》②第一部分为"释家著述考",以题要和节录的形式著录了广东历代佛门中的诗文著述、志书传记,其中大部分为禅门大德的著述,可以说是对禅宗文献的一次系统整理,包含始自唐代六祖慧能,止于近代岑学吕、苏曼殊等人的著作,并且还著录了明清士人编纂的寺志和经注以及近代岭南学者有关佛教研究的著述。对于每一部著作,先介绍作者、版本,再介绍其内容、结构和特点,特别是有些章节所附的作者按语,简要介绍了作者对这一著作的流传情况、相关问题的研究心得和评介,具有极高的学术价值。就研究的系统性和完整性而言,冼先生的这一著作至今仍未被超越,是研究岭南禅宗史的指南性著作。

对于岭南禅宗史文献资料的整理出版,在民国时期就有学者

---

① 姜伯勤:《石濂大汕与澳门禅史——清初岭南禅学史研究初编》,学林出版社1999年版。
② 冼玉清:《广东释道著述考》(全2册),广西师范大学出版社2016年版。

开始着手进行，如民国初年广东省教育厅就曾资助出版《光孝寺志》，还有学者整理出版明清之际禅门僧人的著作，但大规模地整理出版岭南禅宗文献资料则是20世纪80年代以后的事。1981年，江苏广陵古籍刻印社影印出版了澹归今释在南明为官时的文稿《岭海梵余》[①]；1989年，香港佛教志莲图书馆据清宣统年间上海国学扶轮学社印行之版本重印出版了澹归今释的《遍行堂续集》[②]；特别是从20世纪90年代开始，由教、学两界组织力量编辑出版了《清初岭南佛门史料丛刊》，系统地整理出版了明末清初岭南佛教僧人的著作，对天然、澹归、大汕、成鹫、今无、函可、二严、弘赞、一机、开沩、顾光、道忞等禅门僧人的著作诗文进行点校、注释，可谓是岭南佛教史和禅宗史研究的一项基础性工作。

同时展开的另一项基础性的文献整理工作是"岭南名寺系列"丛书。丛书分为古志整理系列和今志编纂系列，已点校整理出版的古志包括《光孝寺志》《鼎湖山志》《丹霞山志》《曹溪通志》等寺志，今志已出版的有《丹霞山锦石岩寺志》，正在编纂的有《光孝寺志》《华林寺志》。由各个寺院自己编纂出版的寺志，还有《六榕寺志》《潮州开元寺志》《南华寺志》等今人编纂的寺志。寺庙是佛法僧汇聚之所，其兴衰存毁向来是佛法兴衰的标志之一，广东作为禅宗南派的发祥地，绝大多数寺庙为禅宗寺院，所以寺志的整理和编纂也是岭南禅宗史研究的一项基础性工作，它所保存和提供的一些史料是其他史料无法替代的。

[①] （明）金堡：《岭海梵余》，江苏广陵古籍刻印社1981年版。
[②] 参见《遍行堂续集》上下册，香港志莲图书馆1989年出版。

（三）其他方面的研究

除了人物、著述的研究和唐代、明清之际的禅宗史研究之外，其他部分和时段的研究就显得比较薄弱或沉寂。特别是达摩以前的岭南佛教史和禅学史研究成果相对较少，前贤的相关研究有冯承钧的《中国南洋交通史》，它对沿南海道赴印求法的僧人史料有较为系统的搜集和钩沉[①]，今人的学术著作则只有《晋唐时期南海求法高僧群体研究》[②]算是对汉唐岭南海路求法活动的一个总体研究，其中包括了岭南禅宗史的一些重要人物，如菩提达摩、求那跋陀罗、求那跋摩、般剌密谛（《楞严经》的翻译者）、真谛、智药三藏等禅师的生平事迹。此外，由雷雨田等编撰的《广东宗教简史》[③]、广东省民宗委组织力量编纂的《广东省志·宗教志》[④]对岭南禅宗史的相关内容也有涉猎，但都以介绍性为主，缺乏深入原创性的研究。

对宋元明和近代的岭南禅宗史的研究也成果寥寥，只有零散的论文见诸报纸杂志。所以，通观整个岭南禅宗史的学术研究，两个时段（唐中后期、明末清初）热门，其他阶段冷落，两项内容（人物和文献）成果较多，其他内容关注较少，这种状态说明要撰写一部内容翔实、点面周到的岭南禅宗史，还需要对唐以前、宋元明和晚清、近代的岭南禅宗史进行全方位的资料搜集和深入细致的研究探讨，才能为岭南禅宗史的撰写打下坚实的基础。

[①] 冯承钧：《中国南洋交通史》，商务印书馆1998年印刷再版，第9页。
[②] 何方耀：《晋唐时期南海求法高僧群体研究》，宗教文化出版社2008年版。
[③] 雷雨田、马建钊、何方耀等编撰：《广东宗教简史》，百家出版社2007年版。
[④] 广东省地方史编纂委员会编：《广东省志·宗教志》，广东人民出版社2002年版。

三、结语

任何研究都是前人研究工作的扩展和继续，只有对前人的相关研究有了整体的把握和深入的了解，才可能吸收前贤和同人的相关研究成果，推陈出新，填补空白，进行卓有成效的创造性研究。岭南禅宗史的研究也是如此。禅宗强调以心传心、见性成佛，认为言语道断、心行处灭，以不立文字相标榜。如果仅从文字资料着手，那么了解到的或许只是禅宗的形式，而非神韵。但对于历史研究来说，文献却是最为主要的资料，事实上不立文字的禅门大德也给后世留下了汗牛充栋的文字资料。如何从这些文字资料中揭示岭南禅宗发展、演变的历史真相并非易事，只有竭泽而渔地全面搜集资料，深入其中而又出乎其外，既见树木又见森林，才能对岭南禅宗的历史发展有全面而深入的把握，从而写出一部真实可信的岭南禅宗史。

作为第一部通史式的《岭南禅宗史》，在纵向的时间上限方面，本书没有设定，力求追寻岭南禅宗的最早踪迹；而在时间下限方面，则止于新中国成立。因为新中国的诞生，标志着一个新时代的开始，不但岭南禅宗自身会有新的气象，且岭南禅宗研究也会有新的篇章。

第一章
达摩祖师登岸之前禅法在岭南地区的传播

　　禅宗是中国汉传佛教（Chinese Buddhism）的一个宗派，也是汉传佛教八大宗派中传播最广、影响最大，也最具中国特色的佛教宗派，至今仍然是汉传佛教的主流宗派，历史上曾传入朝鲜（Korea）、日本、越南等国家和地区，近现代更是随着中西文化交流的深入，传入欧美等西方国家（被称为 Zen Buddhism 或 Chan Buddhism），成为最具标志性的佛教宗派之一。但无论禅宗的影响力多么巨大，传播范围多么广泛，它仍然是佛教的一个宗派（Sect），宗门仍在教下，而非一个独立的宗教，所以，禅宗史也是佛教史的一个有机组成部分，禅宗史的研究当然离不开佛教史的探讨。岭南地区是佛教由海路传入中国的通道之一，也是禅宗从海路入华的首站。在禅门所构建的传承法脉之中，被称为禅宗东土初祖的菩提达摩也是从印度泛海抵达南海（今广州），而后北上弘传禅法的。而在达摩祖师之前和之后，都有无数的印度僧人像他一样渡重溟，历风波，跨洋越海抵达岭南，北上弘法。达摩祖师的东来传法，实为海路佛教传播运动的必然结果，是以在讨论岭南的禅宗史时，有必要回溯达摩祖师之前的海路佛教传播脉络。

第一节　海上航路的开通与佛教传入岭南

佛教的最初东传,全拜使节和贸易商路所赐,走的路线均是使节、商贾之旅途,即陆上丝路和海上丝路。从时间上说,一般认为陆路早于海路,但也有学者认为海路为先,如梁启超说:"佛教之来,非由陆路而由海路,其最初根据地,不在京洛而在江淮。"[1]胡适也谓:"我深信佛教入中国远在汉明帝之前,我也深信佛教之来,不止陆路一条路,更重要的是海道,交州在后汉晚年是佛教区域,所以佛教大概先由海道来,由交广到长江流域及东海滨,先流行于南方。"[2]但不管孰为先后,两途各负使命,均有贡献。仅就海路而言,中印间海上航路的开通是中印间僧侣海上往来的前提。

一、中印海上航路的开通

中印间海上航路的开通始于何时,似难以认定,然至少在西汉武帝时就已开通,《汉书·地理志》对此有翔实的记载,前贤对此段文献也多有研究,此处不赘。[3]这条航道以广东徐闻、广西合

---

[1] 梁启超:《佛学研究十八篇》,上海古籍出版社2001年版,第32页。
[2] 1952年2月7日胡适致杨联升信,见《论学谈诗二十年:胡适、杨联升往来书札》,安徽教育出版社2001年版,第157页。
[3] 《汉书·地理志》粤地条载:"自日南障塞、徐闻、合浦船行可五月,有都元国;又船行可四月,有邑卢没国;又船行可二十余日,有谌离国;步行可十余日,有夫甘都卢国。自夫甘都卢国船行可二月余,有黄支国,民俗略与珠崖相类。其州广大,户口多,多异物,自武帝以来皆献见。……所至国皆禀食为耦,蛮夷贾船,转送致之。亦利交易,剽杀人。又苦逢风波溺死,不者数年来还。大珠至围二寸以下。平帝元始中,王莽辅政,欲耀威德,厚遗黄支王,令遣使献生犀牛。自黄支国船行可八月,到皮宗;船行可二月,到日南、象林界云。黄支之南,有已程不国,汉之译使自此还矣。"[(汉)班固:《汉书》卷二十八《地理志》,中华书局1962年版,第1671页。]

浦等地为始发港,经广西北海等地抵达交趾(今越南河内附近),向西南沿大陆架航行,绕过印支半岛,穿过马六甲海峡,经安达曼海、孟加拉湾,抵印度东海岸的"黄支国",然后,再由此南向航行抵达"已程不国"(斯里兰卡)。

据学者们考证,黄支国即地处印度东南岸的古国达罗毗荼国(Drāvida)之都城建志补罗[Kāncîpura,即今 Conjeveram(甘吉布勒姆)]。① 而黄支国"自武帝以来皆来献",而"后汉桓帝(147—167年在位)世,大秦、天竺皆由此道遣使贡献"。② 虽然使节(有时实际为商人)往来并不等于佛法会随之东来,但那些来自西天佛国的使节或商贾或多或少会带来一些有关佛教的消息则是完全可能的。据《南史·中天竺国传》载:

> 到桓帝延熹三年(160)、四年(161),(天竺)频从日南徼外来献,魏、晋世绝不复通。惟吴时扶南王范旃遣亲人苏勿使其国,从扶南发投拘利口,逆水行七千里乃至焉。天竺王惊曰:"海滨极远,犹有此人乎!"即令观视国内,仍差陈、宋等二人以月支马匹报旃,勿积四年方至。其时吴遣中郎康泰使扶南,及见陈、宋,具问天竺土俗,云:"佛道所兴国也。人敦庞,土饶沃,其王号茂论。"③

朱应和康泰出使扶南及南海诸国,是东吴时代的大事之一。

---

① 冯承钧:《中国南洋交通史》,第2页。
② (唐)姚思廉:《梁书》卷五十四《海南诸国传》,中华书局1973年版,第783页。
③ (唐)李延寿:《南史》卷七十八《中天竺国传》,中华书局2016年版,第1962页。

对此,《三国志》没有相关记载。最早记载此事的是《晋书·南海诸国传》,然《三国志·吕岱传》云:"岱既定交州,复进讨九真,斩获以万数。又遣从事南宣化,暨徼外扶南、林邑、堂明诸王各遣使奉贡。"

冯承钧据此考证,朱应、康泰出使扶南即为吕岱所遣,时间为吕岱平交州的黄武五年(226)到黄龙三年(231)被孙权召回之间的六年时间内。① 若此考证不误,则康泰等出使扶南实从交州出发,而此时(217年后)的交州治所在番禺,即广州。这次康泰出使扶南,使交州士民知道了天竺为"佛道所兴国"。可见,海路商旅、使节之间的往来,的确能使岭海之间的交、广之地直接了解到佛教传播的相关信息。而中印间海上航路在西汉武帝时期(前141—前87年在位)就已开通,就有商旅使节往来,地处中印航路东方起点的岭南对西天佛国的消息也应知道得相当早。

二、早期佛教僧人的活动路线

讨论早期岭南佛教之传播,不能不涉及交州(今越南河内附近)。从行政区划上看,广东中部及西部在公元264年三国时期东吴重新分交州置广州之前属交州管辖,且东吴建安二十二年(217)吴将步骘将交州州治从广信(今广西梧州)迁至番禺(今广州)之后,一直到264年第二次分置交、广两州,交州州治都在番禺;从人文地理上看,交州之交趾与以番禺(今广州)为中心的广东

---

① 冯承钧:《中国南洋交通史》,第13页。

同属岭南，有着经济、政治、文化等各方面的密切联系；再从中印间文化交流的历史来看，南海诸国为印度文化的移植之地，特别是交趾南面的占婆国（中国史书又称之为"林邑"或"环王"，今越南中部）、扶南（今柬埔寨）既深受印度文化之影响，又与中国保持着密切的关系，特别是与岭南地区有着频繁的经济、文化交往。在两汉魏晋时代，由于航海技术的限制，中印间的海上航行大多不是经南中国海，做深海航行，直达室利佛逝（今印度尼西亚苏门答腊岛之旧港）、阇婆（今印尼爪哇）等南洋诸国，中转后往印度进发，而是沿大陆架做近海航行，从广州、徐闻等地出发，经交趾，沿印支半岛航行，到南洋诸国中转，出马六甲海峡，进入安达曼海，再向印度进发。因此，交州成为中印海上航行的重要出入港或中转站。梵僧渡海东来，多在交州之交趾登陆，然后再进入广东活动一段时间后北上长安、洛阳等地传法。故从佛教传播史的角度看，交、广佛教实为一个整体，单述其中一方，则难以全面反映早期岭南佛教的概貌。

西来梵僧最早究竟在何时沿海路来交、广传法，中国僧侣最早于何时沿海路赴印度求法，由于史料的缺乏，已很难确考。但据一些传说的材料可以推测，至少在魏晋之际就有僧徒在岭南及南海道上活动。

（一）西天梵僧的东来传教及交州地区的佛教活动

交州曾是海上丝绸之路重要的始发港，州治交趾及粤西的徐闻、合浦等地亦是海外商舶的集散地，因此，也是印度来华的佛门弟子最早的活动之地。据文献记载，最早来华传法的西天梵僧为支疆梁接，约于曹魏甘露元年（256）七月抵达交州，并在此译出《法华三昧经》六部，沙门道馨为笔受。[①] 这说明至少在三国末年就有来华梵僧在交州地区从事译经宣教活动。

然而在正式的出家僧人来华之前，这里已经有信仰佛教的商人按西天佛教仪轨和习俗进行宗教活动，最为典型的例子就是汉末士燮治理交州时期（186—226），当地胡商的焚香礼拜活动。据《三国志·吴书·士燮传》记载："燮兄弟并为列郡，雄长一州，偏在万里，威尊无上，出入鸣钟磬，备具威仪，笳箫鼓吹，车骑满道，胡人夹毂焚烧香者常有数十。"[②]

汉末魏初的交州地区，作为中西商贸的集散地，也成为佛教东传的重要站点，佛教僧俗在此译经传教，烧香礼佛，使其成为当时佛教文化兴盛的地区之一，第一部中国人编撰的佛教著作——牟子的《理惑论》即诞生于此。此书是否成于汉末之时，是否出于牟子之手，抑或是否有牟子其人，在中国学术界曾有过激烈的争论，有一些问题至今仍悬而未决，但"牟子"学通三教，崇尚佛教义理，其书出入儒道，折衷于佛，为佛教初传中国时重要的宣教之书，这一点则是不争的事实，也无可争辩地说明交州曾是佛教传播的重要站点。

---

① （隋）费长房：《历代三宝记》卷五，《大正藏》第49册，台湾电子佛教协会，2016年，第56页；（唐）惠详：《弘赞法华传》卷二，《大正藏》第51册，台湾电子佛教协会，2016年，第14页。

② （西晋）陈寿撰，（南朝宋）裴松之注：《三国志》第五册，中华书局1982年版，第1191—1193页。

（二）东土僧人沿海路西行求法

佛教在中国的传播由两拨人共同完成：首先是东来传教的天竺或西域僧人，其次是西去取经求法的中国僧俗。西方梵僧泛海东来岭南传法，是为佛教入华之始，而中国僧俗西行求法则是佛教发展的一个新阶段，是佛教在中国由民众的被动接受到主动学习的革命性转变。按照传统的说法，海路佛教的西行求法运动晚于陆路。一般认为西晋时的于法兰、于道远师徒从交州沿海路西行求法乃海路西行求法之始，但一些传世的文献资料却透露出一些有关海路求法运动开始甚早的信息。

唐代义净法师赴印求法二十余年，对中印两国间的佛教情况都有切实的了解，取经归来后撰写了介绍印度南海诸佛教情况和中国赴印求法僧群体生平事迹的两部名著，即《南海寄归内法传》和《大唐西域求法高僧传》，他在《大唐西域求法高僧传》中有这样一段记载：

> 那烂陀寺东四十驿许，寻殑伽河而下，至蜜栗伽悉他钵娜寺，但有砖基，厥号支那寺。古老相传云是昔室利笈多大王为支那国僧所造。[义净自注：支那（Cina）即广州也；莫诃支那（Mahācina）即京师也。亦云提婆佛呾罗（Devaputra），唐云天子也。]于时有唐僧二十许人，从蜀川牂牁道而出，蜀川去此寺有五百余驿。向莫诃菩提礼拜。王见敬重，遂施此地，以充停息，给大村封二十四所。于后唐僧亡没，村乃割属余人。现有三村入属鹿园寺矣。准量支那寺，至今可五百余年矣。现今地属东印度王，其王名提婆跋摩，每言曰："若有大

唐天子处数僧来者,我为重兴此寺,还其封村,令不绝也。"[1]

这条史料给我们透露了两条重要信息:第一,魏晋之际(约3世纪下半期)就有中国僧人到印度取经。义净到达鹿园寺的时间约在公元674年左右,前推四百年,则相当于274年左右,即魏晋之交(东吴280年才被西晋所灭);而广州的设置在吴永安七年(264)。[2] 义净提及的那位支那寺的建置者室利笈多大王,据学者们考证为印度笈多王朝王统中最早的一位国王,名叫Srigupta,在位时间约在公元3世纪晚期。[3] 按常理度之,这位室利笈多大王一般不会在第一次见到来自中国的僧人后就慨然为之建寺,一定是在这些来自广州的僧人在当地活动有了一定影响之后才出资为他们建寺,并命名为"广州寺"(即支那寺),由此可见第一批赴印的广州僧人肯定在此寺建置之前已经抵达印度。第二,这批广州僧人"二十许人"极有可能由海道赴印。寺庙既取名"广州寺"(义净原注:"支那即广州也"),则这批僧人肯定来自广州。而当时广州僧人赴印不大可能如义净推测的那样由蜀川牂牁道(即滇缅道)赴印。这条道路"盛夏热瘴毒虫,不可行履,遇者难以全生。秋多风雨,水泛又不可行。冬虽无毒,积雪冱寒,又难登陟。唯有正、二、三月乃是过时,仍须译解数种蛮夷语言,兼赍买道之货,仗土人引导,展转问津,即必得达也,山险无路,难知通

---

[1] (唐)义净著,王邦维校注:《大唐西域求法高僧传校注》,第103页。
[2] 方志钦、蒋祖缘主编:《广东通史:古代上册》,广东高等教育出版社1996年版,第10页。
[3] (唐)义净著,王邦维校注:《大唐西域求法高僧传校注》,第105—106页。

塞"①。而在魏晋时期,南海航道已相当发达,按照常理,由广州西去求法的中国僧人不大可能舍近求远,舍易就难,冒险去走崎岖道。假若此推论不虚,则最晚在魏晋之际已有中国僧人从广州出发由海道赴印求法,这就意味着海路求法僧往印度求法的活动可能早于陆路,因为公认第一位西行求法的中国僧人朱士行,魏甘露五年(260)由陆路西去求法时,也只是到了于阗而没有到达印度。②

第二节　早期禅僧在岭南的传法活动

海上航路的开通,使早期梵僧循海路来华成为可能,汉晋时期已陆续有梵僧在岭南从事弘法活动。而至南北朝时期,随着航海技术的进步,海上航船逐渐由沿大陆架近海航行过渡到深海航行,南中国海逐渐成为南海航线的主航道,中印间的商贸往来也较之前更加频繁,随商舶来华传法的梵僧数量大增,加之南朝多数君主崇佛信教,极力网罗西来梵僧到京城建康译经传法,因此这一时期,广东地方官员不仅接待西来弘法的梵僧,而且主动往南洋诸国寻访海外僧人来华传法,使广东的过往僧人数量大增,建寺、译经、传戒等弘法活动也显得颇具规模,形成了广东佛教第一个迅速发展的时期。

---

① (唐)慧琳:《一切经音义》,《大正藏》第54册,台湾电子佛教协会,2016年,第835页。

② (梁)释僧祐撰,苏晋仁、萧錬子点校:《出三藏记集》卷十三《朱士行传》,中华书局1995年版,第515页。

一、安世高入粤传法资料辨释

现存典籍记载中,第一个与广州有联系的西域来华的传法僧人,为后汉桓帝(146—167年在位)时来中国传法的著名僧人安世高,同时他也是以禅数之学闻名于世的禅僧。据梁慧皎《高僧传·安清传》载,安世高为安息国王子,后让国出家修道,博晓经藏,尤精阿毗昙学,讽持禅经,略尽其妙。既而游化四方,遍历诸国,以汉桓之初,始到中夏。《高僧传》记载了其前世在广州的活动:

> 初高自称先身已经出家,有一同学多瞋,分卫值施主不称,每辄怼恨。高屡加诃谏,终不悛改。如此二十余年,乃与同学辞诀云:"我当往广州,毕宿世之对,卿明经精勤,不在吾后,而性多瞋怒,命过当受恶形。我若得道,必当相度。"既而遂适广州。值寇贼大乱,行路逢一少年,唾手拔刃曰:"真得汝矣。"高笑曰:"我宿命负卿,故远来相偿,卿之忿怒,故是前世时意也。"遂申颈受刃,容无惧色,贼遂杀之。观者填陌,莫不骇其奇异。既而神识,还为安息王太子,即今时世高身是也。①

转世之后的安世高再次来到广州:

---

① (梁)释慧皎撰,汤用彤校注:《高僧传》卷一《安清传》,中华书局1992年版,第5页。

高后复到广州，寻其前世害己少年，时少年尚在，高径至其家，说昔日偿对之事，并叙宿缘，欢喜相向，云："吾犹有余报，今当往会稽毕对。"广州客悟高非凡，豁然意解，追悔前怨，厚相资供，随高东游，遂达会稽。至便入市，正值市中有乱相打者，误著高头，应时殒命。广州客频验二报，遂精勤佛法，具说事缘，远近闻知，莫不悲恸，明三世之有征也。高既王种，西域宾旅皆呼为安侯，至今犹为号焉。①

这段记载，一如佛本生故事，充满神异色彩，主旨在宣扬三世因果，善恶报应。安世高两世到广州弘化，虽近神话，然在神话的背后，却透露出一些不可忽视的历史信息。例如安世高在中国活动的主要地点，整篇僧传有关安世高在南方活动地点的记载皆具体翔实，历历可数，如广州、豫章、荆州、丹阳、会稽等，而在淮北则无任何具体地点之记载。②对其来华路线，《出三藏记集》也只是说他"既而游方弘化，遍历诸国，以汉桓帝之初，始到中夏"③，对他是经陆路还是经海路而来的问题未作任何交代。因此，日本佛教学者镰田茂雄指出，可以推测《高僧传》有关"安世高巡回教化中国南方的传说，还有一个关于佛教传播路线的暗示"④。安世高的传人或再传弟子也主要在南方活动，其法系也主要

---

① （梁）释慧皎撰，汤用彤校注：《高僧传》卷一《安清传》，第6页。
② （梁）释慧皎撰，汤用彤校注：《高僧传》卷一《安清传》，第4—8页。
③ （梁）释僧祐撰，苏晋仁、萧錬子点校：《出三藏记集》卷十三《安世高传》，第508页。
④ 〔日〕镰田茂雄：《中国佛教史》第三卷，日本东京大学出版社1982年版，第149页。

在南方流传。其"江南一系,人数虽不多,可是连绵不绝"①。故梁启超大胆推测:

> 以吾之武断,竟欲谓高译诸经,皆南方也。倘以上所推测不甚谬,则我国佛教实先从南方得有根据,乃展转传播于北方,与旧籍所传者,适得其反矣。②

《高僧传》博采众说,言世高曾两到广州,曾往庐山度郏亭庙神,曾在荆州城东南隅立白马寺,曾在丹阳立瓦官寺,最后卒于会稽。其史迹多诡诞,不可尽信。然以情理度之,世高盖从海道来,在广东登岸,经江西北上,而在江淮间最久。江左人士受其感化甚深,故到处有其神话也。世高原籍安息(今波斯)。时中印海运业,皆在安息人手。世高遵海来,最近于事实。③

无论安世高是否由海道来,《高僧传》说他曾二度到广州活动,虽语多怪诞,事涉神异,然我们并不能因此完全否认他曾到广州传法之可能,因为佛门故事常寓真实之历史于神异传说之中。正如佛教史名家汤用彤在考证永平(58—75)求法之传说时所指出的那样:"求法故事,虽有疑问。但历史上事实常附有可疑传说,传说固妄,然事实不必即须根本推翻。释迦垂迹,神话繁多。素王御世,谶纬叠出。然吾人不能因神话谶纬,而根本否认乔达

---

① 吕澂:《中国佛学源流略讲》,中华书局1979年版,第30页。
② 梁启超:《佛学研究十八篇》,第34页。
③ 梁启超:《佛学研究十八篇》,第34页。

摩曾行化天竺，孔仲尼曾宣教华夏也。谓求法故事附会妄谬为一事，谓全系向壁虚造，则另为一事。吾人不可执其疑点，以根本否认其故事之全体也。"[1]

当代学者胡守为在其《岭南古史》一书中也指出："说他（安世高）于东汉末年，因关中、洛阳战乱，遂南游江南，曾来广州，恐是事实。"[2]

安世高是否来过广州，虽有争议，但安世高及其弟子与南方，特别是岭南有某种联系，则应该有事实依据。更为重要的是，安世高乃禅学大家，"其学问根本，在于小乘说一切有部的禅数之学，故所译经典，也不外此类。安译经典的确切部数已不可确考，但与禅法有关的，大致有《大安般守意经》一卷、《禅行法想经》一卷、《地道经》二卷、《阴持入经》一卷等，其中尤以《大安般守意经》代表了他所传禅法的特点，最为重要"[3]。

晋代高僧道安乃一代释教领袖，其所撰《安般守意经序第三》对安世高翻译禅数经典的功德赞叹有加，称"昔汉氏之末，有安世高者，博闻稽古，特专阿毗昙学。其所出经，禅数最悉，此经其所译也"[4]。

安般守意（ānāpānasati），意为出入息，也就是禅修中最为基础的数息法，这一禅修法门今天仍是众多佛门弟子禅修的基本入

---

[1] 汤用彤：《汉魏两晋南北朝佛教史》，北京大学出版社1997年版，第18页。
[2] 胡守为：《岭南古史》，广东人民出版社1999年版，第355页。
[3] 徐文明：《广东佛教与海上丝绸之路》，羊城晚报出版社2015年版，第13页。
[4] （梁）释僧祐撰，苏晋仁、萧錬子点校：《出三藏记集》卷六《安般守意经序第三》，第244—245页。

门方法。这法门简单明了，容易把握，且不会出偏差，是禅门最为普遍的修持方法之一。这一方法虽为小乘禅法，且与后来禅宗的禅修法门有所不同，但也是禅堂参修的功法之一，特别是初参禅者最为常修的功法之一。安世高将其传入中国，且由其南方的弟子们，如南阳韩林、颍川皮业、会稽陈慧以及再传弟子康僧会等传承并发扬光大，对汉传佛教的禅修理论和实践产生了巨大影响，也对后来禅宗的修持方法产生了一定的影响。

此外，东吴末年，印度僧人迦摩罗随商舶抵达广州，在城中建三皈、仁王二寺（寺庙之确切地址已不可考），这是广东建佛教寺院之最早记载。

二、杯度在岭南的活动

杯度禅师属于神异一类的僧人，而神异类的僧人往往是禅修有成的高僧。慧皎《高僧传·神异下》载有杯度，然其主要在北方或江南一带活动，没有记载他在岭南的活动。但传末载他于宋元嘉五年（428）在居士齐谐家与众人作别云："贫道当向交、广之间，不复来也。"[①] 于是绝迹。也许他曾先在北方弘化，然后入岭南进行传法活动。传说他以一木杯泛海至南海，憩屯门山（即宝安县之青山）。有关他的神异传说很多，他在宝安（今深圳市宝安区）一带弘法颇有成效，今屯门山中有杯渡岩，岩中有他的画像。

---

① （梁）释慧皎撰，汤用彤校注：《高僧传》卷十《杯度传》，第384页。

三、耆域在岭南的活动

第三个有明确记载泛海至岭南传法的梵僧为耆域。据梁《高僧传·耆域传》载:"耆域者,天竺人也。周流华戎,靡有常所,而倜傥神奇,任性忽俗。迹行不恒,时人莫之能测。自发天竺,至于扶南,经诸海滨,爰及交、广,并有灵异。"其后耆域北上襄阳,以晋惠(290—306)之末抵达洛阳。传中记述耆域许多神异之事,特别谈到他医术高明,有起死回生之术。后"洛阳兵乱,辞还天竺",乃经西安,渡流沙,"既还西域,不知所终"。[①]

耆域可以说是有史记载的第一个由海路进入中国,又由陆路返回天竺的印度僧人;也是有史记载的第一个通过海陆两条丝绸之路完成中印交通环行圈旅行的旅行家。他在交、广二州的传法活动因史料缺乏,无法确考。此后,沿海上丝绸之路到岭南或经广东北上中原传法的梵僧络绎不绝,前后相续,继耆域之后于两晋间来粤弘法的域外僧人还有昙摩耶舍。

四、昙摩耶舍在岭南弘传禅法的活动

昙摩耶舍(梵文 Dharmayasas,意为法称[②]),罽宾(今克什米尔)人。于晋隆安(397—401)中,初达广州,住白沙寺(今广州光孝寺)。他是对广东佛教发展有较大影响的僧人之一。据梁

[①] (梁)释慧皎撰,汤用彤校注:《高僧传》卷九《神异上·耆域传》,第365—366页。
[②] 冯承钧:《历代求法翻经录》,商务印书馆1920年版,1934年印刷,第19页。

《高僧传》载：

>昙摩耶舍，此云法明，罽宾人。少而好学，年十四为弗若多罗所知。长而气干高爽，雅有神慧，该览经律，明悟出群；陶思八禅，游心七觉，时人方之浮头婆驮。……既而逾历名邦，履践郡国。
>
>以晋隆安（397—401）中，初达广州，住白沙寺，耶舍善诵《毗婆沙律》，人咸号为大毗婆沙，时年已八十五，徒众八十五人。时有清信女张普明，谘受佛法，耶舍为说《佛生缘起》，并为译出《差摩经》一卷。至义熙（405—418）中，来入长安。时姚兴僭号，甚崇佛法，耶舍既至，深加礼异。会有天竺沙门昙摩掘多（梵名还原为：Dharmagupta[①]），来入关中，同气相求，宛然若旧。因共耶舍译《舍利弗阿毗昙》，以伪秦弘始九年（407）初书梵书文，至十六年（414）翻译方竟。凡二十二卷，伪太子姚泓亲管理味，沙门道标为之作序。
>
>耶舍后南游江陵，止于辛寺，大弘禅法，其有味靖之宾，披榛而至者，三百余人。凡士庶造者，虽先无信心，见皆敬悦。自说有一师一弟子，修业并得罗汉，传者失其名。又尝于外门闭户坐禅，忽有五六沙门来入其室。又时见沙门飞来树端者，往往非一。常交接神明，而俯同蒙俗，虽道迹未彰，时人咸谓已阶圣果。至宋元嘉（424—453）中，辞还西域，

---

① 冯承钧：《历代求法翻经录》，第19页。

不知所终。[1]

此段文字，篇幅虽短，但其蕴含信息却十分丰富，尤其是与禅学在岭南传播之关系至为密切。

首先，昙摩耶舍为著名的禅师，《高僧传》谓其"少而好学，年十四为弗若多罗所知"。此"弗若多罗"，在印度时便以禅修名世，即《高僧传》所谓的"陶思八禅，游心七觉，时人方之浮头婆驮"。此中的"浮头婆驮"，据陈寅恪先生考证为"佛陀跋驮罗"（Buddhabhadra），亦即后来在长安与鸠摩罗什会面，因禅修法门不同被罗什弟子赶走的觉贤，在离开长安后他曾受慧远法师之邀至庐山，后又南下建康（南京）与法显合作翻译佛典，是为当时从事翻译的著名禅师。"殆即佛陀跋驮罗，以甚专精禅学也。"[2] 因为耶舍勤修四禅八定，精通禅法，世人比之为当时著名禅师觉贤（即佛陀跋驮罗）。

其次，耶舍由海道来华，先在广东登岸传法，然后北上京洛，译经传法，并在江陵一带"大弘禅法"。后如耆域一样辞还西域，不知所终。其行程是比较典型的海路来华僧人传法活动模式：广东为其入华之初地，但并非最终目的地，中原、京洛才是其传法的最后要站。作为小乘禅法的一代宗师，他在岭南的活动留下了广泛而深远的影响。他是广州光孝寺、佛山塔坡寺等众多岭南佛教寺庙的开山祖师，佛山之得名也与其在岭南的活动有关。

---

[1] （梁）释慧皎撰，汤用彤校注：《高僧传》卷一《昙摩耶舍传》，第41—42页。
[2] 陈寅恪：《读书札记三集》，生活·读书·新知三联书店2001年版，第27页。

再次，昙摩耶舍曾两度在岭南逗留，活动时间较长，是推动岭南禅学传播发展的重要人物。东来梵僧在岭南的活动时间之长短因人而异，没有一定之规，然他们都对广东佛教的传播和发展留下了深刻的影响。具体至昙摩耶舍本人，《高僧传》说他以善律著称，其所善之《毗婆沙律》全称《善见律毗婆沙》或《善见毗婆沙律》（巴利文 Samantapāsadikā），为小乘律部"五论"之一，共十八卷（《历代三宝记》载为十卷），前四卷述说佛教的三次集结和阿育王时佛教向外传播的情况，其余主要注释《四分律》。①此律耶舍到岭南时尚未汉译。直到南齐时代才由东来梵僧在广州翻译为汉文。耶舍于晋隆安中（约399年）至广州，于义熙中（约411年）离开广州抵达长安，在广州历时约十二年，其间译经、收徒、建寺、弘法事迹亦见诸地方文献。据清顾光《光孝寺志》载："昙摩耶舍尊者，罽宾国三藏法师也。东晋安帝隆安间（397—401）来游震旦，至广州止。此时（光孝寺）地为虞翻旧苑，尊者乃创建大殿五间，名曰王园寺。随于此寺奉敕译经，有武当沙门慧严笔授。"②

从其弟子法度的活动来看，耶舍返回印度时也从广州乘船泛海而回。据昙摩耶舍本传载：

> 耶舍有弟子法度，善梵汉之言，常为译语。度本竺婆勒子，勒久停广州，往来求利，中途于南康生男，仍名南康，

---

① 杜继文、黄明信主编：《佛教小辞典》，上海辞书出版社2001年版，第431页。

② （清）顾光、何淙修撰，中山大学中国古文献所整理组点校：《光孝寺志》卷二《建置志》，中华书局2000年版，第19页。

长名金迦，入道名法度。度初为耶舍弟子，承受经法。耶舍既还外国，度便独执矫异，规以摄物，乃言专学小乘，禁读方等。唯礼释迦，无十方佛，食用铜钵，别无应器。又令诸尼相捉而行，悔罪之日，但伏地相向。唯宋故丹阳尹颜竣女法弘尼、交州刺使张牧女普明尼，初受其法。今都下宣业、弘光诸尼，习其遗风，东土尼众，亦时传其法。①

耶舍的弟子众多，男众中唯一留下姓名的为法度，本为生于中土之印度人，乃属印侨。他皈依昙摩耶舍，出家为僧，专弘小乘戒法，抵制大乘，在广州尼众，甚至京城（南京）尼众中都产生广泛的影响，因而受到僧祐、慧皎等名宿的批判与抵制。至于耶舍何时收法度为徒，慧皎之本传未作交代。而据僧祐《出三藏记集》卷五《小乘迷学竺法度造异仪记》的记载，耶舍应是在经岭南泛海返回印度时度法度为弟子的：

> 元嘉（424—453）中，外国商人竺婆勒久停广州，每往来求利。于南康郡（晋太康三年，即公元282年置，治所在雩都，即今江西于都东北，东晋移治赣县，即今江西赣州市，辖境相当今江西南康、赣县、兴国和宁都以南地域）生儿，仍名南康，长易字金伽。后得入道，为昙摩耶舍弟子，改名法度。其人貌虽外国，实生汉土，天竺科轨，非其所谙。但性好矫异，欲以摄物，故执学小乘，云无十方佛，唯礼释迦

---

① （梁）释慧皎撰，汤用彤校注：《高僧传》卷一《昙摩耶舍传》，第42—43页。

而已，大乘经典不听读诵。反抄著衣，以此为法，常用铜钵，无别应器。乃令诸尼作镇肩衣，似尼师坛，缝之为囊，恒着肩上，而不用坐，以表众异。每至出路，相捉而行；布萨悔过，但伏地相向，而不胡跪。法度善闲汉言，至授戒先作胡语，不令汉知。案律之明文，授法资解，言不相领，不得法事。而竺度昧罔，面行诡术，明识之众，咸共骇弃。唯宋故丹阳尹颜竣女宣业寺尼法弘、交州刺史张牧女弘光寺尼普明等信受其教，以为真实。虽出贵族，而识谢慧心，毁呰方等，既绝法雨，妄学诡科，乖背律仪，来苦方深，良可悯伤。①

这段文字中批判法度弘传小乘、抵制大乘的论述先置而不论，主要从法度礼耶舍为师的大致时间，分析耶舍返回印度时是否经广州遵行海路航海而回。耶舍本传谓其"以晋隆安（397—401）中，初达广州"，可知其初次抵达广州的时间应早于401年，而据僧祐《出三藏记集》卷五《小乘迷学竺法度造异仪记》记载，"元嘉（424—453）中，外国商人竺婆勒久停广州，每往来求利。于南康郡生儿，仍名南康，长易字金伽。后得入道，为昙摩耶舍弟子，改名法度"，可知法度出生于元嘉（424—453）中，虽不能具体确定为哪一年，但因元嘉长约三十年，取中间即元嘉十五年（438），再前后扩展三年，即在435—441年之间。法度不可能一出生就出家为僧，按照佛教戒律，至少要年满二十岁方可受具足

---

① （梁）释僧祐撰，苏晋仁、萧鍊子点校：《出三藏记集》卷五《小乘迷学竺法度造异仪记》，第232—233页。

戒。这样，法度如在435—441年之间出生，那么至少到455年方年满二十。当然，法度也有可能十岁左右被耶舍收为弟子，做一名小沙弥，但这也得到445年左右。而昙摩耶舍"至义熙（405—418）中，来入长安"，即418年前就已经离开广州赴长安弘法，因此，是不可能初次来广州时度法度为弟子的。而耶舍离开中国的时间，据《高僧传》交代，是"至宋元嘉中（424—453）辞还西域，不知所终"。也就是说在435—441年之间耶舍启程回印度，而也只有在这个时候他才可能收法度为徒。441年，法度大约在七至十岁之间，这时耶舍途经广州，泛海返回印度，收法度为徒，度为小沙弥才有可能。这就间接说明耶舍是经岭南取海道返回印度的，也表示他曾两次驻锡广州弘法。那么，他弘传的是什么法门呢？

《高僧传》谓其晚年，"后南游江陵，止于辛寺，大弘禅法，其有味靖之宾，披榛而至者，三百余人。凡士庶造者，虽先无信心，见皆敬悦"。可知其晚年主要是弘传禅修法门，以禅法和神通摄受信众。对其神通，《高僧传》描述道："又尝于外门闭户坐禅，忽有五六沙门来入其室。又时见沙门飞来树端者，往往非一。常交接神明而俯同蒙俗，虽道迹未彰，时人咸谓已阶圣果。"即在他坐禅时有飞人在其禅室飞行出入，且"常交接神明"，被认为"已阶圣果"。正因为有此禅定功夫，所以那些不信佛法者，"虽先无信心，见皆敬悦"，成为佛弟子，三百余人拜在其门下习练禅法。他两度弘法岭南，特别是第二次驻锡岭南所弘之法也应是禅法，所以称昙摩耶舍岭南禅法开山祖师亦不为过。虽然他所弘禅法应是小乘禅法，与后来标举顿超直入的禅宗法门还有区别，但其所倡导的禅修法门之流传岭南,对后来禅宗之传播起了重要的铺垫作用。

五、佛驮跋陀罗在岭南的活动

佛驮跋陀罗(一作佛驮跋陀,梵名还原为 Buddhabhadra,意为觉贤[①]),迦毗罗卫国人,本姓释氏,甘露饭王之苗裔。祖父因经商,定居于北天竺。359年生于北印度,少孤,度为沙弥,博学群经,少以禅律驰名。时与法显一起往印度求法的中国沙门智严从陆路到达罽宾,闻名邀请他往中国弘法,觉贤遂与智严一起前往中国。关于觉贤来华之路程,《高僧传》前后记载颇有矛盾。《高僧传》本传谓:"(智)严既要请苦至,(觉)贤遂悯而许焉,于是舍众辞师,裹粮东逝。步骤三载,绵历寒暑,既度葱岭,路经六国,国主矜其远化,并倾心资奉。至交趾,乃附舶循海而行……顷之,至青州东莱郡(西汉初置,治所初在掖县,后屡有变更,辖境相当今山东莱州),闻鸠摩罗什在长安,即往从之。"[②]按此记载,似乎初由陆路,越葱岭东至西域,后又谓从交州泛舶至山东。而《高僧传·智严传》又谓"于是逾沙越险,达自关中"[③]。若果越葱岭至西域,不应再到交州乘船,其行程忽陆忽海,令人费解。然观智严后与弟子智羽、智远,又重新循海路往天竺,智严最终在天竺圆寂的经历来看,他与觉贤一起由天竺归国经南海道走海

[①] 冯承钧:《历代求法翻经录》,第17页。
[②] (梁)释慧皎撰,汤用彤校注:《高僧传》卷二《佛驮跋陀罗传》,第70页。
[③] (梁)释慧皎撰,汤用彤校注:《高僧传》卷三《智严传》,第99页。

路比较合乎情理。

法藏的《华严经传记》卷一也谈到了觉贤来华的路线：

> 于是辞师，裹粮东逝。涉路三载，寒暑备更。乃有层岩重荫，连冻千里。清旭启旦，则崎岖陵岭；潜昏告昏，则枕席冰雪。飞梯悬蹬，侧足傍践；援绳挂索，仰接云岸。自冰雪之外，艰途万数。粮用中竭，分粒继飡，爰凭圣佑，仅而得济。既度葱岭，略经六国。国主矜其远化，并倾怀资俸。至交趾，附舶循海而行。……顷之，达青州东莱郡。闻鸠摩罗什在长安，欣然而来，则秦弘始十年（408）四月也。①

这段记载与前面《高僧传》的记载一样，对其来华路线也语焉不详，似乎与法显和法勇赴印时所走的西域南道一样从西北印度越过昆仑山山口天险，到达于阗等国，然后一路东行，理应按陆上丝绸之路抵达长安，但他们又经中国西南到达岭南，从交趾乘船沿海岸线东行再北上至山东青州上岸。

无论觉贤所行路线多么离奇，不同材料都肯定他曾经来过交州，而且是经东南沿海北上青州，因此可以肯定他曾到达岭南弘法是确凿不疑的。

佛驮跋陀罗是南北朝时来华的名僧之一，他曾往长安与鸠摩罗什共襄译事，后因佛门派系之争被摈离开长安南下庐山，驻锡一年，与释慧远相交甚厚。后继续南下至宋都建康，与法显一起

---

① （唐）法藏：《华严经传记》，《大正藏》第 51 册，第 154 页。

翻译经论，于宋元嘉六年（429）卒于建康。

觉贤也是一位得圣果、具神通的禅僧，在从交州到青州的海上航行中，觉贤的神通法力得到充分的显现。本来在路经岛屿（此岛屿有学者考证为海南岛[①]）时，他让舶停泊休息，众人因顺风不肯，结果走了不到二百里，风向忽转，又给吹了回来。后来又遇顺风，同侣皆发，他称不可动，结果先发的船只都被大风吹翻了。他于中夜令大家离开，结果都不肯行，他独自收缆，一船独发，结果留下的船只都被海盗抄害了。[②] 后来他到长安后与鸠摩罗什及其弟子发生矛盾，也是由于其神通和精通禅法。觉贤对于像鸠摩罗什这种水平的人受到如此尊崇、地位如此崇高感到不解。在他看来，罗什水平不过如此，尤其对禅修的造诣更是很不系统，且其本人没有什么禅定功夫，加之又不守戒律，门下与皇室往来密切，觉贤对此相当不满。在禅法方面，觉贤有系统的传承和长期的修持，又是得果圣人，因此很快就有数百人从之学习禅法，《高僧传》谓"贤在长安，大弘禅业，四方乐靖者，并闻风而至"[③]。其中包括僧叡等原来罗什门下的高僧，这使罗什门下十分不满，心生忌恨。因而产生矛盾以致势不两立，是迟早的事。最后，因其以神通之力悬记其家乡有五艘船舶出发，前往中土，罗什门下便抓住机会，谓其妖言惑众，将其赶出长安。后来庐山慧远法

[①] 徐文明认为："觉贤自交趾附舶东行，肯定走北部湾，路过琼州海峡，他们所经过的岛屿只能是海南岛。"（徐文明：《广东佛教与海上丝绸之路》，第110页）

[②] （梁）释慧皎撰，汤用彤校注：《高僧传》卷二《佛驮跋陀罗传》，第70页。

[③] （梁）释慧皎撰，汤用彤校注：《高僧传》卷二《佛驮跋陀罗传》，第71页。

师闻其被摈南下，将其迎往庐山，"远乃请出禅数诸经"①。可知他实以禅数之学名家，其所译经论，除《华严》前部分、与法显合译之《摩诃僧祇律》外，其所译《观佛三昧经》《修行方便经》也都是禅数经典。从其整个传记的介绍来看，他在禅法的理论和实修方面都有精深的造诣。他既然到达过岭南，也肯定有弘法活动，其内容也肯定与禅法有关，他是昙摩耶舍之后在岭南大力弘扬禅法的第二位重要禅师，然史籍缺载，其具体传法事迹难以稽考。

六、求那跋摩的传法活动

求那跋摩（梵名 Gunavariman，意为功德铠），是从海路来广东传法布教且活动范围较广的梵僧之一。《高僧传》对他在广东的传法活动记载较为详细。他由海路来华，在广州登岸，然后北上韶关，过梅关，越大庾岭入江西，再沿赣江北上长江流域，达至建康，其所行之路为广东往江西的传统陆上商路，与前述法度的父亲北上经商走的是同一条路，这也是西来梵僧在广东登岸之后北上弘法的主要通道之一。

求那跋摩三藏原是罽宾国人，后到师子国（今斯里兰卡），又从斯里兰卡泛舶至阇婆国（今印尼爪哇），在此弘法，深得国人尊崇。国王母亲敬礼，从受五戒，王亦受戒，一国皆从，道化之声，播于遐迩，邻国风闻，皆遣使邀请。其道化之声传至宋都建康，以至文帝下敕迎请。其泛海来粤布道的事迹，据《高僧传》载：

---

① （梁）释慧皎撰，汤用彤校注：《高僧传》卷二《佛驮跋陀罗传》，第72页。

时京师名德沙门慧观、慧聪等，远挹风猷，思欲餐禀，以元嘉元年（424）九月，面启文帝，求迎请跋摩，帝即敕交州刺史，令泛舶延致。观等又遣沙门法长、道冲、道俊等，往彼祈请，并致书于跋摩及阇婆王婆多加等，必希顾临宋境，流行道教。跋摩以圣化宜广，不惮游方。先已随商人竺难提舶，欲向一小国，会值便风，遂至广州，故其遗文云："业行风所吹，遂至于宋境。"此之谓也。文帝知跋摩已至南海，于是复敕州郡，令资发下京。路由始兴（始兴郡，三国吴甘露元年，即265年，分桂阳郡置，治今广东曲江县，晋末移治今韶关市，辖境相当今广东连江、翁江流域以北地区），经停岁许，始兴有虎市山，仪形耸孤，峰岭高绝，跋摩谓其仿佛耆阇，乃改名灵鹫。于山寺之外，别立禅室，室去寺数里，磬音不闻，每至鸣椎，跋摩已至，或冒雨不沾，或履泥不湿，时众道俗，莫不肃然增敬。寺有宝月殿，跋摩于殿北壁，手自画作罗云（汉）像，及定光儒童布发之形，像成之后，每夕放光，久之乃歇。始兴太守蔡茂之，深加敬仰，后茂之将死，跋摩躬自往视，说法安慰，后家人梦见茂之在寺中，与众僧讲法，实由跋摩化导之力也。此山本多虎灾，自跋摩居之，昼行夜往，或时值虎，以杖按头，弄之而去，于是山旅水宾，去来无梗，感德归化者，十有七八焉。跋摩尝于别室入禅，累日不出，寺僧遣沙弥往候之，见一白师（狮）子缘柱而上，亘空弥漫生青莲华，沙弥惊恐大呼，往逐师子，豁无所见，其灵异无方，类多如此。

后文帝重敕观等复更敦请，乃泛舟下都，以元嘉八年

（431）正月达于建邺。①

跋摩于何年入粤，史无明载，其本传谓：元嘉元年（424）九月慧观等启文帝敕迎跋摩，同时派遣法长、道冲、道俊等至阇婆迎请跋摩，而跋摩"先已随商人竺难提舶，欲向一小国，会值便风，遂至广州"。揣其文意，似乎在法长等抵达阇婆之前，跋摩已乘竺难提舶"欲向一小国"，因遇便风，遂至广州，因此，他才在临终偈中自称"业行风所吹，遂至于宋境"。而据法显《佛国记》的记载，从阇婆启程"常行时，正可五十日便到广州"。如果跋摩在法长等人到达阇婆之前就已起锚航行，那么最晚在第二年即元嘉二年（425）抵达广州，他到达建邺（南京）的时间为元嘉八年（431），若减除他从始兴至建邺旅途所需之时间（约一年），则他在广东约五年时间，其中约一年时间在始兴行化。剩下的四年，最大的可能是在广州等地弘法，但史无明载，只能作如此推测。也许他在广州等地的传法活动，不如在始兴那么突出，故《高僧传》未作详细记载。他在始兴的活动影响很大，除了内典之外，教外文献也有记载。《太平寰宇记》载："灵鹫山在（曲江）县北六里。有寺一，曰虎市山，晋义熙（405—418）中，有天竺僧居之，而虎乃越峻岭，一旦林丛鲜茂。"又引《始兴记》云："灵鹫山台殿宏丽，面象巧妙，岭南佛寺，此为最也。"② 这段记载，虽在年代上有些许出入，但指的就是求那跋摩在始兴行化的故事。乐

---

① （梁）释慧皎撰，汤用彤校注：《高僧传》卷三《求那跋摩传》，第107页。
② （宋）乐史撰，王文楚等点校：《太平寰宇记》卷一五九《岭南道三》"曲江县"条，中华书局2007年版，第3055页。

史之《太平寰宇记》，撰于北宋雍熙（984—987）至端拱（988—989）年间，材料上杂取山经地志，采撷繁富，加之所记为数百年前之故事，年代上些许出入也在情理之中。五百多年后，编撰地理类书籍之宋人仍然记载其行化始兴的故事，说明求那跋摩在广东的弘法活动，的确留下了深远的影响。

值得注意的是，求那跋摩也是一位身怀神通的禅僧，跋摩本传就记载了他众多的神通异能。他"于山寺之外，别立禅室，室去寺数里，磬音不闻，每至鸣椎，跋摩已至，或冒雨不沾，或履泥不湿，时众道俗，莫不肃然增敬。寺有宝月殿，跋摩于殿北壁，手自画作罗云（汉）像，及定光儒童布发之形，像成之后，每夕放光，久之乃歇"。能听闻数里之外常人听不到的钟声，雨天走路踏泥无痕，所作壁画自然放光，这些神通功夫，成为他弘法摄众之主要手段，他也用此等神通让许多人生起信心。

一般而言，神通僧均为禅门巨匠，因为除了宿世因缘，即天生异质之外，神通一般由禅定获得。正如汤用彤先生在讨论汉魏禅定之流行所说的那样："禅法之流行，其故有四，一则六通三明，禅定之果，修行而得超越之胜力，为人之所想望。"[①] 而道安《安般守意经序》对禅定的神通之果描述道：

> 安般者，出入也。道之所寄无往不因，德之所寓无往不托，是故安般寄息以成守，四禅寓骸以成定也。寄息故有六阶之差，寓骸故有四级之别。阶差者，损之又损之，以至于

---

① 汤用彤：《汉魏两晋南北朝佛教史》，第555页。

无为;级别者,忘之又忘之,以至于无欲也。无为故无形而不因,无欲故无事而不适。无形而不因,故能开物;无事而不适,故能成务。成务者,即万有而自彼;开物者,使天下兼忘我也,彼我双废者守于唯守也,故《修行经》,以斯二法而成寂。得斯寂者举足而大千震,挥手而日月扪,疾吹而铁围飞,微嘘而须弥舞,斯皆乘四禅之妙止,御六息之大辩者也。夫执寂以御有,策本以动末,有何难也。安般居十念之一,于五根则念根也。故撰《法句》者,属惟念品也。①

可知超越之功、神通之力非禅定无以致之,禅定乃是超凡入圣、四神六通的必由之途。禅修至极致,则可达到"举足而大千震,挥手而日月扪,疾吹而铁围飞,微嘘而须弥舞"之不可思议之神奇功力。

精通禅定之学的跋摩虽然在岭南,特别是粤北地区建立了不少寺庙,但自己却并没有居住在寺内,而是"于山寺之外,别立禅室"。当时,禅宗尚未成立,中国境内亦无禅寺,一般寺内也没有禅堂,粤北地区虽然寺院众多,但为了自己禅修方便,他仍然要"别立禅室",驻锡于山寺之外。这些行为在在显示他乃一禅门名宿,禅修是其修行、弘化、摄众的主要法门。

他驻锡的粤北山区"本多虎灾,自跋摩居之,昼行夜往,或时值虎,以杖按头,弄之而去,于是山旅水宾,去来无梗,感德

---

① (梁)释僧祐,苏晋仁、萧鍊子点校:《出三藏记集》卷六《安般守意经序第三》,第244—245页。

归化者，十有七八焉。跋摩尝于别室入禅，累日不出，寺僧遣沙弥往候之，见一白师（狮）子缘柱而上，亘空弥漫生青莲华，沙弥惊恐大呼，往逐师子，豁无所见，其灵异无方，类多如此"。

禅定数日不起不动、化现幻相、驯服猛兽，是神通禅僧常用的弘法手段（最为著名者如佛图澄），这些跋摩都精通，而且其传记几乎用了很长的篇幅来描述他的神通异能，以说明他以禅修法门、神通异能弘法的特色。

求那跋摩弘化广东的故事，还透露出一点值得注意的信息，那就是岭南还是崇尚佛法之统治者网罗名德、罗致高僧的情报收集所和往来接待站。求那跋摩虽远在阇婆（今印尼爪哇岛）传法，其名声和行踪却能为交州僧俗所了解，且能达于京城名德并上报给宋文帝，文帝因此才敕令交州刺史迎请跋摩并送他至京城弘法。这说明：(1) 岭南地方长官常常要为中央政府迎送往返于南海道的名僧大德，这是他们本职工作之外一项经常性的工作；(2) 南海道上诸国与岭南联系十分密切，不然远在阇婆之跋摩的情况就不会为岭南僧俗所了解，当时佛教已成为联系中国与南海道上诸国的一个重要纽带，而广东又是这一纽带上的重要枢纽，后来达摩初祖航海来粤，北上弘法，并非偶然，实乃海路佛教传播运动的必然结果。

七、求那跋陀罗在岭南的弘法活动

求那跋陀罗（梵名 Gunabhadra，意为功德贤[①]），中天竺人。

[①] 冯承钧：《历代求法翻经录》，第 31 页。

因善大乘故，世号摩诃衍（Mahayana），他先到师子国，再随舶泛海，备历艰险，最后抵达广州。《高僧传》载其生平大致经历如下：

> 求那跋陀罗，此云功德贤，中天竺人也，以大乘学，故世号摩诃衍，本婆罗门种。幼学五明诸论，天文书算，医方咒术，靡不该博。后遇见《阿毗昙杂心》，寻读惊悟，乃深崇佛法焉。其家世外道，禁绝沙门，乃舍家潜遁，远求师友，即投簪落彩，专精志业，及受具足，博通三藏。为人慈和恭恪，事师尽礼，顷之，辞小乘师，进学大乘。大乘师试令探取经匣，即得《大品》、《华严》，师嘉而叹曰："汝于大乘有重缘矣。"于是读诵讲宣，莫能洲抗，进受菩萨戒法。乃奉书父母，劝归正法，曰："若专守外道，则虽还无益；若归依三宝，则长得相见。"其父感其至言，遂弃邪从正。
>
> 跋陀前到师子诸国，皆传送资供，既有缘东方，乃随舶泛海。中途风止，淡水复竭，举舶忧惶，跋陀曰："可同心并力念十方佛，称观世音，何往不感。"乃密诵咒经，恳到礼忏。俄而，信风暴至，密云降雨，一舶蒙济，其诚感如此。元嘉十二年（435）至广州，时刺史车朗表闻，宋文帝遣信迎接。既至京都，敕名僧慧严、慧观，于新亭郊劳，见其神情朗彻，莫不虔仰，虽因译交言，而欣若倾盖。初住祇洹寺，俄而，太祖延请，深加崇敬。琅邪颜延之通才硕学，束带造门，于是京师远近，冠盖相望，大将军彭城王义康，丞相南谯王义宣，并师事焉。顷之，众僧共请出经，于祇洹寺集义学诸僧，译出《杂阿含经》，东安寺出《法鼓经》，后于丹阳

郡译出《胜鬘》、《楞伽经》，徒众七百余人，宝云传译，慧观执笔，往复谘析，妙得本旨。

后谯王（即丞相刘义宣）镇荆州，请与俱行，安止辛寺，更创房殿。即于辛寺出《无忧王》、《过去现在因果》及一卷、《无量寿》一卷、《泥洹》、《央掘魔》、《相续解脱波罗蜜了义》、《现在佛名经》三卷、《第一义五相略》、《八吉祥》等诸经，并前所出凡百余卷，常令弟子法勇传译度语。谯王欲请讲《华严》等经，而跋陀自忖，未善宋言，有怀愧叹，即旦夕礼忏，请观世音，乞求冥应。遂梦有人白服持剑，擎一人首来至其前，曰："何故忧耶？"跋陀具以事对，答曰："无所多忧。"即以剑易首，更安新头。语令回转，曰："得无痛耶？"答曰："不痛。"豁然便觉，心神悦怿。旦起，道义皆备领宋言，于是就讲。

元嘉将末，谯王屡有怪梦，跋陀答云："京都将有祸乱。"未及一年，元凶构逆。……梁山之败，大舰转迫，去岸悬远，判无全济，唯一心称观世音，手捉邛竹杖，投身江中，水齐至膝，以杖刺水，水流深驶，见一童子寻后而至，以手牵之，顾谓童子："汝小儿何能度我？"恍忽之间，觉行十余步，仍得上岸，即脱纳衣欲偿童子，顾觅不见，举身毛竖，方知神力焉。时王玄谟督军梁山，世祖敕军中得摩诃衍，善加料理，驿信送台，俄而寻得，令舸送都（南京）。……
…………

大明六年（462），天下亢旱，祷祈山川，累月无验。世祖（宋孝武帝）请令祈雨，必使有感，如其无获，不须相见，跋陀曰："仰凭三宝，陛下天威，冀必隆泽。如其不获，不复重见。"即往北湖钓台烧香祈请，不复饮食，默而诵经，密加秘咒。明日晡时，西北云起如盖。日在桑榆，风震云合，连日降雨。明旦，公卿入贺，敕见慰劳，赗施相续。①

之所以不嫌冗长，具引如此大段文献，是想借此说明求那跋陀罗三藏在禅法传播、禅宗建立及其对岭南禅宗形成的影响。

从其较为翔实的传记可知，他是一位具有神通异能的禅僧。他博通三藏，且精通咒术，与求那跋摩一样，也具有神通之能，不时显示神通异术，只不过其神通以咒术和感通为主，如在航海途中，通过"密诵咒经，恳到礼忏"，感得信风大雨，使一舶之人解淡水缺乏之忧；抵达南京后为讲《华严》而礼忏，祈请观音，感得精通汉语；在军败舰覆之际，在江水之中，感得神人相求；在宋孝武帝令其祈雨时，又以咒术祈雨成功。凡此种种，都说明他是一位具有感通异能的禅僧。故北上京城（南京）之后，大受尊崇："太祖延请，深加崇敬。""通才硕学，束带造门。"在僧俗两界，轰动一时，后译经宣法，成绩斐然。

他在广州的时间虽然不长，但其传法活动卓有成效。据明刻《光孝重修六祖菩提碑记》称："宋朝求那跋陀罗三藏，建此戒坛，预谶曰：'后当有肉身菩萨受戒于此。'"②说明他至少在广州光孝寺有传法活动。而据清顾光等修《光孝寺志》载：

---

① （梁）释慧皎撰，汤用彤校注：《高僧传》卷三《求那跋陀罗传》，第130—134页。
② 《广州市文物志》编委会编著：《广州市文物志》，岭南美术出版社1990年版，第四编第一章"光孝寺石刻"，第222页。

刘宋武帝永初元年（420），梵僧求那跋陀罗三藏至此，见寺中苛子树，指谓人曰："此西方诃梨勒果之林也，宜曰苛林制止。"遂相度地势，创建戒坛，始立制止道场。立碑预谶曰："后当有肉身菩萨于此受戒。"至梁永明年间（应为齐永明间，梁无永明，即483—493年），奉诏于此坛内译《五百本经》、《伽毗利律》。师通达大乘，西方东土皆称师为摩诃乘者，谓其能游法性海也，故寺又名"法性"。立坛之后，达摩、慧能相继至止弘法，为南宗首善之地，师实基之。①

按此段记载，求那跋陀罗在光孝寺的传法活动影响深远，不仅法性寺之寺名与之有关，且寺内之戒坛、道场为其首创。戒坛为度僧受具戒之用，道场为说法之用，他既创建戒坛、道场，定然有度僧、说法等传法活动，说明他在广州的传法活动影响甚巨。其谶语"后当有肉身菩萨于此受戒"系指六祖慧能后在光孝寺受戒之事，此谶虽为佛门悬记，但谶语之所以被指为求那跋陀罗所说，也从一个侧面说明他在光孝寺的传法活动影响很大，寺志以"南宗首善之地，师实基之"之语誉其对光孝寺创建甚至禅宗之发展有奠基之功，恐亦非全为虚誉之语。顾光《光孝寺志》被认为"记叙平实，较少一般山志、寺志常有的大量菩萨圣迹、感应灵异等虚幻的内容"②。因此，寺志所记之求那跋陀罗在寺内的传法活

---

① （清）顾光、何淙修撰，中山大学中国古文献研究所整理组点校：《光孝寺志》卷三《古迹志》，第63页。

② （清）顾光、何淙修撰，中山大学中国古文献研究所整理组点校：《光孝寺志》，前言第1—2页。

动，应是较为有据可信的。

早期的禅宗法系，如《楞伽师资记》曾将求那跋陀罗列为中土初祖，即是基于他对禅宗理论及禅法实践的贡献而言。台湾印顺法师也指出：

> 达摩继承（求那）跋陀，是本于《古禅训》的："求那跋陀罗禅师，以《楞伽》传灯，起自南天竺国，名曰南宗，次传菩提达摩禅师。"道宣的达摩"初达宋境"，也暗示了这一消息。但在中国禅宗的传承中，跋陀三藏的地位被遗忘了。①

无论是否将求那跋陀罗列入中土初祖，他在中国禅宗形成、发展、演变中的历史性作用都是无法否认的。他在岭南的弘法活动，也为后来达摩的入粤弘化、六祖慧能创立南宗奠定了基础。

第三节　早期梵僧在岭南的译经活动

随佛教东来而初抵中土的梵文佛经，要为广大民众所认识，必须先要由梵转汉，于是，汉译佛经便应需而生。它是早期佛教传播的重要工作和内容。与佛教东来的路线一样，佛经东传也是循陆海两途。比较而言，海路传经可能较陆路更有优势，因为原始佛经均为贝叶经，由海船运载，既量大又易保护，不致损坏。《岭南禅文化》云："佛教传播的陆路与海路各有其优势，一般地

---

① 印顺：《中国禅宗史》，江西人民出版社2007年版，第13页。

说，陆路来得快捷，但由于佛经以贝多罗树叶写成，不便于运输，故运载量较小；海路来得较慢，但运载量较大。所以，佛教最早的传播尽管是通过陆路，但是那'沙漠之舟'带来的佛教经典不多，更多的倒是神异的佛教传说；海路的尽管较晚，但大舶巨舟所载，往往是成箱成夹的佛教卷帙，这是陆路传播望尘莫及的了。"[1] 而且早期来华的佛经，不管是陆经还是海经，都是相对原始的版本，是后来汉译的底本，较完整地保留了印度佛教的原始义理，让人们能够更全面而深入地了解印度佛教的原貌。

中国之有译经始于何时，似无定论；一般说，东汉明帝时的《四十二章经》是我国第一部汉译佛经。《高僧传》曰："有记云：腾（即摄摩腾）译《四十二章》经一卷，初缄在兰台石室第十四间中。"[2] "愔于西域获经，即为翻译《十地断结》、《佛本生》、《法海藏》、《佛本行》、《四十二章》等五部，移都寇乱，四部失本，不传江左。唯《四十二章经》今见在，可二千余言。汉地见存诸经唯此为始也。"[3] 梁启超对此说明确否定："现在藏中佛经，号称最初译出者，为《四十二章经》；然此经纯为晋人伪作，滋不足信。故论译业者，当以后汉桓、灵时代托始。"[4] 据此认为安世高、支娄迦谶"两人实译业开山之祖"[5]。

岭南作为"海经"来华之首站，其输入之量无疑是巨大的，且多藏于广州光孝寺，这就赋予了其佛经传译的重任，从而成为

---

[1] 覃召文：《岭南禅文化》，第2页。
[2] （梁）释慧皎撰，汤用彤校注：《高僧传》卷一《汉洛阳白马寺摄摩腾传》，第1—2页。
[3] （梁）释慧皎撰，汤用彤校注：《高僧传》卷一《汉洛阳白马寺竺法兰传》，第3页。
[4] 梁启超：《佛学研究十八篇》，第168页。
[5] 梁启超：《佛学研究十八篇》，第169页。

岭南乃至中华的一个重要译场。《光孝寺志》曰："我制止自东晋开建以来，常为圣人僧尊者之所税驾，或种树筑坛，或翻经译论，代不乏人。"[1] 晋唐时期在广州（岭南）从事译经事业者如表1-1[2]：

表1-1 晋唐时期在岭南译经者、所译经卷及译经时间

译者名	所译经卷	译经时间
支疆梁接	《法华三昧经》	255年
强梁娄至	《十二游经》	281年
昙摩耶舍	《差摩经》等	397年
竺难提	《威革长者六向拜经》等	419年
求那跋摩	《菩萨戒经》等	424年
竺法眷	《海意经》等	465年
昙摩伽陀耶舍	《无量义经》	481年
摩诃乘	《五百本生经》	483年
僧伽跋陀罗	《善见律毗婆沙》	488年
真谛	《俱舍论》等	546年
般剌密谛	《楞严经》	705年

下面简要介绍几位高僧在广州的译经活动情况。

一、支疆梁接与强梁娄至的译经活动

正如无法认定谁是中华译经第一人一样，谁是岭南首译佛经

---

[1] （清）顾光、何淙修撰，中山大学中国古文献研究所整理组点校：《光孝寺志》卷九《语录志》，第100页。

[2] 何方耀：《晋唐南海丝路弘法高僧群体研究》，羊城晚报出版社2015年版，第195页表。

者，也似无定论。如依梁启超的说法，安世高不仅是译经第一人，且其译经均在广州等南方地区："旧说皆谓世高译业在洛阳，然按诸《高僧传》本传，则世高在广州、在豫章、在荆州、在丹阳、在会稽，皆有遗迹，淮北则无有……高译诸经，皆南方也。"[1] 当然，梁氏此说，学界歧义较多，在此不赘。一般认为，支疆梁接于东吴孙亮五凤二年（255）抵广州，既开梵僧海路来华之先河，他也是梵僧在南海（广州）译经之鼻祖。据隋费长房《历代三宝记》记载，大月氏沙门支强梁接［一译支疆梁接（Kalasivi），意为"正无畏"］由天竺经海路抵达交州（217—264年间，治所在番禺），于东吴孙亮五凤三年（256）七月译出《法华三昧经》[2]，此经稍后由另一位大月氏僧人竺法护在河西走廊重译为《正法华经》，这是有可靠史料记载的最早到广东地区传法译经的梵僧。

东吴末年，又有印度僧人强梁娄至（梵名为Kalaruci）抵达广州[3]，于太康二年（281）译出《十二游经》一卷。

二、昙摩耶舍在广州的译经活动

上文已比较详细地叙述了昙摩耶舍在岭南的传法概况，其中一个贡献是翻译佛经。据上引《高僧传》本传知，他"初达广州，住白沙寺"时，"有清信女张普明，谘受佛法，耶舍为说《佛生缘起》，并为译出《差摩经》一卷"。而据清顾光《光孝寺志》载：

---

[1] 梁启超：《佛学研究十八篇》，第34页。
[2] 冯承钧：《历代求法翻经录》，第8页。
[3] 冯承钧：《历代求法翻经录》，第10页。

"昙摩耶舍尊者,罽宾国三藏法师也。东晋安帝隆安间(397—401)来游震旦,至广州止。此时(光孝寺)地为虞翻旧苑,尊者乃创建大殿五间,名曰王园寺。随于此寺奉敕译经,有武当沙门慧严笔授。"[1] 后来耶舍北上长安,与天竺沙门昙摩掘多合译《舍利弗阿毗昙》。

三、求那跋陀罗与《楞伽经》的翻译

求那跋陀罗是一位精通梵汉的译经大师,翻译了众多经典。对禅宗形成、发展的影响,则莫过于其四卷本《楞伽经》之翻译了。

《楞伽经》前后有四种译本,现存三种:第一,乃求那跋陀罗所译《楞伽阿跋多罗宝经》,四卷,因此又名《四卷楞伽》;第二,北魏菩提流支所译《入楞伽经》,十卷,又名《十卷楞伽》;第三,唐代武则天年间实叉难陀所译《大乘入楞伽经》。而最为流行,后来为初祖达摩所推荐用以"藉教悟宗"的就是求那跋陀罗所译的四卷本《楞伽经》。本经的主旨乃宣说真空妙有、唯识无境的如来藏思想,即"三界唯心",世界万有乃心识所现,认识对象在于内心,认识心识也就了解世界的本源,而要认识心识(禅宗名为"识得自性")就必须反求诸己,发现自己本自清净的如来藏。人们之所以不能认识自己的清净本性,即如来藏,就是此如来藏为客尘所掩盖。人们的烦恼与清净本性,即烦恼与菩提之间的关系

---

[1] (清)顾光、何淙修撰,中山大学中国古文献研究所整理组点校:《光孝寺志》卷二《建置志》,第19页。

是等一不二的,即烦恼即菩提,就如水与波的关系一样,水波本性并无二致,只因境界风所吹,所以水才为风所动,变成汹涌的波涛。如果息灭各种境界之风(即人们通常所说的八风:利、衰、毁、誉、称、讥、苦、乐),风停浪息,波停水静,水波一致,烦恼也就转化为菩提。所谓"其本起于藏识,故曰水流处,由藏识而生转识,如水起浪也。""风吹海水则前波起而后波随也,外境界风飘荡心海识浪不断,因所作相异不异。"[1]海水本自清澄明净,是为如来藏,但为境界风所吹,故而"识浪不断",是为烦恼。所以,修行之目的就是息灭境界之风,回归自心真如,顿现本具之如来藏。后世禅宗所倡导的发现本地风光、寻找自家宝贝、转烦恼为菩提的修行法门,其经典依据也源于此。

为了达到清除客尘、息灭八风、发现人人本具之如来藏之根本目的,《楞伽经》建立了一套完整的理论概念和修证体系,也因此建立起复杂的名相。

首先,依"三界唯心"之论(三界,即欲界、色界、无色界),对五法(名、相、分别、正智、如如)、三自性(遍计所执性、依他起性、圆成实性)、八神识(眼、耳、鼻、舌、身、意、末那、阿赖耶识)、二无我(人无我、法无我)以及中阴(人死后至转生前的中间状态)等概念皆一一阐释。

其次,阐明如来藏的含义:意谓一切众生藏本来清净之如来藏法身,即是佛性。如来藏自性清净,但因无始以来的虚伪习气

---

[1] (南朝宋)求那跋陀罗译:《楞伽阿跋多罗宝经》,《大正藏》第16册,台湾电子佛教协会,2016年,第353页。

所熏，变成"藏识"，犹见不净，应除灭客尘，舍伪归真。

再次，解释四种禅：愚夫所行禅，即声闻、缘觉、外道及小乘禅法；观察义禅，认识人法皆空之禅法；攀缘如禅，即接近真如之禅；如来禅，即悟入如来境界之禅。

从此，论述"宗通"（理悟、内证）与"说通"（义理之宣说）之相互关系。这其实是后来"宗门"与"教下"关系的经典渊源。

最后，顿、渐关系。主张事须渐成，理则顿悟，顿悟与渐修相辅相成，不可偏废。为了阐明修行者对顿渐关系的态度，经中大慧问佛陀："云何净除一切众生自心现流？为顿为渐耶？"佛陀明确告诉大慧："渐除非顿，如庵摩果，渐熟非顿，如来净除一切自心现流，亦复如是，渐净非顿。"但发现自性真如，却是顿非渐，"譬如明镜，顿现一切无相色像，如来净除一切众生自心现流，亦复如是，顿现无相，无有所有清净境界。如日月轮，顿照一切色像。如来为离自心现习气过患众生，亦复如是，顿为显现不思议智最胜境界"[①]。这种渐除习气、顿现真如的论述，成为后世禅宗顿、渐之争的理论源头。

《楞伽经》所立"三界唯心""三自性""八识""四智"（大圆镜智、平等性智、妙观察智、成所作智），后来成为法相宗的核心概念，《楞伽经》也被法相中人视为"六经"之一。但事实上，此经对禅宗的影响更大，它被视为禅宗的宗经也名实相符。特别是后来达摩的"二入四行"的修行理论，基本是以《楞伽经》所提出的如来藏理论为基础。"二入"中的所谓"理入"，就是要明白

---

① （南朝宋）求那跋陀罗译：《楞伽阿跋多罗宝经》，《大正藏》第16册，第485页。

人人本具清净自性,即如来藏,但人们未认识和发现自身本具的宝藏,原因就是"客尘"所染。修行的目的就是要清除这些掩盖本性的各种内外因素,认识到如来藏本自清净的本性,此即"理入"。"行入"就是从修行实践下手,一步一步地清除自心的各种杂念,即客尘。"行入"的法门有四:即报怨行、随缘行、无所求行、称法行。前二行意为今生所遇苦乐之境皆以前的业力和因缘所致,因此,遇苦不必挫,遇乐亦不必骄;无所求行,即不要为自身的各种欲望所驱使,随遇而安,不为客尘所染;称法行,即依如来藏本具本净之理论,如法修行,依法证道。

《楞伽经》虽不是在广州或岭南所译,而是求那跋陀罗北上之后,于丹阳郡译出,但其所译的主要经典《法鼓》《胜鬘》《央掘魔罗》《相续解脱地波罗蜜了义》等均与佛性、如来藏有关系,可知他是一位分析八识、研究如来藏的大师,他所弘扬的就是以如来藏为核心的理论体系,他所倡导的修行法门就是扫除客尘、息灭八风、发现清净本性的禅修方法。可以说,《楞伽经》奠定了达摩借教悟宗的理论基础,为禅宗顿超直入,直指人心的修心法门做好了理论准备。

既然《楞伽经》非译自广州,那么求那跋陀罗有否在广州从事佛经翻译?《光孝寺志》卷三《古迹志》云:"刘宋武帝永初元年(420),梵僧求那跋陀罗三藏至此……创建戒坛……至梁永明年间(483—493),奉诏于此坛内译《五百本经》、《伽毗利律》。"[①] 卷六《法系志》也谓"求那跋陀罗三藏者,梵僧也,通达

---

① (清)顾光、何淙修撰,中山大学中国古文献研究所整理组点校:《光孝寺志》卷三《古迹志》,第36页。

大乘，于刘宋永初间飞锡至此……至梁永明年间，奉诏译经"①。如果这些记载不虚，则求那跋陀罗在广州从事过译经活动，译出了《五百本经》《伽毗利律》等，然其他文献只述其途经广州，未见其有译经活动，《出三藏记集》所录其译品十四部七十六卷，亦未见有于广州所出者②，故在表1-1所列于广州从事佛经翻译者中，我们没有将其放进去。

四、真谛在广州的译经活动

被誉为中国历史上四大佛经翻译家之一的真谛，因其从海路来华以及译经事业而与岭南结下不解之缘。道宣《续高僧传》本传曰："（真谛）以大同十二年（546）八月十五日达于南海。沿路所经，乃停两载，以太清二年（548）闰八月始届京邑。……至三年九月，发自梁安，泛舶西引，业风赋命，飘还广州，十二月中，上南海岸。刺史欧阳穆公頠，延住制旨寺，请翻新文。"③可知其两度莅临广州。第一次是大同十二年至太清二年，这期间是否在广州度过？《续高僧传》说其"沿路所经，乃停两载"，《贞元新定释教目录》谓"沿历险阔，仍滞两春"④。显然是指路上历经两年才届

---

① （清）顾光、何淙修撰，中山大学中国古文献研究所整理组点校：《光孝寺志》卷六《法系志》，第60页。
② （梁）释僧祐撰，苏晋仁、萧錬子点校：《出三藏记集》卷二《新集撰出经律论录第一》，第23页。
③ （唐）释道宣撰，郭绍林点校：《续高僧传》，中华书局2014年版，第18—20页。
④ （唐）圆照：《贞元新定释教目录》，《大正藏》第55册，台湾电子佛教协会，2016年，第836页。

京城，然则在广州居留的时间不会很长，甚至可以说是匆匆过客。那么，真谛第一次在光孝寺的短暂时间中自不可能从事译经。真谛第二次来广州光孝，是天嘉三年（562）至入灭，在此生活了十余年，这是真谛在华期间稍为安定的一段时光。当地官员安排他居住光孝，并请他翻译佛经，体现了官府的意志及官员的个人喜好，从侧面反映出当时真谛在广州从事译经事业的良好环境。

真谛在华二十三年，所出译品甚多。任继愈《中国佛教史》云：真谛"来华流离的二十三年中，共出译述64部，278卷，经《开元录》勘定，其中翻译49部，142卷；自作义疏19部，134卷"[1]。就真谛在华译经而言，有如下几点是凸显的：

第一，其所译经典大部分应是在广州光孝译场译出。主要原因无疑是其晚年居广州时间长，有一个相对安定环境从事译经。《续高僧传》云："有天竺沙门真谛，挟道孤游，远化东鄙。会虏寇勃殄，侨寓流离，一十余年，全无陈译。……于广州制旨寺笔受文义，垂二十年。前后所出五十余部，并述义记，皆此土所无者。"[2] 据罗香林的研究，历代僧人在光孝寺所译佛经有案可稽者约二十部，其中真谛所译有：《摄大乘论》三卷、《摄大乘论释》十二卷并《义疏》八卷、《金刚般若经》一卷、《俱舍释论》二十二卷、《佛性论》四卷、《律二十二明了传》一卷并《疏》五卷、《僧涩多律经》若干卷、《广义法门经》若干卷、《唯识论》一卷、《中边分别论》一卷、《无相思尘论》一卷、《无上依经》若干

---

[1] 任继愈主编：《中国佛教史》，中国社会科学出版社1988年版，第151页。
[2] （唐）释道宣撰，郭绍林点校：《续高僧传》，第23页。

卷、《金光明经》若干卷、《立世阿毗昙论》十卷、《大涅槃经论》一卷、《婆薮盘豆法师传》一卷，共十六部[①]，占绝大部分。

第二，在真谛所出译品中，《摄大乘论》和《俱舍论》最为其看重。"自谛来东夏，虽广出众经，偏宗摄论。"[②]而据真谛自己所言，译出两论，终生无憾："今译两论，词理圆备，吾无恨矣。"[③]也许真谛译释两论用力殊深，故其文辞华丽，契理玄妙："其诸部中有摄大乘、俱舍论，文词该富，理义凝玄，思越恒情，鲜能其趣。"[④]除译两论，真谛还传授两论，反复与弟子们宣讲，并"令弘摄、舍两论，誓无断绝"[⑤]。足见真谛于两论之钟情。

第三，光孝寺藏有大量梵文贝叶经，真谛所译毕者只是少部分，尚未翻译的大部分存放在光孝寺。《历代三宝记》云："外国经论，并是多罗树叶书，凡有二百四十缚。若依陈纸墨翻写，应得二万余卷。今之所译，止是数缚多罗叶书，已得二百余卷。通及梁代，减三百卷。是知佛法大海不可思议，其梵本《华严》、《涅槃》、《金光明》将来。建康已外，多在岭南广州制旨、王园二寺。"[⑥]《续高僧传》谓真谛"所出经论记传，六十四部，合二百七十八卷……余有未译梵本书，并多罗树叶，凡二百四十夹……今见译讫，止是数甲之文，并在广州制旨、王园两寺"[⑦]。然

[①] 罗香林：《唐代广州光孝寺与中印交通之关系》，转引自覃召文：《岭南禅文化》，第8页。
[②] （唐）释道宣撰，郭绍林点校：《续高僧传》，第21页。
[③] （唐）释道宣撰，郭绍林点校：《续高僧传》，第24页。
[④] （唐）释道宣撰，郭绍林点校：《续高僧传》，第23页。
[⑤] （唐）释道宣撰，郭绍林点校：《续高僧传》，第25页。
[⑥] （隋）费长房：《历代三宝记》，《大正藏》第49册，第88页。
[⑦] （唐）释道宣撰，郭绍林点校：《续高僧传》，第21页。

今光孝寺不知是否还藏有这些尚未汉译之梵文贝叶经。

五、般剌密谛与《楞严经》的翻译

唐神龙元年（705），梵僧般剌密谛三藏抵广州居光孝寺，在弥迦释迦、怀迪、房融等人的协助下，译出《楞严经》。《续古今译经图纪》载："沙门般剌蜜帝，唐云极量，乃于广州制旨道场居止。……以神龙元年集乙巳五月己卯朔二十三日辛丑，遂于灌顶部中诵出一品，名《大佛顶如来密因修证了义诸菩萨万行首楞严经》一部。乌苌国沙门弥迦释迦译语，菩萨戒弟子前正议大夫同中书门下平章事清河房融笔受，循州罗浮山南楼寺沙门怀迪证译。"[1] 而据《光孝寺志》所记，此乃《楞严经》之首译："则天神龙元年，西域般剌密谛三藏于此译《楞严经》。中国之有《楞严》，自岭南始。"[2] 此经译出后，曾上奏朝廷，然因武后则天驾崩而未为世人所知，至神秀入宫发现后方始流行，大放异彩："唐房融，河南人，聪慧好佛，武后时以正谏大夫同平章事，长安末尝主南铨。在广州时，值天竺僧般剌密谛三藏持《楞严经》梵本浮南海而至，融就光孝寺译出而笔授之，今寺中有笔授轩云。神龙元年五月，经成入奏，适武后崩，融长流钦州，徙高州死。后僧神秀入内道场，见所奏经本，录传于此，由是《楞严》大显，遂为佛学

---

[1] （唐）智升：《续古今译经图纪》，《大正藏》第55册，第371—372页。
[2] （清）顾光、何淙修撰，中山大学中国古文献研究所整理组点校：《光孝寺志》卷二《建置志》，第19页。

之宗。"[1] 清人檀萃《楚庭稗珠录》引《光孝寺碑记》云："《楞严》了义五天秘重，般剌蜜帝创译寺中，房融笔受，冠绝今古。"[2] 评价甚高。

---

[1] （清）顾光、何淙修撰，中山大学中国古文献研究所整理组点校：《光孝寺志》卷二《建置志》，第19—20页。

[2] （清）檀萃：《楚庭稗珠录》，见鲁迅、杨伟群点校：《历代岭南笔记八种》，广东人民出版社2011年版，第284页。

第二章
达摩来粤及其在岭南的传法活动

通过安世高、昙摩耶舍、求那跋摩、佛驮跋陀罗、求那跋陀罗等几代禅师在岭南的活动,以及《楞伽经》的翻译,禅法在岭南有所传播,岭南也有僧俗跟随禅师进行禅修。但从魏晋到南北朝,中国佛教界仍然是以经典的义理宣讲为主,不同的法师侧重不同的经典,出现了不同的类型的经师,有专弘《涅槃》的,也有专弘《法华》的,也出现了所谓的涅槃师、法华师、十地师、楞伽师、毗昙师、三论师、成实师、摄论师、俱舍师等专门研究某一经论的法师,他们各据某些经论,进行阐释发挥,形成了早期的学派,即所谓的"六家七宗"。但总体而言,是以义理研究为主,真修实证者不太受到重视,在以义理玄学为风尚的江南更是如此。菩提达摩就是在这种背景下来到中国弘扬他所提倡的藉教悟宗、参禅悟真的弘法活动的。

第一节 达摩祖师入粤路线略考

一、达摩来华路线及弘法活动

关于达摩的早期记载,有杨衒之(约547年左右作)的《洛阳伽蓝记》①、昙林（约585年卒）的《略辨大乘入道四行及序》②、道宣（667年卒）《续高僧传》卷十六《菩提达摩传》③。《续高僧传》的《菩提达摩传》，主要是根据前二书的内容，略增加一些其他的传说而已。④

唐智昇《开元释教录》、唐杜胐（713年左右撰）《传法宝纪》⑤、唐净觉（720年左右撰）《楞伽师资记》、宋契嵩《传法正宗记》以及《景德传灯录》和《指月录》等后出的史料虽有一定参考价值，但并非原始资料。正如汤用彤所言："达磨称为中国禅宗初祖。唐代时晚出禅宗史记，所叙达磨平生不尽可信。"⑥所以讨论达摩祖师之来华路线及时间主要依上述三种史料为主。

菩提达摩（梵名Bhodhidharma，意为觉法或道法），"摩"亦作"磨"，略称"达摩"或"达磨"，文献中，称"达磨"者居多，意译为"道法"。

杨衒之《洛阳伽蓝记》卷一"永宁寺条"的记载可谓是最接近达摩所处时代的史料：

> 时有西域沙门菩提达摩者，波斯国胡人也。起自荒裔，来游中土。见金盘炫目，光照云表，宝铎含风，响出天外，

---

① （魏）杨衒之：《洛阳伽蓝记》，《大正藏》第51册，第1000页。
② （隋）昙林：《略辨大乘入道四行及序》，《大正藏》第85册，台湾电子佛教协会，2016年，第1284—1285页。
③ （唐）道宣撰，郭绍林点校：《续高僧传》，第565页。
④ 印顺：《中国禅宗史》，第1页。
⑤ （唐）杜胐：《传法宝纪》，《大正藏》第85册，第1291页。
⑥ 汤用彤：《汉魏两晋南北朝佛教史》，第562页。

歌咏赞叹，实是神功。自云："年一百五十岁，历游诸国，靡不周遍，而此寺精丽，阎浮所无也。极佛境界，亦未有此！"口唱南无，合掌连日。①

杨衒之称之为"波斯国胡人"，这并不奇怪，因为在南北朝以前，中国人胡、梵不分，凡域外人，特别是西域人皆称之为"胡人"，印度人也照例称为"胡人"，僧人礼拜佛陀的跪姿，称为"胡跪"，在唐以后也有如此称呼，宗宝本《六祖坛经》多处用"胡跪"一词，实际却指印度式的跪拜之法。②达摩本南印度人，杨衒之称之为"波斯国"人，大抵是以波斯作西域诸国之代称，抑或当时来华弘法的僧人许多来自波斯，遂称其为波斯国人。只称他"起自荒裔，来游中土"，并未明确交代来华的路线。

唐道宣《续高僧传》卷十六则对达摩祖师的国籍、种姓、来华路线及大致时间有更为明确的记载：

> 菩提达摩，南天竺婆罗门种。神慧疏朗，闻皆晓悟，志存大乘，冥心虚寂，通微彻数，定学高之，悲此边隅，以法相导。初达宋境南越，末又北度至魏。随其所止，诲以禅教。于时合国盛弘讲授，乍闻定法，多生讥谤。有道育、慧可，此二沙门，年虽在后而锐志高远，初逢法将，知道有归，寻

---

① （魏）杨衒之撰，周祖谟校释：《洛阳伽蓝记》，中华书局1963年版，第11—12页。
② 如宗宝本《六祖坛经》之《忏悔品》即有"今可各各胡跪，先为传自性五分法身香，次授无相忏悔。众胡跪"（江泓、夏志前点校：《坛经四古本》，羊城晚报出版社2011年版，第51页）。

亲事之，经四五载，给供咨接。感其精诚，诲以真法。①

道宣明确他为南印度婆罗门种姓，来华的时间在南朝宋代（420—479），也明确其来华路线是遵海路航海而来，首先抵达中国的岭南（即南越），然后才北上至魏国境内。然细观道宣的叙述，特别是与《洛阳伽蓝记》的不同之处，其实，他的记载应该是上承比其稍早的昙林的《二入四行序》。昙林《菩提达磨大师略辨大乘入道四行观》卷一云：

（达摩）法师者，西域南天竺国人，是婆罗门国王第三之子也。神慧疎朗，闻皆晓悟。志存摩诃衍道，故舍素随缁，绍隆圣种，冥心虚寂，通鉴世事，内外俱明，德超世表。悲悔边隅，正教陵替，遂能远涉山海，游化汉魏。亡心之士，莫不归信；存见之流，乃生讥谤。于时唯有道育、惠可，此二沙门，年虽后生，俊志高远。幸逢法师，事之数载。虔恭谘启，善蒙师意。法师感其精诚，诲以真道。②

在昙林的记述中，增加了达摩为"国王第三子"的身份介绍，同时在介绍达摩禅法为当时佛教主流"讥谤"外，也说到"亡心之士，莫不归信"，即在宣讲义理盛行的中国佛门，特别是南方僧伽，对空寂实修的法门持批评态度的同时，也有喜好禅修之士对

---

① （唐）释道宣撰，郭绍林点校：《续高僧传》，第565页。
② （隋）昙林：《菩提达磨大师略辨大乘入道四行观》，《大正藏》第63册，台湾电子佛教协会，2016年，第1页。

达摩禅法表示欢迎，且归信师事，道育、慧可就是其中的佼佼者。

其弘法的方法是"随其所止，诲以禅教"，即以传授禅修之法为主要内容，而当时以宣讲经论义理为主流的中国佛教界对他这一以实修为主的禅修方法却颇不以为然，所谓"于时合国盛弘讲授，乍闻定法，多生讥谤"，说的即是这种情况，跟随其学习禅修者寥寥无几，只有道育、慧可二位出家僧人跟随左右，习其法门。就总体而言，达摩的入华传法并未引起轰动，在当时的佛教界并未产生立竿见影的效果，只是一股具有生命力的潜流。

二、达摩入华时间

据《续高僧传》，达摩来华时间在南朝宋代。宋立国近六十年，即420—479年之间，而究竟在哪一年来华呢？文献都没有明确记载，但《洛阳伽蓝记》记载达摩见过永宁寺，并对此寺之高大华丽赞叹不已，所以，达摩在永宁寺建成之后曾参拜此寺，应是历史事实。而永宁寺始建于魏熙平元年（516），太后胡氏所立，建成于神龟二年（519）。《魏书·崔光传》云："（神龟）二年八月，灵太后幸永宁寺，躬登九层佛图。"《洛阳伽蓝记》云："装饰毕功，明帝与太后共登之。"可见明帝与太后是于神龟二年（519）永宁寺"装饰毕功"之后始游此寺的，则至少神龟二年永宁寺已经落成，永宁寺于孝昌二年（526）因大风吹落刹上宝瓶，始见萧条，后尔朱荣屯兵此寺，永熙三年（534）二月遭火焚而毁。

如此，则达摩至少在519年前就已抵达洛阳，而且，此时他在中土至少待了四十年，因为他在南朝宋（420—479）抵达南越，而南朝宋止于479年，他至少在这年以前就已入华，至他参观永宁寺的519年则有四十年之久，可见他在华弘法的时间之长。

但对达摩来华时间，时代越后的记载越具体，且越是众说纷纭。道宣称其"初达宋境南越，末又北渡至魏"，表明达摩是宋时（479年前）来华，后又到北方魏国的。而《宝林传》（又称《双峰山曹侯溪宝林传》，《景德传灯录》同）却称其于梁普通八年丁未岁（527）九月来华，其年北渡至魏。将其来华时间推迟了五十年之久。但这显然是缺乏根据的，与他同时代的杨衒之说他曾参拜过永宁寺，且赞叹不已，显然杨衒之的记载更为准确。而且，《宝林传》有两种相互矛盾的说法，一说梁普通八年达摩来华，一说为北魏太和十年（486）北渡至魏，并称二者实为一年，但二者显然不是同一年。又据《续高僧传·僧副传》，僧副曾从学于"善明观行"的达摩禅师，精于禅修，遂"为定学宗焉"。"齐建武年（494—497）南游杨辇（南京），止于钟山定林下寺。"① 此僧副即《传灯录》中的道副，为有记载的达摩汉地最初弟子，他能在建武（494—497）之前入达摩门下，成为定学宗师，那达摩显然不可能在建武之后的梁普通八年才抵达中土。且道宣为唐初人，离达摩来华时代不远，他记载达摩"初达南越宋境"，北上之后僧副拜其为师，然后，于齐建武年间南下弘法，在时间上也顺理成章，因此，达摩抵达岭南应在南朝宋。但《宝林传》的梁普通年间说却似乎很有影响，以后的《景德传灯录》也继承此说。而清乾隆年间的《光孝寺志》也承袭此说，谓"普通八年（527），达摩初祖

---

① （唐）道宣撰，郭绍林点校：《续高僧传》，第559页。

至自天竺，止于诃林"①。有时又说于普通七年（526）入华抵粤，如《光孝寺志》卷六之《法系志》记载道："（达摩）乃辞祖塔，别学侣，泛重溟，凡三周寒暑，达于南海（郡），实梁普通七年丙午岁九月二十一日也。"②可见，普通八年之说，虽然错误，但却后来居上，广为流传。

三、达摩禅学的基本内涵

达摩被视为西天二十八祖、东土初祖，自然就意味着他是印度禅与中国禅宗之间的桥梁和中介，是他将从佛祖、大迦叶以来，一脉单传的佛陀心法传入中国，成为将禅宗心法传入中国的始祖。他的禅学主张和禅学内涵是什么，各僧传都没有具体交代，道宣在其传记中只是说他"随其所止，诲以禅教。于时合国盛弘讲授，乍闻定法，多生讥谤"。即是说，他所弘传之禅定之法与当时中国佛门主流格格不入。对他所诲的"禅教"是什么，也没有具体描述。具体记载其学说内涵及特点的是昙林的《菩提达磨大师略辨大乘入道四行观》，其中介绍了他"二入四行"的教理与教行：

夫入道多途，要而言之不出二种：一是理入，二是行入。理入者，谓藉教悟宗，深信含生同一真性，但为客尘妄想所

---

① （清）顾光、何淙修撰，中山大学中国古文献研究所整理组点校：《光孝寺志》卷二《建置志》，第19页。
② （清）顾光、何淙修撰，中山大学中国古文献研究所整理组点校：《光孝寺志》卷六《法系志》，第61页。

覆，不能显了。若也舍妄归真，凝住壁观，无自无他，凡圣等一，坚住不移，更不随文教，此即与理冥符，无有分别，寂然无为名之理入。行入谓四行，其余诸行悉入此中。何等四耶？一报冤行，二随缘行，三无所求行，四称法行。

云何报冤行？谓修道行人，若受苦时，当自念言，我往昔无数劫中弃本从末，流浪诸有，多起冤憎，违害无限，今虽无犯，是我宿殃恶业果熟，非天非人所能见与，甘心甘受，都无冤诉。经云，逢苦不忧，何以故？识达故。此心生时与理相应，体冤进道，故说言报冤行。

二随缘行者，众生无我并缘业所转，苦乐齐受皆从缘生，若得胜报荣誉等事，是我过去宿因所感，今方得之，缘尽还无，何喜之有？得失从缘，心无增减，喜风不动，冥顺于道，是故说言随缘行。

三无所求行者，世人长迷，处处贪着，名之为求，智者悟真，理将俗反，安心无为，形随运转，万有斯空，无所愿乐，功德黑暗，常相随逐，三界久居，犹如火宅，有身皆苦，谁得而安？了达此处，故舍诸有，止想无求。经曰，有求皆苦，无求即乐。判知无求，真为道行，故言无所求行。

四称法行者，性净之理，目之为法，此理众相斯空，无染无着，无此无彼。经曰，法无众生，离众生垢故；法无有我，离我垢故。智者若能信解此理，应当称法而行。法体无悭身命财，行檀舍施，心无吝惜，脱解三空，不倚不着，但为去垢，称化众生而不取相，此为自行，复能利他，亦能庄严菩提之道，檀施既尔，余五亦然，为除妄想修行六度而无所行，是为称法行。①

此即达摩所诲之禅教，即教理和教行，亦即其禅修的理论与方法，即后人常说的"二入四行"。正如上文谈论《楞伽经》与达摩禅学理论关系时所论，二入四行论以楞伽之如来藏理论为基础，即人人本具清净本性，但却为客尘所掩不识本真，流浪生死，不得解脱。修行之道在于首先从理论上树立正确知见，此即"理入"，相信清除客尘，可顿现清净自性；而要清除尘垢，直达本性，就需要有正确的修持方法，此即"四行"：对现实中遇到的顺逆苦乐境界，不骄不嗔，随其因缘，泰然处之，此即报怨行和随缘行；遇事无求，不贪不痴，随遇而安，不为客尘所染，此即无所求行；称法行，依如来藏本具本净之理论，如法修行，依行证道。"称"，相当、相应之意；"称法"，意为依法，或与法相应之意；"称法行"，即依法修行。所以，达摩的教理教行包括了解门和行门两个方面。对这一解行并重的禅修理论，唐净觉的《楞伽师资记》也进行了详细的阐释，并且说道："此四行，是达摩禅师亲说，余则弟子昙林记师言行，集成一卷，名曰《达磨论》也。"《达磨论》其实就是指上引的《菩提达磨大师略辨大乘入道四行观》。

因为达摩的"二入四行"之教理建立在楞伽如来藏的理论基础之上，所以，达摩门下的行人中，遂以四卷《楞伽经》作为藉教悟宗之宗经，正如《续高僧传》卷十六之《慧可传》所说："初，达摩禅师以四卷《楞伽》教可曰：'我观汉地，惟有此经，

---

① （隋）昙林：《菩提达磨大师略辨大乘入道四行观》，《大正藏》第63册，第1页。

仁者依行，自得度世。'"到了慧可的弟子辈也仍以《楞伽》为宗经，所谓"那、满等师，常赍四卷《楞伽》以为心要，随说随行"。[1]

第二节　达摩初祖在岭南的传法活动

一、达摩在广州的活动时间

上文已辨析了达摩来华的时间，实际上，达摩来华的时间就是他抵达岭南广州的时间。《续高僧传》卷十六其本传谓"初达宋境南越，末又北度至魏"。即是说，其来华的时间在南朝宋代（420—479），其来华路线是遵海路航海而来，首先抵达中国的岭南（即南越），然后才北上至魏国境内。也就是说，达摩抵达广州的时间不晚于479年，对此后出的史料的记载则越来越具体。如《景德传灯录》所载，梁大通元年（527，一说在梁普通七年，即526年），乘商舶抵达广州，驻锡王园寺（今光孝寺）。明人瞿汝稷《指月录》则极其具体详细地记载了其入华年月："祖（达摩）泛重溟，凡三周寒暑，达于南海（今广州），实梁普通七年庚子岁（梁普通七年为526年，岁次丙午，不是庚子；庚子岁为普通元年，即520年）九月二十一日也，广州刺史萧昂，具礼迎供。表闻武帝，帝遣使赍诏迎请，以十月一日，至金陵。"[2]这是精确到日的行传和生平记录。后来清乾隆间顾光领衔编纂的《光孝寺志》也承

---

[1] （唐）释道宣撰，郭绍林点校：《续高僧传》，第569页。
[2] （明）瞿汝稷编撰，德贤、侯剑整理：《指月录》，巴蜀书社2005年版，第93页。

袭此说，只不过将"庚子"改为"丙午"。① 此说最初出自何处已不可考。按此说，达摩于526年九月二十一日乘船抵达广州，于同年十月一日奉诏到达宋都建康，以当时之交通条件，无论水路、陆路均不太可能在十日之内从广州抵达南京。况且，达摩抵穗后，萧昂才表闻武帝，即遣使至京上报朝廷，武帝再遣使赍诏到穗迎请，这一系列使者往返亦不可在十日内完成。② 显然此说应是后世的猜想或杜撰。

这些后出或地方性的史料，其具体日期和细节也许不真实，但其中一些传说也暗含着某些真实的历史事实。如广东地方史料就传说达摩首先在今天的荔湾区华林寺登陆，在此结庵坐禅，而后又移锡王园寺（今光孝寺）；达摩季弟达奚司空也与他一起泛舶来粤，并带来一棵波罗树植于南海神庙前，最后卒于岭南，粤人祀之于南海神庙之内。今天广州民众每年举行的"波罗诞"就与达摩之弟达奚有关。这些未必真实可信的传说细节，反映了达摩在岭南弘法活动有较长的时间，且有较大的影响。

达摩抵达广州的具体时间虽没有明确的记载，但他从海路航海而至，在广州上岸，在广州驻锡一段时间，再北上弘法，却是基本可信的。至于他在广州究竟待了多久，对此虽然没有明确可

---

① （清）顾光、何淙修撰，中山大学中国古文献研究所整理组点校：《光孝寺志》卷六《法系志》，第61页。

② 元人念常撰《佛祖历代通载》卷九云："论曰：昔嵩明教著《传法正宗记》，称达磨住世，凡数百年，谅其已登圣果，得意生身，非分段生死所拘。及来此土，示终葬毕，乃复全身以归，则其住寿固不可以世情测也。《（景德）传灯录》云：师以九月二十一日至广州，刺史（萧昂）以表闻奏，帝遣使赍诏迎之，师以十月一日至金陵。然自广至金陵亡虑三千余里，将命者往而复，师方启行，岂以十日之间能历三千里乎？"[（元）念常：《佛祖历代通载》，《大正藏》第49册，第549页。]

靠的史料记载,但广州众多有关达摩的传说却暗示他在宋齐之间在广州待了相当长的时间。

二、达摩祖师在广州的弘法活动

有关达摩最原始的记载,诸如《洛阳伽蓝记》《续高僧传》和《二入四行序》都没有记载其在中土的具体传法活动,更无只言片语谈及其在岭南的弘法活动。记录他在岭南的活动的,多为一些地方文献和传说。

据顾光《光孝寺志》卷三《古迹志》记载,达摩曾在寺内留下了众多的古迹和传说:

> 梁武帝普通八年(527),达摩初祖至寺。广州刺史萧昂表闻,帝遣使迎至金陵。与语不契,遂渡江北,寓止嵩山少林寺。今大殿东南角大井,初祖住此所穿也。明天顺中,有道人铭:"水繇天生,心繇水悟。卓彼老禅,待我而喻。"
>
> 《南海志》称,罗汉井在光孝寺东廊,相传达磨洗钵于此。
>
> 达磨井,在寺东界法性寺内。旧志(明张淙《光孝寺志》)失载。
>
> 寺中著名者四井,独此井为钜,深数丈,甃以巨石。味甚甘冽,盖石泉也。其下时有鱼游泳。按旧经载,广城水多咸卤。萧梁时,达磨祖师指此地有黄金,民争挖之,深数丈,遇石穴,泉水迸涌而无金。人谓师诳,师曰:"是金不可以觔两计者也。"今不知所在。而府志(指《广州府志》)云:

"《通志》谓在悟性寺,《南海寺》谓在弥勒寺,《名胜志》谓在粤秀山右,即白沙寺古井。卒无确考,当阙以俟考。"等语,窃谓即此井是也。诸志所引皆不及光孝,则以此井向既载有所在,遂不复向光孝考索之耳。此井在寺最久,特以寺名屡易,附属不一,以致诸志传闻异辞,无足怪者。[1]

从寺志记载达摩的故事来看,达摩在广州诱民穿井之事,广东地方文献也多有记录。显然,这应是一件影响较大、流传较广的历史事件,因而,"达磨井"亦成为有名之古迹,为历代墨客骚人所吟咏赋诗。依故事的叙述,达摩既能发现广州城水多咸卤,又以地藏黄金之名而诱民穿井,说明达摩在粤弘法应有一段时间。达摩虽以四卷《楞伽经》传付心印,但并不主张宣讲经义,而是主张藉教悟宗,见性开悟。是以并不将译经、说法、度僧、建寺等传统传法形式作为弘法的必要手段。故其行迹宗旨皆不为外人所知晓,《续高僧传》对其行迹记载也十分简略。他在广州也应是以同样的方式传教,其禅门宗旨不大会为外人所了解,只因其诱民穿井之事才见诸载籍。而在穿井故事中,民众之所以相信他地有黄金之言,一定是因为他在当时已有一定的名声,世人相信他为得道高僧。名声是需要时间来树立的,是以,按常理推测,达摩在粤弘法应有相当长一段时间,在社会上有一定影响、一定声誉之后,广州刺史萧昂才会表奏朝廷,武帝也才会遣使将其迎至

---

[1] (清)顾光、何淙修撰,中山大学中国古文献研究所整理组点校:《光孝寺志》卷三《古迹志》,第38—39页。

京城，而绝不会像《指月录》所记载的那样，达摩九月二十一日至广州，十月一日就被梁武帝遣使迎往南京。①

达摩在广东的弘化，是禅宗（祖师禅）的首次入粤，也是禅宗入华之始。故从禅宗宗史来看，广东亦是禅宗之"西来初地"。

人们一般认为今广州华林寺乃达摩禅师泛海来穗的登岸之处，同时也是达摩在广州结庵禅修之所。其实，华林寺所在地乃当时的珠江岸边，达摩于此登岸极有可能，但说它为达摩所建之寺庙可能并非历史事实，而只是后人的传说。

今天广州荔湾区的华林寺，旧名"西来庵"，其始创时间其实很晚，约在明末崇祯年间（1628—1644），有明文为证者，实在清初。离幻元觉《华林寺开山碑记》云：

> 吾粤自卢祖传灯，曹溪滴水，遍洒天涯，后之溯宗门者，莫不首列南华。要之法乳渊源，西来一脉，我华林寺，实肇其基。旧称西来庵，地曰西来初地，萧梁大通元年（527），达摩尊者，自西域航海而来，登岸于此，故名。至今三摩地，西来古岸，遗迹犹存。明嘉靖间，慧坚老宿悬记云：一百单八年，当有大善知识，在此建立法幢。崇祯初季，我师宗符老人，由漳州行脚入粤，路出西来。先一夕，庵主梦金翅鸟，翱翔空际，光烛茆茨。及见师，大奇之，愿布坐具地，为建

---

① 明人瞿汝稷《指月录》云："乃辞祖塔。别学侣。且谓王曰。勤修白业。吾去一九即回。祖泛重溟。凡三周寒暑。达于南海。实梁普通七年庚子岁。九月二十一日也。广州刺史萧昂。具礼迎供。表闻武帝。帝遣使斋诏迎请。以十月一日至金陵。"[（明）瞿汝稷编，德贤、侯剑整理：《指月录》，第93页。]

道场。师以志切游方，力辞不就。①

西来庵的开创者为明末清初的宗符智华（1613—1671），其由漳入广，路过西来，实在崇祯五年（1632），当时居士先一夕梦金翅鸟，次日见之，知为异人，故有献地建寺之意，宗符不肯。乾隆四年（1739）所立之《鼎建西来禅院关帝圣殿碑记》则称其乃明朝崇祯十五（1642）、十六年（1643）即壬午癸未间创建，且规模甚小，"初止一椽，足蔽风雨"而已。②

可知西来庵之创建时间其实很晚，是在禅宗兴盛之后，后人为纪念初祖达摩在广州的登岸处所建之寺庵，且初期规模很小，至清初顺治十二年（1655），宗符禅师应邀驻锡此庵，经其大规模的改建扩建，并改称华林禅寺，才成为规模完备的十方丛林。③ 而有关达摩在广州的传说大多与王园寺（即今光孝寺）有关，如上文提及的达摩以地有黄金为名诱民穿井的故事就发生在王园寺，明嘉靖黄佐《广东通志》就记载，"梁僧达摩者，本天竺王子，以护国出家，普通间入南海，止王园寺……今广州北悟性寺井甚巨，相传以达摩所穿云"。可以说，光孝寺是达摩在广州的主要驻锡和弘法之所。

达摩除了在广州活动外，在岭南其他地方，今有见载者则是清远的峡山飞来寺，内有达摩石，说是当年达摩离广州北上时途经此处坐禅。《清远宗教史话》述曰：

---

① 冼剑民、陈鸿钧编：《广州碑刻集》，广东高等教育出版社2006年版，第226页。
② 徐文明：《广东佛教与海上丝绸之路》，第116页。
③ 广东省地方志编纂委员会编：《广东省志·宗教志》，第61页。

达摩石，在峡山飞来寺西侧，又名达摩谈经石。南朝梁武帝普通年间（520—527），达摩泛船到广州，应梁武帝之请，北上京都金陵（今南京）。途中经清远峡山，在飞来寺宣讲佛法。相传，达摩石，就是当年达摩坐着说法的地方。

达摩石，宽敞平坦，上有诗刻。是明代香山进士黄佐（号泰泉）所题。诗曰："凌空飞锡结嶙峋，詹卜香中草自春。鸟度云移今此世，鸿冥天阔我何人。羲娥断送千年梦，龙象终成一聚尘。便合拈花发微笑，沧波无语月华新。"明代理学家陈献章弟子湛若水，游峡山时曾在石上读书休息，题"湛子石"三字，于黄佐诗刻之下。其清远籍学生白廷琏雇工刻石。[①]

而作为飞来寺志之清孙绳祖所编撰的《禺峡山志》亦云："达摩，天竺王子，以护国出家，传释迦衣钵。梁普通入南海，止王园寺，因谒武帝。禅栖峡山石洞，内有达摩石，其结伽处也。"[②] 释"达摩石"条谓："振衣亭上。阔丈许。梁时，初祖达摩西来经此山，于石上禅定，因以名石。康熙癸巳，邑令孙绳祖改镌'谈经石'。"[③] 依逻辑理路，如当年达摩循北江水路，再转陆路逾大庾岭北上，则峡山飞来寺是必经之处，稍作憩留也极有可能。

[①] 陈先钦、吴伯卿编著：《清远宗教史话》，香港银河出版社2008年版，第159—160页。
[②] （清）孙绳祖编撰，仇江、曾燕闻、马德鸿点校：《禺峡山志》卷一《仙释第三》，广东教育出版社2016年版，第19—20页。
[③] （清）孙绳祖编撰，仇江、曾燕闻、马德鸿点校：《禺峡山志》卷一《古迹第二》，第11页。

第三章
六祖慧能之前岭南地区的禅宗流传情况

一般认为，从初祖达摩至五祖弘忍，禅宗基本是一脉单传，且达摩弟子们主要在北方活动，与岭南关系不大，直到六祖慧能东山得法，至广州法性寺大开东山法门，然后至韶州（今韶关的古称）曹溪南华寺开创南宗，禅宗才再次传回岭南且成为一个影响全国的宗派。其实，六祖之前，岭南虽不是禅宗的主要道场，但仍然有禅门宗匠在此进行弘法活动。

第一节 三祖僧璨在岭南的活动

自从昙摩耶舍、佛驮跋陀罗、求那跋陀罗、初祖菩提达摩在岭南弘传禅法之后，岭南逐渐有了禅修之士，但由于《高僧传》和《续高僧传》之编者均为北方僧伽，所以，《高僧传》中对岭南的禅僧记载较少。有学者考证二祖慧可曾南下岭南弘传达摩禅法[1]，但似乎缺乏足够的文献支持，但三祖僧璨大师曾至岭南则有明确的记载。

---

[1] 徐文明：《广东佛教与海上丝绸之路》，第121—124页。

一、三祖南下之前的岭南禅修活动

禅学传入岭南后，岭南地区是否有本地的禅修僧人，史料有限，难以详考。但有学者认为达摩来粤之前，曾有达摩在印度所收的中国门徒慧览至岭南罗浮山传播禅法，并认为达摩航海至岭南与慧览的罗浮之行有密切关系。[①] 慧览，梁《高僧传》卷十一有传，传中有记载曰："览曾游西域，顶戴佛钵。仍于罽宾从达摩比丘咨受禅要。"[②] 并据此判断达摩比丘乃菩提达摩，慧览乃菩提达摩在印度的中国门徒。其实，印度佛门人士中名字中有"达摩"（Dharma）一词的僧人不在少数，认定"达摩比丘"就是初祖菩提达摩显然还缺乏必要的旁证。因此，认定慧览乃达摩门徒也需要更多的证据。不过，慧览为禅修僧人肯定是没有问题的，他到过罗浮山，向岭南僧俗传授禅法也完全有可能。而岭南佛门中有关本地的禅修僧人的活动虽然史料不多，但也并非毫无史迹可寻，据《续高僧传》记载，南北朝时期的慧胜就是岭南本地的禅修僧人：

> 释慧胜，交址（趾）人，住仙洲山寺。栖遁林泽，闲放物表，诵《法华》日计一遍，亟淹年序，衣食节约，随身游任，从外国禅师达摩提婆，学诸观行，一入寂定，周晨乃起。彭城刘绩，出守南海，闻风遣请，携与同归。因住幽栖寺，韬明秘采，常示如愚，久处者重之，禅学者敬美。幽栖寺中，

[①] 徐文明：《广东佛教与海上丝绸之路》，第119页。
[②] （梁）释慧皎撰，汤用彤校注：《高僧传》卷十一《宋京师中兴寺释慧览传》，第418页。

绝无食调，唯资分卫，大遵清俭。永明五年（487），移憩钟山延贤精舍，自少及老，心贞正焉。以天监年（502—519）中卒，春秋七十。[1]

慧胜禅师为交趾（郡治在今越南河内）人，生于岭南，师从外国禅师达摩提婆（Dharmadeva，意为法天）学习禅法，"学诸观行，一入寂定，周晨乃起"，即能入禅定状，一天不起，因此为时人所知。刘缋出任南海太守时闻其令名，离任时邀请他一同返回北方（南京），驻锡于幽栖寺，其为人韬光养晦，"常示如愚"，返璞归真，大智若愚，但与其相处时间一长，都对他肃然起敬，习禅之士更是由衷敬佩。可知慧胜乃是一个禅修有成的高僧。后在永明五年（487）驻锡南京钟山延贤精舍，以天监（502—519）中圆寂。《续高僧传》谓其世寿七十，则其出生于刘宋元嘉中，即440年左右。

僧传中虽然只有慧胜禅师的资料，但岭南禅修肯定不止一人，只是因文献不足难以勾勒当时岭南禅僧活动的整体情况。

二、三祖僧璨南下岭南传法

在禅宗早期单传的六祖中，三祖僧璨的文献记载是最少的，特别是他同时代的记载，少之又少。道宣《续高僧传》有初祖达摩、二祖慧可和四祖道信的传，却没有三祖僧璨的专传。道信的

---

[1] （唐）释道宣撰，郭绍林点校：《续高僧传》，第561页。

传中说到僧璨曾到过广东罗浮：

> 释道信，姓司马，未详何人。初，七岁时经事一师，戒行不纯，信每陈谏，以不见从，密怀斋检，经于五载而师不知。又有二僧，莫知何来，入舒州皖公山静修禅业，闻而往赴，便蒙授法。随逐依学，遂经十年，师往罗浮，不许相逐，但于后住，必大弘益。国访贤良，许度出家，因此附名住吉州寺。①

文献中驻锡皖公山静修禅业，四祖道信跟随左右十年的禅师，指的显然是其业师三祖僧璨。"随逐依学，遂经十年，师往罗浮，不许相逐"，即道信依学十年，后来"师往罗浮"。此中的"师"显然是指三祖僧璨。道宣是离僧璨时代最近的名德和学者，其记载应该比后来各种文献资料更具可信性。由此可知，僧璨曾南下岭南弘法应当是不争的事实。

另据唐杜朏的《传法宝纪》：

> （僧）璨定惠齐泯，深学日至。缘化既已，顾谓弟子道信曰："自达摩祖传法至我，我欲南迈，留汝弘护。"因更重明旨极，遂与定公南隐，后竟不知其所终矣。……
>
> 璨往罗浮，信求随去。璨曰："汝住，当大弘益。"②

---

① （唐）释道宣撰，郭绍林点校：《续高僧传》，第807页。
② （唐）杜朏：《传法宝纪》，见杨曾文校写：《敦煌新本·六祖坛经》，宗教文化出版社2011年版，附编第156页。

此段记载与道宣《续高僧传》道信传中所记基本相同，自己往岭南罗浮弘法，而让道信留在皖公山，并预言道信未来将大弘禅法。

又据《南阳和尚问答杂征义》：

> 第三代隋朝璨禅师，承可大师后。不得姓名，亦不知何许人也。得师授记。避乱故，佯狂市肆，托疾山林，乃隐居舒州司空山。于时信禅师年十三，奉事经九年。师依《金刚经》，说如来知见。言下便证"实无有众生得度者"。授默语以为法契，便传袈裟，以为法信，如明月宝珠出于大海。璨大师与宝月禅师及定公同往罗浮山。于时信大师亦欲随璨大师。璨大师言曰："汝不须去，后当大有弘益。"

> 璨大师至罗浮山，三年却归至岘山。所经之处，唱言"汝等诸人，施我斋粮"，道俗咸尽归依，无不施者。安置斋，人食讫，于斋场中有一大树，其时于树下立，合掌而终。葬在山谷寺后。寺内有碑铭形象，今见供养。①

再据智炬《宝林传》卷八：

> 有人云此大师不还者，误也。何以，今于韶州清远县禅居寺，现有三祖大师堂。隋甲子年（604）末而届于此。住得一年，便往罗浮，游诸名圣。至隋大业二年（606），却归山

---

① 杨曾文编校：《神会和尚禅话录》，中华书局1996年版，第106页。

谷，而示迁奄。①

又据保唐宗所传的《历代法宝记》：

> （僧璨）后隐舒州司空山，遭周武帝（566—578）灭佛法，隐□公山十余年，此山比多足猛兽，常损居人，自璨大师至，并移出境。付嘱法并袈裟，后时有□禅师、月禅师、定禅师、岩禅师，来至璨大师所，云：达摩祖师付嘱后，此璨公真神璨也。定惠齐用，深不思议。璨大师遂共诸禅师往罗浮山隐三年。②

除了禅宗文献，地方志乘也有述及，《罗浮山志会编》谓"璨优游罗浮诸山，复回旧址，合掌而逝"③。

可知从道宣《续高僧传》、杜朏的《传法宝纪》、神会的语录、智炬的《宝林传》到保唐宗的《历代法宝记》和地方文献都有僧璨南下岭南弘法的明确记载。其中，《神会语录》和《历代法宝记》交代得最为翔实。僧璨之所以南下罗浮主要是为了"避乱"，即所谓"三武一宗"中的北周武帝（561—567）灭佛之乱。为了逃脱周武帝所发动的对僧人的严酷迫害，僧璨"佯狂市肆，托疾山林，乃隐居舒州司空山"，用发狂装病来摆脱迫害，并且逃入

---

① （唐）智炬：《双峰山曹侯溪宝林传》，《大正藏》新编部类第14册，台湾电子佛教协会，2016年，第154页。
② （佚名）《历代法宝记》，《大正藏》第51册，第181页。
③ （清）宋广业：《罗浮山志会编》，中国书店出版社2015年版，第89页。

"舒州司空山"（今安徽潜山西北，离湖北黄梅不远的地方）隐居起来。可能司空山形势也并不安全，他遂与神定、宝月禅师、岩禅师等人再向南逃，从安徽渡江至江西，南过大庾岭进入岭南，经韶关，下清远，在清远禅居寺驻锡一年，又再度南行至罗浮山。至隋大业二年（606），北方形势有所缓和，才北归。

如此，三祖僧璨南下岭南，并驻锡过众多寺庙，最后在罗浮山弘法三年，直到临终之前才返回安徽。

而且从神会的话语中，我们还可以发现，初祖达摩、二祖慧可"藉教悟宗"的经典《楞伽经》至三祖僧璨时已经变成《金刚经》。"于时信禅师年十三，奉事经九年。师依《金刚经》，说如来知见。言下便证'实无有众生得度者'。授默语以为法契，便传袈裟，以为法信，如明月宝珠出于大海。"三祖僧璨"依《金刚经》，说如来知见"，而不是依《楞伽经》说如来知见。四祖道信证悟"实无有众生得度者"，实是证得般若空性的智慧，众生也是因缘合和之物，无有自性，亦不可执着于"度"与"不度"。后来六祖慧能《坛经》中度心中众生的思想，就是这一思想的发展和升华。

那么，三祖僧璨大师在岭南三年，其所弘扬的是什么禅法呢？

第二节 《信心铭》及三祖禅法主旨

僧璨在岭南弘法三年，先后驻锡过韶关、清远、罗浮山等地的寺庙，是否到过广州，史无明载，但作为岭南首府、海路佛教传播中心，僧璨似乎应该莅临弘法，但考虑到他是为逃避"法难"而来，为了避免引起不必要的麻烦，隐居于山野寺庵似乎更为安全。

一、《镜智禅师碑铭》所载之三祖禅法

僧璨弘法的具体情形没有文献记载，无法重构其细节，但他既然受法于二祖慧可，弘传的必然是达摩门下藉教悟宗的禅法。据唐代宗大历七年（772）舒州刺使独孤及所撰《舒州山谷寺觉寂塔隋故镜智禅师碑铭》（简称《镜智禅师碑铭》），介绍三祖僧璨"禅师号僧粲，不知何许人，出见于周隋间，传教于惠可大师。抠衣邺中，得道于司空山"。对其禅法思想则描述道：

> 谓身相非真，故示有疮疾；谓法无我（所），故居不择地。以众生病为病，故所至必说法度人；以一相不在内外、中间，故必言不以文字。其教大略以"寂照妙用"摄群品，"流注生灭"观四维上下，不见法，不见身，不见心，乃至心离名字，身等空界，法同梦幻，无得无证，然后谓之解脱。禅师率是道也，上膺付属，下拯昏疑，大云垂荫，国土为化。[1]

其中的"身相非真""谓法无我（所）"，指的就是世界空幻，皆唯心所现，实非真有。其教人化众之方法乃"以寂照妙用摄群品"，即是以止观（即"寂照"）指导引导徒众；用《楞伽经》"流

---

[1] （唐）独孤及：《舒州山谷觉寂塔隋故镜智禅师碑铭并序》，见（清）董诰等编：《全唐文》卷三九〇，中华书局1983年版，第3972—3973页。另见（元）念常：《佛祖历代通载》，《大正藏》第49册，第603—604页。

注生灭"之诸法生灭无常观来看待一切事物①；以"无得无证"作为认识的最高境界。可以说与达摩"二入四行"的思想基本一致。

独孤根据什么来概括僧璨的禅法，已不可考，但他本人在碑铭说自己也曾亲近三祖僧璨，参修其禅法，"某尝味禅师之道也久"，并用赞文概述三祖僧璨所传禅之教理和方法：

> 人之静性，与生偕植。智诱于外，染为妄识。如浪斯鼓，与风动息。淫骇贪怒，为刃为贼。生死有涯，缘起无极。如来悯之，为辟度门。即妄了真，以证觉源。启迪心印，贻我后昆。间生禅师，俾以教尊。二十八世，迭付微言。如如禅师，应期弘宣。世涸法灭，独与道全。童蒙来求，我以意传。摄相归性，法身乃圆。性身本空，我为说焉。②

这一赞文可以说是对三祖僧璨禅理禅法的概括，从其赞文可见其基本思想乃以《楞伽经》如来藏思想为基础，其教理教法则为菩提达摩的"二入四行"。"人之静性，与生偕植。智诱于外，染为妄识"，说的就是如来藏（"静性"）人人本具，与生俱来，因为无始以来，客尘所染，如来藏则变为"妄识"。"如浪斯鼓，与风动息"，即如来藏之心识，犹如大海水，本平静如镜，照见森罗

---

① 《楞伽经》原文称为"生住灭"或"流注生""流注灭"，见卷一："佛告大慧：'诸识有二种生住灭，非思量所知。诸识有二种生：谓流注生及相生；有二种住，谓流注住及相住。有二种灭：谓流注灭及相灭。'"［(南朝宋)求那跋陀罗译：《楞伽阿跋多罗宝经》，《大正藏》第16册，第483页。］

② （元）念常：《佛祖历代通载》，《大正藏》第49册，第604页。

万象,但由于境界风所鼓动,因而波浪汹涌("与风息动"),万象斯显,烦恼乃生。而要回归心识本来面目,就必须息妄返真,亦即"即妄了真,以证觉源"。从西方二十八祖到东土三祖,这种息妄返真的修持理论和方法,师师相付,即"二十八世,迭付微言"。而禅修的根本方法就是"摄相归性,法身乃圆"。"摄",即摄取、控制;"相",即事物之表相,即存在形式;"性",即本性,亦人人本具之佛性,如来藏;认识到宇宙万象乃如来藏之变现,就会返妄归真,显现自己的清净本性,从而入佛知见,即"法身乃圆"。可以说这段赞文是对三祖禅法理论与实践的概括与总结。

二、《信心铭》所反映的三祖禅理禅法

三祖僧璨本人所留传下来的文字资料,据传有《信心铭》,它以偈颂的形式详细阐述了禅宗的理论与实践。但据现代学者的研究,此《信心铭》并非三祖本人的作品,乃后人托名之作。[1] 然通读全部《信心铭》,大致与上面的碑铭思想主旨相通,只是更为翔实具体,法理皆具,既有教理的阐述,也有禅法的讲解。所以,虽非其本人作品,也可能是后人或其门徒对其禅法教理教法的总结,大致反映了僧璨禅学的基本思想和主旨[2],由此铭可以窥见其禅法的主要内容和风格:

---

[1] 杨曾文:《唐五代禅宗史》,中国社会科学出版社1999年版,第42页。
[2] 释弘悯、何劲松:《永嘉证道歌·信心铭》,东方出版社2016年版,第150—151页。

至道无难，惟嫌拣择。但莫憎爱，洞然明白。
毫厘有差，天地悬隔。欲得现前，莫存顺逆。
违顺相争，是为心病。不识玄旨，徒劳念静。
圆同太虚，无欠无余。良由取舍，所以不如。
莫逐有缘，勿住空忍。一种平怀，泯然自尽。
止动归止，止更弥动。惟滞两边，宁知一种。
一种不通，两处失功。遣有没有，从空背空。
多言多虑，转不相应。绝言绝虑，无处不通。
归根得旨，随照失宗。须臾返照，胜却前空。
前空转变，皆由妄见。不用求真，惟须息见。
二见不住，慎莫追寻。才有是非，纷然失心。
二由一有，一亦莫守。一心不生，万法无咎。
无咎无法，不生不心。能随境灭，境逐能沉。
境由能境，能由境能。欲知两段，原是一空。
一空同两，齐含万象。不见精粗，宁有偏党。
大道体宽，无易无难。小见狐疑，转急转迟。
执之失度，必入邪路。放之自然，体无去住。
任性合道，逍遥绝恼。系念乖真，昏沉不好。
不好劳神，何用疏亲。欲取一乘，勿恶六尘。
六尘不恶，还同正觉。智者无为，愚人自缚。
法无异法，妄自爱著。将心用心，岂非大错。
迷生寂乱，悟无好恶。一切二边，良由斟酌。
梦幻空花，何劳把捉。得失是非，一时放却。
眼若不睡，诸梦自除。心若不异，万法一如。

第三章 六祖慧能之前岭南地区的禅宗流传情况

一如体元,兀尔忘缘。万法齐观,归复自然。
泯其所以,不可方比。止动无动,动止无止。
两既不成,一何有尔。究竟穷极,不存轨则。
契心平等,所作俱息。狐疑净尽,正信调直。
一切不留,无可记忆。虚明自照,不劳心力。
非思量处,识情难测。真如法界,无他无自。
要急相应,惟言不二。不二皆同,无不包容。
十方智者,皆入此宗。宗非促延,一念万年。
无在不在,十方目前。极小同大,忘绝境界。
极大同小,不见边表。有即是无,无即是有。
若不如是,必不须守。一即一切,一切即一。
但能如是,何虑不毕。信心不二,不二信心 。[1]

这一首长颂,前人对它有众多的研究,近几年又出版了几本研究和讲解这一偈颂的专著。[2] 此处之所以著录这一偈颂的全部内容,是因为从初祖到六祖之间的四位祖师,只有三祖僧璨是曾经到过岭南的,其禅法思想对岭南有直接的影响,故而录其全文,略作分析,以考见其禅修理论和实践功法。

这一长颂乃四字一句的韵文,其内容既有禅修之教理,也有禅修之方法。从"至道无难,惟嫌拣择"到"一种平怀,泯然自

---

[1] (隋)僧璨:《信心铭》,《大正藏》第48册,台湾电子佛教协会,2016年;另见(宋)释道原著,妙音、文雄点校:《景德传灯录》,成都古籍书店2000年版,第640—641页。
[2] 如冯学成:《信心铭》,东方出版社2013年版;释弘悯、何劲松:《永嘉证道歌·信心铭》,东方出版社2016年版;洪文亮:《信心铭玄旨》,江苏人民出版社2012年版。

尽"这十句偈语主要强调了行者所要坚持的平等之心,而不能有分别之心、物我之心、取舍之心来对待事物的理念,这也是达摩禅师"深信含生同一真性""无有分别,寂然无名"思想的体现,反映了"理入"的基本教理。

从"止动归止,止更弥动"到"绝言绝虑,无处不通",则主要强调禅的境界超越语言、取舍和行动。如果执着于"止",一味地追求止,即静的境界,就会出现"止动归止,止更弥动"。以止来控制动,执着于止,这种对止的追求,使止也变成了一种与动一样的妄想执着,即"止更弥动",一心追求止的境界,结果妄念(即动)更甚。"绝言绝虑,无处不通",即只有彻底摒弃了对言语和妄想的执着,才有可能出入无碍,回归自己的本性。

从"归根得旨,随照失宗"到"一心不生,万法无咎",主要阐述禅者对"空"的态度。如果一味追求空、执着于空,也会成为障碍,只有回归自性,妄念才会消失,即"归根得旨,随照失宗";只要明白自性本净,改变向外企求的执着,反转念头,将探寻目光转向内心,较之执着向外求空,更为殊胜,此即"须臾返照,胜却前空";因为妄念纷呈,所以不能认识自己本性,修行之道,不用向外寻求真理,只需止息妄见,亦即"不用求真,惟须息见";而修行者往往将法与空对立,执着于去二守一,而三祖则告诫,"二由一有,一亦莫守",即既不能将平等一如的法强分为人我、主客、空有,也不能执空为实,因为"'二'是万法,一是念头尚未启动。念头的阀门打开了,万法就来了"[1]。所以,消弭

---

[1] 冯学成:《信心铭》,第118页。

第三章 六祖慧能之前岭南地区的禅宗流传情况

对立,理解缘起性空之理,但对空性也不能执着,向外求二求一,均为无用之功,只要一丝妄念不生,自然与道汇通,即"一心不生,万法无咎"。

从"能随境灭,境逐能沉"到"将心用心,岂非大错",主要强调主客一如的关系,即不能强分主客、能所,其中"不见精粗,宁有偏党"实是对开篇第一句"至道无难,惟嫌拣择"的回护,有"拣择"之心,将事物分精分粗,就一定有"偏党",让这种偏党之心发展放大,就会走上邪路,即"执之失度,必入邪路",下文的"放之自然,体无去住。任性合道,逍遥绝恼",主旨就是要放弃这种分别之心,认识到主客一体,能所皆空,才能去粘解缚,得大自在。"任性合道,逍遥绝恼",在文字表达上虽然有道家的味道,但"任性"却是指只要没有偏党之心,平等一如,就会消除烦恼。"系念乖真,昏沉不好。不好劳神,何用疏亲",则包括了禅修的方法,如果一味系念于空,念头太重,即会有昏沉之感,这就是禅修中最容易出现的两大偏差:昏沉和掉举。不用劳神系念,不用厚此薄彼,即"何用疏亲",也就不会出现这两大毛病。同时,禅者也不能脱离生活,离群索居,"欲取一乘,勿恶六尘。六尘不恶,还同正觉。""一乘"者,正觉之乘也。要明心见性,不能离开"六尘"烦恼,因为烦恼即菩提。之所以被烦恼所缚,只因为智慧不开,所以"智者无为,愚人自缚"。智慧现,烦恼即菩提;智慧隐,即为烦恼缚。如果将烦恼之妄心与正觉之净心对立起来,即只会生活在二元对立的烦恼之中,此即"将心用心,岂非大错"。

最后一段,从"迷生寂乱,悟无好恶。一切二边,良由斟酌"

到"信心不二，不二信心"，再次强调平等不二观的重要性。如果不识自性，即使寂静的禅境之中也会出现乱象，一旦开悟见性，就不会任性好恶取舍，之所以对一切现象产生二元对立的观念，就是因为有取舍好恶之心。而人们所好所恶之现象，其实皆因缘合和之物，包括"得失是非"皆空无自性，如"梦幻空花"，所以必须"一时放却"，只有内心平等，才能发现宇宙万物的真实一如之性；在这种万法一如的平等观下，才可以回归自性，即"归复自然"，动静无滞，亦即"止动无动，动止无止"；如果真正做到"契心平等"，所有怀疑、嗔恨之心都会息灭，正信之心也会真正升起，即"狐疑净尽，正信调直"，当信心调直时，人人本具之清净自性就会自然显现，不用费心寻觅，即"虚明自照，不劳心力"；"真如法界"，并无主客之分，亦非思量可得，只有平等不二之心，才能与真如本性相遇。而此不二之心，即真如之心，不仅无形开像，"非思量处，识情难测"，而且竖穷三际，横遍十方，纳须弥于芥子，尽幽冥于六合，即偈中所称"极小同大，忘绝境界。极大同小，不见边表"；而此真如之心与宇宙万法互为缘起，心生则种种法生，万法即归于一心，此即"一即一切，一切即一"，只有本此平等之心，才能所作皆办，所以不二之心亦即成佛之心，所谓"信心不二，不二信心"。

所以，整个《信心铭》反复叮咛，层层推演，其宗旨可概括为：在教理上，自性本净，人人本具，然为客尘所掩，须假修持，方可回归本性；在禅法上，须本平等不二之心，反观内求，放下各种外在困扰和执着，扫荡一切名相，方可回归自我，见性开悟。在本质上，三祖僧璨的禅理禅法仍是达摩祖师所倡导的理入与行入之法。

在岭南的三年时间，三祖从韶关到清远，再到博罗罗浮山，所传播、弘扬的就是正宗的达摩禅法，而且其藉教悟宗的宗经除了《楞伽经》四卷外，还增加了《金刚经》。正是他的南下传法，使《金刚经》的传习在岭南展开，成为此后六祖借《金刚经》悟宗的基础和铺垫。

三、三祖之后岭南的禅法传习情况

四祖道信乃三祖僧璨的法嗣，但他最南只到了江西庐山，没有到过岭南，其禅风也继承了三祖的禅理禅法，僧传记载他"昼夜长坐不卧，六十年胁不至席"，有着精深的禅定功夫，他所倡导的法门有：（1）"入道安心要方便门"；（2）一行三昧；（3）"念佛心是佛，妄念是凡夫"。他传承三祖自性本净、平等一如、反观内求的禅修风格，在为牛头宗法融说法时强调："夫千百法门同归方寸，河沙妙德，总在心源。一切戒门定门慧门神通变化，悉自具足，不离汝心。一切烦恼业障本来空寂，一切因果皆如梦幻。无三界可出，无菩提可求。人与非人性相平等。"[1] 此实乃即心即佛的原始版，也是《六祖坛经》中六祖开悟之后所说的五个"何期"的先声。在禅修方法上，四祖道信强调："汝但任心自在，莫作观行，亦莫澄心，莫起贪瞋，莫怀愁虑；荡荡无碍，任意纵横，不作诸善，不作诸恶，行住坐卧，触目遇缘。总是佛之妙用，快乐

---

[1] （宋）释道原著，文雄、妙音点校：《景德传灯录》，第48页。

无忧，故名为佛。"① 这也可视为三祖《信心铭》中"放之自然，体无去住。任性合道，逍遥绝恼"之偈语的深化和扩展。

从初祖达摩到三祖僧璨，"都是随缘而住，独往独来的头陀行，近于云水的生活。自己既来去不定，学者也就不容易摄受"②。到了四祖，其行持为之一变，道信在黄梅双峰山建立寺庙，聚众焚修，开始了定居修行的生活；五祖弘忍也在附近的凭墓山建寺安僧，聚众集体修持，使达摩所开创的藉教悟宗、见性直指的禅修风格为之一变，其发展和影响也由隐而显，成为初唐佛教禅修的重要一派。就是在这样的背景下，六祖慧能才承三祖南下弘法之余绪，在家时听闻《金刚经》而悟，决然北上黄梅求法，最后得五祖印可，传承衣钵而回归岭南，于法性寺（今光孝寺）弘扬单传宗旨，开东山法门，使南禅顿教法流天下。正如明末高僧憨山德清为光孝所撰之楹联所云："禅教遍寰中，兹为最初福地；祇园开岭表，此是第一名山"，岭南便理所当然地成为禅宗的发源之地和光大之地。

---

① （宋）释道原著，文雄、妙音点校：《景德传灯录》，第48页。
② 印顺：《中国禅宗史》，第33页。

第四章
慧能禅学思想与南派顿教建立

经过佛教东来后的漫长历史积淀和历代高僧大德的辛勤耕耘，岭南甚至中国的佛教禅宗行进至唐代，有一个质的飞跃，或者说形成了大气象，这就是出了一个标志性的人物，即被称为第六代祖师的慧能。他在历代祖师及高僧大德的基础上，完成了佛教中国化的历程，创立了具有中国特色的佛教宗派——禅宗，他的《坛经》是中国人撰写的、唯一被称为经的佛教典籍。自始，"凡言禅，皆本曹溪"[1]，"天下言禅道者，以曹溪为口实"[2]。

第一节 慧能家世略考

慧能（638—713），俗姓卢，出生于岭南新州（今广东省云浮市新兴县），祖籍河北范阳（今河北省涿州市），这些有关其家世的基本信息已为人们所认肯，然历史文献的记载、学界的研究却并不是完全一致的。

---

[1] （唐）柳宗元：《赐谥大鉴禅师碑》，见杨曾文校写：《敦煌新本·六祖坛经》，附编第127页。

[2] （宋）赞宁撰，范祥雍点校：《宋高僧传》，中华书局1987年版，第174页。

一、慧能籍贯——河北范阳的歧说

六祖慧能出生于岭南新州应是不争的,然慧能的祖籍在哪里?文献的记载是有歧异的,从各版本《坛经》看,均有"慧能严父,本贯范阳,左降流于岭南,作新州百姓"的语句。禅宗典籍也有相似的记载。《宋高僧传》:"释慧能,姓卢氏,南海新兴人也。其本世居范阳,厥考讳行瑫,武德中流于新州百姓,终于贬所。"[1]《祖堂集》:"慧能和尚即唐土六祖。俗姓卢,新州人也。父名行瑫,本贯范阳,移居新州。"[2]《景德传灯录》:大师者"俗姓卢。其先范阳人,父行瑫。武德中,左宦于南海之新州"[3]。其他文献所记基本相同。

这些记载说明河北范阳,是六祖慧能的祖籍地。范阳方面的有关记载,主要是范阳卢氏的族谱和方志。据当地学者王大锋的研究,唐代之范阳有三个含义:一是范阳节度使,治所在今大兴、丰台一带;二是范阳郡,治所也在今大兴、丰台一带;三是范阳县,治所在今涿州市。慧能的祖籍范阳是指范阳县。据涿州市卢家场村《范阳堂大房宗谱》载:"卢行瑫历官本州大中正、东宫少詹事,谪岭南。"与《六学僧传》所记"始官中朝,武德中以谗左迁为州司马"相近。据族谱,范阳卢氏的远祖乃东汉大儒卢植,卢植九世孙卢渊、卢敏、卢昶、卢尚之,号"四房卢氏"。卢行瑫属大房。而据《涿州志》,卢氏大房谱系为:卢渊(慧能远祖)—

---

[1] (宋)赞宁撰,范祥雍点校:《宋高僧传》,第174页。
[2] (南唐)静、筠禅僧编,张华点校:《祖堂集》,中州古籍出版社2001年版,第87页。
[3] (宋)释道原著,文雄、妙音点校:《景德传灯录》,第79页。

卢道将（慧能高祖）—卢怀仁（慧能曾祖）—卢彦卿（慧能祖父）—卢行瑫（慧能父亲）。慧能先辈，多亦官亦儒。①

关于慧能在岭南的家世情况，地方文献则透露了另一种情形，值得我们注意。明黄佐《广东通志·民物志·姓氏》记述卢氏云："卢氏，姜姓，望出范阳，汉太尉植学为帝师，其子孙唐初迁岭南。"②清乾隆《新兴县志》曰："六祖故居在仁丰都下卢村，离城二十五里，去龙山国恩寺前一里，即唐索卢县地，为六祖生身之所，师祖父来居此"③，"卢氏墓在龙山，六祖卢慧能之祖父母及父母，唐神龙间赐额"④。

依上述所载，有两点似乎很明确：一是黄佐《广东通志》所述之"岭南卢氏"实有所指，当是慧能卢氏，因为除了慧能外，岭南还有不少卢氏族群，如较为人熟知的卢循，其后裔之居所被视为"卢亭"，多系疍民，如南朝宋沈怀远《南越志》曰："河南（指广州市珠江南岸）之洲，状如方壶，乃循旧居"，"其子孙留居之为卢亭疍户云"。南宋方信孺《南海百咏》曰："蛙居方洲妄自尊，沈郎百万若云屯。归舟无路寻巢穴，空有卢亭旧子孙。"⑤所

---

① 王大锋：《有关慧能几点史实之辨证》，见林有能、霍启昌主编：《六祖慧能思想研究》（二），香港出版社2003年版，第146页。
② 王承文：《六祖慧能早年与唐初岭南新州》，见《六祖慧能思想研究——"慧能与岭南文化"国际学术研讨会论文集》，学术研究杂志社1997年版，第449页。
③ （清）刘芳纂修：《新兴县志》卷十六《山川》，见广东省地方史志办公室辑：《广东历代方志集成》，肇庆府部（二〇），岭南美术出版社2009年版，第110页。
④ （清）刘芳纂修：《新兴县志》卷十七《坛祠》，见广东省地方史志办公室辑：《广东历代方志集成》，肇庆府部（二〇），第116页。
⑤ 王承文：《六祖慧能早年与唐初岭南新州》，见《六祖慧能思想研究——"慧能与岭南文化"国际学术研讨会论文集》，第445页。

以，慧能父亲卢行瑫曾"略述家系，避卢亭岛夷之不敏也"[1]，表示与"岭南卢"之区别，难怪贾岛《送空公往金州》诗强调"慧能同俗姓，不是岭南卢"。[2] 二是如文献所记属实，则慧能的祖父辈已迁来新州夏卢村，并且祖先的墓地已在龙山，这样，其父行瑫因官、左降、流放而徙新州之种种可能性则要重新审视了。

关于六祖慧能的籍贯问题也有不同的意见。王维《六祖能禅师碑铭》在述其家世时，只说"禅师俗姓卢氏，某郡某县人也。名是虚假，不生族姓之家；法无中边，不居华夏之地"[3]，无确指其祖籍为范阳。后来的许多《坛经》及相关文献校释本，多把"本官范阳"改"本贯范阳"，把王维碑的"某郡某县"改为"本贯范阳"。先贤郭朋先生《坛经校释》中就指出过这种现象：

> 本官范阳，意谓慧能的父亲原是在范阳作官的。但从《神会语录》"能禅师，……俗姓卢，先祖范阳人也"的记载出现之后，范阳便由慧能的父亲曾经在那里做过官的地方，变成了慧能本来的籍贯了。……惠昕本（契嵩本、宗宝本因之）《坛经》带头，改"官"为"贯"："慧能严父，本贯范阳"。此后，宋《高僧传》卷八慧能传……景德录卷五慧能传……都把范阳说成是慧能的原籍了。但从下句"左降迁流

---

[1] （宋）赞宁撰，范祥雍点校：《宋高僧传》，第174页。
[2] 王承文：《六祖慧能早年与唐初岭南新州》，见《六祖慧能思想研究——"慧能与岭南文化"国际学术研讨会论文集》，第445页。
[3] （唐）王维：《六祖能禅师碑铭》，见杨曾文校写：《敦煌新本·六祖坛经》，附编第122页。

岭南"看来，则"本官范阳"，似乎要更通一些。①

所以，作为学者的王维以碑文形式叙慧能的家世，应是严肃和可信的。《曹溪大师传》（也称《曹溪大师别传》）则说："慧能大师，俗姓卢氏，新州人也。"②未言及范阳。更有学者认为，慧能祖籍范阳说乃六祖弟子神会编造的结果，而他之所以要这样做，主因是六祖慧能出身于社会底层，与作为禅宗祖师之地位不相称，于是便编造卢慧能乃范阳卢氏之后，而范阳卢氏的远祖乃三国大儒卢植，即是说，六祖慧能是名门之后了。李申先生曰：

> 敦煌斯坦因本、敦博本《坛经》均为"本官范阳"。从下文"左降"（即降职）看，作"本官范阳"才文从意顺。《神会语录》说慧能"先祖范阳人"。其后王维的《六祖能禅师碑铭》说慧能"本贯范阳"。然而，《坛经》中说慧能是"獦獠"，不像是对刚迁居南方的北方人的称呼。唐朝仍重郡望，说慧能籍贯范阳，很可能是神会、王维的有意攀附。③

邱瑞祥先生也认为，神会在南阳与王维谈到六祖慧能生平时，没有明说慧能是"范阳卢氏"，因而王维在写碑铭时就用"某郡某县"代之；而神会在无遮大会上回答崇远"禅宗六代大德为谁的问题"时，"随机增加一些材料，给慧能的出生加上一个光辉的花

---

① （唐）慧能著，郭朋校释：《坛经校释》，中华书局1983年版，第5页。
② 《曹溪大师传》，见杨曾文校写：《敦煌新本·六祖坛经》，附编第103页。
③ 李申释译：《六祖坛经》，1997年佛光山宗务委员会印行，第36页。

环,以期得到听众认可,达到他弘扬慧能禅学的目的"。"唐代有此高度重视门第出生的社会习俗,而'范阳卢氏'又具有如此崇高的门第威望,故而,为成功地弘扬慧能禅法,神会在讲述慧能家世的时候,随机将其与'范阳卢氏'牵连起来,以重慧能的身份,迎合当时的社会风气与信众的心理接受,从而赢得信众与社会的承认与接受,应该说这是一种合情合理的传教手段。"①

还有一点我们要注意的,《坛经》是六祖慧能平时说法的记录,他在口授时,"本官范阳"的"官"字与"本贯范阳"的"贯"字,在新州当地的发音差别不大,所以,其弟子法海等人记录整理时会否有笔误呢?

总的来说,如果是"本官范阳",说明慧能父亲在范阳做官,但不一定是范阳人;如果是"本贯范阳",慧能籍贯范阳则是不争的。

二、慧能父亲卢行瑫贬谪岭南新州

既然六祖父亲卢行瑫世居范阳,为什么会落籍岭南新州?王承文先生在《六祖慧能早年与唐初岭南新州》②一文中认为有三种可能:

一是因官移贯,即到新州做官。对此,神会曾说能禅师"俗

---

① 邱瑞祥:《慧能大师家世小辨》,见林有能主编:《六祖慧能文化研讨会论文集》,香港出版社2004年版,第80页。
② 王承文:《六祖慧能早年与唐初岭南新州》,见《六祖慧能思想研究——"慧能与岭南文化"国际学术研讨会论文集》,第445页。

姓卢,先祖范阳人也,因父官岭外,便居新州"。《历代法宝记》有"唐朝第六祖韶州漕溪能禅师,俗姓卢,范阳人也,随父宦岭外,居新州"语。清乾隆新兴知县刘芳所纂的《新兴县志》也谓:六祖"父行瑫,武德三年(620)官新州"。而《全唐文》卷九一五《慧能小传》亦云慧能父亲"官南海遂为新州人"。

二是左降谪宦,即因降职到新州,但还是做官。六祖门人法海在《六祖大师缘起外纪》说:慧能"父卢氏,讳行瑫,唐武德三年(620)九月左官新州"。宋初契嵩的《传法正宗记》、元释念常的《佛祖历代通载》、明憨山德清的《六祖大鉴真空普觉圆明禅师赞》以及六祖故乡新州的传说显然受法海的影响而持是说。但饶宗颐先生认为这一记载不准确,因为唐武德三年(620)尚未平定萧铣,还未置新州,至武德四年(621)十月平萧铣后方始置新州。[①]所以《景德传灯录》只说卢行瑫武德中"左宦于南海之新州,遂占籍焉"。

三是被流放到新州,而不是做官。敦煌本《坛经》有"慧能慈父,本官范阳,左降迁流南新州百姓"语;宗宝本《坛经》谓"左降流于岭南,作新州百姓"。《宋高僧传·慧能传》说行瑫"武德中流亭新州百姓,终于贬所"。清康熙《韶州府志》和《曲江县志》均称其"失官安置新州"。依唐制,这里的"左降"与"迁流"虽是两个不同的概念,但应实指流放。王大锋认为这一"流"字,力系千钧,证实慧能父亲是被流放至新州,而非被贬新州

[①] 饶宗颐:《谈六祖出生地(新州)及其传法偈》,见北京大学中国古史研究中心编:《纪念陈寅恪先生诞辰百年学术论文集》,北京大学出版社1989年版,第49页。

为官。①

六祖慧能的父亲不管是因官、左降，还是流放，其从河北南来岭南新州似为各种文献坐实，从而有了岭南慧能以及中国禅宗史诗般的传承。

三、慧能出生与名字的神奇传说

唐贞观十二年（638）二月初八日，六祖慧能诞生于岭南新州（今云浮市新兴县）夏卢村，夏卢村是为六祖之故宅，被视为圣地之门。关于慧能在夏卢村出生及名字得来的情况，既充满着传奇的色彩，又有诸多值得从学理层面探究的地方。

（一）六祖出生地之奇异评说和歧说

六祖慧能的出生地新州夏卢村，在唐代曾是索卢县治所，康熙《新兴县志》"旧索卢县"条云："在县南三十里仁丰都，旧址今存，为民居，即下卢村。"②乾隆《新兴县志》则曰："索卢县在城南三十里仁丰都，唐武德中置，宋乾元中并入新兴，遗址今为民壤。"③《龙山国恩寺志》谓："索卢县是唐时新州属下的一个县，建于梁普通四年（523），六祖的先人卢行瑶贬谪到新州，被配在

---

① 王大锋：《有关慧能几点史实之辨证》，见林有能、霍启昌主编：《六祖慧能思想研究》（二），第146页。

② （清）徐煌纂修：《新兴县志》卷四《建置》，见广东省地方史志办公室辑：《广东历代方志集成》，肇庆府部（一九），第301页。

③ （清）刘芳纂修：《新兴县志》卷十六《山川》，见广东省地方史志办公室辑：《广东历代方志集成》，肇庆府部（二〇），第107页。

索卢县治居留，这个县在六祖成佛713年圆寂后，至唐乾元元年（758）才被撤销建制并入新兴的。"[1]顾祖禹《读史方舆纪要》"索卢废县"云："在县南三十里。梁初置，属新宁郡。隋属新州。大业初废。唐武德四年（621）复置，仍属新州，乾元后以索卢县省入。"[2]今云浮市政协编《云浮古迹》有"索卢县遗址"云："位于新兴县六祖镇夏卢村。索卢县设置于南朝梁普通四年（523），隋大业三年（607），废除新州，同时撤销索卢县，把其并入新兴县，期间历时84年。唐武德四年（621），又重新分设索卢县。索卢县管辖范围不大，据史料推算大约包括今六祖镇、里洞镇、大江镇等大部分地区。辖区内人烟稀少，是朝廷贬官流放之地。县治依山而筑，无壕沟、城墙等防御设施。"[3]如果夏卢村确为旧索卢县治，则六祖慧能在此生活的年代，夏卢村可能是周边较大的村落。

然具体到六祖慧能出生之地，文献所记则另有模样，乾隆《新兴县志》说："六祖故居，在仁丰都下卢村，离村二十五里，去龙山国恩寺前一里。唐索卢县地。为六祖生身之所。师祖、父初来居此，至今屋址不生草，近其居者毛发稀秃云。"[4]屈大均《广东新语》卷二"卢村"条谓："新州卢村，乃六祖出身之所，至今屋址不生草木，近其居者，毛发稀秃，此地之不幸也。"[5]而清乾隆

---

[1] 新兴县龙山国恩寺志编纂委员会：《龙山国恩寺志》，新兴县龙山国恩寺志编纂委员会1997年印行，第238页。

[2] （清）顾祖禹撰，贺次君、施和金点校：《读史方舆纪要》九，广东二，中华书局2005年版，第4641页。

[3] 政协云浮市委员会编：《云浮古迹》，云浮市委员会2011年印行，第269页。

[4] （清）刘芳纂修：《新兴县志》卷十六《山川》，见广东省地方史志办公室辑：《广东历代方志集成》，肇庆府部（二〇），第110页。

[5] （明）屈大均：《广东新语》卷二《地语》，见欧初、王贵忱主编：《屈大均全集》（四），人民文学出版社1996年版，第45页。

间范端昂所撰之《粤中见闻》与屈翁山之说无异，仅把"此地之不幸"改为"此地之奇也"①。但也有人认为屈说是对圣贤之侮和轻慢，如清乾隆檀萃在《楚庭稗珠录》卷二"六祖之生"条云："六祖产于新兴，今其故宅不生草，翁山因谤之，此侮圣贤之甚也。"②

屈大均等人笔下之"至今屋址不生草木，近其居者，毛发稀秃"之说，未知是时有否这一现象，而笔者今往参谒，其旧址乃杂草丛生，近居者也无毛发稀秃者。寺志云："六祖在村内诞生的房屋，因年久远，早已崩塌，那房屋的基地，村里人所共知并引导信众瞻仰的，但逐渐也为四周民房所混挤了。"③笔者推断，屈氏等人之说可能是据是时当地的一种说法：六祖慧能出家当和尚，不能娶妻，必无后，故连其居也不生草；和尚者必剃度，故近其者头发也稀秃。

六祖慧能是否在新州出生？史籍记载也有歧说：（1）六祖慧能非诞于新州，而是随父迁徙而来。如《历代法宝记》谓："唐朝第六祖韶州漕溪能禅师，俗姓卢，范阳人也，随父宦岭外，居新州。"④神会也说：能禅师"承忍大师后，俗姓卢，先祖范阳人，因父官岭外，便居新州"，未明言六祖诞于新州。⑤（2）六祖是曲江人，敦煌本《坛经》云："和尚本是韶州曲江人也。"⑥《新唐书·艺

---

① （清）范端昂撰，汤志岳校注：《粤中见闻》，广东高等教育出版社1988年版，第38页。
② （清）檀萃：《楚庭稗珠录》卷二《六祖之生》，见鲁迅、杨伟群点校：《历代岭南笔记八种》，第198页。
③ 新兴县龙山国恩寺志编纂委员会：《龙山国恩寺志》，第238页。
④ （佚名）《历代法宝记》，《大藏经》第51册，第182页。
⑤ （唐）刘澄集：《南阳和尚问答杂征义》，见杨曾文编校：《荷泽神会禅师语录》，中华书局2004年版，第109页。
⑥ 江泓、夏志前点校：《坛经四古本》，第21页。

文志》载:"慧能《金刚般若经口诀正义》一卷,姓卢氏,曲江人。"[1] 但此类记载较鲜见,可能是因六祖大半生于曲江南华弘法而视其为曲江人。

综合文献所载和学界研究的成果,笔者认为六祖在新州夏卢村出生应是可信的。

(二)关于六祖慧能名字的由来,是"惠能"还是"慧能"?

从现有的研究成果看,"惠能"与"慧能"两者均有使用,且两者也都能从禅籍文献中找到出处和依据。但到底是"惠"还是"慧"更为适宜呢?如能从学理上判别清楚还是很有意义的。

首先,我们看看六祖的名字是怎样得来的。各版本《六祖坛经》,王维、柳宗元、刘禹锡各为六祖慧能所撰的碑铭,《高僧传》《祖堂集》《历代法宝记》《景德传灯录》等是研究六祖慧能的重要文献资料,但均无述及六祖名字的由来。唯法海在《六祖大师法宝坛经略序》(《六祖大师缘起外纪》)述六祖诞生之情景时云:

> 时,毫光腾空,异香满室。
> 黎明,有二异僧造谒,谓师之父曰:"夜来生儿,专为安名。可上慧下能也。"
> 父曰:"何名慧能?"
> 僧曰:"慧者,以法慧施众生;能者,能作佛事。"言毕

---

[1] (宋)宋祁等撰:《新唐书》卷五九,艺文志第四十九艺文三,中华书局1987年版,第五册,第1528页。

而去，不知所之。①

这似乎成了六祖名字得来的唯一依据。缘法海乃六祖慧能贴身侍候的法嗣，剔除其对六祖神化之处，故其说还是为后人所接受。问题在于法海所述到底是"慧"还是"惠"无法说得清，因为现在谁也无法看到一千多年前法海《六祖大师法宝坛经略序》（以下简称《略序》）的原始版本。于是，后人所录、刻、写、注的《略序》就有不同的写法。有的记为"惠能"，有的写为"慧能"。如《全唐文》卷九一五所收法海《略序》记为"惠能"，而上海佛学书局出版的丁福保笺注《坛经》所依据的《略序》却写为"慧能"；又陈泽泓先生的《南派禅宗创始人——慧能》一书中在说及这一问题时，有这样一段话：

> 据台湾的印顺法师考证，"依佛教惯例，惠能应该是出家的法名"。《六祖大师法宝坛经略序》（简称《略序》）说："大师初生，就有'二异僧'来为大师立名'慧能'，那是从小就叫慧能了。"那是说，六祖生下来以后一取名，就没有再改变名称。然而，《略序》原文恰恰不是说二僧为大师立名慧能，而是"大师名惠能"。②

很明显，印顺法师所看到的和陈先生所看到的《略序》又是

---

① （唐）法海：《六祖大师缘起外纪》，见杨曾文校写：《敦煌新本·六祖坛经》，附编第117页。

② 陈泽泓：《南派禅宗创始人——慧能》，广东人民出版社2005年版，第29页。

不同的版本,而陈先生所说的"原文"不可能是法海的原始写法。还有被认为最接近原始版本的敦煌本《坛经》也由法海辑录编辑而成,而现今见到的敦煌本《坛经》中却写为"惠能",且"智慧"也写成"智惠",这里"惠""慧"似是相通的。即是说,同是出于法海的手,也有"惠能"与"慧能"的两种写法。这就说明,无法以禅籍文献作为判别的依据。

既然这样,论者又从字义和佛理上作诠释。字义上言,"慧"为智,"惠"为济;佛教教义上言,"以法惠施众生"属六度中的布施,"以法慧施众生"属六度中的般若[①];"惠""慧"均契佛理。而覃召文教授在《慧能法名辨议》一文中,指出"惠"除了与"布施"直接关联外,还包含了"定"(禅定)的含义。"慧"是僧侣修持的最终结果和最高目标,还有"便捷""便利"的意思。覃氏还统计了《高僧传》《续高僧传》《宋高僧传》中僧名,发现"慧"字比例远超"惠"字,尤其是越早期,所占比例越大,宋代之后,以"惠"命名则更少。[②]这样的阐释确有其独到之处。

关于六祖名字的用法,其出生地新兴基本用"惠能",而学界也有不少学者持这一主张。陈荣炎在《六祖惠能不是慧能》一文中有这样一段"命令式"的话:

近年来,也有个别学者,在撰写有关六祖惠能的文章时,把六祖惠能称作"慧能",或说"惠能又名慧能"。这样替六

---

① 杜继文、魏道儒:《中国禅宗通史》,江苏人民出版社2008年版,第146页。
② 覃召文:《慧能法名辨议》,见林有能、李尧坤主编:《六祖慧能与岭南禅宗历史文化研究文集》,香港出版社2015年版,第175页。

祖更名或增名是错误的。六祖惠能不是"慧能"。……多年前，广东"珠影"到新兴县国恩寺拍摄有关六祖的电影，把"惠能"写成"慧能"，苏增慰居士提出意见，指出其把"惠能"写成"慧能"是错误的。……希望个别学者今后在撰写有关六祖惠能的文章时，不要把"惠能"写作"慧能"，以免误导后人。①

普慧法师也提倡"为六祖正名"，恢复其本来用字，即"惠能"。②实际上，用"慧能"者，并非个别学者，而大有人在，且也有其依据。笔者在查阅文献时，发现《祖堂集》卷二之"第三十二祖弘忍和尚"，述五祖弘忍夜授衣钵予慧能时，明白无误地说五祖为六祖改名：

> 至三更，行者（即六祖）来大师处。大师与他改名，号为慧能。当时便传袈裟以为法信，如释迦牟尼授弥勒记矣。③

像这样的记载其他文献似尚未见有。然《祖堂集》被视为治禅宗史的重要禅籍资料，极具参考价值，如其所记属实，则"慧能"是五祖弘忍为六祖所改的名字。因是"改名"，那改名前应该还有一个名字，那是什么名呢？同上引资料中，在述及陈慧明在大庾岭上追问慧能"在黄梅和尚处意旨如何"时，慧能回答说：

---

① 陈荣炎：《六祖惠能不是慧能》，《广东佛教》2005 年第 2 期，第 18 页。
② 普慧：《禅宗六祖名讳小考》，《文学与文化》2010 年第 2 期，第 30 页。
③ （南唐）静、筠禅僧编，张华点校：《祖堂集》，第 81 页。

和尚看我对秀上座偈,则知我入门,意则印惠能,秀在门外。师云:汝得入内……①

可见在五祖为其改名前叫"惠能"。而且稽之所有关于六祖的文献资料,除了"慧能"或"惠能"外,到目前为止,尚未见有其他名称。

弘忍为什么要将"惠能"改为"慧能"呢?这可能与五祖禅系的辈分有关,对此,妙智法师深有研究:"现在各个宗派的大师在传授法卷时,也要给接受法卷的弟子按照本派的'字派'重新起个法名,使之成为本派的传法弟子。""五祖弘忍座下除六祖外,还有几个出家弟子的法名以'慧'字开头,并且也是到东山五祖座下才改的名字。如那个在慧能得法南行后追上来的慧明,在听了六祖的开示得悟心法后,虽然六祖说你我同师黄梅,他还是为了避讳,恢复了自己原来的法名'道明'。"②这在相关文献中有载,如《宋高僧传》中《唐袁州蒙山慧明传》:"时能祖便于岭首一向指订,明皆洞达,悲喜交至。问能曰:某宜何往?能记之曰:遇蒙当居,逢袁可止。明再拜而去,便更其名,以旧云道明也。"③《景德传灯录》之"袁州蒙山道明禅师"条也说:"师既回,遂独往庐山布水台,经三载后,始往袁州蒙山,大唱玄化。初名慧明,以避师上字,故名道明。"④

---

① (南唐)静、筠禅僧编,张华点校:《祖堂集》,第83页。
② 妙智:《禅宗六祖大师尊讳浅谈》,见林有能主编:《六祖慧能思想研究》(三),香港出版社2007年版,第167页。
③ (宋)赞宁撰,范祥雍点校:《宋高僧传》,第179页。
④ (宋)释道原著,妙音、文雄点校:《景德传灯录》,第60页。

于是，笔者以为大概可以这样说："惠能"是六祖成祖前的名字（是"二异僧"为其所起的名字），也可以说是俗名（这恰恰与一些论者认为"惠能"是出家后的法名相反）；"慧能"是六祖成祖后的名字，也可以说是法号（是五祖为其所改的法号）。如果这样推断能成立，则两者确实均可用。六祖之名，不管是惠能还是慧能，不管是俗名还是法号，是自始而终的，至今还未见他有别的名字，这在其他祖师甚至当今的出家佛徒中鲜见。

第二节　唐代岭南文化与慧能接触禅法的机缘

随着中国经济重心的不断南移，相对开发较晚的"荒蛮之地"岭南，至唐代其面貌已有大的改观，社会、政治、经济、文化、教育等方面都有长足的发展，特殊的地理条件、海上丝路的繁荣，使岭南的对外贸易和中外文化交流在全国处于领先水平，尤其作为佛教海路东来之"初地"，已使它积淀成为佛教文化之重镇。所有这些无疑对慧能有着深刻而重大的影响。

一、慧能时代的岭南社会

唐朝是中国古代最强盛的王朝之一，创造了雄厚的物质基础和空前强大的国力，既善于继承，又开放兼容，达到中国古代对外开放的高峰，成为古代世界与拜占庭、阿拉伯并称富强的大帝国。

唐朝政制继承隋朝，地方行政建制置州、县两级，武德初年在边境及襟带之地置总管府，以统军戎，加号使持节，"盖汉刺史之任"[1]。稍后改总管府为都督府。岭南处在唐朝五岭以南，濒临南海的南部边疆地区，唐前期共置七十余州，设置广、桂、容、邕、交五都督府，统管岭南各州及其他都督府，名"岭南五管"。开元二十一年（733），分天下为十五道，各置采访处置使，"检察非法，如汉刺史之职"[2]；道成为地方一级行政机构，岭南采访使治广州。开元年间（713—741）又于边境置节度、经略使，岭南为其中之一，由广州都督充任，统广、桂、容、邕、安南等五府经略使。[3] 天宝（742—756）以后，国内政治、经济形势发生重大变化，藩镇权力日趋膨胀。岭南五府节度使（经略使）例兼采访、处置、营田、支度等使，"节度五岭诸军，仍观察其郡邑，于南方事无所不统"[4]，成为节制岭海的南方大镇。

岭南为汉越民族杂居的地区，地方豪强甚有势力，隋代还很难在偏远地区或民族地区建立直接稳固的统治，在要州大郡实施与内郡相同的行政体制同时，在偏远特别是越族地区则采取以越治越的羁縻政策，实施一定程度的民族自治，任用俚化汉人首领或俚僚渠帅为民族地区州（郡）县长官。唐初统治岭南仍如隋制，控制要州大郡官吏的选任，五品以上官由中书门下任命，五品以下吏部铨选；对偏远小州或民族杂居地区，则以招抚为主，以原"牧民者"为都督、刺史，"量其诚效，授以官爵"。直到唐高宗

---

[1] （宋）宋祁等撰：《新唐书》卷四十九，志第三十九百官四下，第1315页。
[2] （后晋）刘昫等撰：《旧唐书》卷三十八《地理志》，中华书局1987年版，第1385页。
[3] （唐）李林甫等撰，陈仲夫点校：《唐六典》卷五《尚书兵部》，卷三《尚书户部》，中华书局1992年版，第158页。
[4] （唐）韩愈：《韩昌黎全集》卷三十一《南海神庙碑》，中国书店1994年版，第395页。

以后，随着国家实力不断增强，对岭南选官制度也进行改革，扩大吏部铨选州郡，至迟在上元二年（675），朝廷开始派出选补使（南选使）主持南方地区选补缺官，史称"南选"（又称"南铨"），有三年一选、四年一选和五年一选，岭南南选重点在岭南偏远地区及西部州县，加强对岭南地方统治与管理，从而改变了南朝以来岭南豪族长期世袭为官、左右地方局势的局面。朝廷对地方豪强和割据势力的态度转趋强硬，多次派兵征伐违抗朝廷或叛乱的岭南豪酋，长期盘踞地方的豪族如冯氏、冼氏、宁氏均受到不同程度打击，逐渐退出历史舞台。

伴随着社会经济发展，唐朝经济重心也不断向南方转移拓展，富庶的江淮地区、长江流域乃至遥远的岭南，社会经济均发生深刻的变迁。史载岭南"爰自前代，及于唐朝，多委旧德重臣，抚宁其地，文通经史，武便弓弩，婚嫁礼仪，颇同中夏"[1]。唐人牛僧孺也指出："海上与中州少异。"[2] 韩愈说，岭南"民俗既迁，风气亦随，雪霜时降，疫病不兴，濒海之饶，因加于初。是以人之之南海，若东西州焉"[3]。岭南成为国内有影响的经济区。

从农业经济看，开发最早的珠江三角洲土地利用程度相当高，老三角洲一带人口比较密集，新三角洲中的中山、番禺、东江冲决三角洲形成不少新居民点。粤中、粤东农业开发不断从三角洲平原地带向沿海江河沿岸拓展。粤东北部、粤北、粤西雷州半岛

---

[1]（宋）乐史：《太平寰宇记》卷一五七《岭南道》，第3011页。

[2]（唐）杜牧：《唐故太子少师奇章郡开国公赠太尉牛公墓志铭并序》，见（清）董诰等编：《全唐文》卷七五五，第7827页。

[3]（唐）韩愈：《韩昌黎全集》卷十九《送窦从事序》，第279页。

至海南岛，多丘陵地带，条件较好的河谷平地得到深度耕垦，开垦"畲田"与"山田"。各地兴修水利，提高耕作技术，普及推广一年二熟至三熟农作制，促进了岭南地区粮食作物的增产；而农村多种经营与经济作物的种植，促进商品化农业以及农业生产结构多元化的发展，为农村经济增添了新的内容与活力。

从手工业生产看，广州、韶州等地矿冶、纺织、陶瓷、制盐、造船等行业在全国占有一定地位，有些产品生产水平达到领先地位，货物远销海外。唐代岭南出现一些面向国际市场、专供出口的外销瓷生产基地。据考古发现，这类窑址共有八座，粤东有潮州北郊窑、梅县水车窑，粤中有南海、新会官冲、三水、广州西村，粤西有廉江、遂溪。这些陶瓷产区分布在沿海，都是海外贸易活跃地区。[1]1998年，德国打捞公司在印度尼西亚勿里洞岛海域发现了一艘唐代沉船，名为 Batu Hitam，中文译为黑石号沉船（又称勿里洞沉船），打捞出文物有六万余件，陶瓷制品最多，包括长沙窑、越窑、邢窑、巩县窑瓷器，广东地方窑口烧造的粗糙青瓷有七百余件。经考证，确认黑石号沉船是一艘阿拉伯督造的三桅船，年代为8世纪上半叶，从扬州起航，经广州返回西亚，在勿里洞海域沉没。该沉船对研究唐代外贸史、广东等地外销瓷，有极高的学术价值。[2]

从交通运输状况看，形成以珠江水运与南海海运为主导、水

---

[1] 广东省博物馆：《广东唐宋窑址出土陶瓷》，香港大学冯平山博物馆1985年印行，第11页。

[2] *Shipwrecked: Tang Treasures and Monsoon Winds*, edited by Regina Krahl, John Guy, J. Keith Wilson, and Julian Raby, Washington D. C.: Smithsonian Institution, 2010.

陆相连、河海相通的交通体系，灵渠、骑田岭和大庾岭等对国内交通要道有程度不同的修拓和整治。广州成为岭南最大的中心城市和全国海外贸易中心，是海上丝绸之路上的东方大港。美国著名汉学家谢爱华（E. H. Schafer）教授说："南方所有的城市以及外国人聚居的所有乡镇，没有一处比广州巨大的海港更加繁荣的地方，阿拉伯人将广州称作'Khanfu'，印度人则将广州称作'China'。"[1]唐代在广州设置市舶使，管理东南海路对外贸易与邦交事务，在唐代乃至中外关系史上都占有特别突出的地位，发挥了重要作用。诚如日本学者中村久四郎所说：唐代广东在中国对外贸易通商史上占有"极其重要的"地位，"研究中国的交通史，就应认真注意广东的历史"。[2]

唐代岭南社会经济发展，带动人口增长与文化教育事业的增进，大部分地区推行全国统一的官学教育，扩大了受教育面，培养出多方面人才，对推广以儒学为主体的封建文化发挥了重要作用，私学也甚兴盛。唐代岭南既出现了像张九龄、姜公辅、刘瞻等官至宰相的有影响的重要人物，还涌现出一批在诗歌文学上有高深造诣的知名人士，如区册、区弘、卢宗回、郑愚、莫宣卿、杨环、韦思明、刘珂、张鸿、石文德、邵谒等。张九龄不仅是杰出的政治家，也是著名的文学家、思想家和诗人。他的诗歌创作尤有成就，力破齐梁绮靡颓风，采用兴寄风雅手法、平实浅现的

---

[1]〔美〕谢弗（E. H. Schafer）：《唐代的外来文明》，吴玉贵译，中国社会科学出版社1995年版，第26—27页。

[2]〔日〕中村久四郎：《唐代的广东》，朱耀廷译，《岭南文史》1983年第1期，第35—40页；第2期，第33—49页。

语言来表达深邃的思想感情，树立起清新刚健、韵味隽永的独特风格，成为继陈子昂、张说之后诗歌革新运动的领袖。唐代岭南佛教异常兴盛，诸家并起，竞相以各自的教义和活动方式影响当时的政治经济和社会文化生活，达到岭南佛教史上的全盛时期，出现了慧能、希迁、慧寂、大颠等高僧大德，在唐代乃至中国佛教史上占有重要地位，岭南佛教流行区域主要集中在五管首府和交通要冲之区，广韶地区、容桂地区及交广地区等州成为岭南佛教传播与交流的中心。

梁启超先生指出：中国自六朝以来，一些中国僧人"一以求精神上之安慰，一以求'学问欲'之满足"，冒万险，历百艰，络绎不绝地远适印度，西行求法，可称为"留学运动"；这一"时代的运动"，"前后垂五百年，其最热烈之时期，亦两世纪，乃使我国文化，从物质上精神上皆起一种革命。非直我国史上一大事，实人类文明史上一大事也"[①]。岭南地处南海交通要冲之地，是唐朝对外经济文化交流的主要孔道和桥梁，受域外物质文化的影响，岭南文化呈现出与内陆地区大不相同的文化内涵和文化风格，域外文化（如佛教、伊斯兰教）在此地大行其道，中外宗教交流与传播十分盛行。佛教求法僧人一般从广州、交州乘海舶直航南海，经过室利佛逝、诃陵、末罗瑜等国，抵达印度、师子国，拜佛求经；不少国外高僧大德循海路前来中国，弘扬佛法，多在广州登陆，再转往内地。著名高僧包括义净、金刚智、不空以及新罗僧

---

① 梁启超：《千五百年前之中国留学生》，见梁启超：《中国佛教研究史》，生活·读书·新知三联书店1988年版，第26—27页。

人慧超、日本真如法亲王（高丘亲王）等。伊斯兰教、祆教、摩尼教、景教等也随着商业活动传入中国，在阿拉伯人、波斯人聚居的广州蕃坊，每逢节日，蕃长就要带领全体穆斯林做祷告，宣讲教义，并为穆斯林的苏丹祈祷，怀圣寺是中国最早的伊斯兰教建筑。广州成为中外宗教海路传播的中心和流行地区。

二、岭南佛教文化对慧能的影响

岭南地区社会经济和文化的持续发展以及岭南的地理区位优势，使它成为佛教文化的一个重镇。从上述几个章节的叙述中，我们已知道：

第一，岭南一方面是印度佛教从海路来华的首站——"西来初地"。循海而来的梵僧均先抵岭南而后北上。诚如一些学者所言："东汉时代，印度的佛教以至海外各国文化，亦多自越南河内以及广东的徐闻、合浦与番禺等港口传入。"[1] "从南北朝开始，取海路来华的高僧多从广州登岸。"[2] 另一方面岭南又是中土僧人海路西行求法的始发港，他们多是从岭南起航循海路前往。据统计，晋唐时期循海路来往的东西方僧人中，印度东来者五十三人，中土西往者一百八十三人。[3]

---

[1] 罗香林：《世界史上广东学术源流与发展》，《书林》第一卷第3期，中山图书馆编印，民国二十六年（1937）四月出版。
[2] 张伟然：《南北朝时期岭南佛教的地理分布》，见《中国佛教二千年学术论文集》，广东省佛教协会出版，第31页。
[3] 何方耀：《晋唐南海丝路弘法高僧群体研究》，第21页表。

第二,广州曾是中国佛经翻译中心之一。佛经的翻译是中国早期佛教重要的内容和活动,原始的印度佛经——贝叶经,随着佛教的东来从海陆两途传入中土。相比较而言,海经可能优于陆经,因为"佛教传播的陆路与海路各有其优势,一般地说,陆路来得快捷,但由于佛经以贝多罗树叶写成,不便于运输,故运载量较小;海路来得较慢,但运载量较大。所以,佛教最早的传播尽管是通过陆路,但是那'沙漠之舟'带来的佛教经典不多,更多的倒是神异的佛教传说;海路的尽管较晚,但大舶巨舟所载,往往是成箱成夹的佛教卷帙,这是陆路传播望尘莫及的了"[①]。因此,大量的贝叶经进入并存贮于岭南,《续高僧传》说到真谛在广州译经时云:"谛在梁陈二代,凡二十三载,所出经论记传,六十四部,合二百七十八卷。余有未译梵本书,并多罗树叶,凡有二百四十箧,若依陈纸翻之,则列两万余卷,今见译讫,止是数箧之文,并在广州制旨、王园寺。"[②] 不少经典首译于岭南,如三国吴末,支疆梁接在岭南交州,译出《华法三昧经》,是为《华法经》之首译。般剌密谛与被贬广州的宰相房融合作译出了《首楞严经》,"中国之有《楞严》,自岭南始"[③]。

第三,历史上,众多西域和中国本土的高僧云集岭南,传播佛教。岭南佛教兴起、兴盛有赖和得益于东西方高僧大德们的辛勤耕耘,他们云集岭南或译经或传法或立道场,缔造了岭南佛教

---

① 覃召文:《岭南禅文化》,第2页。
② (唐)道宣撰,郭绍林点校:《续高僧传》,第21页。
③ (清)顾光、何淙修撰,中山大学中国古文献研究所整理组点校:《光孝寺志》卷二,第19页。

文化繁盛的风景。

在印度东来的高僧中，安世高、强梁娄至、支疆梁接、康僧会、迦摩罗、求那跋陀罗、智药三藏、真谛、菩提达摩、金刚智、不空等前赴后继、筚路蓝缕，把印度佛教的原始义理源源不断地传入岭南乃至华夏大地，推动岭南地区佛教的行进，贡献巨大。

在中国本土，岭南地区以其特有的魅力吸引各地的高僧、名僧向其聚集，其中罗浮山尤其突显。曾有学者指出："在南北朝之前，作为名山的罗浮已经吸引了相当大范围内的高僧向它集聚，使它成为一个佛法较密集的所在。"[1] 如：净宗祖师慧远"欲往罗浮山，及届浔阳，见庐峰清静，足以息心，始住龙泉精舍"[2]；中国禅宗三祖僧璨"适罗浮山优游二载"[3]；北宗鼻祖神秀曾"游罗浮"[4]。

名僧聚集岭南的现象从中国早期佛教开始一直延续至近现代，唐宋时期的石头、慧寂、大颠、鉴真、文偃，明清时期的憨山、大汕、函昰，近现代的虚云、本焕、佛源等，他们开宗立派，承继开新，延续着岭南佛教文化的勃勃生机。

岭南佛教文化在发展中还慢慢形成了其他区域鲜见的独特景象——大小乘佛教相融兼修，这也许是"中国第一个大小乘兼修的僧人康僧会、第一篇兼述大小乘经义的汉传佛教论文《理惑论》、第一本大小乘结合的译著《法华经》产生于岭南"[5] 的原因。

---

[1] 张伟然：《南北朝时期岭南佛教的地理分布》，见《中国佛教二千年学术论文集》，第32页。
[2] （梁）释慧皎撰，汤用彤校注：《高僧传》卷六《义解三》，第212页。
[3] （宋）释道原著，文雄、妙音点校：《景德传灯录》，第41页。
[4] （唐）杜胐：《传法宝纪》，见杨曾文校写：《敦煌新本·六祖坛经》，附编第161页。
[5] 刘伟铿《海上佛经之路的开辟对慧能禅宗形成的重要贡献》，见林有能、霍启昌主编：《六祖慧能思想研究》（二），第68页。

这也说明一个问题，即就佛教文化本身而言，岭南地区也是多元和兼收并蓄的。

六祖慧能就是生长、生活于这佛教文化浓郁的区域。如果说大岭南佛教文化对慧能的影响还不是那么直接，那么我们可以将目光聚焦于其相对狭窄的生活区间——西江新兴。

西江流域上溯可接达交趾，与南亚诸国连接，也是印度佛教东来的孔道之一。罗香林先生指出："佛教始于何时传入交州虽今未能判定，然至东汉末时，则其地佛教，殆已视中国别地为盛。"[①] 撰写《理惑论》的牟子就生活在西江流域的广信（今广东封开与广西梧州一带），汤用彤谓："交趾之牟子，著论为佛道辩护。则佛法由海上输入，当亦有其事。"[②] 西江边上的德庆香山有佛迹摩崖石刻，明黄佐《广东通志》曰："香山，其岭有佛足迹，长尺许，具趾肉纹。"[③] 明初刑部尚书李质《佛迹石》诗云："只履西归不可寻，只余足迹踏岩阴。法留正印灯传远，字记名公石刻深。"[④] 明指这佛迹与达摩有涉。与慧能故里毗邻的泷州（今罗定），在慧能父亲贬谪新州的次年［武德四年（621）］，创置龙龛道场，武则天时有《龙龛道场铭并序》摩崖石刻，把武后所创制之别字也收进去，清代西江名士彭泰来誉此刻乃唐代岭南最早之石刻："岭南唐刻今

---

① 罗香林：《唐代广州光孝寺与中印交通之关系》，台湾中国学社1960年版，序篇二《交广道》，第8页。
② 汤用彤：《汉魏两晋南北朝佛教史》，第58页。
③ （明）黄佐等纂修：《广东通志》卷十四《舆地志二》"香山"，见广东省地方志办公室编：《广东历代方志集成》，省部（二），岭南美术出版社2006年版，第361页。
④ （明）黄佐等纂修：《广东通志》卷六五《外志二》"李质诗"，见广东省地方志办公室编：《广东历代方志集成》，省部（四），第1712页。

在世，屈指最古龙龛铭。"所以，已有学者开始关注西江流域在佛教传播中的作用和地位，以及这一区域的佛教文化。

地处西江流域的慧能故里新州，同样是佛教文化厚重的地区，直接影响着六祖慧能，其对佛教文化的接触、受佛教的启蒙直至对佛教的信仰都是从这里开始的。这在文献的记述中可略见一斑：

其一，仅在初唐时期，就有较多佛教道场，见诸地方志乘者有：罗秀寺、岱山寺、龙兴寺、延明寺、金台寺、福兴寺、永乐寺。以此观之，"素称烟瘴荒僻的岭南新州在唐初其实是一个佛教传播发展的重要地区。这在除广州、韶州之外的岭南其他地区是罕见的"[①]。

其二，慧能出生时便有僧人上门道贺，并为之取名。法海在《略序》(《六祖大师缘起外纪》)述六祖诞生之情景时云："时，毫光腾空，异香满室。黎明，有二异僧造谒，谓师之父曰：'夜来生儿，专为安名。可上慧下能也。'父曰：'何名慧能？'僧曰：'慧者，以法慧施众生；能者，能作佛事。'言毕而去，不知所之。"[②] 此事蕴含着特殊的文化意义：一是已有佛教僧人在当地游历布道；二是寓示着慧能与佛教之缘。

其三，已有五祖弘忍的弟子在当地活动。慧能在金台寺卖柴时，听人诵念从黄梅五祖处传来的《金刚经》。《祖堂集》有详尽的记述：

[①] 王承文：《六祖慧能早年与唐初岭南新州》，见《六祖慧能思想研究——"慧能与岭南文化"国际学术研讨会论文集》，第445页。

[②] （唐）法海：《六祖大师缘起外纪》，见杨曾文校写：《敦煌新本·六祖坛经》，附编第117页。

> 偶一日卖柴次，有客姓安名道诚，欲买能柴，其价相当。送将至店，道诚与他柴价钱。惠能得钱，却出门前，忽闻道诚念《金刚经》。惠能亦闻，心开便悟。惠能遂问："郎官，此是何经？"道诚云："此是《金刚经》。"惠能云："从何而来，读此经典？"道诚云："我于蕲州黄梅县东冯母山，礼拜五祖弘忍大师，今现在彼山说法，门人一千余众，我于此处听受。大师劝道俗，受持此经，即得见性，直了成佛。"
>
> 惠能闻说，宿业有缘。其时道诚劝惠能往黄梅山礼拜五祖，惠能报云："缘有老母，家乏欠缺，如何抛母，无人供给？"其道诚遂与惠能银一百两，以充老母衣粮，便令惠能往去礼拜五祖大师。惠能领得其银，分付安排老母讫，便辞母亲。①

此事说明：新州当地在慧能之前已有人前往黄梅礼五祖，并携回《金刚经》在当地传播，金刚般若思想对慧能的启蒙和深刻影响应与此密切相关，这是第一点；第二，慧能皈依佛教并直奔黄梅礼五祖，可以说直接得益于此。诚如有学者指出："安道诚于凭墓山参礼五祖弘忍又于慧能故乡读《金刚经》以求见性成佛的经历，证明唐初新州已有同中原内地佛教的密切联系，东山法门的影响其实已达溪洞深远的岭南新州。"②

从上可知，岭南，尤其是粤西相对偏僻且荒蛮的地区却有着

---

① （南唐）静、筠禅僧编，张华点校：《祖堂集》，第85页。
② 王承文：《六祖慧能早年与唐初岭南新州》，见《六祖慧能思想研究——"慧能与岭南文化"国际学术研讨会论文集》，第445页。

相对浓郁的佛教文化氛围,这无疑对慧能的早期佛教启蒙经历有着极大的影响。岭南出六祖,偶然中却有着必然。

第三节 北上求法与南下修行

在家乡闻《金刚经》而悟的慧能,不畏艰辛,千里迢迢北上黄梅东山礼五祖弘忍,得五祖的印可,接法成为六祖,随即南遁隐匿修行,后至广州法性寺剃度受戒,开演东山法门。

一、慧能北上黄梅求法

(一)北上途中对佛经的接触

一般认为,慧能是在龙朔元年(661)离家乡北上黄梅求法的,而在抵黄梅前的漫漫长路中,慧能却有机缘接触到一些佛教的理论,其中见诸史籍者有两次:

一次是在曲江听无尽藏尼念《涅槃经》。

关于这段经历,相关文献所记在时间上有出入,一种说法是慧能在前往黄梅途中之事。赞宁《慧能传》说慧能"咸亨中,往韶阳,遇刘志略。略有姑无尽藏,恒读《涅槃经》,能听之,即为尼辨析中义。怪能不识字,乃曰:'诸佛理论,若取文字,非佛意也。'尼深叹服,号为行者,有劝于宝林古寺修道"[1]。《曹溪大师传》也说:"至咸亨元年(670)……大师游至曹溪,与村人刘

---

[1] (宋)赞宁撰,范祥雍点校:《宋高僧传》,第173页。

至略结义为兄弟。……略有姑出家，配山涧寺，名无尽藏，常诵《涅槃经》。大师昼与略役力，夜即听经。至明，为无尽藏尼解释经义。尼将经与读，大师曰：'不识文字。'尼曰：'既不识字，如何解释其义？'大师曰：'佛性之理，非关文字能解，今不识文字何怪。'众人闻之，皆嗟叹曰：'见解如此，天机自悟，非人所及，堪可出家住此宝林寺。'大师即住此寺，修道经三年。"①灯史类禅籍也持是说。宋释道原的《景德传灯录》卷五说："师遽告其母以为法寻师之意。直抵韶州，遇高行士刘志略，结为交友。尼无尽藏者，即志略之姑也。常读《涅槃经》，师暂听之，即为解说其义。尼遂执卷问字，师曰：'字即不识，义即请问。'尼曰：'字尚不识，曷能会义？'师曰：'诸佛妙理，非关文字。'尼惊异之，告乡里耆艾，云能是有道之人，宜请供养。于是居人竞来瞻礼。近有宝林古寺旧地，众议营缉俾师居之。四众雾集俄成宝坊。"②宋普济的《五灯会元》之《六祖慧能大鉴禅师》所记与《景德传灯录》一样："（慧能）直抵韶州，遇高行士刘志略，结为交友。尼无尽藏者，即志略之姑也。常读槃经，师暂听之，即为解说其义，尼遂执卷问字。祖曰：'字即不识，义即请问。'尼曰：'字尚不识，曷能会义？'祖曰：'诸佛妙理，非关文字。'尼惊异之，告乡里耆艾曰：'能是有道之人，宜请供养。'于是居人竞来瞻礼。近有宝林古寺旧地，众议营缉，俾祖居之。四众雾集，俄成宝坊。"③到明代，瞿汝稷的《指月录》卷四《六祖慧能大师》也因袭宋代的《景德传

---

① 《曹溪大师传》，见杨曾文校写：《敦煌新本·六祖坛经》，附编第103页。
② （宋）释道原著，妙音、文雄点校：《景德传灯录》，第68—69页。
③ （宋）普济著，苏渊雷点校：《五灯会元》，中华书局2010年版，第53页。

灯录》和《五灯会元》："(慧能)遂辞母,直抵韶州。遇高行士刘志略,结为交友。尼无尽藏者,即志略之姑也,尝读《涅槃经》,师暂听之,即为解说其义。尼遂执卷问字,祖曰:'字即不识,义即请问。'尼曰:'字尚不识,曷能会义?'祖曰:'诸佛妙理,非关文字。'尼惊异之。告乡里耆艾,请居宝林寺。"①

另一种说法是慧能在黄梅接法后南遁之事,持是说者主要是《坛经》。各版《坛经》中,敦煌本和惠昕本没有慧能与无尽藏相遇的情节,而契嵩本和宗宝本则有详细的叙说。契嵩本在"参请机缘"品说:"师自黄梅得法,回至韶州曹侯村,人无知者。有儒士刘志略,礼遇甚厚。志略有姑为尼,名无尽藏,常诵《大涅槃经》。师暂听,即知妙义,遂为解说。尼乃执卷问字。师曰,字即不识,义即请问。尼曰,字尚不识,曷能会义。师曰,诸佛妙理,非关文字。尼惊异之。遍告里中耆德,云此是有道之士,宜请供养。有晋武侯玄孙曹叔良及居民竞来瞻礼。时宝林古寺自隋末兵火已废。遂于故基重建梵宇,延僧居之,俄成宝坊。"②宗宝本在"机缘第七"所记与契嵩本基本无异:"师自黄梅得法,回至韶州曹侯村,人无知者。有儒士刘志略,礼遇甚厚。志略有姑为尼,名无尽藏,常诵《大涅槃经》。师暂听,即知妙义,遂为解说。尼乃执卷问字。师曰,字即不识,义即请问。尼曰,字尚不识,焉能会义。师曰,诸佛妙理,非关文字。尼惊异之。遍告里中耆德云,此是有道之士,宜请供养。有魏武侯玄孙曹叔良及居民竞来瞻礼。时宝

---

① (明)瞿汝稷编撰,德贤、侯剑整理:《指月录》,第105页。
② 江泓、夏志前点校:《坛经四古本》,第82—83页。

林古寺自隋末兵火已废。遂于故基重建梵宇,延师居之,俄成宝坊。"① 据此,丁福保在《六祖坛经笺注》认为:"别本云,师去时至曹侯村,住九月余。然师自言,不经三十余日,便至黄梅。此求道之切,岂有逗留?作去时者,非是。按传灯会元正宗记等,以为未得法已前之事,今本则以为得法之后,至韶州逢刘志略。兹依今本。"此即断然肯定《坛经》的说法而否定其他文献所述。

另一次是在乐昌西山石窟跟智远禅师学坐禅,听惠纪禅师念《投陀经》。

关于六祖慧能在乐昌西山石窟学禅的情况,各版本《坛经》均未见记载,只见于传记及其他文献中。《乐昌县志》"泷溪岭"条云:"俗呼为西石岩,在县治西北三里,高三十余丈,下石室高三丈,广五丈,左右各有斜窦可通游,右入则有石床,六祖往黄梅时曾憩于此岩,僧慧远谓其神彩非常,往必得道。"② 该志还有"六祖偃息床"条谓"在泷溪岩"。③ 余靖在《同游泷溪石室记》中也提及六祖慧能于此睡过的石床:"张炬而入则有六祖偃息石床存焉。"④ 在乐昌泷溪岩有《同游泷溪石室记》立石,为阮元《广东通志·金石略》所收,谓:"张炬而入,则有六祖偃息石床存焉。"⑤

---

① 江泓、夏志前点校:《坛经四古本》,第54页。
② (清)李成栋修,(清)张日星纂:《乐昌县志》卷一《山川》,见广东省地方史志办公室辑:《广东历代方志集成》,韶州府部(五),岭南美术出版社2009年版,第17页。
③ (清)李成栋修,(清)张日星纂:《乐昌县志》卷九《古迹》,见广东省地方史志办公室辑:《广东历代方志集成》,韶州府部(五),第89页。
④ (宋)余靖:《同游泷溪石室记》,见(宋)余靖:《武溪集》,吉林出版集团有限责任公司2005年版,第47页。
⑤ (清)阮元主修,梁中民点校:《广东通志·金石略》,广东人民出版社2011年版,第160页。

为什么六祖慧能会前往乐昌西山石窟？从相关文献似乎可以找到答案。《曹溪大师传》说六祖慧能在曲江与无尽藏对话后，众人修葺宝林寺，劝其住寺，"大师即住此寺，修道经三年"（此记似有误，不可能在北上黄梅途中在曲江宝林寺住了三年），"后闻乐昌县西石窟有远禅师，遂投彼学坐禅。大师素不曾学书，竟未披寻经论"。[①]也就是说，慧能是听说智远禅师在那里才前往的。宋赞宁的《慧能传》则谓，当在曲江众人劝在宝林寺修道时，慧能自谓己曰："本誓求师，而贪住寺取乎道也？何异却行归舍乎？"于是，"明日遂行，至乐昌县西石窟，依附智远禅师，侍座谈玄"。[②]这说明慧能意识到自己离开家乡的目的是北上黄梅学习佛法，而住在曲江与住在家里无甚区别，因而要离开曲江继续北上。《五灯会元》卷一《六祖慧能大鉴禅师》也谓："祖一日忽自念曰：'我求大法，岂可中道而止。'明日遂行，至乐昌县西山石室间遇智远禅师。"[③]《景德传灯录》所记与《五灯会元》相同，均说明慧能不愿半途而废，继续北上求法。

慧能在乐昌西山石窟主要做了两件事：一是跟智远禅师学坐禅，这在上引各文献中均有相关的记录；二是跟惠纪禅师听说、学习《投陀经》。《曹溪大师传》谓："时有惠纪禅师，诵《投陀经》。大师闻经叹曰：'经意如此，今我空坐何为？'"[④]但慧能听说、学习《投陀经》一事，未见其他文献有记。

[①] 《曹溪大师传》，见杨曾文校写：《敦煌新本·六祖坛经》，附编第103页。
[②] （宋）赞宁撰，范祥雍点校：《宋高僧传》，第173页。
[③] （宋）普济著，苏渊雷点校：《五灯会元》，第53页。
[④] 《曹溪大师传》，见杨曾文校写：《敦煌新本·六祖坛经》，附编第103页。

第四章 慧能禅学思想与南派顿教建立

慧能在乐昌西山石窟的时间不会很长，因为不久就离开前往黄梅了。至于慧能离开乐昌的缘由，赞宁的《慧能传》说："远曰：'行者迨非凡常之见龙，吾不知，吾不知之甚矣。劝往蕲春五祖印证去，吾终于下风请教也。'"[①] 道原的《景德传灯录》和普济的《五灯会元》则谓："远曰：'观子神姿爽拔，殆非常人。吾闻西域菩提达磨传心印于黄梅，汝当往彼参决。'师辞去，直造黄梅之东禅（山）。"[②] 以上均说是智远禅师力劝慧能离乐昌往黄梅的。唯《曹溪大师传》把劝说慧能的智远禅师换成了惠纪禅师："惠纪禅师谓大师曰：'久承蕲州黄梅山忍禅师开禅门，可往彼修学。'"[③] 这是一个方面。而促使慧能离开乐昌的主要原因可能是他自己，因为当他听闻、了解《投陀经》的义理后，就觉得在乐昌学坐禅难以学到更好的佛法，即《曹溪大师传》所记："大师闻经叹曰：'经意如此，今我空坐何为？'"[④] 于是就离开乐昌前往黄梅。

六祖慧能在曲江、乐昌接触佛法，虽有北上途中和黄梅南遁两种说法，但均有其道理。如果是在接法后回岭南时的事，说明六祖慧能经过在黄梅五祖寺八个多月的学习修行，得到五祖的真传，确已觉悟，才能讲出"诸佛妙理，非关文字"这样凸显禅之特色的精辟偈语，令无尽藏"惊异"而视为"有道之士"。如果是慧能北上黄梅途中的事，则说明慧能在见五祖前，就在曲江及乐

---

① （宋）赞宁撰，范祥雍点校：《宋高僧传》，第173页。
② （宋）释道原著，妙音、文雄点校：《景德传灯录》，第69页；（宋）普济著，苏渊雷点校：《五灯会元》，第53—54页。
③ 《曹溪大师传》，见杨曾文校写：《敦煌新本·六祖坛经》，附编第103页。
④ 《曹溪大师传》，见杨曾文校写：《敦煌新本·六祖坛经》，附编第103页。

昌等地学习过一些佛经和佛理，才能一见五祖弘忍就能从容地机锋对接，才能以一首佛偈赢得五祖的印可。

（二）黄梅学法及成祖

五祖寺又称东山寺、黄梅寺，位于湖北黄梅县，是五祖弘忍大师弘法的道场。乾隆《黄梅县志》"五祖寺"载："在县东北二十五里，昔冯茂长者以其山为大满禅师建寺，故一名东山，一名冯茂山。唐宣宗敕建大中东山寺，亦曰五祖寺。至明寺毁，止存塔基，移奉五祖肉身于山隈，建今寺。"①

在六祖慧能一生的行历中，五祖寺有着重要的地位。

1. 五祖寺是六祖慧能学习佛法之地

各版本《坛经》以及相关禅宗文献均载慧能在五祖寺的时间约八个多月。在这八个多月中，慧能以行者的身份，主要从事繁重的杂役——舂米，而记录他学习佛法的文字很少，他与师父五祖的接触也不多，尤其未见慧能与其他同门一起听五祖讲经说法。但这并非说慧能没有在五祖寺学习佛法，作为佛门的大智慧，他于时时、事事、处处都刻意去学习，并不仅限于听讲，所以他学习佛法的途径和方法是多元的。

首先，他与师父五祖的对话就是学习探讨佛法的过程。关于慧能与五祖的对话，文献所见不多，但与五祖初见和分别时的两次机锋对接，却反映出师徒两人对佛法的探讨与理解。《坛经》所

---

① （清）《黄梅县志》卷八《寺观》，据爱如生中国方志库，第743—744页。

记两人初见的对话是这样:

> 祖问曰:"汝何方人?欲求何物?"慧能对曰:"弟子是岭南新州百姓,远来礼师,惟求作佛,不求余物。"祖言:"汝是岭南人,又是獦獠,若为堪作佛?"慧能曰:"人虽有南北,佛性本无南北。獦獠身与和尚不同,佛性有何差别?"……慧能曰:"慧能启和尚,弟子自心,常生智慧,不离自性,即是福田。未审和尚教作何务?"祖云:"这獦獠根性大利,汝更勿言,著槽厂去。"[①]

《祖堂集》所记,内容基本相同:

> 五祖问:"汝从何方而来?有何所求?"慧能云:"从新州来,来求作佛。"师云:"汝岭南人,无佛性也。"对云:"人即有南北,佛性无南北。"师曰:"新州人乃獦獠,宁有佛性耶?"对曰:"如来藏性遍于蝼蚁,岂独于獦獠而无哉?"师云:"汝既有佛性,何求我意旨?"深奇其言,不复更问。自此,得之心印。[②]

五祖与慧能临别时的对话,只《坛经》有记,其他文献文字尚少。《坛经》云:

[①] 江泓、夏志前点校:《坛经四古本》,第41—42页。
[②] (南唐)静、筠禅僧编,张华点校:《祖堂集》,第86页。

祖相送直至九江驿。祖令上船，五祖把橹自摇。慧能言："请和尚坐，弟子合摇橹。"祖云："合是吾渡汝。"慧能曰："迷时师度，悟了自度。度名虽一，用处不同。慧能生在边方，语音不正，蒙师传法，今已得悟，只合自性自度。"祖云："如是，如是！以后佛法由汝大行。"①

除了师徒两人初见与分别的对话外，《曹溪大师传》还记有五祖往碓房看望慧能，见慧能腰背石头踏碓舂米"忘身为道"时的另一段对话：

忍大师因行至碓米所，问曰："汝为供养损腰脚，所痛如何？"能答曰："不见有身，谁言之痛。"

忍大师至夜，命能入房。大师问："汝初来时，答吾岭南人佛性与和上佛性，有何差别。谁教汝耶？"答曰："佛性非偏，和上与能无别，乃至一切众生皆同，更无差别，但随根隐显耳。"忍大师征曰："佛性无形，云何隐显？"能答曰："佛性无形，悟即显，迷即隐。"②

这几段对话，一方面反映了慧能在见五祖前对佛法的理解已有相当的水平；另一方面说明师徒两人互相探讨了"如来藏"佛性众生皆有、佛性无差别、人人可成佛的思想，"般若学"关于佛

---

① 江泓、夏志前点校：《坛经四古本》，第43—44页。
② 《曹溪大师传》，见杨曾文校写：《敦煌新本·六祖坛经》，附编第104页。

性空无、本性自有、自性自度以及悟迷等问题。此外还有五祖对慧能的诱导和启发。这几次的对话，无疑对慧能大有裨益。

其次，五祖弘忍直接为慧能解说《金刚经》，这在各版本《坛经》以及相关禅籍文献中均有载。这种一对一的面授说教的待遇，在五祖其他弟子中鲜有。《坛经》云："慧能即会祖意，三鼓入室。祖以袈裟遮围，不令人见，为说《金刚经》。至'应无所住而生其心'，慧能言下大悟：'一切万法，不离自性。'"慧能遂说出"五个何期"。"祖知悟本性，谓慧能曰：'不识本心，学法无益。若识自本心，见自本性，即名丈夫、天人师、佛。'"[①]

慧能因五祖解说《金刚经》而悟，因而《金刚经》对慧能南禅的影响至巨至深，慧能有《金刚经口诀》（据说为慧能所著）存世就不足为奇了。

再次，神秀对慧能的启发和影响。身为师兄，神秀并没有直接对慧能有帮教，但我们不能忽视神秀对慧能的帮助和影响。各版《坛经》及文献都载有两人的佛偈。神秀的佛偈是：身是菩提树，心如明镜台，时时勤拂拭，莫使惹尘埃。慧能的佛偈是：菩提本无树，明镜亦非台，本来无一物，何处若尘埃。（在敦煌本《坛经》中是两首佛偈，一是：菩提本无树，明镜亦无台；佛性常清净，何处有尘埃。二是：心是菩提树，身为明镜台；明镜本清净，何处染尘埃。）比较、分析神秀和慧能的佛偈，我们就会发现，神秀作偈在前，慧能作偈在后，即是说，慧能偈是在神秀偈的启发下而成的，此其一。其二，从行文和用词上看，慧能偈基本上沿用了

---

① 江泓、夏志前点校：《坛经四古本》，第43页。

神秀偈的结构和逻辑。其三,从偈义来看,从神秀的"有树""有台""有尘埃"到慧能的"无树""无台""无尘埃",最后归结为从"有物"到"无物"这一质变,有着无法割断的藕线。应该说,是神秀把慧能引到了第六代祖师的门口,并为他把门打开;慧能是站在神秀的肩膀上跃起而最后顿悟成佛的。从这一意义上可以说,没有神秀,也许就没有作为第六代祖师的慧能。在对慧能成佛有较大影响的几位人物中,神秀显然是很特殊的一位。

2. 五祖寺是慧能接法成为第六代祖师之地

中国禅宗的传宗接代,从一祖达摩至四祖道信,都是直指单传。到了五祖弘忍作了前所未有的革新,打破以往的传统,面对门下大批的龙象弟子,他采取考试的方法选择接班人,命所有弟子撰呈佛偈,择优选取。《景德传灯录》载:"师知付授时至,遂告众曰:'正法难解,不可徒记吾言持为己任。汝等各自随意述一偈。若语意冥符,则衣法皆付。'"[①]而《坛经》所记更为详尽:"祖一日唤诸门人总来:'吾向汝说,世人生死事大。汝等终日只求福田,不求出离生死苦海。自性若迷,福何可救?汝等各自去看智慧,取自本心般若之性,各作一偈,来呈吾看。若悟大意,付汝衣法,为第六代祖。'"[②]在这场选嗣的考试中,后来只有神秀和慧能两人参加。本来五祖器重神秀,但神秀的佛偈未得五祖认可,认为"未见本性,只到门外,未入门内"。于是嘱神秀"一两日思惟,更作一偈,将来吾看。汝偈若入得门,付汝衣法"。五祖对

[①] (宋)释道原著,妙音、文雄点校:《景德传灯录》,第43页。
[②] 江泓、夏志前点校:《坛经四古本》,第42页。

神秀还抱有希望。但当五祖见慧能的佛偈后，则彻底放弃了神秀，转而默认了慧能；经过为慧能解说《金刚经》，慧能彻底觉悟，于是五祖"便传顿教及衣钵，云：'汝为第六代祖……'"[①]"至三更，行者来大师处。大师与他改名号为慧能。当时便传袈裟以为法信，如释迦牟尼授弥勒记矣。"[②]"追夜，乃潜令人自碓坊召能行者入室，告曰：'诸佛出世，为一大事故，随机小大而引导之，遂有十地、三乘、顿、渐等旨，以为教门。然以无上微妙秘密圆明真实正法眼藏付于上首大迦叶尊者，展转传授二十八世至达磨届于此土，得可大师承袭以至于吾。今以法宝及所传袈裟用付于汝，善自保护，无令断绝。'"[③]而慧能面对祖传衣钵袈裟，深感自己的慧根和责任，因而对五祖曰："能是南人，不堪传授佛法。此间大有龙象。"忍大师曰："此虽龙象，吾深浅皆知，犹兔与马，唯付嘱象王耳。""忍大师即将所传袈裟付慧能，大师遂顶戴受之。"[④]

至此，慧能在五祖寺接过祖传衣钵袈裟和佛法，正式成为中国禅宗第六代祖师。五祖寺是慧能接法成祖之地。

二、接法后南遁隐匿

（一）大庾岭上度慧明

大庾岭，又称梅岭，乃五岭之一，位于广东南雄与江西大余交

---

① 江泓、夏志前点校：《坛经四古本》，第43页。
② （南唐）静、筠禅僧编，张华点校：《祖堂集》，第81页。
③ （宋）释道原著，妙音、文雄点校：《景德传灯录》，第43页。
④ 《曹溪大师传》，见杨曾文校写：《敦煌新本·六祖坛经》，附编第104页。

界处，大庾岭上之梅关古道，是历史上沟通南北的一条重要通渠。据相关文献所载，慧能黄梅接法后，依五祖弘忍之嘱，旋即南遁，至大庾岭时，陈慧明等几百人追赶而至欲夺衣钵，慧能掷衣钵于石上，慧明提掇不动，知慧能之道行，于是转而向慧能问法。

关于慧能这段经历，各版《坛经》有详略不一的叙述。敦煌本《坛经》云：

> 两月中间，至大庾岭。不知向后有数百人来，欲拟捉慧能，夺衣法。来至半路，尽总却回。唯有一僧，姓陈名惠顺，先是三品将军，性行粗恶，直至岭上，来趁把着。慧能即还法衣。又不肯取，言："我故远来求法，不要其衣。"能于岭上便传法惠顺。惠顺得闻，言下心开。能使惠顺即却向北化人。①

而宗宝《坛经》所记则较详细：

> 慧能辞违祖已，发足南行。两月中间，至大庾岭。逐后数百人来，欲夺衣钵。一僧俗姓陈，名惠明，先是四品将军，性行粗糙，极意参寻。为众人先，趁及慧能。慧能掷下衣钵于石上，曰："此衣表信，可力争耶？"能隐草莽中。惠明至，提掇不动，乃唤云："行者，行者，我为法来，不为衣来。"慧能遂出，盘坐石上。惠明作礼："望行者为我说法。"慧能云："汝既为法而来，可屏息诸缘，勿生一念，吾为汝说。"明良

---

① 江泓、夏志前点校：《坛经四古本》，第3—4页。

久。慧能云："不思善，不思恶，正与么时，那个是明上座本来面目？"惠明言下大悟。复问云："上来密语意外，还更有密意否？"慧能云："与汝说者，即非密也。汝若返照，密在汝边。"明曰："惠明虽在黄梅，实未省自己面目。今蒙指示，如人饮水，冷暖自知。今行者即惠明师也。"慧能曰："汝若如是，吾与汝同师黄梅，善自护持。"明又问："惠明今后向甚处去？"慧能曰："逢袁则止，遇蒙则居。"明礼辞。①

比较两者所记，敦煌本称"惠顺"，是三品将军；宗宝本称"惠明"，是四品将军，实为同一人，学界无疑。关于陈惠明此人，有些文献还记为"慧明"，为避慧能讳而改为"道明"。《祖堂集》载，慧明云："某甲虽在黄梅剃发，实不得宗乘面目。今蒙行者指授，也有入处，如人饮水，冷暖自知。从今向后，行者即是慧明师，今便改名号为道明。"②《景德传灯录》和《五灯会元》道明本传云："初名慧明，以避师（指六祖慧能）上字，故改名道明。"③而六祖所以名"慧能"，可以说是五祖为其起的法号，因为《祖堂集》之《弘忍传》中明说"至三更，行者来大师处。大师与他改名号为慧能"。如然，则五祖弘忍门下是否有"慧"字辈裔徒，待考。

细细品味大庾岭上慧能与慧明的对话，别有一番意蕴：敦煌本

---

① 江泓、夏志前点校：《坛经四古本》，第44页。
② （南唐）静、筠禅僧编，张华点校：《祖堂集》，第83页。
③ （宋）释道原著，妙音、文雄点校：《景德传灯录》，第60页；（宋）普济著，苏渊雷点校：《五灯会元》，第74页。

《坛经》直说慧明曰："我故远来求法，不要其衣。"① 而宗宝本《坛经》则说是慧明提不动衣钵时才说"我为法来，不为衣来"，要慧能为他说法。本来慧明"少于永昌寺出家，慕道颇切，往依五祖法会"②，成了五祖弘忍的弟子，然慧明"虽在黄梅剃发，实不得宗乘面目"，转而问法于慧能，并经慧能"不思善，不思恶，正与么时，那个是明上座本来面目？"的开示而悟。就此而论，慧明乃慧能成祖后第一个化度之人，难怪慧明说"行者即是慧明师"了。

（二）曲江宝林寺避难

六祖慧能黄梅接法后南归至曲江，曹侯村民曹叔良等重修宝林寺，延慧能居住，后又有恶徒寻难，因慧能预知，先藏于离宝林寺几里之岩石缝中，虽然恶徒纵火焚烧也得幸免，因有"避难石"之名。

关于这一险遇，传说色彩显然高于事实真相，故《祖堂集》《景德传灯录》《五灯会元》《传法正宗记》等禅宗文献及赞宁《宋高僧传》、法海《六祖大师缘起外纪》均无载，《指月录》只说"祖后至曹溪，物色之者稍稍闻，遂避难于四会之猎人队中"③，《曹溪大师传》则谓"能大师归南，略至曹溪，犹被人寻逐"④，均无明指。而各版《坛经》，敦煌本无记，惠昕本谓"甲某后至曹溪，被恶人寻逐，乃于四会县避难"⑤，未见"避难石"之名。

---

① 江泓、夏志前点校：《坛经四古本》，第4页。
② （宋）释道原著，妙音、文雄点校：《景德传灯录》，第60页。
③ （明）瞿汝稷编撰，德贤、侯剑整理：《指月录》，第106页。
④ 《曹溪大师传》，见杨曾文校写：《敦煌新本·六祖坛经》，附编第106页。
⑤ 江泓、夏志前点校：《坛经四古本》，第27页。

"避难石"之名,见于曹溪原本(契嵩本)《坛经》:

> 能后至曹溪,又被恶人寻逐,乃于四会县避难猎人队中……①

> 师自黄梅得法,回至韶州曹侯村……有晋武侯玄孙曹叔良及居民竞来瞻礼。时宝林古寺自隋末兵火已废,遂于故基重建梵宇,延僧居之,俄成宝坊。师住九月余日,又为恶党寻逐,师乃遁于前山。被其纵火焚烧草木,师隐身挨入石中得免。石于是有师趺坐膝痕及衣布之纹,因名避难石,师忆五祖怀会止藏之嘱,遂行隐于二邑焉。②

宗宝本《坛经》基本承袭曹溪原本《坛经》之说。然《坛经》只述"避难石"得名之缘由,却无交代此石在何处。至清马元、释真朴重修《曹溪通志》时,则有"避难石"专目云:

> 在寺南五里,三石品列,其中独巨。师居宝林九月,忽然心动,预知恶党寻害,遁于前山。恶党果至,遂纵火焚草木,师隐身挨入石中得免。石色红紫,深二三尺,宛如一龛。旧经云,今有师趺坐膝痕及衣布之纹,故名。③

---

① 江泓、夏志前点校:《坛经四古本》,第72页。
② 江泓、夏志前点校:《坛经四古本》,第82—83页。
③ (清)释真朴重修,杨权、张红、仇江点校:《曹溪通志》卷一《古迹》,梦梅馆2008年版,第4页。

"六祖大师传"条也说:

> 曹溪居民曹叔良等重修宝林寺,延师居之。越九月余日,又被恶人寻逐,师乃遁于前山,被其纵火焚烧草木,师隐身挨入石中得免。[①]

该志还录有《避难石》诗一首:

> 无端一念惹膻腥,从此形骸累不轻。
> 十载猎丛张网处,石头满眼尽无生。[②]

(三)止藏怀会臻禅理

慧能接法南归至曲江住了一段时间,因又有恶徒追寻而被迫离开继续往南,"隐于怀集、四会之间"。这里,有几个问题需要加以讨论:

第一,慧能什么时候抵怀集、四会?要厘定这个具体年份,有一个关键的问题必须解决,这就是慧能什么时候离新州北上黄梅。一般认为,慧能于唐龙朔元年(661)离家北上。如果此说不虚,则慧能抵怀集、四会的年份也可推算出来:如果慧能在661年年初从新州出发,经一至二个月的旅程(惠昕本和宗宝本《坛

---

① (清)释真朴重修,杨权、张红、仇江点校:《曹溪通志》卷二《道派源流第三》,第26页。
② (清)释真朴重修,杨权、张红、仇江点校:《曹溪通志》卷七《品题词翰第八》,第167页。

经》均谓"不经三十余日")抵黄梅,在东山寺约八个多月,接法后即南遁,旅程时间也约一至二个月,加上在曲江九个月,则662年进入怀集、四会;如果慧能在661年年底出发,则可能于663年抵怀集、四会。

第二,六祖慧能在怀会一带"藏"了多长时间?各种文献记载差异较大,概言之有如下几种说法:

1. 敦煌本《坛经》没有明言慧能在四会"藏"了几年,但因弘忍临别时叮嘱慧能"将法向南,三年勿弘"[①],暗喻了慧能在四会"藏"了三年时间。

2.《祖堂集》云:慧能"既承衣法,遂辞慈容。后隐四会、怀集之间,首尾四年"[②],说慧能在怀会四年时间。

3. 惠昕本《坛经》载慧能"后至曹溪,被恶人寻逐,乃于四会县避难,经五年,常在猎人中"[③]。《曹溪大师传》也说慧能"于广州四会、怀集两县界避难,经于五年,在猎师中"[④]。即是说慧能在四会一带五年。

4. 契嵩本和宗宝本《坛经》则记为"慧能后至曹溪避,又被恶人寻逐。乃于四会,避难猎人队伍,凡经一十五载"[⑤]。即持慧能在四会十五年说。

5. 王维的《六祖能禅师碑铭》则说"禅师遂怀宝迷邦,销声

---

① 江泓、夏志前点校:《坛经四古本》,第3页。
② (南唐)静、筠禅僧编,张华点校:《祖堂集》,第87页。
③ 江泓、夏志前点校:《坛经四古本》,第27页。
④ 《曹溪大师传》,见杨曾文校写:《敦煌新本·六祖坛经》,附编第106页。
⑤ 江泓、夏志前点校:《坛经四古本》,第44、72页。

异域。……如此积十六载"①。柳宗元的《赐谥大鉴禅师碑》也认为慧能"遁隐南海上,人无闻知,又十六年"②。慧能贴身法嗣法海的《略序》同样说慧能"南归隐遁一十六年"③。即是说慧能在四会一带隐藏了十六年。

6.《历代法宝记》则持慧能在怀会十七年说。④

笔者以为十五年或十六年较符合实际(事实上此两说可视为一说,因为充其量只相差慧能岁末抵四会或次年初抵四会的时间),理由在于,纵观慧能一生几个大的纪年,即638年出生,二十四岁北上黄梅接法,三十九岁法性寺剃度出家,弘法三十七年,七十六岁圆寂,可见在四会一带十五年或十六年与二十四岁接法至三十九岁出家是吻合的,此其一;其二,根据随侍慧能左右的法嗣法海的说法,以及距慧能圆寂后不远的大文豪王维和柳宗元以碑铭的形式来颂述慧能生平的文字,应是较其他的记载更为可信的。

第三,六祖慧能在怀会一带十几年时间,主要做什么呢?据相关文献,鲜有具体的交代。王维《六祖能禅师碑铭》:"禅师遂怀宝迷邦,销声异域,众生为净土,杂居止于编人;世事是度门,混农商于劳侣。"⑤柳宗元《赐谥大鉴禅师碑》:"遁隐南海上,人无

---

① (唐)王维:《六祖能禅师碑铭》,见杨曾文校写:《敦煌新本·六祖坛经》,附编第123页。

② (唐)柳宗元:《赐谥大鉴禅师碑》,见杨曾文校写:《敦煌新本·六祖坛经》,附编第126页。

③ (唐)法海:《六祖大师法宝坛经略序》,见丁福保:《六祖坛经笺注》,广东人民出版社1962年版,旧序。

④ (佚名)《历代法宝记》,《大藏经》第51册,第183页。

⑤ (唐)王维:《六祖能禅师碑铭》,见杨曾文校写:《敦煌新本·六祖坛经》,附编第123页。

闻知。"[1] 法海《六祖大师缘起外纪》:"南归隐遁。"[2]《祖堂集》:"后隐四会、怀集之间。"[3] 赞宁《慧能传》:"能计回生地,隐于四会、怀集之间,渐露锋颖。"[4]《景德传灯录》和《五灯会元》:"隐于怀集、四会之间。"[5] 而在各版《坛经》中,敦煌本无载,惠昕本云:"常在猎人中。虽在猎中,时与猎人说法。"契嵩本曰:"乃于四会县避难猎人队中,凡经一十五载。时与猎人随宜说法。猎人常令守网,每见生命尽放之。"[6] 宗宝本沿袭契嵩本。《曹溪大师传》说"于广州四会、怀集两县界避难,经于五年,在猎师中"[7]。

据上述,可肯定的是慧能与猎人为伍,这与其山居环境相合,因而就有关于六祖慧能"肉边菜"或"锅边菜"说法,即契嵩本和宗宝本《坛经》所言之"每至饭时,以菜寄煮肉锅。或问,则对曰:'但肉边菜。'"[8] 关于慧能所吃的肉边之"菜",专记广东物产并为清道光《广东通志》多有引用的《舟车见闻录》(不知作者)之"芥蓝"条云:"相传六祖出家后与猎户处,以此菜与兽肉隔开煮熟食之,故又名隔蓝。"[9]

---

[1] (唐)柳宗元:《赐谥大鉴禅师碑》,见杨曾文校写:《敦煌新本·六祖坛经》,附编第126页。
[2] (唐)法海:《六祖大师缘起外纪》,见杨曾文校写:《敦煌新本·六祖坛经》,附编第117页。
[3] (南唐)静、筠禅僧编,张华点校:《祖堂集》,第87页。
[4] (宋)赞宁撰,范祥雍点校:《宋高僧传》,第174页。
[5] (宋)释道原著,妙音、文雄点校:《景德传灯录》,第69页;(宋)普济著,苏渊雷点校:《五灯会元》,第54页。
[6] 江泓、夏志前点校:《坛经四古本》,第72页。
[7]《曹溪大师传》,见杨曾文校写:《敦煌新本·六祖坛经》,附编第106页。
[8] 江泓、夏志前点校:《坛经四古本》,第72页。
[9] 李龙潜等点校:《明清广东稀见笔记七种》,广东人民出版社2010年版,第284页。

关于六祖慧能在怀会的行迹,易行广先生曾提供了鲜为人知的信息:

> 六祖和牛头宗高僧昙璀的交谊值得专门一提,昙璀是牛头宗开山祖法融的高才弟子,在皖、浙边山区弘法时,给人诬陷与陈硕真起义军有勾连被通缉,逃至怀集又饿又病,晕倒在山边,慧能背入所住山洞医活;两人在洞内住了三年,相互切磋经义,因年龄相近志趣相同,两人相见恨晚,昙璀得知冤案澄清,临走时还把法融著作《心铭》、《绝观论》手抄送给慧能;至今怀集六祖岩圣迹,还保留有其二人住的壁床龛穴、火把插痕、火塘残迹、石台、石墩等遗迹,像是在叙说六祖慧能和昙璀结下深厚友谊的佳话。由于有此渊源,慧能思想融会了牛头禅观点,日后,牛头宗和南宗息息相通,致使南宗一开宗,其队伍在苏皖浙一带便有了较大的发展。卢慧能虚心向昙璀学文化,还向当地年青的读书人学识字;昙大师北归后,六祖弟子四会人泰祥、怀集人善终,二人结伴在山上游览时,偶遇六祖而相识,曾定期来六祖隐居地相互切磋,后来,二人寻到宝林寺出家,拜六祖为师。[①]

从研究的角度言,易先生提供的信息确实很有参考价值,遗憾的是他没有所据资料的出处,难以稽查,而易已辞世,无法征

[①] 易行广、刘桂贞:《扶卢山凝聚六祖情》,见林有能主编:《六祖慧能思想研究》(三),第394—395页。

询。今稽之相关文献,《景德传灯录》之《昙璀传》记:"金陵钟山昙璀禅师者,吴郡人也。姓顾氏,初谒牛头融大师。大师目而奇之,乃告之曰:'色、声为无生之鸩毒,受、想是至人之坑阱,子知之乎?'师默而审之,大悟玄旨。寻晦迹钟山,多历年所。茅庵瓦缶,以终老焉。唐天授三年(692)二月六日恬然入定,七日则灭,寿六十二。"[①]《五灯会元》所记基本相同。但只区区近百字,没有易氏所提到的细节。而在六祖慧能得法的四十三弟子中,也有昙璀,然当不是同一人。由此看来,六祖慧能在怀集上爱岭与法融弟子昙璀邂逅之事虽不能断为杜撰之作,然无文献支持,难以令人置信。

除了在怀会大地活动外,据新近学者的研究,慧能还在广西的象州和永福等地留下足迹,地方文献志乘及一些碑刻资料均见有载。[②] 这是学界以往鲜有关注的。

关于慧能"止藏"怀会这一段履历,因文献资料缺如而未能深入细致地研究,然窃以为,这一段经历对他实践佛理、臻善南禅还是有影响的。

如前所述,慧能早年生活的地方,应该说,佛教文化气息还是很浓厚的,这对他体认佛教理论显然有着启蒙的作用。但直至他到黄梅接法成祖,可以说慧能还没有受过较系统的佛教理论的浸润。另一方面,他后来出家弘法所宣示的佛禅机理却又博大精深、系统圆融,《坛经》中所援引的佛教经论,似乎证明他对系统

[①] (宋)释道原著,文雄、妙音点校:《景德传灯录》,第53—54页。
[②] 黄铮:《广西六祖遗迹述论》,《岭南文史》2015年第4期,第20—28页。

的佛教理论有过研习。这确实让人匪夷所思,能够释疑者也许是慧能在怀会避难的这段历练。

首先,慧能在怀会一带十五六年,时间不算短,不少学者认为这段时间是慧能参悟佛理的最佳时机:一方面,在曹溪无尽藏处接触到《涅槃经》的妙理,在黄梅五祖弘忍大师为他讲解《金刚经》等,无疑为其创立南禅理论奠下了基础,而在怀会的隐藏,使他有充足的时间和神绪来琢磨、消化、吸收这些佛教的精髓。另一方面,他与社会下层的平民百姓在一起,从社会中吸取了不少有益的养分。对此,王维在《六祖能禅师碑铭》中的分析是中肯和独到的:"禅师遂怀宝迷邦,销声异域,众生为净土,杂居止于编人;世事是度门,混农商于劳侣。"① 这"众生为净土""世事是度门"正是六祖慧能取之不尽的社会营养。

其次,慧能在怀会期间,也是他践行佛教理论的时期。据《坛经》等文献记载,慧能在怀会一带常与猎人为伍,这对第六代祖师慧能来说显然是一个大的考验:一方面,猎人以捕猎、杀生为业;另一方面大乘佛教高唱普度众生,连有生之灵也要爱护。面对这两难的情况,慧能尽力去践行佛禅理念,经常与猎人讲解佛法道理,劝猎人们多种稻粱作物,尽量少捕杀猎物。而他自己每遇网到猎物则私下把它放走,每与猎人用餐,则只吃"肉边菜"。此外,怀会一带民间还流行六祖运用佛法与虎说法、巧捕大蟒为民除害等传说,无一不反映六祖慧能对佛教理论于实践中的

---

① (唐)王维:《六祖能禅师碑铭》,见杨曾文校写:《敦煌新本·六祖坛经》,附编第123页。

运用。

正是在怀会这段参悟、践行佛禅理念的特殊经历，使他的南禅理论逐渐丰富和发展，日渐臻于系统和完善。诚如董群先生所言："必须注意到这个十五年的时间对于慧能禅文化形成的作用，注意到由于和劳动者的长期共同生活，使慧能对他们的文化心理的进一步了解，而对其禅文化之价值取向的形成所产生的重要影响。实际上，这一段时间内，慧能禅文化体系的建构已经完成了。"①

三、法性寺剃戒和弘法

位于今广州市区的光孝寺，是岭南的一座古刹、名刹，是广东省佛教协会所在地。"先有光孝，后有羊城"一说彰显了该寺的悠久历史和显赫地位。

光孝寺原址是汉时南越王赵佗玄孙赵建德的旧宅。三国时吴国名士虞翻被流放到广东，就居住于此，因院里种了许多诃子树，所以时人称为虞苑，又叫诃林。虞翻死后，其后人就把宅院施舍为寺院，叫制止寺。东晋隆安年间（397—401），罽宾国三藏法师昙摩耶舍云游到广州，于此地建了大殿五间，奉旨翻译佛经，改名为王苑朝延寺，又称王园寺。唐太宗贞观十九年（645），改王园寺为乾明法性寺。唐会昌五年（845）改名西云道宫。唐大中十三年（859）复名乾明法性寺。宋崇宁三年（1104）称万寿禅寺。宋绍兴七年（1137）改名为报恩广孝禅寺，绍兴二十一年

---

① 董群：《慧能与中国文化》，贵州人民出版社2001年版，第12页。

（1151），又把"广"字改为"光"字，自此，光孝寺之名一直沿用迄今。

也许正是光孝寺悠久的历史和地位为六祖慧能大师倾慕，故他一抵羊城，即至光孝而舍他寺；而六祖慧能的到来，更给这座古老的名刹增添了无限的光彩，使之成为中国禅宗南宗三大祖庭之一。

关于六祖慧能与光孝寺结缘，敦煌本和惠昕本《坛经》未见有载，而曹溪原本（契嵩本）和宗宝本《坛经》以及其他禅宗文献多有叙说。据各种文献，六祖慧能于唐仪凤元年（676）正月八日抵光孝寺，至翌年二月八日离开，在光孝寺约一年。时间虽短，却于六祖、光孝两者相得益彰。

首先，光孝寺是六祖慧能剃度受戒、正式成为佛家弟子的地方。慧能虽接过五祖传授的衣钵而贵为六祖，但尚未成为严格意义的和尚，还是一位行者。是光孝寺搭建了舞台，让他华丽转身。寺内的戒坛和菩提树好像就是为六祖慧能而设，因为建坛和植树的梵僧均曾预言将有肉身菩萨于树下剃度和坛上受戒，在六祖慧能身上预言变成了真实。

唐仪凤元年（676）正月十五日，印宗法师在光孝寺的菩提树下亲自为六祖慧能剃度，各种文献均记载了这一盛事。曹溪原本和宗宝本《坛经》载：印宗"于是为能薙（剃）发，愿事为师"[1]。《六祖大师缘起外纪》载："是月十五日，普会四众，为师薙发。"[2]

---

[1] 江泓、夏志前点校：《坛经四古本》，第73页。
[2] （唐）法海：《六祖大师缘起外纪》，见杨曾文校写：《敦煌新本·六祖坛经》，附编第117页。

《曹溪大师传》载:"仪凤元年正月十七日,印宗与能大师剃发落。"①《祖堂集》载:"正月十五日,为行者剃头。"②《景德传灯录》《五灯会元》载:"至正月十五日,会诸名德,为之剃发。"③《唐韶州今华南寺慧能传》载:印宗"乃为其削椎髻于法性寺"④。法才等寺僧们旋建瘗发塔以供养六祖慧能的圣发。《光孝寺志》卷三《古迹志》云:"瘗发塔在菩提树右。唐仪凤元年四月八日法性寺住持僧法才募众建塔,在菩提树之右,为六祖瘗发,立碑纪之。塔以石基灰砂筑成七层,高二丈。"⑤法才撰《光孝寺瘗发塔记》,文曰:

> 佛祖兴世,信非偶然。昔宋朝求那跋陀三藏建兹戒坛,预谶曰:"后当有肉身菩萨受戒于此。"梁天监元年(502),又有梵僧智药三藏航海而至,自西竺持来菩提树一株,植于戒坛前。立碑云:"吾过后一百七十年,当有肉身菩萨来此树下开演上乘,度无量众,真传佛心印之法主也。"今能禅师正月八日抵此,因论风幡语而与宗法师说无上道。宗踊跃忻庆,昔所未闻,遂诘得法端系。于十五日普会四众,为师祝发。二月八日,集诸名德,受具足戒。既而于菩提树下,开单传宗旨,一如昔谶。

---

① 《曹溪大师传》,见杨曾文校写:《敦煌新本·六祖坛经》,附编第107页。
② (南唐)静、筠禅僧编,张华点校:《祖堂集》,第87页。
③ (宋)释道原著,妙音、文雄点校:《景德传灯录》,第69页;(宋)普济著,苏渊雷点校:《五灯会元》,第54页。
④ (宋)赞宁撰,范祥雍点校:《宋高僧传》,第174页。
⑤ (清)顾光、何淙修撰,中山大学中国古文献研究所整理组点校:《光孝寺志》卷三《古迹志》,第40页。

法才遂募众缘,建兹浮屠,瘗禅师发。一旦落成,八面严洁,腾空七层,端如涌出。

伟欤禅师,法力之厚,弹指即遂。万古嘉猷,巍然不磨。聊叙梗概,以记岁月云。

仪凤元年(676)岁次丙子、吾佛生日,法性寺住持法才谨识①

当时所立之碑,《曹溪通志》说:"此碑见存广东省城光孝寺菩提树下,乃唐刻也。"②然此碑早已损坏断裂,今碑乃明代重刻。《光孝寺志》云:"按原碑已断裂,明万历四十年(1612)寺僧……重为立石,模刻碑立,有区亦轸绘图,僧通岸记,现植壁间。"③清人翁方纲《粤东金石略》有《唐光孝寺菩提树瘗发塔记碑》云:"光孝寺菩提树发塔记。记勒石于仪凤元年丙子,法性寺住持僧法才立。文载《曹溪志》。志云:'此碑见存省城光孝寺菩提树下,乃唐刻也。'然今树下之石,乃明万历壬子重刻。"今人欧广勇、伍庆禄曾补注说:"明碑见存光孝寺碑廊,碑上段刻法性寺(光孝寺旧名)讲涅槃经师即印宗及主持法才同立之《菩提碑》,碑下端刻菩提树图,居士区亦轸绘。碑高一点五八米,宽零点九米。释通岸撰文。通岸(1566—1647),明末南海人。与陈子

---

① (清)顾光、何淙修撰,中山大学中国古文献研究所整理组点校:《光孝寺志》卷十《艺文志》,第115—116页。
② (清)释真朴重修,杨权、张红、仇江点校:《曹溪通志》卷五《塔记类》,第102页。
③ (清)顾光、何淙修撰,中山大学中国古文献研究所整理组点校:《光孝寺志》卷三《古迹志》,第40页。

壮、黎遂球等重立南园诗社,与诸名士唱酬。钱谦益《憨山塔铭》说,与憨山德清始终相依的有通岸、通炯及觉浪道盛等人。"[1]阮元《广东通志·金石略》[2]收录了翁方纲文。

唐仪凤元年(676)二月初八,印宗法师在光孝寺的戒坛为六祖慧能举行授戒礼仪。关于此事,各种文献有详略不等的记述。灯史类文献所述较简略,均一笔带过。《景德传灯录》、《五灯会元》、《指月录》等谓:"二月八日,就法性寺智光律师受满分戒。"《祖堂集》曰:"二月八日,于法性寺请智光律师授戒。"[3]赞宁《唐韶州今华南寺慧能传》说:"智光律师边受满分戒。"[4]法才的《光孝寺瘗发塔记》言:"二月八日,集诸名德,受具足戒。"[5]

然而,对出家人而言,受戒乃重要之事,应按佛教的仪规进行,尤其是慧能已为第六代祖师,其受戒应是当时轰动教界之大事,其仪式必是隆重而庄严。所以,有些文献较详细地记述了当时参与仪式的主要人员。法海的《六祖大师缘起外纪》云:"二月八日,集诸名德,授具足戒。西京智光律师为授戒师,苏州慧静律师为羯磨,荆州通应律师为教授,中天耆多罗律师为说戒,西国蜜多三藏为证戒。"[6]《曹溪大师传》也谓:"二月八日,于法性

---

[1] (清)翁方纲著,欧广勇、伍庆禄补注:《粤东金石略补注》,广东人民出版社2012年版,第24—25页。

[2] (清)阮元主修,梁中民点校:《广东通志·金石略》,第55页。

[3] (南唐)静、筠禅僧编,张华点校:《祖堂集》,第87页。

[4] (宋)赞宁撰,范祥雍点校:《宋高僧传》,第174页。

[5] (唐)法才:《光孝寺瘗发塔记》,见杨曾文校写:《敦煌新本·六祖坛经》,附编第121页。

[6] (唐)法海:《六祖大师缘起外纪》,见杨曾文校写:《敦煌新本·六祖坛经》,附编第117—118页。

寺……能大师受戒,和尚西京总持寺智光律师,羯磨阇梨苏州灵光寺惠静律师,教授阇梨荆州天皇寺道应律师。后时,三师皆于能大师所学道,终于曹溪。其证戒大德,一是中天耆多罗律师,二是密多三藏。此二大德,皆是罗汉,博达三藏,善中边言。印宗法师请为尊证也。"①

其次,光孝寺是六祖慧能学习佛经和讨论佛法的地方。这一点似为人们所忽略,因为以往的研究大多只注意到六祖慧能的"风幡之辨"。其实,(1)六祖慧能在光孝寺认真聆听印宗法师讲解《涅槃经》。印宗法师,原籍吴郡(今江苏吴县),自幼出家,专门学习研究《涅槃经》。唐咸亨元年(670)来到京城长安,唐高宗曾诏他入大敬爱寺居住,但他辞请不赴,后到了湖北黄梅五祖寺师从五祖弘忍,成了五祖弘忍的入室弟子。但过不了多久,他又辞别五祖,离开了黄梅,到了广州法性寺,主法性寺讲席,成了远近闻名的法师。有《心要集》传世。② 好学的慧能初来乍到,恰遇印宗法师讲解《涅槃经》,岂有错过之理。所以,王维的《六祖能禅师碑铭》中直白地说:"南海有印宗法师,讲《涅槃经》。禅师听于座下,因问大义,质以真乘。既不能酬,翻以请益。"③《曹溪大师传》也说:"于广州制旨寺,听印宗法师讲《涅槃经》。"④(2)慧能在法性寺除了听印宗讲《涅槃经》,还与印宗讨

---

① 《曹溪大师传》,见杨曾文校写:《敦煌新本·六祖坛经》,附编第107页。
② (宋)释道原著,文雄、妙音点校:《景德传灯录》,第79页。
③ (唐)王维:《六祖能禅师碑铭》,见杨曾文校写:《敦煌新本·六祖坛经》,附编第123页。
④ 《曹溪大师传》,见杨曾文校写:《敦煌新本·六祖坛经》,附编第106页。

论、解释《涅槃经》，尤其是其中的"不二之法"的意蕴：

> 宗曰："何不论禅定解脱？"
> 谓曰："为是二法，不是佛法。佛性是不二之法。"
> 宗又问："如何是佛法不二之法？"
> 能曰："法师《涅槃经》，经明见佛性，是佛法不二之法。如《涅槃经》高贵德王菩萨白佛言：犯四重禁作五逆罪及一阐提等当断善根佛性否？佛言：善根有二，一者常，二者无常，佛性非常非无常，是故不断，名之不二；一者善，二者不善，佛性非善非不善，是名不二。"[1]

听了慧能的解释，印宗慨叹："某甲讲经，犹如瓦砾。仁者论义，犹如真金。"[2] 正因如此，印宗亲为慧能剃度授戒，拜慧能为师。

再次，光孝寺是六祖慧能弘法的地方。慧能在光孝寺剃度受戒后，披缁持钵，在光孝寺菩提树下正式开演其南禅法门。这是六祖慧能首次为大众公开弘法。《景德传灯录》和《五灯会元》均说："师具戒已，于此树下开东山法门，宛如宿契。"[3]《曹溪大师传》曰："于后能大师于此树下坐，为众人开东山法门。"[4]《祖堂

---

[1] 江泓、夏志前点校：《坛经四古本》，第72页。
[2] 江泓、夏志前点校：《坛经四古本》，第73页。
[3] （宋）释道原著，文雄、妙音点校：《景德传灯录》，第69页；（宋）普济著，苏渊雷点校：《五灯会元》，第53页。
[4] 《曹溪大师传》，见杨曾文校写：《敦煌新本·六祖坛经》，附编第107页。

集》谓："师果然于此树下演无上乘。"①《唐韶州今华南寺慧能传》云："至是能爰宅于兹，果于树阴开东山法门。"② 所谓"果然""果于"，旨证手植此树之印度法师"后有肉身菩萨于树下开演上乘"之谶。如《六祖大师缘起外纪》所言："师至是祝发受戒，及与四众开示单传之旨，一如昔谶。"③而诸本《坛经》，曹溪原本和宗宝本皆谓："能遂于菩提树下开东山法门。"④

据以上文献所述，慧能确在光孝寺弘法，但其开示的义理却无交代，唯王维的《六祖能禅师碑铭》有述及：

> 于是大兴法雨，普洒客尘，乃教人以"忍"曰："忍者无生，方得无我。始于成初发心，以为教首。至于定无所入，慧无所依；大身过于十方，本觉超于三世；根尘不灭，非色灭空；行愿无成，即凡成圣；举足下足，长在道场；是心是情，同归性海；商人告倦，自息化城；穷子无疑，直开宝藏。其有不植德本，难入顿门。妄系空花之狂，曾非慧日之咎。"

也许是六祖慧能在光孝寺的弘法，让他"道德遍覆，名声普闻"⑤。

概言之，光孝寺为六祖慧能成祖成佛、弘法利生提供了一个很好的平台，在六祖慧能一生中，烙下深深的印记；而六祖慧能

---

① （南唐）静、筠禅僧编，张华点校：《祖堂集》，第87页。
② （宋）赞宁撰，范祥雍点校：《宋高僧传》，第174页。
③ （唐）法海：《六祖大师缘起外纪》，见杨曾文校写：《敦煌新本·六祖坛经》，附编第117页。
④ 江泓、夏志前点校：《坛经四古本》，第73页。
⑤ （唐）王维：《六祖能禅师碑铭》，见杨曾文校写：《敦煌新本·六祖坛经》，附编第123页。

的到来，也为光耀光孝寺的历史和地位贡献殊深。

第四节 曹溪道场与《六祖坛经》的辑录

在广州法性寺剃戒后正式成为完全意义的释子的六祖慧能，再次来到韶州，驻锡曹溪宝林寺，扩建寺宇，收徒弘法，将曹溪宝林寺营造成其一生弘法的大道场。而其弟子辑录其所言所行，最后整理成《六祖坛经》，成为中国禅宗的宗经。

一、大梵寺开坛与曹溪大道场

（一）大梵寺升坛说法

1. 大梵寺的基本概况

今韶关城内并无大梵寺，甚至连大梵寺之遗址也难寻觅，稽之地方文献，也无"大梵寺"专目记录，只在"光孝寺"一目的沿革中，寻到了大梵寺的踪影。如明嘉靖《韶州府志》载：报恩光孝寺"在河西，本唐大梵寺，太守韦宙请六祖说坛经之处。崇宁三年（1104），诏诸州建崇宁寺，政和（1111—1118）中改天宁寺，绍兴丁巳（1137）专奉徽宗香火赐额曰报恩光孝寺"[1]。康熙十二年（1673）《韶州府志》云：报恩光孝寺在"河西，本唐大梵

---

[1] （清）符锡修，秦志道纂：《韶州府志》卷六《寺观，报恩光孝寺》，见广东省地方史志办公室辑：《广东历代方志集成》，韶州府部（一），第98页。

寺，太守韦宙请六祖说坛经处，崇宁三年诏诸州建崇宁寺，绍兴丁巳专奉徽宗香火赐额曰报恩光孝，宋李骎、明曹时中、刘应期俱有碑记"①。

而在同治《韶州府志》和《广东通志》的记载中，我们又见到另一种情形，即在光孝寺与大梵寺间楔入了开元寺："韶州府曲江县报恩光孝寺，在河西，唐开元二年（714）僧宗锡建，名开元寺，又更名大梵寺。刺史韦宙请六祖说坛经处。宋崇宁三年诏诸州建崇宁寺，政和中改天宁寺，绍兴三年（1133）专奉徽宗香火赐额曰报恩光孝寺。"②宋人李骎《开元寺重塑佛像记》也曰："治城之西渡江五里有佛祠曰开元，介于武溪之右，唐季复更名为大梵。昔曹溪六祖得心要于黄梅，言旋乔木之邦，尝寓居是寺讲顿教以悟群迷，于今西偏遗址在焉。"③明人刘应期《重修报恩光孝寺记》也说："光孝古寺比郡瞰河，肇于唐为开元寺，仪凤间郡守韦公请六祖说坛经于此，道场始开，历数百年沿革不一，宋绍兴中特赐额曰报恩光孝寺。"④丁福保在笺注《坛经》之大梵寺时，也援引《广东通志》。

那么，报恩光孝寺、大梵寺、开元寺到底是一个怎样的传续关系？依明嘉靖、清康熙府志，似是：大梵寺—崇宁寺—天宁

---

① （清）马元纂修：《韶州府志》卷七《名胜志，报恩光孝寺》，见广东省地方史志办公室辑：《广东历代方志集成》，韶州府部（一），第220页。
② （清）林述训等修，单兴诗纂：《韶州府志》卷二六《古迹略二》，见广东省地方史志办公室辑：《广东历代方志集成》，韶州府部（三），第536页。
③ （清）林述训等修，单兴诗纂：《韶州府志》卷二六《古迹略二》，见广东省地方史志办公室辑：《广东历代方志集成》，韶州府部（三），第537页。
④ （清）林述训等修，单兴诗纂：《韶州府志》卷二六《古迹略二》，见广东省地方史志办公室辑：《广东历代方志集成》，韶州府部（三），第537页。

寺—报恩光孝寺，因为明言报恩光孝寺"本唐大梵寺"。而据同治府志和省志，则是：开元寺—大梵寺—崇宁寺—天宁寺—报恩光孝寺。

窃以为，后一种说法在传续关系上似有逻辑的混乱。开元寺与大梵寺在时间上前后颠倒，开元寺始建于唐开元二年，即714年，是慧能圆寂（713）次年才兴建的；而慧能在大梵寺为大众说法是唐仪凤年间，约676年，比开元寺始建还要早几十年，何来开元寺后更名为大梵寺呢？如果大梵寺真是由开元寺更名而来，那么只能作这样的推理：法海等人在慧能圆寂后整理《坛经》时，开元寺可能已更名为大梵寺，所以，法海等人就在《坛经》中直接写为大梵寺而不称开元寺了。但这样的推论似太牵强，而且还引出更难解释的问题：如果大梵寺真是由开元寺更名而来，那么慧能在仪凤间为大众说法的地方叫什么呢？

今韶关城内与大梵寺相关的是大鉴寺，因为当下人们已认定大梵寺是大鉴寺之前身。如"百度百科"名片"大鉴寺"条云：

> 大鉴禅寺位于广东省韶关市区，原名大梵寺，始建于唐显庆末年（660）之前，已有一千三百多年历史。[1]

而述其历史沿革谓：

> 唐万岁通天元年（696）女皇武则天特赐水晶钵盂、磨纳

---

[1] http://baike.baidu.com/view/487553.htm.

袈裟等物给慧能,"武则天和唐中宗曾召他(慧能)入京,均辞"(见中国百科全书)。六祖圆寂后,为纪念这位杰出的佛学禅师,唐中宗谥其为大鉴禅师,赐大梵寺为大鉴寺以作纪念。到了宋朝,大梵寺改名崇宁寺、天宁寺,"绍兴三年(1133),专奉徽宗香火,赐名报恩光孝寺"。

六祖圆寂后,谥慧能为大鉴禅师,为纪念六祖,改名大鉴寺。绍定年间,大鉴寺搬至"府治南兴贤坊"(今兴隆街)由运使石不矜再建。[1]

2006年5月,大鉴寺邀请广东文艺界、新闻界到该寺采风,后编印了《坛经圣地大鉴禅寺》一书,在前言中说:

大鉴禅寺,位于韶关市内,原名大梵寺,始建于唐显庆末年(660)前。六祖在湖北黄梅东山得法后,回到曹溪宝林寺(今曲江县南华寺),多次应邀到大梵寺(即今之大鉴禅寺)讲经说法。由此,大鉴寺在千多年前,听经者云集,盛况空前。据《古志》记述:"南韶为望郡,治城之西渡五里有佛祠曰开元,介于武溪之右,唐季复更名为大梵。"就是说,大鉴寺的前身是大梵寺,大梵寺前身是开元佛祠。[2]

《新编曹溪通志》中,在图片部分有大鉴寺图,其说明为:六

---

[1] http://baike.baidu.com/view/487553.htm.
[2] 赖海晏主编:《坛经圣地大鉴禅寺》,大鉴禅寺2006年印行。

祖说法地，韶州大梵寺（今韶关大鉴寺）。[1]

不过，稽之地方文献，却未见两者间传续关系之蛛丝马迹。明嘉靖《韶州府志》之"大鉴寺"载：大鉴寺"即僧纲司，在府治南兴贤坊，宋绍定间运使石不矜为唐僧卢慧能建，提点刑狱司郑霖有记。洪武间重修，嘉靖十八年（1539）都纲何应珍疏请知府符锡重建"[2]。清康熙《韶州府志》基本沿袭明府志，云：大鉴寺在"府治南兴贤坊，宋绍定间运使石不矜为唐六祖建，提点刑狱司郑霖记，明洪武间重修，嘉靖十八年知府符锡重建，国朝康熙十二年（1673）知府马元修"[3]。清同治《韶州府志》曰："大鉴寺在府治南兴贤坊，宋绍定间运使石不矜建，提点刑狱郑林记，明洪武间修，嘉靖十八年重建，国朝康熙十二年知府马元重修，寺有宋元丰三年（1080）宝钟，款赣州王纯舍充供养。"[4]郑霖当年所记已佚无存，而清知府马元《重修大鉴寺疏》则有存世。疏云：

……大鉴寺者，韶阳古刹也，肇自宋中，盛于明季，卢居士曾遗只履，用启嘉名，石大夫初辟精庐，几经再造……[5]

---

[1] 何明栋主编：《新编曹溪通志》，宗教文化出版社2000年版，图片部分。

[2] （清）符锡修，秦志道纂：《韶州府志》卷六《寺观》，见广东省地方史志办公室辑：《广东历代方志集成》，韶州府部（一），第98页。

[3] （清）马元纂修：《韶州府志》卷七《名胜志，报恩光孝寺》，见广东省地方史志办公室辑：《广东历代方志集成》，韶州府部（一），第220页。

[4] （清）林述训等修，单兴诗纂：《韶州府志》卷二六《古迹略二》，见广东省地方史志办公室辑：《广东历代方志集成》，韶州府部（三），第538页。

[5] （清）马元纂修：《韶州府志》卷一五《艺文志四》，马元《重修大鉴寺疏》，见广东省地方史志办公室辑：《广东历代方志集成》，韶州府部（一），第384页。

对比地方文献，窃以为，今人对大鉴寺的介述有过于随意之嫌，姑不论其说唐中宗谥六祖慧能大鉴禅师之错误（实为唐宪宗谥），说"赐大梵寺为大鉴寺以作纪念"实在是轻率，因为查遍迄今所见相关资料均未见有此一说，而其所谓据《古志》记述，实为宋人李骙之《开元寺重塑佛像记》，与大鉴寺无涉。据此，窃以为大鉴寺与大梵寺没有传续关系，是独立的寺庙，始建宋代，故清知府马元重修该寺时言"肇于宋中，盛于明季"。文献称其为"僧纲司"，应是管理僧人的机构。该寺与六祖慧能的关系体现于三点：一是"为唐僧卢慧能建"，寓纪念意义；尤其是唐宪宗赐谥六祖大鉴禅师后，以"大鉴"为寺名的，韶关大鉴寺可能是唯一者。二是大鉴寺可能是南华寺的下院，因为方志所载之清知府马元的《重修大鉴寺疏》，在《曹溪通志》中却记为《募修曹溪下院大鉴寺疏引》[1]，对比两疏，文字一致。三是马元所说的"卢居士曾遗只履"，是否说慧能也曾到过此地，抑或六祖真身曾在该寺供养过？因为清顺治间大旱，官民曾迎六祖真身至该寺祈雨：

（顺治）十一年（1654）三月大旱，田俱裂，阖城文武虔求雨泽二十日弗应，百姓献议应迎六祖，时通判周宪章躬往曹溪，徒步往返，祖至，供于大鉴寺，官民肃祷，次日即降甘霖，民始布谷。[2]

---

[1] （清）释真朴重修，杨权、张红、仇江点校：《曹溪通志》卷四《碑记类》，第93页。
[2] （清）秦熙祚纂修：《曲江县志》卷一《分土》，见广东省地方史志办公室辑：《广东历代方志集成》，韶州府部（四），第68页。

2. 六祖慧能在大梵寺升坛为大众说法

六祖慧能是应韶州刺史韦璩之请来大梵寺为大众说法的，各版本《坛经》均有记载，敦煌本："慧能大师，于大梵寺讲堂中，升高座，说摩诃般若波罗蜜法，授无相戒。"[1] 惠昕本："大师唐时初从南海上至曹溪，韶州刺史韦璩等，请于大梵寺讲堂中，为众开缘，授无相戒，说摩诃般若波罗蜜法。"[2] 曹溪原本（契嵩本）："时大师至宝林，韶州韦刺史名璩，与官僚入山，请师出于大梵寺讲堂为众开缘说摩诃般若波罗蜜法。"[3] 宗宝本："时大师至宝林，韶州韦刺史与官僚入山，请师出于城中大梵寺讲堂为众开缘说法。"[4] 赞宁之《慧能传》亦言："时刺史韦据命出大梵寺。"[5]

六祖慧能在大梵寺说法，聆听之众，盛况空前。敦煌本《坛经》谓"其时座下僧尼道俗一万余人，韶州刺史韦璩及诸官寮三十余人，儒士三十余人"[6]；惠昕本说"座下僧尼道俗一千余人，刺史官僚等三十余人，儒宗学士三十余人"[7]；曹溪原本和宗宝本均称"刺史官僚三十余人，儒宗学士三十余人，僧尼道俗一千余人"[8]。

六祖慧能在大梵寺弘法之内容，主要是"摩诃般若波罗蜜法，授无相戒"，具体说，除了慧能的身世外，涉及定慧、顿渐、三无（无念、无相、无住）、皈依等。而在回答韦刺史关于"梁武帝有

---

[1] 江泓、夏志前点校：《坛经四古本》，第1页。
[2] 江泓、夏志前点校：《坛经四古本》，第24页。
[3] 江泓、夏志前点校：《坛经四古本》，第69页。
[4] 江泓、夏志前点校：《坛经四古本》，第41页。
[5] （宋）赞宁撰，范祥雍点校：《宋高僧传》，第174页。
[6] 江泓、夏志前点校：《坛经四古本》，第1页。
[7] 江泓、夏志前点校：《坛经四古本》，第24页。
[8] 江泓、夏志前点校：《坛经四古本》，第41、69页。

否功德、东方人犯错能否往生西方净土、在家如何修禅"等问题时的阐述,则更能体现六祖慧能独到的理念和南宗禅的特色。如论功德,说"内心谦下是功,外行于礼是德。自性建立万法是功,心体离念是德。不离自性是功,应用无染是德。……念念无间是功,心行平直是德。自修性是功,自修身是德"[1]。这样便把人的内外兼修结合起来。论西方净土,强调自身净土,心里清净则是净土,说"东方人,但心净即无罪。虽西方人,心不净亦有愆。东方人造罪,念佛求生西方,西方人造罪,念佛求生何国?"[2]即是说无需向往西方,打破对西方的盲目崇拜,彰显创新精神。论修行,指出修行无处不在,不一定在寺,在家亦可,并用一首《无相颂》[3]作答,说明依颂而行,则在家无妨,不依颂修,则在寺也无益。这首《无相颂》,把佛教禅理与中华传统文化精粹融为一体,是教人、育人、做人的至理名言。

(二)曹溪道场的形成

韶关宝林寺是六祖慧能弘法的道场,因位于曹溪畔,故又称为曹溪道场,六祖慧能的南宗禅又称为曹溪禅。

六祖慧能与曹溪宝林寺结缘有三次:第一次是北上黄梅途中与刘志略邂逅而暂寓曹溪;第二次是在黄梅接法后南遁回到曹溪,众人简葺宝林,延其驻居;第三次是六祖慧能在广州法性寺剃度受戒后,翌年回到曹溪宝林。如果说前两次时间短暂,属匆匆过

---

[1] 江泓、夏志前点校:《坛经四古本》,第76页。
[2] 江泓、夏志前点校:《坛经四古本》,第77页。
[3] 颂曰:心平何劳持戒,行直何用修禅……详见各版《坛经》。

客，第三次则是驻锡弘法三十余年。终六祖慧能一生七十六年，约有半生时光是在曹溪度过的。

曹溪道场的形成，首先是经六祖慧能的扩建而在殿宇规模上奠立的。宝林始建于南北朝时的梵僧智药三藏，至隋末已残败不堪，六祖南遁时虽经乡众简易修葺，还是简陋之庵堂。因此，当六祖慧能剃度后，正式以出家人、禅宗六祖的身份在宝林寺弘法的时候，狭小且简陋之堂宇就难以承接慕名而来的四方僧众和善信，如广州法性的印宗法师"与缁白送者千余人直至曹溪。时荆州通应律师与学者数百人，依师而住"[①]。于是，就有了六祖慧能向陈亚仙借地以扩建寺宇的公案故事，虽然故事本身带有夸张的文学色彩，反映的却应是客观的要求。经此次扩建，曹溪宝林才成大寺，诚如《曹溪通志》所言：陈亚仙"遂舍之，竟成大法社焉。此寺之大成也"[②]。扩建后的寺庙初具了规模，反过来又吸引了更多的求法者，"因兹广阐禅门，学徒千万"[③]。曹溪之盛，冠绝岭表。

而更能体现道场意蕴者，则是它成了六祖慧能收徒、弘法之地，在近四十年时光中，曹溪宝林成就了六祖慧能弘法利生的大业。

1. 为广大信众弘扬佛法

这是六祖慧能一生所追求的目标。在曹溪宝林，他喜纳来自四面八方的求法善信，为他们慈悲开示。综概而言，主要内容有：

---

① （唐）法海：《六祖大师缘起外纪》，见杨曾文校写：《敦煌新本·六祖坛经》，附编第118页。

② （清）释真朴重修，杨权、张红、仇江点校：《曹溪通志》卷一《建制规模第二》，第6页。

③ 《曹溪大师传》，见杨曾文校写：《敦煌新本·六祖坛经》，附编第108页。

定慧、顿渐、坐禅、皈依、三无（无念、无相、无住）、忏悔等。六祖慧能在宣示这些佛教的基本义理时，把自己的见解和理念传授给大众。如讲定慧时，要人们千万不要把"定"和"慧"分别开来，因为"定慧一体，不是二。定是慧体，慧是定用。即慧之时定在慧，即定之时慧在定"。所以，学习佛法者"莫言先定发慧，先慧发定"。否则"法有二相……空有定慧"。并且用灯和光的形象来比喻定慧："定慧犹如何等？犹如灯光，有灯即光，无灯即暗。灯是光之体，光是灯之用。名虽有二，体本同一。此定慧法，亦复如是。"①化深奥为简直，便于人们理解。又如讲坐禅，针对人们以为坐禅就是"看心观静，不动不起"，明白告诫："此门坐禅，元不著心，亦不著静，亦不是不动"，"何名坐禅？……外于一切善恶境界，心念不起，名为坐；内见自性不动，名为禅"。"何为禅定？外离相为禅，内不乱为定。……外禅内定，是为禅定。"②六祖慧能这种化繁为简、通俗易懂、活泼灵动的说教，确实给对佛禅义理的认知已成定式的人们，带来了全新的认知升华。

六祖慧能除了宣示佛法外，还亲率众人行无相忏悔："时，大师见广韶洎四方士庶，骈集山中听法，于是升座告众曰：'来诸善知识，此事须从自性中起，于一切时，念念自净其心，自修其行，见自己法身，见自心佛，自度自戒，始得不假到此。既从远来一会于此，皆共有缘。今可各各胡跪，先为传自性五分法身香，次授无相忏悔。'"③

---

① 江泓、夏志前点校：《坛经四古本》，第78页。
② 江泓、夏志前点校：《坛经四古本》，第79—80页。
③ 江泓、夏志前点校：《坛经四古本》，第80页。

经过六祖慧能的开示,"一众闻法,靡不开悟,欢喜奉行"[①]。

2. 收徒育人,培养南宗禅的法嗣

六祖慧能在曹溪宝林近四十年,信徒众多,难以胜计,嫡传法嗣四十三人,其中有印度的,有原北宗的门徒。六祖慧能根据各弟子的不同禀赋采取不同的启迪、教示方法,因材施教,精心培育,或循循善诱,或单刀直入,或棒喝怒吼,或机锋对接。尤其是晚年圆寂前对贴身弟子"三科"和"三十六对法"的开示,更具方法论的意义,是对大众说法所没有的。这些弟子经过六祖大师的精心培育,在六祖慧能"灭度后,各为一方师",成为南宗传承的主力,把南宗禅的法种播撒中国大江南北,开花结果。所以说,曹溪宝林是中国禅宗的滥觞。

3. 真身镇道场

六祖慧能不但生前在曹溪宝林弘法近四十年,而且在"落叶归根"回到故里圆寂后,虽有韶州、广州和新州三地论争,其真身最终还是用"焚香指向"的方式回归曹溪宝林供养,至今达一千三百余年,永镇道场。

二、《坛经》的辑录

经,乃佛之言说,弟子录之而成。因之,讲经与录经是两个

[①] 江泓、夏志前点校:《坛经四古本》,第82页。

不同而又不可分的概念，有讲经就会有录经，有录经才会有讲经的流布。《六祖坛经》就是六祖慧能的弟子法海、神会们将其生平和说法辑录整理而成，在六祖慧能圆寂前就已经得到六祖的认可，确定下来。宗宝本《坛经》在记六祖入灭前与门人告别时云："吾于大梵寺说法，以至于今，抄录流行，目曰法宝坛经。汝等守护，递相传授。"① 敦煌本《坛经》更为具体："大师言：十弟子，已后传法，递相教授一卷《坛经》，不失本宗。不禀授《坛经》，非我宗旨，如今得了，递代流行，得遇《坛经》者，如见吾亲授。拾僧得教授已，写为《坛经》，递代流行，得者必当见性。"②

六祖慧能在大梵寺为众说法之时，刺史韦璩曾令法海记录整理："刺史遂令门人僧法海集记，流行后代。"③ 德异在《六祖法宝坛经序》也曰："韦使君命海神者录其语，目之曰《法宝坛经》。"④ 大乘寺本《韶州曹溪山六祖坛经序》亦云："是时刺史韶牧等，请六祖于大梵戒坛，受（授）无相戒，说摩诃顿法。门人录其语要，命曰《坛经》。"⑤ 然而，我们必须明了，法海在大梵寺所记录之六祖慧能为众说法，并不是《坛经》的全部内容，只是部分，充其量只是契嵩本和宗宝本《坛经》中"行由品第一"至"疑问品第三"或"定慧品第四"，因为慧能在解答了韦刺史的诸多问题后

---

① 江泓、夏志前点校：《坛经四古本》，第64页。
② 江泓、夏志前点校：《坛经四古本》，第17页。
③ 江泓、夏志前点校：《坛经四古本》，第1页。
④ （元）释德异：《六祖法宝坛经序》，见杨曾文校写：《敦煌新本·六祖坛经》，附编第152页。
⑤ 大乘寺本《韶州曹溪山六祖坛经序》，见杨曾文校写：《敦煌新本·六祖坛经》，附编第69页。

第四章 慧能禅学思想与南派顿教建立

就离开了大梵寺回曹溪宝林寺了:"法不相待,众人且散。吾归曹溪,众若有疑,却来相问。"[1]此后则无六祖慧能再临大梵寺之记载。而整部《坛经》除了慧能在大梵寺所说外,还有在宝林寺为众说法、与弟子对话和嘱咐,以及回新州故里等内容,所以,在其临寂前法海问"和尚入灭之后,衣法当付何人"时,慧能明说:

> 吾于大梵寺说法,以至于今,抄录流行,目曰《法宝坛经》,汝等守护,递相传授,度诸群生;但依此说,是名正法。[2]

即是说《坛经》内含从大梵寺至"今"的全部内容,大梵寺说法只是其中部分,当然可能是重要部分,诚如印顺法师所言:"《坛经》现存各本内容,含有其他部分,而不限于大梵寺说法的。然《坛经》的主体部分,即《坛经》之所以被称为《坛经》的,正是大梵寺说法部分。"[3]

终六祖一生,其说法之处主要有大梵寺、光孝寺、南华寺和国恩寺等,印顺大师言:"《坛经》分为大梵寺说法、弟子的问答机缘和晚年末后说法等部分。"[4]姜伯勤教授说得更具体:"如果说(《坛经》)起首部分是在韶州大梵寺授无相戒的开法记录,则中间部分是慧能与弟子的日常说法记录,殿后部分是先天二年(713)在新州的说法记录。"[5]相对应的,《坛经》的辑录也就主要是在为

---

[1] 江泓、夏志前点校:《坛经四古本》,第78页。
[2] 江泓、夏志前点校:《坛经四古本》,第94页。
[3] 印顺:《中国禅宗史》,第184页。
[4] 印顺:《中国禅宗史》,第185页。
[5] 姜伯勤:《石濂大汕与澳门禅史——清初岭南禅学史研究初篇》,第535页。

大众说法的韶州城中的大梵寺、作为六祖弘法道场的南华寺和圆寂前与弟子们作最后交代的国恩寺中进行的。而且国恩寺内有录经堂，此堂就是纪念法海和神会记录六祖说法的地方。

第五节　慧能禅学思想

六祖慧能的禅学思想集中体现于《坛经》中。从表象来看，慧能似乎没有接受过较系统的佛教思想的教育，但凭借其大智慧的天赋，慧能对佛教义理的理解和发挥却是深刻和富有创造性的；虽然他没有经过较系统的修行实践，但凭借其草根阶层劳力者的出身，慧能尤重生活实践中的修行。所以，六祖慧能的禅学思想体现了两大特色：一是既不离传统佛教的基本义理，又融会中国传统文化；二是实践修行意义胜于理论体系构建。具体如下：

一、"三无"——南禅的本体观

所谓"三无"，即无念为宗、无相为体、无住为本的简称。这是六祖慧能对南禅所作的定位："我此法门，从上以来，先立无念为宗、无相为体、无住为本。"如果上升至哲学意义，这就是南禅的本体观。何为无念、无相、无住？为何立此"三无"为宗、为体、为本？《坛经》中有较详尽的阐释：

"无相"者，于相而离相；"无念"者，于念而离念；"无住"者，人之本性。

念念之中，不思前境，若前念、今念、后念，念念相续不断，名为系缚；于诸法上，念念不住，即无缚也。此是以无住为本。

外离一切相，名为"无相"。能离于相，即法体清净，此是以无相为体。

于诸境上，心不染，曰"无念"。于自念上，常离诸境，不于境上生心。若只百物不思，念尽除却，一念绝即死，别处受生，是为大错。……云何立无念为宗？只缘口说见性，迷人于境上有念，念上便起邪见，一切尘劳妄想从此而生。自性本无一法可得，若有所得，妄说祸福，即是尘劳邪见。故此法门立无念为宗。①

从慧能的思想整体中，可以清晰看到：

第一，慧能似乎更看重"无念"，"无念"居于核心地位：

首先，六祖慧能花更多心思来讲述无念。无念者，"于念而无念"，"于诸境上，心不染，曰'无念'"，"若见一切法，心不染著，是为无念"。但无念并不是百物不思，"若百物不思，当令念绝，即是法缚，即名边见"，"若只百物不思，念尽除却，一念绝即死，别处受生，是为大错"，这与死人无异。故人必须有念，然念什么？"念真如本性"。因为真如与念是体用的关系："真如，即是念之体；念，即是真如之用。"因为"真如有性，所以起念"，两者一体不分。这些话语体现了无念的最核心之处在于心，即心

---

① 江泓、夏志前点校：《坛经四古本》，第79页。

不著境，境不生心。所以要反复强调"无念"，"只缘口说见性，迷人于境上有念，念上便起邪见，一切尘劳妄想从此而生"。

其次，将无念等同于解脱，与定慧关连："智慧观照，见外明彻，识自本心。若识本心，即本解脱。若得解脱，即是般若三昧。般若三昧即是无念。"

再次，基于无念之重要意义，慧能进一步把无念视为法门："悟无念法者，万法尽通；悟无念法者，见诸佛境界；悟无念法者，至佛地位。"达至无念即是成佛了。难怪慧能主张"法门立无念为宗"。

第二，尽管无念如此位重，然无念、无相、无住这三者乃一体不分，外表上相、境实无异义，离相即无相，内核中心不住相、心不著境即无念。所以，我们在义理上不可在这三者中有所偏倚，而应总概来把握。

二、即心即佛——南禅的佛性观

六祖慧能是在听五祖弘忍解说《金刚经》，至"应无所住而生其心"一句时豁然觉悟的，所以，他对"心"非常看重，在大梵寺为大众弘法时，开篇就明说："菩提自性，本来清净，但用此心，直了成佛。"但他强调的"心"到底是怎样的心？因为在佛教理论中，"心"有多种。依宗密《禅源诸诠集都序》的解释，有四种：肉团心、缘虑心、集起心、真实心。这四心中，只有真实心才是真心。[1] 正因为"心"有多种，六祖于是要求人们"莫错用

---

[1] （唐）宗密撰，邱高兴校释：《禅源诸诠集都序》，中州古籍出版社2008年版，第30页。

心"。他所说的"心"无疑是"真心",而在表述上,六祖慧能多以"本心"和"自心"代之。

关于"本心",这是禅宗历代祖师传付之旨,五祖弘忍曾说:"自古佛佛惟传本体,师师密付本心。"所以,他对神秀说:"无上菩提,须得言下识自本心,见自本性。"同样对慧能也言:"不识本心,学法无益。若识自本心,见自本性,即名丈夫、天人师、佛。"[①] 六祖慧能作为中国禅宗的继承和开新者,对"本心"的认知和重视乃本有之事,所以,不管在什么地方、什么时候,他在给弟子及广大信众弘法开示时,都强调"识自本心"在学佛和修行中的关键意义,如在大梵寺为大众说法时要求:"善知识,智慧观照,内外明彻,识自本心。若识本心,即本解脱。若得解脱,即是般若三昧,即是无念……悟无念法者,至佛地位。"这里,本心—解脱—无念—佛地位,环环相扣,最终是:本心与佛等一。"善知识,本来正教,无有顿渐……自识本心,自见本性,即无差别。"这里,不管是顿契还是渐修,最终的目的是一致的——自识本心。在南华寺面对来自四方的善信,要求人们"须广学多闻,识自本心,达诸佛理"。在临寂前要求弟子们"自见本心,自成佛道"。这里,本心与佛理、佛道又是等一的。

六祖慧能的开示弘法,抓住核心,直截明了,易为人们所理解和接受,难怪神秀的弟子志诚,在神秀处学道九年不得契悟,而"今闻和尚一说,便契本心"了。

关于"自心"。这是六祖慧能对真心的另一种表达,直接要求

---

① 江泓、夏志前点校:《坛经四古本》,第43页。

信众在认识和修行中，洁净"自心"，因为"自心"里有着邪见烦恼，愚痴众生，包括：邪迷心、诳妄心、不善心、嫉妒心、恶毒心、谄曲心、吾我心、轻人心、慢他心、邪见心、贡高心，"及一切时中不善之行"，必须要在心中断掉，在行中度除，做到"自心众生无边誓愿度，自心烦恼无边誓愿断"，最终达至"归依自心三宝"：自心归依觉（佛），自心归依正（法），自心归依净（僧）。当神会初见无礼时，六祖慧能棒喝批评："汝自迷不见自心，却来问吾见与不见。"当法达请教开佛知见问题时，六祖慧能直白地云："汝今当信，佛知见者，只汝自心，更无别佛"，"若能正心，学常生智慧，观照自心，止恶行善，是自开佛之知见"。这里，"自心"与佛又是无二的。

总的说，六祖慧能"自心"的开示中，修行实践的意义更大。

关于"即心即佛"。翻开《坛经》，我们看不到慧能关于"即心即佛"的详细阐释，只是在回答法海"即心即佛，愿垂指谕"时才说："前念不生即心，后念不灭即佛；成一切相即心，离一切相即佛。""即心名慧，即佛乃定。"① 显然，六祖慧能在这里是仅从定慧的角度来解释心佛的，但"吾若具说""即心即佛"，则"穷劫不尽"。经六祖慧能的教诲，法海终于觉悟，发出"即心元是佛"的慨叹。他临寂前对弟子的谆谆教导，更直截体现了"即心即佛"的理念："听吾说法，汝等诸人，自心是佛，更莫狐疑，外无一物而能建立，皆是本心生万种法……我心自有佛。问若无佛心，何处求真佛？菩提只向心觅，何劳向外求玄？""故知一切万

---

① 江泓、夏志前点校：《坛经四古本》，第54页。

法尽在自性心中。何不从于自心，顿见真如本性。""本心""自心"就是佛，脱离自心去学佛、成佛都是不可能的"求兔角"。

"即心即佛"所揭示的心佛等一的佛禅理念，核心意义就是：佛在心中，人人有佛心，人人有佛性，人人都可以成佛，而且希望人人都成佛。窃以为，这是佛陀创教以及六祖慧能南禅的本怀。如果从哲学意义上来说，这乃是对佛的看法，可以说是佛性观。正是因为强调心佛等一不二，心在成佛中的作用和地位，有些学者把禅宗称为"佛心宗"。

三、顿悟成佛——南禅的修行观

怎样才能成佛教，成佛的途径是什么？这是个关涉修行的问题。于此，慧能南禅的阐释是鲜明的，这就是"悟"。也就是说，即心即佛，有心就可成佛，只是一个前提，仅有这个前提还是不行的，你的心必须要"悟"，才可成佛，所以，能否成佛的关键在于"悟"。《坛经》说："自性若悟，众生是佛；自性若迷，佛是众生。""不悟即佛是众生，一念悟时，众生是佛。"同样，为什么有些人聪明，有些人愚蠢，也是在于"悟"："当知愚人智人，佛性本无差别，只缘迷悟不同，所以有愚有智。""悟"是成佛的路径。

但问题是怎样悟？悟之途径为何？慧能南禅指明的方向也是鲜明的——"顿悟"。

何为"顿悟"？所谓"顿悟"，就是霎那间对自己的心性、本性、佛法彻底明了和认识，也可以说"明心见性"。如果能做到这样，你就立马成佛了，而不需要通过万劫累积的渐进修行和认识过程，实际上就是减少了成佛的繁杂程序，指明了一条简单便捷的成佛道路，正所谓"放下屠刀，立地成佛"。所以，六祖慧能的"顿悟成佛""见性成佛"不但受到一些文人墨客、达官贵人的欢迎和认可，而且最适合广大信众的要求，深受人们的欢迎和接受。这是南禅生命活力所在。

就佛教思想发展史而言，慧能的"顿悟"无疑有一个继承和发展的问题，这一点将在下文述说。

此外，五祖弘忍门下分出慧能的南宗和神秀的北宗，南宗主顿悟，北宗主渐修，所以有"南能北秀""南顿北渐"之分。于是，有人把"顿""渐"对立起来。其实，两者之间是密不可分的：顿中有渐、渐中有顿，先渐后顿、先顿后渐，渐修顿悟、顿悟渐修，顿修渐悟、渐修渐悟，等等都没有把两者完全割裂、对立起来。在《坛经》中慧能就强调了顿渐的联系，指出有些人把顿渐对立起来，其实是不了解两者的真正含义；针对人们对顿渐含义的误解，慧能作了特别的说明："法即一种，见有迟疾，见迟即渐，见疾即顿。法无顿渐，人有利钝，故名顿渐。""法无顿渐，人有利钝，迷即渐契，悟人顿修。""教即无顿渐，迷悟有迟疾。"这里很清楚，在慧能看来，佛法本身并没有顿与渐的分别和差异，所谓顿与渐是就人的见解和智慧而言的，即智商高、慧根好的人对佛法的契悟必定快，对佛法的契悟快就是顿，反之就是渐。既然顿渐是就人的慧根之利钝、智愚而言，那么就要依人的慧根差异来采用顿或渐了，从这一意义上说，顿与渐又成了教人的方法或途径，对慧根利者用顿的方法，慧根钝者用渐的方法。

总之，"顿悟"是慧能南宗禅理论的核心和灵魂，是一面旗帜，所以，人们又把慧能的南宗称为"顿教"。如敦煌本《坛经》的名称就直言是《南宗顿教最上大乘摩诃般若波罗蜜经六祖惠能大师于韶州大梵寺施法坛经》。

四、自性自度——南禅的解脱观

能否成佛，关键在于"悟"，但靠自己去悟还由他人帮你悟，六祖慧能南禅给出鲜明指引——"自性自度"。

心是在具体个人的身上，心性、佛性就在你自己的心中，你自己的心是怎样的，只有你自己知道，正所谓"如人饮水，冷暖自知"。所以，要体悟、明了本来属于你自己的心性或本性，就得靠你自己，他人的力量是外在的，而且外在的力量也要经过你自己来吸纳和消化。正因为如此，六祖慧能大师反复强调"自性自度"，强调发挥主观能动作用，外因通过内因起作用，《坛经》中反复说："自性自度，是名真度"，"自心归依自性，是归依真佛"，"自悟自修自性功德，是真归依"，"自见本性清净，自修，自行，自成佛道"。那么，什么是"自性自度"？慧能这样回答：

> 何名"自性自度"？即自心中邪见烦恼愚痴众生，将正见度。既有正见，使般若智打破愚痴迷妄众生，各各自度，邪来正度，迷来悟度，愚来智度，恶来善度。如是度者，名为真度。[1]

---

[1] 江泓、夏志前点校：《坛经四古本》，第52页。

自悟自度自性无疑是最上乘者，问题是"人中有愚有智"，当愚者不能自悟自度时怎么办？此时"须求善知识指示方见"，"若自悟者，不假外求。若一向执谓须他善知识方得解脱者，无有是处"。说到底，就是要自我解脱，自己解放自己。

五、人间佛教——南禅的入世观

关于"人间佛教"，有人将其视作佛教发展中一种形态或一个阶段。其实，"人间佛教"作为佛教的一种思想或理念，首先是佛教的本义，是佛陀创教的本怀，从佛教的始创直至今天从未有过脱出，这是因为佛教作为一种宗教，教的指向是现实中的人，它不可能脱离社会现实而存在，不管它是"出世"还是"入世"。实际上，佛教是以"出世"之形，行"入世"之实。所以，无论是历代祖师，还是一般的出家人，既然置身于社会和现实生活中，就无法回避当时的社会和现实。所以，"人间佛教"在慧能南禅中，无论是理还是行，都非常突显。

在理方面，《坛经》中有著名的偈语："佛法在世间，不离世间觉，离世觅菩提，恰如求兔角。""法元在世间，于世出世间。"佛在人世间，在生活之中，所以，离开人世间去寻找真佛是不能实现的，一定要在当下生活才能找到真佛。

在行方面，最鲜活者乃"在家怎样修禅"的公案。当韶州韦刺史问"在家如何修禅"时，慧能用一首《无相颂》来作解释。这首颂是这样的：

心平何劳持戒，行直何用修禅？
恩则孝养父母，义则上下相怜。
让则尊卑和睦，忍则众恶无喧。
若能钻木取火，淤泥定出红莲。
苦口的是良药，逆耳必是忠言。
改过必生智慧，护短心内非贤。
日用常行饶益，成道非由施钱。
菩提只向心觅，何劳向外求玄。
听说依此修行，天堂只在目前。[1]

慧能还特别强调，如果按照这首颂去做，在家修禅也可以，不一定要到寺庙出家，但如果不依这首颂去做，即使整天在寺庙中打坐修禅也没有什么益处。这首颂，全是现实生活中本有之义，是教人、育人和做人的至理名言。

其次，佛禅离不开现实生活，因为禅是无处不在、无时不在、无事不在的，我们平时走路、挑水、砍柴、吃饭、学习等等行为都是修禅，所以修禅不一定要到寺庙里，在家里也可以修禅。

再次，也不要被那些所谓修禅的形式和程式等条条框框所缚住，而是要洒脱自如，任运自在，即在生活中修禅，在修禅中生活，生活就是修禅。

所以，人间佛教、生活禅不仅是六祖慧能大师的一个重要思想，也是慧能南禅的活力和长盛不衰的原因所在。

---

[1] 江泓、夏志前点校：《坛经四古本》，第78页。

慧能南禅的"三无"、即心即佛、顿悟成佛、自性自度、人间佛教等思想是互相联系、不可分割的一个整体，因此，我们理解慧能的思想时，就不要把它们割裂开来，片面地就某一方面去体悟，而是要全面系统地理解，这样才能领悟其真谛。

第六节　南禅顿宗的形成与传播

六祖慧能南禅作为一个宗派，它的最终形成和发展传播均有一个相对漫长的过程。他吸收前人的成果，融汇佛教各个宗派的义理，创造性地发展出有自己鲜明特色的佛教宗派——南禅顿宗，或称顿教。而在他身后，经其弟子们的努力，南禅顿宗得以传播、弘扬和光大，成为中国佛教的主流。

一、南禅顿宗的形成

纵观中国佛教史，顿悟说应是始于东晋支遁。前贤汤用彤先生云：

> 支遁林研寻十住之文，知七住之重要，因而立顿悟之说。[1]
> 七住诸结顿断，为菩萨见谛，故顿悟在于七住。[2]
> 七住并观有无，全其归致，故知于七住有顿悟。顿悟者，

---

[1]　汤用彤：《汉魏两晋南北朝佛教史》，第426页。
[2]　汤用彤：《汉魏两晋南北朝佛教史》，第463页。

即知一切，知其全也。①

在支遁后，道安、慧远、垂法师、僧肇等也均持是说，只不过人们将其称为"小顿悟"而已。在"顿悟说"的历程中，人们关注较多者则是道生，他承支遁而越支遁，被誉为"大顿悟"。②而在初祖菩提达摩至六祖慧能的中国禅宗发展进程中，"顿悟"无疑也是一条重要的思想主脉，比如，杨曾文教授在研究北宗史书《传法宝纪》时谓："《传法宝纪》更重视顿悟，说菩提达摩对慧可授法是'密以方便开发，顿令其心直入法界'；达摩'息其言语，离其经论，旨微而彻，进捷而明'，教人不通过言语经论，迅速体悟法身实相。"③正因为如此，五祖弘忍传法给慧能时，明言是传顿教："三更受法，人尽不知，便传顿教及衣钵。"慧能也说："我于忍和尚处，一闻言下便悟，顿见真如本性。是以将此教法流行，令学道者顿悟菩提，各自观心，自见本性。"④至于慧能的禅法就直称顿教或顿宗了，敦煌本《坛经》的经名就冠以"南宗顿教"，经文中"闻此顿教""开悟顿教""顿悟菩提"等法语随处可拾，慧能更要求"后代得吾法者，将此顿教法门，于同见同行，发愿受持"⑤。

所以说，慧能的"顿悟"是有思想渊源和传承的，而更为重要的是慧能在传承中的创造性发展，形成自己的特色——把

---

① 汤用彤：《汉魏两晋南北朝佛教史》，第464页。
② 刘斯翰：《顿悟说和六祖》，见《六祖慧能思想研究——慧能与岭南文化国际学术研讨会论文集》，第113页。
③ （唐）杜朏：《传法宝记》，见杨曾文校写：《敦煌新本·六祖坛经》，附编第172页。
④ 江泓、夏志前点校：《坛经四古本》，第46页。
⑤ 江泓、夏志前点校：《坛经四古本》，第47页。

顿悟与"自性清净"结合起来;把顿悟说与破执的修行法连接起来[①]——从而创立"顿悟法门"。但作为有中国特色的顿宗或顿教,应有标志性的表征,这表征可概括为如下两点:

(一)《坛经》——中国佛经的诞生

在六祖慧能《坛经》诞生前,中国佛教各宗派所依的经籍主要是印度传来的,尚未创造出自己特色的宗经。法性宗依据的主要经典为《中论》《十二门论》《百论》;法相宗依据的主要经典为《解深密经》《瑜伽师地论》《成唯识学》;华法宗依据的主要经典是《妙法莲华经》;华严宗依据的主要经典为《华严经》;净土宗依据的主要经典有《无量寿经》《观无量寿经》《阿弥陀经》《往生论》等;律宗依据的主要经典是五部律中的《四分律》;密宗依据的主要经典是《大日经》《金刚顶经》。之所以会这样,主要原因也许是印度佛教文化与中国本土文化还处在冲突、调和中,尚未孕育出融摄两种文化并适应中国国情的经典;或者说,各派的大师们在外来佛教文化面前,尚处于不断吸纳、消化的过程,未能创造出属于中国人自己的佛禅思想体系。所以,上述各派都无力担当、成为中国佛教的主流,有的甚至在中国文化的打压下日渐式微,生命短暂。

不少人认为,禅宗是中国自己的佛教宗派,因为印度只有禅而没有宗。但是,中国的禅宗也有其发展变化的过程。如果以六

[①] 刘斯翰:《顿悟说和六祖》,见《六祖慧能思想研究——慧能与岭南文化国际学术研讨会论文集》,第126页。

祖慧能为标界，其前后所依据的经典和义理是有所不同的。初祖菩提达摩认为《楞伽经》最适合中国人，于是带来中国传给二祖慧可："吾有《楞伽经》四卷，亦用付汝。"并认为《楞伽经》"即是如来心地要门，令诸众生开示悟入"[①]。很明显，达摩是以《楞伽经》作为宗旨的，并代代相传至五祖弘忍。虽然四祖道信兼扬般若，五祖弘忍有从《楞伽经》向《金刚经》过渡的倾向，但总体不离《楞伽》，五祖弘忍与弟子神秀讨论《楞伽》时还觉得："我与神秀论《楞伽经》，玄理通快，必多利益。"[②] 至神秀，还是"持奉《楞伽》，递为心要"[③]。所以，学界把达摩至弘忍及其弟子神秀称为楞伽师，把这一段称为楞伽师承时期是有道理和根据的。这就是说，即使是禅宗，在六祖慧能以前，还不离印度正统佛教经典。所以，各位祖师的论著，如三祖僧璨的《信心铭》、四祖道信的《入道安心要方便法门》、五祖弘忍的《最上乘论》、神秀的《观心论》[④] 等均不能以"经"的权威而成为禅宗的宗经。

　　六祖慧能《坛经》的问世，改变了中国佛教的面貌。《坛经》把印度佛教各种义理和中国文化糅合起来。《坛经》不但具有"经"的形式，从而具有了权威的哲学意义，重要的是在中国佛教的行进中，成了中国禅宗南宗的宗旨和衣钵。所以，在六祖慧能临寂前，其弟子问："和尚入灭之后，衣法当付何人"时，慧能明

---

① （宋）释道原著，文雄、妙音点校：《景德传灯录》，第36页。
② （唐）净觉：《楞伽师资记》，见弘学选编：《中国佛教高僧名著精选》，巴蜀书社2006年版，第901页。
③ （唐）张说：《大通禅师碑》，见《张燕公集》卷二十五，四部丛刊景明嘉靖本，第117页。
④ 上列几位祖师的著作，有人认为不是出于他们之手，这里姑且不论。

确而又坚决地回答:"吾于大梵寺说法,以至于今,抄录流行,目曰《法宝坛经》,汝等守护,递相传递,度诸群生。但依此说,是名正法。"①"于后传法,递相教授《坛经》,即不失宗旨。汝今已得了,递代流行。后人得遇《坛经》,如亲见吾。"②自此,中国特色的佛教宗派(顿教或顿宗)正式形成。

(二)神会"无遮大会"——南禅顿宗正统地位的确立

中国禅宗至五祖弘忍门下,分出以神秀为代表的北宗和以慧能为代表的南宗,这南北两宗的分野和得名,按宗密的说法是因慧能弟子神会而起:"天宝初,荷泽入洛,大播斯门。方显秀门下师承是傍,法门是渐。既二宗双行,时人欲拣其异,故标南北之名,自此而始。"③在慧能、神秀入灭后,南北两宗在中国佛教发展史上的地位和影响力差别很大。慧能南宗的传播地域主要在岭南(广东)一隅。而神秀的北宗则在中原大地迅猛拓展,连女皇武则天也迎请神秀入宫,行跪拜礼,难怪北宗的弟子们自立神秀为六祖、神秀弟子普寂为七祖,俨然成了中国佛教的主流和正统。《圆觉经大疏钞》云:"能大师灭后二十年中,曹溪顿旨,沉废于荆吴;嵩岳渐门,炽盛于秦洛。"④"能和尚灭度后,北宗渐教大行。因成顿门弘传之障。曹溪传授碑文已被磨换,故二十年中,宗教

---

① 江泓、夏志前点校:《坛经四古本》,第64页。
② 江泓、夏志前点校:《坛经四古本》,第37页。
③ (唐)宗密撰,邱高兴校释:《禅源诸诠集都序》,第109页。
④ (唐)宗密:《圆觉经大疏钞》卷三,见(唐)宗密撰,邱高兴校释:《禅源诸诠集都序》,第164页。

沉隐。"① 也就是说，虽然慧能是正宗的衣钵传人，贵为第六代祖师，然其南禅顿宗的影响力难望神秀北宗渐门之项背，更遑论中国佛教的正统和主流了。这种状况至神会北上抗争而改变。

唐开元八年（720），神会孤身一人北上中原大地，驻锡南阳龙兴寺，大力弘扬南宗顿教禅法，宣称慧能才是衣钵的传人，是唯一的第六代祖师，才是正宗，其他的都是旁出。开元二十年（732）正月十五日，在北宗势力的腹地滑台（今河南滑县）大云寺召开"无遮大会"和设立庄严道场，以"为天下学道的人定立宗旨，为天下学道的人分辨是非"，与北宗门人进行正面的交锋。经过"无遮大会"这场惊天动地的大论战，神会取得了全面的胜利。尽管神会后来被迫辗转流徙，差点丢了性命，却因"安史之乱"而绝处逢生，最终得到朝廷嘉许，敕为七祖。神会的北伐，改变了南北两宗的格局和走势。北宗渐教日渐式微，走向衰落；而南禅顿宗影响日增，最终取代北宗成为中国佛教的正统。神会的贡献是巨大的，如果没有神会，中国禅宗史可能要改写。

自此，一部《坛经》融会佛禅机理和中华文化，成了中国佛教禅宗的宗经；一派南禅，历千年而不衰，成了中国佛教的主脉。

二、南禅的"一花五叶"与"五家七宗"

六祖慧能创立的南宗顿教禅法，经历千余年而不衰，迄今仍生机勃勃，香火鼎盛，原因安在？首先当然是六祖慧能南禅顿教

---

① （唐）宗密撰，邱高兴校释：《禅源诸诠集都序》，第109页。

自身的巨大魅力；其次是神会通过抗争，确立了南宗禅的正统地位，使它名正言顺代表着中国佛教的主流；还有法海等人记录、整理《坛经》，使南宗禅法的宗旨得以代代相传而不失。此外，还有其他的弟子们为繁荣和传续南宗所作的努力，因为六祖大师临终前嘱咐他们以后"各为一方师"，弘扬南宗顿教禅法。在这方面，行思和怀让两位大弟子做得非常出色，为南宗顿教禅法的延续和发展厥功至伟。在行思一系，后来发展出曹洞宗、云门宗和法眼宗；在怀让一系，后来发展出临济宗和沩仰宗。五个宗派合称为六祖南宗法脉的"一花开五叶"。

行思禅师，俗姓刘，江西吉州人，慕六祖慧能曹溪法席盛化而来，深得六祖器重，令居首座，并嘱之曰："汝当分化一方，无令断绝。"[1]对行思光大南禅寄予厚望。所以，行思就遵照师父之嘱，离开了曹溪，回到江西吉州青原山，在静居寺传授六祖慧能的禅法。从现有文献可见，行思与六祖相处的时间虽不会很长，然青原行思对南禅发展却是贡献巨大，最大和最重要的表征是行思门下的石头和尚，衍化出南禅的三个宗派。

石头和尚，俗姓陈，名希迁，端州高要人。高要与新州相邻，当六祖慧能晚年回到新州时，希迁前往参谒，六祖慧能知希迁的慧根和禀赋，于是"再三抚顶，而谓之曰'子当绍吾真法矣！'与之置馔，劝令出家"。就这一意义上说，希迁应是六祖的嫡传法嗣。然"六祖迁化时，师问：'百年后，甲某依什么人？'六祖曰：'寻师去。'六祖迁化后，便去清凉山靖居行思和尚处"[2]。（关

---

[1] 江泓、夏志前点校：《坛经四古本》，第87页。
[2] （南唐）静、筠禅僧编，张华点校：《祖堂集》，第136—137页。

于六祖慧能与石头希迁的关系将在下文述及。）投青原行思门下，成了行思的法嗣。后希迁到了南岳衡山南台寺，在寺东大石上搭庵居住弘法，收徒纳众。所以，时人和后世就把他尊称为石头和尚，或者称石头希迁。

石头希迁禀承了六祖慧能大师的南宗顿教禅法，还发展出自身禅法的特色。所以，在当时和后世，他的名气似盖过他的师父青原行思和尚。更为重要的是，在他的徒子徒孙中，开创出六祖南宗禅的"一花五叶"中的三叶：曹洞宗、云门宗、法眼宗。

从石头希迁开始分出了两个支系，其中一支先后传给药山惟严、云岩昙晟、洞山良价、曹山本寂。因为良价和本寂两人先后在江西的洞山和曹山弘法，形成一家宗风，后世就把他们两人的禅法合称为"曹洞宗"。

石头希迁门下另一支系先后传天皇道悟、龙潭崇信、德山宣鉴、雪峰义存。至雪峰义存和尚又分出两个支派，其中一支传云门文偃，形成云门宗；另一支传玄妙师备、罗汉桂琛、清凉文益，形成法眼宗。

怀让禅师，俗姓杜，金州人，先往嵩山拜老安国师，后安国师嘱其往曹溪礼六祖，侍六祖大师左右十五年，对南宗顿教禅法领会至深。六祖大师圆寂后，怀让离开曹溪到了南岳衡山，驻锡观音台，弘传六祖南宗顿教禅法，开创了南岳一系，时人和后世就尊称他为"南岳怀让"。怀让和行思一样，对南宗顿教的光大和发展也是贡献甚巨，最大和最重要的表征是其门下马祖道一禅师，发展出南禅的二个宗派。

马祖道一，俗姓马，汉州什邡（今四川什邡）人。幼年就已出家。唐代开元年间，马祖道一在衡山经常独自一人学习坐禅。怀让禅师知道马祖道一是佛门中的龙象法器，决定开导、培育他。经过"磨砖作镜"这一公案的机锋对接，道一如梦初醒，顿时开悟，从此归附怀让研习，佛法日益精深和玄奥。

马祖道一侍怀让禅师九年，"密受心印"后，于天宝年间（742—756）离开南岳，先后在福建、江西、浙江、安徽、湖南等地开山弘法，课徒海众，尤其在江西驻锡各地，道场多，时间长，人们就尊称他为"江西马祖"。马祖道一弘扬六祖南宗顿教禅法，并且多有创新，深受信众崇仰，很多信众投奔他，形成了六祖南禅下有自己特色的一个宗派，人们称为"洪州宗"。所以他的名气和影响也超过他的师父南岳怀让禅师。据文献记载，马祖洪州宗禅系的法嗣有一百三十九人，并"各为一方宗主"，马祖的徒子徒孙，把六祖南禅流布各地，发扬光大，开创出六祖南宗禅的"一花五叶"中的二叶：临济宗、沩仰宗。

从马祖道一开始分出三个支系，其中一支传给百丈怀海，怀海传给黄檗希运，希运传给临济玄义。因为玄义在河北镇州（今河北正定）的临济禅院形成了一家宗风，后世就把它称为临济宗。

马祖道一门下另一支系传给西堂智藏，智藏传给沩山灵佑，灵佑传给仰山慧寂，因灵佑禅师和慧寂禅师分别在潭州沩山（今湖南宁乡）和袁州仰山（今江西宜春）弘法，形成一家宗风，后世就把他们的禅法称为沩仰宗。

至此，六祖慧能大师南宗顿教禅法的"一花五叶"已全部开出，这五叶就是：沩仰宗、临济宗、曹洞宗、云门宗、法眼宗。其中临济宗后来又发展出杨岐派和黄龙派，所以人们又统称为

"五家七宗"。见图4-1：

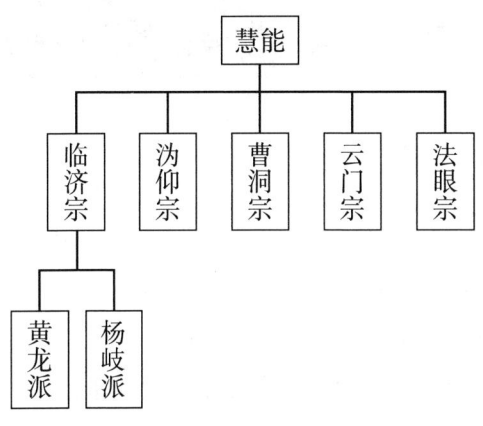

图4-1 南禅与"五家七宗"示意图

伴随着漫长的历史发展变迁，这"五家七宗"中，有些宗派也慢慢地失去活力而走向衰落，只有曹洞宗和临济宗至今仍枝繁叶茂，生机勃勃，流布在当今世界各地。

第五章
"五家七宗"时期岭南的禅门宗派

六祖慧能入灭后,他所开创的南禅经过历代弟子的努力,在晚唐五代形成"一花五叶"的繁盛局面。入宋后,临济宗下又衍生出黄龙派和杨岐派,合称"五家七宗"。岭南作为南禅宗祖庭所在,"五家七宗"时期的禅僧大德纷纷在岭南参学问道,开悟成名,后亦有不少选择在岭南驻锡弘法,从而推动着岭南禅宗的前行和发展。

第一节 中晚唐至五代岭南禅宗的发展

佛教在岭南传播的历史可溯及佛教初传中国的东汉末年。广州为佛教的"西来初地",岭南佛门历史源远流长,是中土佛教滨海法窟。不过由于地理环境、交通路线以及土著民族巫鬼信仰等因素的影响,六朝佛教在岭南的传播集中于广州、始兴、罗浮山三处。据相关研究统计,六朝时期岭南各处先后兴建的大小佛寺总共有八十七所,以广州最多,有十九所,始兴郡次之十一所,罗浮山有四所。[①] 其他地区佛寺稀疏,尤其岭南西道(今广西)是

---

① 司徒尚纪:《广东文化地理》,广东人民出版社1993年版,第274页。

佛教传播很薄弱的地区，晋至隋共建佛寺六座。如表 5-1 所示：

表 5-1　晋至隋岭南西道所建佛寺

寺名	地址	始建时间	备注
龙兴寺	平乐	晋	唐代已圮
灵觉寺	合浦廉城	晋	宋在旧址上建东山寺
禅封寺	贺县信都	南朝宋	
福堂寺	富川旧冯乘县治	南朝梁	宋以后圮
缘化寺	桂林文昌桥	隋以前	唐改开元寺，今存舍利塔
开皇寺	梧州东门外	隋，一说唐	唐后圮

又按《续高僧传》记载，隋代及唐初三十年间，高僧亦是北盛于南，今江西、福建、广东甚至是高僧驻锡的空白地带。另据已有统计，唐代籍贯为岭南的高僧仅十三人，属于中国高僧分布最稀疏地区。[①] 唐代武周以后，岭南佛教的发展得益于南禅宗，以六祖慧能弘法之地韶州曹溪为中心，向北发展至湖南、江西，进而扩及浙、闽、鄂、苏等地。不过，从现有材料来看，岭南禅宗的初期发展仍是集中于慧能及其弟子行化的区域，即韶州、广州、新州、罗浮山、潮汕等地。

一、六祖座下的岭南弟子

据《坛经》，慧能于"韶、广二州行化四十余年"，僧俗门徒

---

① 李映辉：《唐代高僧籍贯的地理分布》，《中国历史地理论丛》1997 年第 3 期，第 41 页。

"三五千人，说不尽"，法嗣四十三人，直接受法者为"十弟子"（即法海、志诚、法达、神会、智常、智通、志彻、志道、法珍、法如）。在慧能看来，此十弟子"不同余人，吾灭度后，各为一方师"①。印顺《中国禅宗史》云："慧能弟子的分头开展，大体上都向故乡（广义的）去的。慧能在广韶行化四十余年，在慧能入灭后，岭南方面的弟子，多数留在广韶——岭南区域，这是当然的事实。佛教的史传，对边区一向是疏忽不备。岭南方面弟子的漠漠无闻，决不是从此衰落不堪。确认岭南方面弟子的继承和发展，在《坛经》与禅宗史的研究中，为一必要的前提。……岭南方面，应不乏杰出的师僧，不能因传记疏略不备而漠视，或否认其真实存在。"②其实，在六祖慧能入灭后，其座下岭南弟子对六祖禅宗思想的继承与发展，在岭南禅宗史上具有重要意义。正是这批岭南弟子及其再传弟子的不断努力，推动了岭南禅宗的初期发展。

（一）六祖岭南弟子的界定

据《景德传灯录》等禅宗文献所载，慧能法嗣有四十三人，即：西印度堀多三藏、韶州法海禅师、吉州志诚禅师、匾檐山晓了禅师、河北智隍禅师、洪州法达禅师、寿州智通禅师、江西志彻禅师、信州智常禅师、广州志道禅师、广州法性寺印宗和尚、吉州青原山行思禅师、南岳怀让禅师、温州永嘉玄觉禅师、司空山本净禅师、婺州玄策禅师、曹溪令韬禅师、西京光宅寺慧忠禅

---

① 江泓、夏志前点校：《坛经四古本》，第63页。
② 印顺：《中国禅宗史》，第173页。

师、西京荷泽寺神会禅师、韶州祇陀禅师、抚州净安禅师、嵩山寻禅师、罗浮山定真禅师、南岳坚固禅师、制空山道进禅师、善快禅师、韶山缘素禅师、宗一禅师、会稽秦望山善现禅师、南岳梵行禅师、并州自在禅师、西京咸空禅师、峡山泰祥禅师、光州法净禅师、清凉山辩才禅师、广州吴头陀、道英禅师、智本禅师、广州清苑法真禅师、玄楷禅师、昙璀禅师、韶州刺史韦璩、义兴孙菩萨。[①]

这四十三人中，有些本身就是岭南人，有的虽不是岭南人，但在岭南弘法。本书所论的岭南弟子，主要是指六祖慧能圆寂后，在岭南行化、弘扬六祖禅法的法嗣，包括两部分人：一是在灯史禅宗文献中有记录的，但这部分人中，无行历及机缘语句者，不作详述；二是灯史禅宗文献没有记录但在其他文献有记录者。

（二）六祖座下的岭南弟子

依据上文的界定，六祖座下的这些岭南弟子中，有部分留守韶州，护持南禅祖庭；有部分赴岭南其他地方开辟道场，光大六祖禅法，培育僧才，延续南禅法脉。他们合力推动岭南初期禅宗的兴起。兹选取几位，叙述于下。

1. 韶州法海禅师

关于法海其人，丁福保《六祖坛经笺注》引《全唐文》云："法海字文允，俗姓张氏，丹阳人。一云曲江人。出家鹤林寺，为

[①] （宋）释道原著，文雄、妙音点校：《景德传灯录》，第68页。

六祖弟子，天宝中预扬州法慎律师讲席。"①而《坛经》及《景德传灯录》等，则直言法海"韶州曲江人也"和"韶州法海禅师，曲江人也"。②《韶州府志》与《全唐文》基本相同，然没有丹阳人之说："法海字文允，俗姓张氏，曲江人。出家鹤林寺，为六祖弟子，天宝中预扬州法慎律师讲席。"③印顺《中国禅宗史》则说《全唐文》把曲江法海与丹阳法海混淆了："曲江人法海，并非丹阳法海。只是《全唐文》编者，想从高僧传里，求得慧能弟子法海的事迹，见到了吴兴的鹤林'法海传'，以为就是集记《坛经》的法海。"④

姑不论法海是何方人，一个不争的事实是，法海自成为六祖慧能弟子后，就一直不离左右，可以说是六祖慧能的贴身侍护。所以，当六祖受邀往大梵寺说法时，法海是跟随的，才会有韦刺史嘱其记录六祖说法之事。六祖晚年回故里是带上法海的，当六祖说"吾至八月，欲离世间"时，"法海等闻，悉皆涕泣"；而"知大师不久住世，法海上座，再拜问曰：'和尚入灭之后，衣法当付何人？'"⑤

作为六祖慧能的上座弟子，法海对南禅乃至中国禅宗的发展的最大贡献莫过于记录和整理编辑《坛经》。就目前文献所见，笔者不敢说法海是《坛经》的唯一记录者，但至少是主要者。郭朋先生说："刺史韦璩特令法海负责记录，则法海当系当时慧能弟子

---

① 丁福保：《六祖坛经笺注》，旧序。
② （宋）释道原著，文雄、妙音点校：《景德传灯录》，第72页。
③ （清）林述训等修，单兴诗纂：《韶州府志》卷三八《列传七》，广东省地方志办公室辑：《广东历代方志集成》，韶州府部（三），第820页。
④ 印顺：《中国禅宗史》，第202页。
⑤ 江泓、夏志前点校：《坛经四古本》，第64页。

中的佼佼者。"[1] 记录是后期整理和编辑的前提和基础。虽然六祖慧能在世时，《坛经》就已流行："吾于大梵寺说法，以至于今，抄录流行，目曰《法宝坛经》"[2]，但此时流行的《坛经》可能是未经整理、互相传抄的本子，经过整理、编辑的《坛经》应是六祖慧能入灭后的事。如按印顺大师的说法，六祖慧能在世时流传的《坛经》就是法海集记的大梵寺的说法，其他部分的内容是六祖慧能入灭后弟子们所集。但"是谁所记（集）的呢？总不能没有人，那就是《坛经》所说的曲江法海"[3]。所以，我们现在所见到的敦煌系统本《坛经》，均署有"兼受无相戒弘法弟子法海集记"字样，有法海撰《六祖大师法宝坛经略序》存世。敦煌本《坛经》还列出《坛经》传承次序："此《坛经》，法海上座集。上座无常，付同学道漈；道漈无常，付门人悟真。悟真在岭南漕溪山法兴寺，见今传授此法。"[4]

可见法海在《坛经》集记与传承中的地位，尤其在岭南韶、广地区应是自成派系的。法海自称"兼受无相戒弘法弟子"，其将六祖学佛传法的自述始末整理成《坛经》，使后人得以了解禅门顿教之义的全貌。一本《坛经》，集佛教禅宗义理和中华传统文化为一体，成为中国禅宗的经宗，法海居功至伟。

2. 曹溪令韬禅师

曹溪令韬（又名行滔）的事迹最早应见于《曹溪大师别传》，

---

[1] （唐）慧能著，郭朋校释：《坛经校释》，第3页。
[2] 江泓、夏志前点校：《坛经四古本》，第64页。
[3] 印顺：《中国禅宗史》，第202页。
[4] 江泓、夏志前点校：《坛经四古本》，第21页。

该别传代表慧能法嗣中岭南土著一系,成书约在建中二年(781),差不多与敦煌本《坛经》同时。在《曹溪大师别传》中,令韬(行滔)乃六祖慧能印可的弟子之一。《景德传灯录》曰:"曹溪令韬禅师者,吉州人也。姓张氏,依六祖出家,未尝离左右。祖归寂,遂为衣塔主。唐开元四年(716),玄宗聆其德风,诏令赴阙,师辞疾不起。上元元年(760),肃宗遣使取传法衣入内供养,仍敕师随衣入朝,师亦以疾辞。终于本山,寿九十五,敕谥大晓禅师。"① 在灯史和方志等文献中,与令韬有关的事迹反复见诸载籍者主要有二:

其一是六祖慧能寂灭后,令韬为六祖衣塔主,朝廷数次诏令赴阙,皆以疾辞,仅遣其徒送传法衣入内供养。《曹溪大师别传》云:

> 众请上足弟子行滔守所传衣。……上元二年(761),广州节度韦利见,奏僧行滔及传袈裟入内。孝感皇帝依奏,敕书曰:"敕,曹溪山六祖传法袈裟及僧行滔,并俗弟子五人,利见令水陆给公乘。随中使刘楚江赴上都。上元二年十二月十七日下。"又乾元二年(759)正月一日,滔和上有表辞老疾,遣上足僧惠象及家人永和,送传法袈裟入内。随中使刘楚江赴上都。四月八日,得对。滔和上正月十七日身亡,春秋八十九。敕赐惠象紫罗袈裟一对,家人永和州敕赐度配本寺。改建兴寺为国宁寺,改和上兰若,敕赐额为宝福寺。②

---

① (宋)释道原著,文雄、妙音点校:《景德传灯录》,第88页。
② 《曹溪大师别传》,见杨曾文校写:《敦煌新本·六祖坛经》,附编第113页。

《景德传灯录》《宋高僧传》等均有详略不一之述及。

其二是汝州张净满受新罗僧金钱，欲盗取六祖大师首，归海东供养，事发被捕，柳刺史问令韬该如何处断，令韬以佛法慈悲，宽恕张净满。《景德传灯录》曰：

> 开元十年（722）壬戌八月三日夜半，忽闻塔中如拽铁索声，僧众惊起，见一孝子从塔中走出，寻见师颈有伤，具以贼事闻于州县。县令杨侃、刺史柳无忝得牒，切加擒捉。五日于石角村捕得贼人，送韶州鞫问，云姓张，名净满，汝州梁县人，于洪州开元寺受新罗僧金大悲钱二十千，令取六祖大师首归海东供养。柳守闻状，未即加刑，乃躬至曹溪，问师上足令韬曰："如何处断？"韬曰："若以国法论，理须诛夷。但以佛教慈悲，冤亲平等，况彼求欲供养！罪可恕矣！"柳守嘉叹曰："始知佛门广大。"遂赦之。[1]

上述两事，也见于曹溪原本《坛经》末后所附令韬录，录云：

> 师入塔后，至开元十年（722）壬戌八月三日夜半，忽闻塔中如拽铁索声。僧众惊起，见一孝子从塔中走出，寻见师颈有伤。具以贼事闻于州县。县令杨侃、刺史柳无忝得牒切加擒捉。五日于石角村捕得贼人，送韶州鞫问。云姓张，名净满，汝州梁县人。于洪州开元寺受新罗僧金大悲钱二十千，

---

[1] （宋）释道原著，文雄、妙音点校：《景德传灯录》，第71—72页。

令取六祖大师首,归海东供养。柳守闻状,未即加刑,乃躬至曹溪,问师上足令韬曰:"如何处断?"韬曰:"若以国法论,理须诛夷。但以佛教慈悲,冤亲平等,况彼求欲供养,罪可恕矣。"柳守加叹曰:"始知佛门广大!"遂赦之。上元元年(760),肃宗遣使就请师衣钵归内供养。至永泰元年(765)五月五日,代宗梦六祖大师请衣钵。七日敕刺史杨缄云:"朕梦感能禅师请传衣袈裟却归曹溪,今遣镇国大将军刘崇景顶戴而送。朕谓之国宝。卿可于本寺加法安置,专令僧众亲承宗旨者,严加守护,勿令遗坠。"后或为人偷窃,皆不远而获。如是者数四。宪宗谥:大鉴禅师。塔曰:元和灵照。其余事迹,系载唐尚书王维、刺史柳宗元、刺史刘禹锡等碑。守塔沙门令韬录。①

然令韬之录似为后人所编造,因肃宗诏其送衣钵进宫,他以老疾而改由弟子惠象呈送,于次年(约761年)就圆寂,何以知道死后几年(永泰元年,即765年)的事,不可信。但令韬所为在当时应有相当影响,尤其是关于对张净满的处置,彰显佛门慈悲之意,是以有名贤赞述和檀施珍异。另外,《宋高僧传》还记载有广州节度宋璟来礼其塔,问令韬无生法忍义,宋璟闻法欢喜。

六祖寂灭后,令韬继任曹溪宝林道场的法席,《曹溪通志》"继席宗匠"云:"曹溪令韬禅师,首继法席,嗣六祖。"② 令韬努力

---

① 江泓、夏志前点校:《坛经四古本》,第96—97页。
② (清)释真朴重修,杨权、张红、仇江点校:《曹溪通志》卷二《继席宗匠第五》,第34页。

护持南禅祖庭，推动宝林道场的法轮常转。

3. 韶州韦璩

又作"韦琚"或"韦据"，韶州刺史，《神会语录》称"殿内丞"，《历代法宝记》称"太常寺丞"，《曹溪大师传》称"殿中侍御史"。《景德传灯录》视其为六祖法嗣，然属无机缘语句之列。正史及历代《韶州府志》均鲜见载，记其史事较详者当推张九龄之《故韶州司马韦府君墓志铭》[①]。兹录于下：

> 君讳某，字某，京兆杜陵人。其先佐夏翼商，赐命为伯，傅楚相汉，继世能贤，休有成烈，庆流于裔。泊曾祖津，仕随至内史侍郎户部尚书，武德初拜黄门侍郎寿光男，克济美名，以食旧德。大父琨，太子詹事武阳侯，能成休轨，载扬厥问。烈考展，官止少府监主簿，懿业无忝，而大位不充，天爵自高，人伦斯贵。公荷百代之丕构，传一经之素范，简白足以长人，文敏足以敷政。迹不由径，必期乎直，学不为辨，每抑其华，志尚则然，风流自远：斯有万里之望，岂伊百夫之特？始自崇文生明经上第，起家汾州参军。公以为国无小而行无择，苟履忠信，何陋蛮貊？遂求补远郡，从所好焉。于是授泉州司仓参军，历广州都督府法曹参军。轮囷下蟠，弗以屑意，干蛊用誉，将以明道，固已仁焉而不异于远，

---

① （唐）张九龄：《故韶州司马韦府君墓志铭》，见（唐）张九龄著，刘斯翰校注：《曲江集》，广东人民出版社1986年版，第640—641页。

义焉而不辞于难：潜亦孔昭，允谓君子。秩满，迁韶州司马。在郡数载，检身一德，辅化致理，刑清讼息，宣其奋庸上国，置褒乎公卿，而矢志南州，终于参佐。悲夫！享年五十有一，某年月，卒于官舍。粤开元六年（718）冬十二月庚午，葬于少陵原。有子曰某，欲报罔极，思传不朽，勒石泉户，式昭德音。铭曰：

  皇矣鼻祖，时维大彭。斁衣作伯，彤弓用征。猗那其后，世济其名。

  虽公道屈，亦树德声。休烈有素，聿修无忝。言炳身文，礼充物检。

  行虽欲尽，名不可掩。学古入官，盖取诸渐。参卿彼分，从事穷海。

  孰云其陋？我惟义在。何适非宣？胡然有待？天曷我欺，人随物改。

  印顺《中国禅宗史》认为，张九龄铭中的韦司马"这极可能就是韦据。开元七年（719）葬，韦司马在郡的时间，正是慧能的晚年及灭后。唐代官制，每州立刺史，而司马为刺史的佐贰。韦据任司马，或曾摄刺史，《坛经》就称之为刺史吧！"[1]据张铭可知，韦璩（667—718），京兆长安杜陵（今西安市三兆村南）人。世代为宦，曾祖韦津，仕内史、侍郎、户部尚书，唐武德初拜黄门侍郎、寿光男；父韦琨，司太子詹事、武阳侯。韦璩初任汾州

---

[1] 印顺：《中国禅宗史》，第166页。

参军，继授泉州司仓参军，历广州都督府法曹参军，秩满，迁韶州司马。唐开元六年（718），卒官，年五十一岁。是年十二月，归葬于少陵原。

韦璩与六祖慧能及禅宗关涉者有二：

一是请六祖慧能到城中大梵寺为大众说法，并嘱慧能弟子法海做好记录，所录法语成了《坛经》的重要部分。

敦煌本《坛经》云："慧能大师于大梵寺讲堂中升高座，说摩诃般若波罗蜜法……刺史遂令门人僧法海集记，流行后代；与学道者承此宗旨，递相传受，有所依约，以为禀承，说此《坛经》。"[①] 德异在《六祖法宝坛经序》也曰："韦使君命海禅者录其语，目之曰《法宝坛经》。"[②] 大乘寺本《韶州曹溪山六祖坛经序》亦云："是时刺史韶牧等，请六祖于大梵戒坛，受（授）无相戒，说摩诃顿法。门人录其语要，命曰《坛经》。"[③]《景德传灯录》亦曰："韶州刺史韦璩请于大梵寺转妙法轮，并受无相心地戒。门人记录目为《坛经》盛行于世。"[④]

六祖慧能于大梵寺说法只是《坛经》的部分，当然这部分很重要，诚如印顺法师所言："《坛经》现存各本内容，含有其他部分，而不限于大梵寺说法的。然《坛经》的主体部分，即《坛经》

---

① 江泓、夏志前点校：《坛经四古本》，第1页。
② （元）释德异：《六祖法宝坛经序》，见杨曾文校写：《敦煌新本·六祖坛经》，附编第152页。
③ 大乘寺本《韶州曹溪山六祖坛经序》，见杨曾文校写：《敦煌新本·六祖坛经》，附编第69页。
④ （宋）释道原著，文雄、妙音点校：《景德传灯录》，第69页。

之所以被称为《坛经》的，正是大梵寺说法部分。"①徐文明教授认为，大梵寺是"六祖在韶州最初开法之地，其说法要后来成为《坛经》的主要内容"②。所以，敦煌本《坛经》的经名就直称"六祖慧能大师于韶州大梵寺施法坛经"。此外，大梵寺的辑录为整部《坛经》的辑录开了头，启发了人们对六祖弘法记录的意识，从而有了此后《坛经》的辑录。

就这一意义来说，韦刺史很有见地，在其他人还没有这种意识的时候，他就要法海做好记录，可以说，韦刺史对《坛经》问世是有贡献的。从此，中国禅宗有了传宗依约法宝，这对六祖南禅宗的传播发展起到重要的推动作用。

二是六祖慧能圆寂后，为慧能大师立碑纪事。

关于韦璩为六祖慧能立碑事，诸本《坛经》均有提及，敦煌本云："韶州刺史韦璩立碑，至今供养。"惠昕本曰："韶州奏闻，奉敕立碑供养。"曹溪原本（契嵩本）和宗宝本谓："韶州奏闻，奉敕立碑纪师道行。"禅宗文献也多有记载。契嵩《传法正宗记》卷六："刺史韦据碑之。"《历代法宝记》云："太常寺承（丞）韦据造碑文。"《曹溪大师传》云："有殿中侍御史韦据为大师立碑。"《曹溪通志》云："时韶州刺史韦璩撰碑。"

韦刺史为六祖慧能立碑，旨在纪其道行，故在南北两宗纷争之际而为北宗门徒所毁。神会先说"殿中丞韦璩造碑文。至开元七年（719），被人磨改，别造文报镌，略叙六代师资相授及传袈

---

① 印顺：《中国禅宗史》，第184页。
② 徐文明注译：《六祖坛经》，中州古籍出版社2004年版，第15页。

袈所由,其碑今见在漕溪"①,后在无遮大会与崇远法师辩论中,就无所忌讳地直指北宗门人毁了韶州大德碑:"又使门徒武平一等,磨却韶州大德碑铭,别造文报,镌向能禅师碑,上立秀禅师为第六代,师资相授及传袈裟所由。"②《曹溪大师传》也云:"后北宗俗弟子武平一,开元七年(719),磨却韦据碑文,自著武平一文。"③《历代法宝记》则说:"唐开元七年,北宗普寂俗弟子武平一磨换韦璩《韶州大德碑铭》,申报为《唐广果寺能大师碑》。"④

从上可知,韦璩为六祖撰立碑铭一事可能实有,惜未见碑文。而磨碑一说,应是南北宗争斗所需之传说,不一定实有,故印顺说:"磨碑的传说,应是韦据所立碑文,没有说到'付法传衣',为了避免北宗的反诘,而有北宗人磨碑别镌的话。荷泽的原始说还简单,到晚年门下的传说,更具体地说是武平一磨改,但更显得不可信了。"⑤

韦璩以韶州刺史的官方身份,在一定程度上推动了南禅宗在韶州地区的传播。

4. 灵震(定慧)禅师

稽之《坛经》及《灯录》等禅籍,未见有六祖这位弟子,而其他文献及地方志乘却有见载。《舆地纪胜》曰:"普勋定慧大师,

---

① 杨曾文编校:《神会和尚禅话录》,第111页。
② 杨曾文编校:《神会和尚禅话录》,第31页。
③ 《曹溪大师传》,见杨曾文校写:《敦煌新本·六祖坛经》,附编第112页。
④ (佚名)《历代法宝记》,《大藏经》第51册,第183页。
⑤ 印顺:《中国禅宗史》,第178页。

即六祖弟子。唐时始开翁源灵池山，景龙初置寺额为翁山寺。在县东北一百里。碑云：昔开山和尚灵震真身，伪汉封普勖定慧大师。"①《灵池山碑》云："开山和尚灵震于山顶开池。"②清阮元《广东通志·金石略》收有此碑，并加了案语：

《舆地纪胜》云："（此碑）在韶州，不著年月。"以碑所称灵震考之，灵震即六祖弟子，唐时始开翁源灵池山，景龙初置寺额"翁山寺"，则碑亦景龙间立矣，故附于此。③

又，嘉靖《广东通志初稿》亦载："普勖定慧大师灵震，六祖弟子，创灵池山寺，入寂，真身不坏。"④

从上可知，灵震禅师乃六祖弟子。禅宗文献中，迄今所见，唯《曹溪大师传》有记：

延和元年（712），大师归新州修国恩寺。诸弟子问："和上修寺去，卒应未归，此更有谁堪谘问？"大师云："翁山寺僧灵振，虽患脚跛，心里不跛。门人谘请振说法。"⑤

后来六祖慧能大师回故里新州国恩寺圆寂，还专有书信致翁

---

① （宋）王象之：《舆地纪胜》（三），中华书局1992年版，第2905页。
② （宋）王象之：《舆地纪胜》（三），第2907页。
③ （清）阮元主修，梁中民点校：《广东通志·金石略》，第59页。
④ （清）戴璟修，张岳纂：《广东通志初稿》卷三六《仙释》，广东省地方史志办公室辑：《广东历代方志集成》，省部（一），第605页。
⑤ 《曹溪大师传》，见杨曾文校写：《敦煌新本·六祖坛经》，附编第112页。

山寺灵震禅师报知。灵震禅师得知六祖入灭，于是召集道俗设斋悼祭，后也随之圆寂：

> 又翁山寺振禅师，于房前与众人夜间说法。有一道虹光，从南来入房。禅师告众人曰："和上多应新州亡也。此虹光是和上之灵瑞也。"新州寻有书报亡，曹溪门徒发哀。因虹光顿谢，泉水渐流。书至翁山，振禅师闻哀，设三七斋，于夜道俗集毕，忽有虹光从房而出。振禅师告众人曰："振不久住也。经云：大象既去，小象亦随。"其夕中夜，卧右胁而终也。①

从所记可知，六祖慧能对其甚为器重和推崇，嘱弟子们向其问法，六祖入寂则有专信报知，后南汉政权敕封为普勋定慧大师，足见其道行非浅。在六祖晚年，灵震禅师已开翁源灵池山，演化六祖禅法，拓展了六祖南禅在韶州地区的传播。然《传灯录》六祖慧能得法弟子的四十三人中，无灵震此人，似令人不解。

5. 智常禅师

智常禅师乃"各为一方师"的六祖十弟子之一，他不负乃师，于六祖圆寂后，没有留守曹溪，而是往肇庆鼎湖开山，传播六祖禅法。

关于智常其人，生卒年不详，《坛经》叙其初见六祖时的情

---

① 《曹溪大师传》，见杨曾文校写：《敦煌新本·六祖坛经》，附编第112页。

景曰：

　　僧智常，信州贵溪人，髫年出家，志求见性。一日参礼，师问曰："汝从何来？欲求何事？"曰："学人近往洪州白峰山礼大通和尚，蒙示见性成佛之义，未决狐疑，远来投礼，伏望和尚慈悲指示。"师曰："彼有何言句？汝试举看。"曰："智常到彼，凡经三月，未蒙示诲。为法切故，一夕独入丈室，请问：'如何是某甲本心本性？'大通乃曰：'汝见虚空否？'对曰：'见。'彼曰：'汝见虚空有相貌否？'对曰：'虚空无形，有何相貌？'彼曰：'汝之本性，犹如虚空，了无一物可见，是名正见；无一物可知，是名真知。无有青黄长短，但见本源清净觉体圆明，即名见性成佛，亦名如来知见。'学人虽闻此说，犹未决了，乞和尚开示。"师曰："彼师所说，犹存见知，故令汝未了。吾今示汝一偈：不见一法存无见，大似浮云遮日面，不知一法守空知，还如太虚生闪电。此之知见瞥然兴，错认何曾解方便，汝当一念自知非，自己灵光常显现。"常闻偈已，心意豁然。乃述偈曰：无端起知见，著相求菩提。情存一念悟，宁越昔时迷。自性觉源体，随照枉迁流，不入祖师室，茫然趣两头。

　　智常一日问师曰："佛说三乘法，又言最上乘。弟子未解，愿为教授。"师曰："汝观自本心，莫著外法相。法无四乘，人心自有等差。见闻转诵是小乘，悟法解义是中乘，依法修行是大乘；万法尽通，万法俱备，一切不染，离诸法相，一无所得，名最上乘。乘是行义，不在口争。汝须自修，莫问吾也。一切时中，自性自如。"常礼谢执侍，终师之世。①

据上可知，智常先礼大通和尚（神秀），虽"蒙示见性成佛之义"，却"未决狐疑"，后至曹溪礼六祖，得法后，智常"礼谢执侍，终师之世"，即六祖灭度以前，智常一直留在曹溪。直至六祖灭度后，由于六祖曾言十弟子"各为一方师"，智常应遵嘱离开曹溪，到他处开法。然禅宗文献无交代智常去了何方。

稽之地方志乘得知，智常禅师离开曹溪后，去了岭南名山肇庆鼎湖，创白云寺演化六祖禅法。关于智常开山鼎湖白云，有两个问题需厘清：

一是智常鼎湖开山白云寺及时间。

万历三十七年（1609）《重修白云禅寺佛像香灯崇侍永远碑记》载曰："鼎湖山远自唐代，六祖弟子智常禅师开建。经今千载，兴废不常。"康熙《鼎湖山志》卷一载曰："白云寺，在鼎湖之西南，去庆云十里，唐大鉴禅师坐下高弟智常禅师开建。"道光《广东通志》录清人李彦珣《庆云寺记略》曰："（唐智常禅师）得法于曹溪，归隐白云寺，从之游者，人各一招提，招提凡三十六。至今三昧潭、罗汉桥、涅槃台遗迹尚存。"②同书卷二三〇载："白云寺在鼎湖山之西南，去庆云寺十里。唐六祖高第智常禅师创招提凡三十有六，历宋迄元，兴废失稽，惟存数寺。"③这些记载已肯

---

① 江泓、夏志前点校：《坛经四古本》，第85—86页。
② （清）阮元修，陈昌齐等总纂：《广东通志》卷二三〇《古迹略十五》，见广东省地方史志办公室辑：《广东历代方志集成》，省部（一九），第3718页。
③ （清）阮元修，陈昌齐等总纂：《广东通志》卷二三〇《古迹略十五》，见广东省地方史志办公室辑：《广东历代方志集成》，省部（一九），第3718页。

定了鼎湖白云寺为智常禅师所开。

关于智常开山白云的时间,道光《肇庆府志》云:"考《坛经》六祖以太极元年(712)七月自南华归新州,先天二年(713)八月坐化。智常住鼎湖,应在六祖去南华前后。"①刘晓生《唐宋端州禅宗史考三题》认为:"智常开建鼎湖山在六祖晚年叶落归根离开南华返回新州之后不久。正如彭泰来(1790—1867)《高要金石略》卷一所云'智常即非径自新州来住顶湖,当亦在此二三年',若六祖于新州国恩寺示寂后,智常直接往鼎湖,则在713年;若智常护送六祖真身至南华再前往鼎湖,则在714年。因此,笔者认为智常前往鼎湖山开教,时间应不早于714年……故白云寺始建时间大概在唐代开元初年。"②此言不虚。

二是"涅槃台"石刻与智常禅师的关系。

据文献所载,涅槃台又称"顶湖台""涅槃石"等。万历《肇庆府志》卷七《地理志》谓"顶湖山,有顶湖台……石刻尚存"③,卷二十一《外志》又云"白云庵,顶湖山石壁上,宋建。'正法眼藏,涅槃妙心'八大字尚存"④。崇祯《肇庆府志》卷二十四《外志》曰:"白云寺。城东顶湖山上,宋建。石壁有'正法眼藏,涅

---

① (清)屠英等修,胡森等纂:《肇庆府志》卷二一《金石》,见广东省地方史志办公室辑:《广东历代方志集成》肇庆府部(九),第795页。

② 刘晓生:《唐宋端州禅宗史考三题》,见林有能、李尧坤主编:《六祖慧能与岭南禅宗历史文化研究文集》,第281页。

③ (明)郑一麟修,叶春及纂:《肇庆府志》卷七《地理志一》,广东省地方史志办公室辑:《广东历代方志集成》,肇庆府部(一),第138页。

④ (明)郑一麟修,叶春及纂:《肇庆府志》卷二十一《外志》,广东省地方史志办公室辑:《广东历代方志集成》,肇庆府部(一),第412页。

槃妙心'八大字尚存。"①

涅槃台上的八字石刻与智常禅师有无关系，文献所载似有二点可疑：

第一，智常禅师所题刻。洪天擢《开山建寺记》云："'正法眼藏，涅槃妙心'八大字，笔理遒古漫灭，殆唐人为之也。"②彭泰来《高要金石略》则直言为智常禅师所书刻："唐。'涅槃妙心，正法眼藏。顶湖龙潭住庵智常刻。'右智常题字，正书径尽许，在顶湖山龙潭，八字作三行，左读曰'涅槃妙'、'正法眼'、曰'心藏'，此但以文义录之。题名在'藏'字戈侧，行仅五寸大小不伦。疑后人补记，然字虽漫漶，笔意实一手书。"③后人编《肇庆星湖石刻全录》时，认为"此刻经广东省书法家研究，根据字体、笔画、字形摆布、写法，鉴定为初唐作品，疑为智常手迹"④。然刘晓生认为：（1）《高要金石略》中的"顶湖龙潭住庵智常刻"乃"彭泰来自为添加，而非据石刻原题名录出"；（2）"仅从书法艺术风格分析的角度就论断石刻作品年代，则未免失之偏颇；且这一鉴定有先果后因的嫌疑——先是认为石刻很可能为唐代智常所题刻，则石刻年代自然为初唐"。⑤情况到底如何，有待稽考。

---

① （明）陆鏊、陈烜奎等纂修：《肇庆府志》卷二十四《外志》，广东省地方史志办公室辑：《广东历代方志集成》，肇庆府部（二），第618页。
② （清）释成鹫编撰，李福标、仇江点校：《鼎湖山志》卷七《艺文碑碣第十二》，广东教育出版社2015年版，第130页。
③ （清）彭泰来：《高要金石略》，见《地方金石志汇编》第六九册，国家图书馆出版社2011年版，第416页。
④ 刘伟铿校注：《肇庆星湖石刻全录》，广东人民出版社1994年版，第332页。
⑤ 刘晓生：《唐宋端州禅宗史考三题》，见林有能、李尧坤主编：《六祖慧能与岭南禅宗历史文化研究文集》，第284—285页。

第二，涅槃台乃智常禅师入定处。洪天擢《开山建寺记》曰："有涅槃石，六祖高弟智常禅师入定处，镌有'正法眼藏，涅槃妙心'八大字。"①李觉斯《栖老和尚塔铭》（顺治十七年，即1660年）②、肇庆知府李彦瑁《鼎湖山庆云寺记》（康熙二十六年，即1687年）③、康熙五十六年（1717）《鼎湖山志》及其后来者均依此说，且认为鼎湖山"涅槃台"为智常入定（坐禅）之处。

此外，涅槃台"涅槃妙心，正法眼藏"八字石刻排列不规范，共分三行，如上引《高要金石略》所记，"八字作三行，左读曰'涅槃妙'、'正法眼'、曰'心藏'"，所以如此，刘晓生以摩崖石刻的逻辑理路来推断，认为"涅槃台石刻文字顺序紊乱与该石刻的书刻方式有着直接的关联"，"这一先摹后刻的方式用摹刻石壁面的客观因素，是导致现存石刻文字顺序紊乱的主因"。④然迄今所见，尚无确有证据的解释。

除了上述几位禅师外，在岭南传法的六祖座下的岭南弟子，还有韶州祇陀、永光禅师、善快禅师、广州志道、广州吴头陀、罗浮山定真、广州清苑法真、峡山泰祥禅师等人。祇陀属无机缘语句不录的二十四人之列。永光禅师，《韶州府志》谓其"六祖弟子，能伏虎，出即有虎随之。立圆明寺，为韶禅之宗寺"⑤。余者行

---

① （清）释成鹫编撰，李福标、仇江点校：《鼎湖山志》卷七《艺文碑碣第十二》，第130页。
② （清）释成鹫编撰，李福标、仇江点校：《鼎湖山志》卷二《开山主法第六》，第40页。
③ （清）释成鹫编撰，李福标、仇江点校：《鼎湖山志》卷七《艺文碑碣第十二》，第131页。
④ 刘晓生：《唐宋端州禅宗史考三题》，见林有能、李尧坤主编：《六祖慧能与岭南禅宗历史文化研究文集》，第283—284页。
⑤ （清）马元纂修：《韶州府志》卷九《人物志二》，广东省地方史志办公室辑：《广东历代方志集成》，韶州府部（一），第288页。

状机缘语句鲜见而难以一一缕述。

二、石头希迁与南禅的发展

继六祖慧能后，岭南又出了一位大师级的禅门龙象，他就是石头希迁禅师。他承继和光大六祖慧能南禅的神髓，为岭南禅宗乃至中国禅宗的赓继和前进居功至伟。因之，虽然他未见于六祖慧能法嗣的四十三人之列，然其成就、贡献、声誉显然盖过四十三人。虽然上文对石头希迁已略有介绍，但仍有必要对其作进一步的探析。

（一）石头希迁的行历

石头希迁（700—790），俗姓陈，端州高要（今广东高要）人。出生时即怪异相奇，自幼聪颖并超凡脱俗。《祖堂集》云：

> 在孕之时，母绝膻秽。及诞之夕，满室光明。父母怪异，询乎巫祝，巫祝曰："斯吉祥之征也。"风骨端秀，方颐大耳。专静不杂，异冬天凡童。
>
> 及年甫龆龀，将诣佛寺。见尊佛。母氏令礼，礼已，曰："斯佛也。"师礼讫，瞻望久之，曰："此盖人也。形仪手足与人奚异？敬此是佛，余当作焉。"时道俗咸异斯言。
>
> 亲党之内多尚淫祀，率皆宰犊以祈福佑。童子辄往林社，毁其祀具，夺牛而还。岁盈数十，悉巡之于寺。自是亲族益

修净业。[1]

希迁大约十三四岁时，曾往新州谒六祖，落发离家。开元十六年（728）到罗浮山受具足戒，并学习戒律。后往吉州庐陵（今江西吉安）青原山静居寺，拜行思为师。天宝元年（742），希迁离开青原山到南岳，住衡山南寺。寺东有大石，平坦如台，希迁就石上结庵而居，弘扬慧能南宗禅法，时南岳怀让等大禅师都赞叹说"彼石头上有真狮子吼"，因此时人多称其为"石头和尚"。希迁卒于唐德宗贞元六年（790），春秋九十一，僧腊六十三，塔于东岭。唐德宗赐谥无际大师，塔曰见相。唐宣宗大中间（847—859），宰相裴休为书无际禅寺与见相塔二碑。

（二）石头希迁与六祖慧能的"子""孙"关系

缘石头希迁与六祖慧能是近邻（高要与新兴接壤），聪敏且佛缘深厚的希迁，想必早就听闻自己的邻居出了一位禅宗祖师而仰慕已久，故当六祖慧能晚年"落叶归根"，回到故里新州国恩寺时，希迁便前往谒拜。而六祖慧能一见希迁，欣喜异常，认定希迁可传扬自己的禅法。《祖堂集》云："时六祖正扬真教，师世业邻接新州，遂往祗觐。六祖一见忻然，再三抚顶，而谓之曰：'子当绍吾真法矣！'与之置馔，劝令出家。于是，落发离俗。"[2]《宋高僧传》曰："闻大鉴禅师南来，学心相踵。迁乃直往，大鉴

---

[1] （南唐）静、筠禅僧编，张华点校：《祖堂集》，第136页。
[2] （南唐）静、筠禅僧编，张华点校：《祖堂集》，第136页。

衍然持其手，且戏之曰：'苟为我弟子，当肖。'迁逌尔而笑曰：'诺。'"①而《景德传灯录》甚至说希迁"直造曹溪，六祖大师度为弟子"②。就这一意义上说，希迁是六祖慧能的法子。所以《高要县志》曰："唐石头和尚，俗姓陈，名希迁，六祖上座弟子。"③

然而，六祖慧能在故里不久就入灭辞世，希迁随侍六祖的时间应是短暂的。六祖慧能圆寂后，希迁有否与其他师兄弟们一道护送六祖真身回曹溪？迄今所见资料尚未明载，但从后来希迁礼行思的机锋对接中，可知希迁应到过曹溪。《祖堂集》云："（行思）和尚便问：'从什么处来？'对曰：'从曹溪来'……和尚又问：'你到曹溪得个什么物来？'对曰：'未到曹溪亦不曾失。'"④《高要县志》也说：希迁"遂诣青源山参之。思曰：'子何方来？'迁曰：'曹溪。'思曰：'将得什么来？'曰：'未到曹溪亦不失。'思曰：'若凭么用去曹溪？'曰：'若不到曹溪，争知不失。'思默然。一日举所捉拂问曰：'曹溪还有这个么？'迁曰：'非但曹溪，西方亦无'"⑤。然希迁在曹溪也应是短暂的，他后来"上下罗浮，往来三峡间"⑥，于开元十六年（728）在罗浮受具戒。

六祖慧能寂前一句"寻思去"的嘱咐，让希迁成了行思禅师的入室弟子和法嗣——"六祖迁化时，师问：'百年后，某甲依什

---

① （宋）赞宁撰，范祥雍点校：《宋高僧传》，第208页。
② （宋）释道原著，妙音、文雄点校：《景德传灯录》，第256页。
③ （清）谭桓修，梁登印纂：《高要县志》卷一八《仙释传》，广东省地方史志办公室辑：《广东历代方志集成》，肇庆府部（一〇），第235页。
④ （南唐）静、筠禅僧编，张华点校：《祖堂集》，第137页。
⑤ （清）谭桓修，梁登印纂：《高要县志》卷一八《仙释传》，广东省地方史志办公室辑：《广东历代方志集成》，肇庆府部（一〇），第236页。
⑥ （宋）赞宁撰，范祥雍点校：《宋高僧传》，第208页。

么人？'六祖曰：'寻思去。'六祖迁化后，便去清凉山靖居行思和尚处。"①——进而成了六祖慧能的法孙。

（三）石头希迁的思想

身为六祖慧能法子和法孙的石头希迁，其思想和禅法，自然会受到慧能南禅的直接影响，《祖堂集》有希迁梦六祖的故事："尝于山舍假寐如梦，见吾身与六祖同乘一龟，游泳深池之内。觉而详曰：'龟，是灵智也，池，性海也。吾与师同乘灵智游于性海久矣。'"②故事虽似文学创作，却从侧面衬映出两人的关系以及思想间的直接传承和影响。而希迁的具体思想主要体现于其著述及日常的开示中。然迄今所知，希迁的著述并不多，主要有《参同契》和《草庵歌》，兹录于下：

参同契

竺土大仙心，东西密相付。人根有利钝，道无南北祖。
灵源明皎洁，枝派暗流注。执事元是迷，契理亦非悟。
门门一切境，回互不回互。回而更相涉，不尔依位住。
色本殊质象，声元异乐苦。暗合上中言，明明清浊句。
四大性自复，如子得其母。火热风动摇，水湿地坚固。
眼色耳音声，鼻香舌咸醋。然依一一法，依根叶分布。
本末须归宗，尊卑用其语。当明中有暗，勿以暗相遇。

---

① （南唐）静、筠禅僧编，张华点校：《祖堂集》，第137页。
② （南唐）静、筠禅僧编，张华点校：《祖堂集》，第136—137页。

当暗中有明，勿以明相睹。明暗各相对，比如前后步。
万物自有功，当言用及处。事存函盖合，理应箭锋拄。
承言须会宗，勿自立规矩。触目不会道，运足焉知路？
进步非近远，迷隔山河固。谨白参玄人，光阴莫虚度。

草庵歌

吾结草庵无宝贝，饭后从容图睡快。
成时初见茅草新，破时还将茅草盖。
住庵人，镇常在，不属中间与内外。
世人住处我不住，世人爱处我不爱。
庵虽小，含法界；方丈老人相体解。
上乘菩萨信无疑，中下闻之必生怪。
问此庵，坏不坏；坏与不坏主元在。
不居南北与东西，基上坚牢以为最。
青松下，明窗内，玉殿朱楼未为对。
纳帔幪头万事休，此时山僧都不会。
住此庵，休作解；谁夸铺席图人买。
回光返照便归来，廓达灵根非向背。
遇祖师，亲训诲；结草为庵莫生退。
百年抛却在纵横，摆手便行且无罪。
千种言，万般解，只要教君长不昧。
欲识庵中不死人，岂离而今这皮袋。

综括而言，希迁的禅法和思想主要有：

第一，即心即佛，众生是佛。"即心即佛，佛性本有，人人可以成佛"本就是佛陀创教的本怀，尤其是禅宗更为彰显，故又被称为"佛心宗"。六祖慧能作为禅宗的代表人物，心佛等一、明心见性、见性成佛，在其思想中是最为重要的。希迁身为六祖慧能的法子和法孙，其思想或禅法无疑既深受六祖的影响，又是对六祖南宗的弘扬，甚至说希迁的意识中本身就有这样的体认。他说：

> 吾之法门，先佛传授。不论禅定精进，唯达佛之知见。即心即佛，心佛众生，菩提烦恼，名异体一。汝等当知，自己心灵，体离断常，性非垢净，湛然圆满，凡圣齐同，应用无方，离心意识。三界六道，唯自心现。水月镜象，岂有生灭？汝能知之，无所不备。[①]

很明显，在他的思想和法门中：（1）心佛等一，心、佛、众生只是"名异"，实为"体一"；（2）"唯自心现"，只能从自心上去寻找，余者均是徒劳；（3）在修行上，什么禅定、精进等均是途径，所以不要过于执着，"达佛之知见"才是唯一目的和终极目标。

然而，在另一方面，希迁似乎又否定"佛知见"的存在，这从慧朗与大寂（马祖）的对话中反映出来。

> （慧朗谒大寂时，）大寂问曰："汝来何求？"师（慧朗）曰："求佛知见。"曰："佛无知见，知见乃魔界。汝从南岳

---

① （宋）普济著，苏渊雷点校：《五灯会元》，第256页。

第五章 "五家七宗"时期岭南的禅门宗派　　215

来，似未见石头曹溪心要尔，汝应却归。"师承命回岳造于石头，问："如何是佛？"石头曰："汝无佛性。"曰："蠢动含灵又作么生？"石头曰："蠢动含灵却有佛性。"曰："慧朗为什么却无？"石头曰："为汝不肯承当。"①

这里，是自相矛盾吗？不是，这恰好引出了希迁的另一个重要思想。

第二，一切皆空，勿执境相。般若空观也是佛教最基本的一个理念，为历代佛门龙象所追崇。六祖慧能那句"本来无一物"确实彻悟神髓，以"三无"（无念为宗、无相为体、无住为本）来破除人们对外相之执，达至明心见性。那希迁呢？首先是思想意识层面认知。据传希迁所作《参同契》，是受《肇论》"会万像以成己者，其唯圣人乎"之启发，而僧肇此话乃出于《涅槃无名论》，其原文为："夫至人空洞无像，而万像无非我造，会万像以成己者，其唯圣人乎！何则？非理不圣，非圣不理。理而为圣者，圣不异理也。"②也许这话直戳希迁心底，故感叹道："圣人无己，靡所无己；法身无量，谁云自他？圆镜虚鉴于其间，万像体玄而自现。境智真一，孰为去来？至哉！斯语也。"③在希迁看来，三界六道等所有万像万法犹如水月镜花一样，幻生幻灭，没有实在的自性，皆为空性，只有心灵体会才能显现。所以，在日常机锋对接

---

① （宋）释道原著，妙音、文雄点校：《景德传灯录》，第262页。
② 石峻、楼宇烈、方立天、许抗生、乐寿明编：《中国佛教思想资料选编》第一卷，中华书局1987年版，第166页。
③ （南唐）静、筠禅僧编，张华点校：《祖堂集》，第136页。

中，直接以"谁缚你了""谁污染你了""谁将生死与你"等来回答"解脱""净土""涅槃"诸问题，甚至当大颠请求去除"道有道无"时，直截以"正无一物，除个什么"①挡回去。

这些和上文提到的佛知见、佛性等问题，人本自有，但均是虚幻不实的名相，当人们不从自身去体验，反却向身外追求这些时，就是执相。希迁等大德们希望以"空""无"来破人们之执，以达至反观自我，明心见性。

正因为希迁"一切皆空"的思想，唐代宗密就把他与牛头两个禅系都归纳为"泯绝无寄宗"，说其禅法是"说凡圣等法，皆如梦幻，都无所有，本来空寂，非今始无。即此达无之智，亦不可得。平等法界，无佛，无众生，法界亦是假名。心既不有，谁言法界。无修不修，无佛不佛。设有一法胜过涅槃，我说亦如梦幻。无法可拘，无佛可作。凡有所作，皆是迷妄。如此了达本来无事，心无所寄，方免颠倒，始名解脱"②。

第三，事理圆融，物我一体。如果说"即心即佛""一切皆空"乃佛教最基本的理念，为禅门祖师所共有，那么"事理圆融，物我一体"则凸显了希迁禅法的自身特色，因而多为研究希迁思想者所重墨，并以《参同契》为据。杨曾文教授云："希迁的《参同契》是讲真如佛性与万法、理与事、本与末以及物与我的相互融会的思想。"③洪修平教授也说："石头希迁从理事、心物的统一中去阐发圣人之境，还明显地吸取了华严宗的思想。他从物理说

---

① （南唐）静、筠禅僧编，张华点校：《祖堂集》，第140页。
② （唐）宗密撰，邱高兴校释：《禅源诸诠集都序》，第37页。
③ 杨曾文：《石头希迁及其禅法》，《六祖禅》2017年第1期，第1页。

事事各住本位（不回互），又从性理说事事相融相摄（回互），而又以自心（灵源）为回互之本，以证悟此心者为解脱之人，这就又显示了他禅家的特色。"[1] 依希迁的理念，所谓理与事、物与我、圣与凡、本与末、清与净等等都是对立（不回互）统一（回互）的，也就是说，每一事物都有其自身的本位，但事物与事物之间却是相融相摄会通而不可能独立存在。这与六祖慧能关于灯与光的喻义以及三十六对法有异曲同工之妙。比如说，关于南北宗和顿渐的问题，六祖慧能曾明白直言："法本一宗，人有南北。法即一种，见有迟疾。何名顿渐？法无顿渐，人有利钝，故名顿渐。"[2] 然时人还是就南北、顿渐争论不休，于是，希迁《参同契》也开宗明义："人根有利钝，道无南北祖。"南与北、顿与渐，自有其相对的自身含义，然两者是相摄的，顿中有渐，渐中有顿，并无截然的对立。

希迁的思想和禅法的各个方面也是相互联系、不可分割的一个整体，这就要求我们要用对立统一和辩证的方法去认识和把握。

（四）石头希迁对南禅发展的贡献

六祖慧能初见希迁时就说："子当绍吾真法矣！"这既是对希迁的厚望，更是洞见了希迁的潜力。果然，希迁不负乃师，勇荷重任，光大南禅，在其门下发展出南禅"一花五叶"中的"三叶"，为南禅的赓续和发展做出了巨大的贡献。这在上文已有述

---

[1] 洪修平：《石头希迁与曹洞宗的禅法思想特点》，佛学研究网，http://www.wuys.com/xz/Article_Show.asp?ArticleID=39560.

[2] 江泓、夏志前点校：《坛经四古本》，第60页。

及，在此不赘。

三、中晚唐至五代岭南各区的禅宗发展

六祖弟子之后，迄至五代，接踵在岭南昭明佛法、阐扬宗风的南禅弟子，据《景德传灯录》和《传法正宗记》所录，共有五十九人，列表5-2如下：

表5-2　唐五代在岭南弘法的南禅弟子一览表

南禅世系	在岭南弘法的法嗣
大鉴之二世南岳怀让禅师	潮州神照
南岳怀让第二世马祖道一禅师	韶州乳源和尚、连州元堤禅师、罗浮山道行禅师、罗浮山修广和尚
南岳怀让第三世百丈怀海禅师	广州和安寺通禅师、祯州罗浮鉴深禅师
南岳怀让第四世沩山灵祐禅师	袁州仰山慧寂禅师
南岳怀让第四世福州大安禅师	韶州灵树如敏禅师、广州文殊院圆明禅师
南岳怀让第六世仰山南塔光涌禅师	韶州黄连山义初禅师、韶州慧林鸿究禅师
南岳怀让第七世慧林鸿究禅师	韶州灵瑞和尚
曹溪别出第二世罗浮山定真和尚	罗浮山灵运禅师
曹溪别出第二世韶州下回田善快和尚	善悟禅师
曹溪别出第二世缘素和尚	韶州小道进禅师、韶州游寂禅师
青原行思第二世石头希迁禅师	潮州大颠和尚
青原行思第五世峡山善会禅师	韶州昙普禅师
青原行思第六世雪峰义存禅师	韶州林泉和尚、韶州云门文偃禅师
青原行思第六世曹山本寂禅师	韶州华严和尚
青原行思第六世青林师虔禅师	韶州龙光和尚

续表

南禅世系	在岭南弘法的法嗣
青原行思第七世云门文偃禅师	韶州白云祥和尚、韶州双峰山竟钦和尚、韶州资福和尚、广州黄云元禅师、广州龙境伦禅师、韶州云门爽禅师、韶州白云闻和尚、韶州披云智寂禅师、韶州净法章和尚、韶州温门山满禅师、连州地藏慧慈大师、英州大容諲禅师、广州罗山崇禅师、韶州云门宝禅师、广州华严慧禅师、韶州舜峰韶和尚、英州观音和尚、韶州林泉和尚、韶州云门煦和尚、韶州灯峰和尚、韶州大梵圆和尚、韶州慈光和尚、韶州双峰慧真、云门山法球、韶州广悟、韶州长乐山政禅师、韶州佛陀山远禅师、韶州鹫峰山韶禅师、韶州净源山真禅师、韶州月华山禅师、韶州双峰真禅师、桂州觉华普照、连州慈云慧深禅师、韶州龙光山禅师、云门山朗上座
青原行思第七世双泉永禅师	广州大通和尚

如表5-2所示，中晚唐至五代时期，在岭南阐扬宗风的南禅弟子主要分属南岳怀让和青原行思两系。这些岭南禅宗弟子主要集中在韶州、广州、罗浮山和潮州，其传承先后属沩仰、临济、曹洞、云门四宗，其中以韶州云门文偃徒众最多。云门宗在岭南禅宗历史上的发展详见另章，此处不多赘述。本章关注岭南各区禅宗（云门宗除外）的发展，将分区述之。

（一）韶州地区

正如宋人余靖《韶州开元寺新建浴室记》所言："韶于岭外为望州，卢祖印心之域。故寺最众，僧最多。"[①] 中晚唐以降，韶

---

① （宋）余靖：《武溪集》，第68页。

州地区一直是岭南禅宗发展的重镇。唐代柳宗元《赐谥大鉴禅师碑》记载，元和十年（815）宪宗赐谥六祖"大鉴禅师"时，曹溪是"学者千有余人"的道场。[①] 中晚唐五代时期，韶州地区弘法的禅师有六祖再传弟子小道进禅师、游寂禅师，沩仰宗的仰山慧寂、黄连义初、慧林泓究、灵瑞，南岳一系百丈怀海的再传弟子灵树如敏禅师，石头希迁的入室弟子招提惠朗，曹洞宗的华严和尚，青原一系第五代传人昙普禅师、第六代传人林泉和尚、龙光和尚。其中沩仰宗的仰山慧寂、百丈怀海再传弟子灵树如敏以及石头希迁的入室弟子招提惠朗尤为值得关注。

仰山慧寂与其师沩山灵祐共同创立的沩仰宗，是"五家七宗"中最早形成的派别，在唐代后期曾有较大影响，广泛传播于今江西、湖南和广东等地。仰山慧寂的生平和禅法见诸《祖堂集》卷十八、《宋高僧传》卷十二、《景德传灯录》卷十一、《五灯会元》卷九、《联灯会要》卷八、《佛祖历代通载》卷十七等禅史灯录中，唐代陆希声的《仰山通智大师塔铭》和宋代余靖《韶州重建东平山正觉寺记》皆记有慧寂生平事迹，可补禅史灯录之缺。综合相关材料以及现有研究可知，慧寂于唐元和二年（807）生于韶州，长庆三年（823）于韶州南华寺依通禅师出家披剃，长庆四年（824）谒南阳慧忠法嗣耽原真应，宝历二年（826）师事沩山，大和三年（829）受戒，会昌元年（841）仰山传法，咸通二年（861）移居洪州观音

[①] （唐）柳宗元《赐谥大鉴禅师碑》："扶风公廉，问岭南三年，以佛氏第六祖，未有称号，疏闻于上。诏谥大鉴禅师，塔曰灵照之塔。元和十年十月十三日下，尚书祠部符到都府，公命部吏泊州司功掾，告于其祠。幡盖钟鼓，增山盈谷。万人咸会，若闻鬼神。其时学者千有余人，莫不欣勇奋厉，如师复生；则又感悼涕慕，如师始亡。"（杨曾文校写：《敦煌新本·六祖坛经》，附编第126页。）

院，咸通间（860—874）返韶州东平山弘法，乾符二年（875）改赐"澄虚大师"之号并紫方袍，中和三年（883）于东平入灭。[①]

慧寂弘法东平，以其沩仰宗师的身份，推动了岭南沩仰宗风的流播、阐扬，是岭南禅宗发展史上的重要事件。《祖堂集》称慧寂禅师于"三处转法轮"，是指慧寂禅师曾在袁州仰山、洪州观音院和韶州东平山三处弘法。如前所述，咸通初慧寂禅师返东平山弘法，中和三年（883）入灭，前后大约有二十年。慧寂本是韶州人士，又是沩仰宗师，无论是在丛林禅门，还是在本州乡邦，其影响不可谓不大。宋人余靖《韶州重建东平山正觉寺记》对慧寂开山东平的规模有具体记述："咸通中，知宗大师慧寂再肃僧仪，恢复兹地。四方来学，缁褐千人。……知宗尝聚学徒千余，故其制度得以闳肆。"[②] 至于慧寂东平弘法，《五灯会元》卷九记有扑破"东平镜"一段公案及其将入灭的两段偈语：

> 师住东平时，沩山令僧送书并镜与师。师上堂，提起示众曰："且道是沩山镜，东平镜？若道是东平镜，又是沩山送来。若道是沩山镜，又在东平手里。道得则留取，道不得则

---

① 仰山慧寂的相关研究，参见以下论文：〔日〕斋藤智宽《六祖慧能大师与仰山慧寂》（《曹溪南华禅寺建寺一千五百周年禅学研讨会论文集》，曹溪佛学院 2002 年印行），华方田《仰山慧寂生平事迹略考》（释妙峰主编：《曹溪——禅研究》第二期，中国社会科学出版社 2003 年版），李杰、刘强《仰山禅师生平考》（《宜春学院学报（社会科学版）》2006 年第 1 期），黄志辉《仰山慧寂籍贯及晚年事迹考》（《韶关学院学报（社会科学版）》2013 年第 9 期），李乐民《仰山慧寂籍贯考辩》、许化鹏《仰山慧寂与韶州东平山正觉寺考释》、廖铭德《仰山慧寂籍贯"韶州怀化人"文献辑考》（后三文皆出自林有能、李尧坤主编：《六祖慧能与岭南禅宗历史文化研究文集》，香港出版社 2015 年版）。

② （宋）余靖：《武溪集》，第 69 页。

扑破去也。"众无语。师遂扑破，便下座。……再迁东平，将顺寂，数僧侍立。师以偈示之曰："一二二三子，平目复仰视。两口一无舌，即是吾宗旨。"至日午，升座辞众。复说偈曰："年满七十七，无常在今日。日轮正当午，两手攀屈膝。"言讫。以两手抱膝而终。①

慧寂开山东平，使其成为当时岭南盛冠一方的禅林。乾符二年（875），慧寂门人道圆以"东平胜地，知宗名流，兴复灵境"奏请赐额，是年赐额"弘祖禅院"，改赐"澄虚大师并紫方袍"，以示恩宠。五代南汉刘主曾经"割曲江之丰乐、乳源、龙归三乡民租，以赡堂众"②。东平道场规模之大，后人将其与曹溪宝林道场相提并论。清乾隆二十五年（1760）的《装衣重□□□（碑）》亦载曰："乳治之西六十里有名山焉，号曰东华，乃祖师小释迦如来成果处也。岿然古迹，载在邑志。畴昔道法徒众之隆，寔与曲之南华埒。……宗派与乳水俱长，威灵共曹溪并濯，上护国而下佑民。道法徒众之隆，不预卜可追畴昔盛哉。"③

东平道场自唐代慧寂创建寺院后，曾经过多次重修。北宋至道（995—997）中，正觉寺被焚毁，尔后本寺弟子重建，咸平元年（998）赐额"正觉寺"。景祐五年（1038）至皇祐元年（1049），住持僧得彬修复寺院。及至明清，该寺续有重修，据近年来正觉寺

---

① （宋）普济著，苏渊雷点校：《五灯会元》，第533页。
② （宋）余靖：《武溪集》，第69页。
③ 许化鹏编著：《沩仰宗祖庭之东平山正觉寺》，广东乳源云门寺2015年印行，第108—109页。

遗址出土碑刻记载，清代康熙至道光年间前后重修增置有十次。该寺历来僧徒众聚，在此续灯禅修，四境之人亦受其恩沐。正如道光十七年（1837）《重建东华山正觉古寺碑》所言："祖师圆寂虽久，而不尽之尘，万古如在，机无细不应，道有请必行。四境之人莫不沾慈云而沐恩。"[1]

缘仰山慧寂乃沩仰宗的祖师，当其晚年归隐故里韶州东平（今乳源）时，声振岭表，广州官员请其至光孝寺弘法，《光孝寺志》云："时仰山小释迦慧寂通智禅师得沩山法印，归隐东平。广帅迎入本寺说法。"[2] 后人建"来仰轩"以兹纪念："唐大中十三年（859），广帅为仰山慧寂禅师建。"[3] 惜此轩已久废。

灵树如敏，《宋高僧传》《南汉书》《景德传灯录》和《五灯会元》皆有传。据《景德传灯录》《传法正宗记》，灵树如敏得法于长庆大安，是百丈怀海的再传弟子。《景德传灯录》称如敏"四十年化被岭表，颇有异迹"，"广主刘氏奕世钦重"。[4] 故此《宋高僧传》将其列入"感通篇"，称如敏"其为人也，宽绰纯笃，无故寡言。深悯迷愚，率行激劝。刘氏偏霸番禺，每迎召敏入请问，多逆知其来，验同合契。广主奕世奉以周旋，时时礼见，有疑不决，直往询访。敏亦无嫌忌，启发口占，然皆准的，时谓之为乞愿，乃私署为知圣大师"[5]。《景德传灯录》中尚录有如敏与广主的交往

---

[1] 许化鹏编著：《沩仰宗祖庭之东平山正觉寺》，第108—109页。
[2] （清）顾光、何淙修撰，中山大学中国古文献研究所整理组点校：《光孝寺志》卷二《建置志》，第20页。
[3] （清）顾光、何淙修撰，中山大学中国古文献研究所整理组点校：《光孝寺志》卷二《建置志》，第29页。
[4] （宋）释道原著，文雄、妙音点校：《景德传灯录》，第195页。
[5] （宋）赞宁撰，范祥雍点校：《宋高僧传》，第561页。

事迹。① 可见，如敏颇受南汉皇帝重视。如敏在岭南行化四十年，以"道行孤俊"著称，甚得当地儒士敬重，并任灵树寺住持多年，使得灵树禅寺成为当时颇具盛名的禅宗道场，阐扬南岳一系禅风。更为重要的是，云门文偃创宗也得益于灵树如敏。文偃追随如敏八年，以"识心相、见静本"相契。如敏不仅在文偃初到灵树禅院时就立其为首座，并且临终遗书刘䶮，推荐文偃继承灵树禅院法席。此举为文偃提供了宣扬其禅学主张的场所，也为文偃创立云门宗提供了客观物质条件。诚如论者所言："在文偃创立云门宗的过程中，得到了许多南岳系禅师的帮助，其中对他影响最深、帮助最大的，当是睦州陈尊宿和灵树如敏禅师这两位南岳怀让世系的第四代传法弟子。云门宗的创立，从思想基础到客观物质条件，都与这两位南岳系的禅师有着不可分割的渊源关系。"②

招提惠朗（有文献写为慧朗），南岳石头希迁法嗣，《景德传灯录》卷十四有传，该传仅述及惠朗出家、受戒、参学以及出主潭州招提寺的经历：

> 潭州招提慧朗禅师，始兴曲江人也。姓欧阳氏。年十三依邓林寺模禅师披剃，十七游南岳，二十于岳寺受具。往虔州龚公山谒大寂，大寂问曰："汝来何求？"师曰："求佛知

---

① 《景德传灯录》卷十一："广主将兴兵。躬入院请师决臧否。师已先知怡然坐化。主怒知事云。和尚何时得疾。对曰。师不曾有疾。适封一函子令俟王来呈之。主开函得一帖子。书云。人天眼目，堂中上座。主悟师旨遂寝兵。乃召第一坐开堂说法。"［（宋）释道原著，文雄、妙音点校：《景德传灯录》，第195页。］

② 万毅：《云门宗法脉归属问题试探——文偃与南岳怀让系禅师的渊源》，《中山大学学报（社会科学版）》2006年第5期，第32页。

见。"曰:"佛无知见,知见乃魔界。汝从南岳来,似未见石头曹溪心要尔,汝应却归。"师承命回岳造于石头,问:"如何是佛?"石头曰:"汝无佛性。"曰:"蠢动含灵,又作么生?"石头曰:"蠢动含灵却有佛性。"曰:"慧朗为什么却无?"石头曰:"为汝不肯承当。"师于言下信入。后住梁端招提寺,不出户三十余年。凡参学者至,皆曰:"去去汝无佛性。"其接机大约如此(时谓大朗禅师)。①

事实上,惠朗晚年亦回韶弘法,重建月华山花界寺,宋人余靖《韶州月华山花界寺传法住持记》云:

月华山者,招提惠朗禅师演法之地也。招提视大鉴犹曾祖父也。……石头之入室者,有大小朗,招提为大朗。以其不出招提三十年,故号招提朗然。……朗,曲江人,俗姓欧阳氏。年十三于州邓林寺出家,二十于岳寺受戒。既而曰:"戒岂律我哉!"乃往龚公调大寂,得佛无知见之说,遂归于岳。昼操井臼之役,夜与其徒发圻齿键。石头即世,终丧乃去。正(贞)元十一年,将游罗浮,途次曲江之都渚,乃曰:"兹地清气盘鬱,亦足以栖神矣。"遂驻锡居之。四方学者寻声而至,无虚日矣。招提既没,众散,而寺亦榛废。②

招提惠朗创立月华山道场后,"四方学者寻声而至",足见其

---

① (宋)释道原著,文雄、妙音点校:《景德传灯录》,第262页。
② (宋)余靖:《武溪集》,第84—85页。

影响并不小。可惜的是，惠朗寂灭后，无人接续其法脉，寺随之废弃。直至南汉时期，实智禅僧清裹在其旧址故基上重建。

（二）广州及罗浮山地区

广州及罗浮山地区素来是岭南佛教传播的重镇。自六祖慧能在广州法性寺开示东山法门以后，广州地区成为南禅宗的重要弘法中心。唐代广州地区的著名佛寺几乎皆是禅寺，包括法性寺（今光孝寺）、净慧寺（今六榕寺）、白沙寺、华林寺、白云山福林禅寺、开元寺、药师庵[①]等。其中法性寺是岭南地区最为古老的佛教道场，唐代以后禅、净、律诸宗兼修，其禅系不甚分明，难以详考。不过，广州法性寺是岭南最早的六祖道场，这是毋庸置疑的。正是在法性寺，六祖以风幡之论的公案形式展示其禅法本质，通过落发受戒提供六祖传法的合法性，于菩提树下开传宗旨标志六祖岭南传法之始。[②] 慧能之后，法性寺衍变而成以六祖信仰为中心的禅宗道场，从而确立其在禅宗史上的重要地位。

南汉五主多崇信佛教，大兴佛寺，供养僧侣。后主刘铱在广州兴王府周围建二十八寺，以应天上二十八星宿。据南宋方信孺《南海百咏》所载，二十八寺分别是东七寺（慈度、觉华、梵王、普慈、化乐、兴圣、觉性）、南七寺（宝光、千秋、古胜、延祥、地

[①] （清）崔弼编，陈际清辑《白云越秀二山合志》称："庵内比丘不下百人，省内尼庵，惟此最盛。"（转引自陈建华、曹淳亮主编：《广州大典》第三十四辑《史部地理类》第十三册，广州出版社2015年版，第118页。）

[②] 关于六祖道场的建立与岭南禅宗信仰的发展，可参见夏志前《六祖道场与岭南禅宗信仰》一文，该文收入夏志前等：《多维视界中的宗教》，广东人民出版社2010年版，第212—223页。

藏、另两寺佚名)、西七寺(千佛、真乘、水月、定林、昭瑞、集福、咸池)和北七寺(国清、尊胜、证果、报恩、地藏、报国、悟性)。云门宗始祖文偃受到南汉历代君王优宠,数次奉诏进宫说法。文偃圆寂后,刘䶮将其法体从云门寺运进王宫,准许境内臣民进殿瞻仰礼拜。南汉朝廷优待文偃,实寄希望于文偃"冥垂慈贶,密运神通,资圣寿于延长,保皇基于广大"。是以,文偃寂灭后,其法嗣继续受到南汉重视。《景德传灯录》中记载文偃法嗣中弘法广州者包括广州黄云元禅师、广州龙境伦禅师、广州罗山崇禅师、广州华严慧禅师。这一时期,广州地区的禅僧见诸载籍者尚有善会禅师、聪公、达岸禅师、匡续、大通和尚等。兹引其传文例举如次:

——僧善会,姓廖,南汉清远人。九岁同父客潭州。龙牙山出家受戒,往江陵听经,遂参华亭船子和尚。归住峡山。[1]

——聪公者,新州人。姓谭氏,生南汉时,自幼嗜佛。往南华参礼六祖,遂为沙弥,持戒律甚肃。忽一日,梦祖师语曰:"今夜三更,吾当有难,汝能救我乎?"其夜,寺火焚至塔殿,乃祖师圆寂之处。寺僧移之勿动。惟聪舁出山门。众大惊异。常欲航海住普陀。夜梦祖云:"我昔有难,荷汝护持。汝今南行,当为汝说:逢东则住,逢林则止。"又曰:"早结菩提缘,能救众生苦。"聪密记梦中语。遂止清远东林寺,日往寺之西采芦苇造筏,凡数百,维于江浒。邑人怪之,逾旬有寇

---

[1] (清)孙绳祖编撰,仇江、曾燕闻、马德鸿点校:《禺峡山志》卷一《仙释第三》,第20页。

暴起入境。邑人赖筏渡于南岸得免。寇退，人竞以金帛酬之。而聪已于竹林中坐逝矣。寺僧以香泥塑其身，奉之。①

——达岸禅师，本韶州曲江人。俗姓梁，名志清。年九岁，出就外傅。年十二，礼师僧慧涛为三皈童子。年十八，簪剃得度。年二十，先礼云门。门偃祖受具足戒。乃至曹溪南游至五羊，挂塔于诃林风幡堂。南汉主入寺，与语说之。赐以玉环、银钵、金栏袈裟，隆礼供养。师志不乐城市，偶过大通滘口，阻风登岸，入寺瞻礼。爱其形胜，请于刘主移居焉。从游者曰：众寺不能容，相与结庐田间。刘主遂指帑藏恢宏殿宇，赐名宝光寺。南汉降宋，师犹及阐化于宝光。至太平兴国三年（978）正月十一日，别众趺坐而化。灵光烛于丈室，久之乃散。②

在上述南汉时期的广州高僧中，善会禅师是青原行思一系的第四世，《景德传灯录》卷十四、卷十五皆有载。上引方志所载较之灯录所载简略，但却指出善会晚年归住清远峡山，在此弘扬佛法。南华出家、保护六祖真身的聪公亦是在清远东林寺践行菩提结缘、救济众生的修行。达岸禅师自幼佛缘深厚，在云门受戒，后驻锡法性寺，后移住宝光寺，与南汉后主多有来往。参学禅僧在田间结庐相伴。可见达岸禅师在南汉时期的广州颇有影响，是一位有道高僧。

---

① （清）阮元修，陈昌齐、刘彬华等纂：《广东通志》卷三二八，上海古籍出版社2001年版，第662页。

② （清）戴肇辰等修，史澄、李光廷纂：《广州府志》卷一四一《列传三十》，见广东省地方史志办公室辑：《广东历代方志集成》，广州府部（九），岭南美术出版社2007年版，第2190页。

第五章 "五家七宗"时期岭南的禅门宗派

罗浮山地区亦是岭南著名宗教中心。罗浮山不仅是道教十大洞天之一,也是岭南佛教发展中心之一。罗浮山佛教发轫于东晋,慧远大师在入住庐山之前便曾"欲往罗浮山,及届浔阳,见庐峰清静,足以息心,始住龙泉精舍"[1]。后有不少高僧飞锡罗浮,"在南北朝之前,作为名山的罗浮已经吸引了相当大范围内的高僧向它集聚,使它成为一个佛法较密集的所在"[2]。而禅宗史上最早在罗浮驻锡的高僧是三祖僧璨。唐人独孤及《舒州山谷寺觉寂塔隋故镜智禅师碑铭并序》记僧璨南适罗浮后付衣钵于道信,自谓由于"南方教所未至,我是以有罗浮之行",可见其罗浮之行具有岭南传教的意义。[3] 其后有慧越"住罗浮山中,聚众业禅,有闻南越"[4]。禅宗三祖在罗浮山的传教为六祖慧能南禅宗在该地的传播奠定了基础。六祖慧能法嗣中有罗浮山定真。南岳一系之石头希迁于罗浮受具戒。唐玄宗时期,罗浮山延祥寺有明月戒坛,"凡岭南落发坏衣者悉受具于此"[5]。据前列《景德传灯录》《传法正宗记》的中晚唐五代时期岭南禅僧统计表5-2,亦可见中晚唐五代时期,南禅南岳一系法嗣于罗浮山弘法者有三人,即马祖道一法嗣罗浮山道行禅师[6]、罗浮山修广和尚和百丈怀海法嗣罗浮鉴深禅师。另外罗

---

[1] (梁)释慧皎撰,汤用彤校注:《高僧传》卷六《慧远传》,第212页。
[2] 张伟然:《南北朝时期岭南佛教的地理分布》,见《中国佛教二千年学术论文集》,第32页。
[3] (唐)独孤及:《舒州山谷寺觉寂塔隋故镜智禅师碑铭并序》,见(清)董诰等编:《全唐文》卷三九〇,第3973页。
[4] (唐)道宣撰,郭绍林点校:《续高僧传》,第641页。
[5] (宋)余靖:《武溪集》,第90页。
[6] 《宋高僧传》卷三十《唐广州罗浮山道行传》记载释道行至罗浮山,"居于石室,默尔安禅"。[(宋)赞宁撰,范祥雍点校:《宋高僧传》,第523页。]

浮定真的法嗣灵运禅师续接法脉，继续传教罗浮。事实上，中晚唐五代时期，罗浮山地区的禅僧远不止此数。仅《宋高僧传》就还有潮州大颠、南岳行明、武当慧忠、洛阳同德寺无名、罗浮山释宝修[1]等。另，洪州马祖门下的药山惟俨四处游学参禅时，曾到罗浮山，"陟罗浮，涉清凉，历三峡，游九江。贞元初，因憩药山"[2]。韩愈被贬岭南时，亦曾与罗浮僧元慧交往，有诗《赠罗浮僧元慧》。《罗浮山志会编》云："元慧禅师，常至罗浮，后居连州寺，韩愈为阳山令，重其戒操。"《罗浮山志会编》还记有契虚禅师、休咎禅师、寂照大师、怀迪、小白禅师和芝上人。可见，中晚唐五代时期，罗浮山已成为岭南禅僧频繁活动的地区。

（三）潮汕地区

据相关研究可知，潮汕地区较为可信的建于唐代的寺院有七所，海阳两所（即广法寺、开元寺），潮阳五所（即西岩、留迹院、莲花院、白牛岩、灵山寺）。[3]其中海阳的广法寺即南山寺，嘉靖《潮州府志》卷八《杂志·寺观》曰："南山寺，即广法寺。"[4]该寺建于唐初，释大䜣《潮州南山寺记》："寺建于唐初，始未有产业，开元二十二年（734），有揭阳冯氏女以父母卒，无他

---

[1]《宋高僧传》卷十载："唐罗浮山释宝修，俗姓周，资州人也。从师于纯德寺，志求玄理。于蕲州忍大师法裔决了重疑。后爱罗浮山石室安止，檀越为造梵宇，蔚成大寺。"[（宋）赞宁撰，范祥雍点校：《宋高僧传》，第228页。]

[2]（清）唐伸：《澧州药山故惟俨大师碑铭并序》，见（清）董诰等编：《全唐文》卷五三六，第5444页。

[3] 郑群辉：《潮汕佛教研究》，暨南大学出版社2015年版，第28页。

[4]（清）郭春震纂修：《潮州府志》卷八《杂志》，见广东省地方史志办公室辑：《广东历代方志集成》，潮州府部（一），岭南美术出版社2009年版，第123页。

昆季，修表持田券归于寺，得租千二百石有畸。"①而岭东名刹开元寺肇基于唐开元年间（713—741）。潮阳五所唐代寺院除了西岩建于大历元年（766）外，其余四所皆建于贞元年间（785—805）。从地理位置来看，主要集中在州治海阳和潮阳两地，且中唐后潮阳新创五所寺院皆出自禅僧之手。尽管从数量上来看，终唐之世，佛教寺院或不出十所，但这却是潮汕佛教，特别是禅宗发展的根基，并对潮汕文化的发展发挥着深远的影响。故而饶宗颐先生曾言："故论潮人学术，唐世先得禅学之薪传。"②

粤东禅僧可考第一人当是潮阳僧人惠照。大历元年（766），惠照自曹溪学禅而归，"深契南宗之旨，居邑之西岩，精持戒律，大颠、惟俨师事之"③。惠照生卒年不详，禅宗史上亦不见其传，难以判断其师从何人。不过鉴于惠照与大颠和尚、药山惟俨的师徒关系，惠照应是六祖座下再传弟子，学禅之处为曹溪祖庭，故其师应是六祖灭度后留守曹溪传法的弟子，书间有缺，难以确论。

惠照开法于潮阳西岩，接引曹溪法脉，传至潮汕地区，开风气之先。禅宗史上的著名高僧大颠、惟俨皆师事之。据此或可遥想当年惠照传法西岩的盛况。惠照禅风与日后大颠、惟俨之师石头希迁的禅风颇为相似。晚唐李绅铭其石室云："曹溪实归，般若观妙，体是宗极，湛乎返照。"④故有学者认为，大颠与惟俨之所以参学石

---

① （元）释大䜣：《蒲室集》卷十《潮州南山寺记》，见《大正藏》补编第24册，台湾电子佛教协会，2016年，第307页。

② 黄挺主编：《饶宗颐潮汕地方史论集》，汕头大学出版社1996年版，第577页。

③ （清）吴颖纂修：《潮州府志》卷一〇《轶事部》，见广东省地方志办公室辑：《广东历代方志集成》，潮州府部（一），第428页。

④ （清）吴颖纂修：《潮州府志》卷一〇《轶事部》，见广东省地方志办公室辑：《广东历代方志集成》，潮州府部（一），第428页。

头,很有可能是惠照推荐的。① 隆庆《潮阳县志》卷十四《惠照传》甚至认为惟俨宗风源自惠照:"又有澧州药山释曰惟俨者,亦以童年妙悟,度岭入潮,与大颠共受心印于惠照。俨后遍走江湖间,数十余岁方归药山。李翱刺朗州时,每从之游。今世所传其复性三书,人谓多其宗旨,盖即惠照所授也。"② 惠照在当时还颇有诗名,宋代余靖有诗《慧照大师》曰:"已向南宗悟,尤于外学精。士林传字法,僧国主诗盟。初地形容古,弥天语论清。因君支遁辈,徒擅养鹰名。"③ 隆庆《潮阳县志》亦称:"有诗名,士林重焉。"④

惠照之后,对潮汕禅宗影响深远的是大颠和尚。大颠,名宝通,俗姓陈,潮阳人,与药山惟俨同事西岩惠照,在惠照座下参学,打下良好的禅学基础。后与惟俨同游南岳,参谒石头希迁。大颠得法于石头希迁后,仍师事希迁近十年,唐贞元年(785),大颠辞别石头和尚,独自来到罗浮山瀑布岩结茅。贞元六年(790),大颠率徒玄应、智高等回到潮阳,创辟白牛岩,构筑精舍,率众参禅。次年,开创灵山寺,充分发扬了农禅并重的家风。长庆二年(822),灵山寺被钦赐为"灵山护国禅院",成为粤东地区最为著名的禅修中心。大颠开法灵山三十多年,道场规模常在千人以上。

---

① 郑群辉:《潮汕佛教研究》,第33页。
② (清)黄一龙修,林大春纂:《潮阳县志》卷一四《流寓列传》,见广东省地方史志办公室辑:《广东历代方志集成》,潮州府部(一三),第131页。又(清)《潮阳县志》卷十六《惠照传》称:"博通词翰,当时重之。"[广东省地方史志办公室辑:《广东历代方志集成》,潮州府部(一三),第371页。]
③ 中山大学中国古文献研究所编:《全粤诗》第一册,岭南美术出版社2008年版,第434页。
④ (清)黄一龙修,林大春纂:《潮阳县志》卷一四《流寓列传》,见广东省地方史志办公室辑:《广东历代方志集成》,潮州府部(一三),第131页。

不过《祖堂集》和《景德传灯录》中录其嗣法弟子仅有三平义忠,《五灯会元》增加了马颊山本空、本生,吉州薯山和尚。长庆四年(824),大颠端坐示寂,门人建墓塔于灵山寺左侧。①

值得一提的是一代高僧大颠与一代名儒韩愈交往的公案。这段公案无论在潮汕文化史上,还是岭南禅宗史上都是重要的一笔。《祖堂集》载云:

> 侍郎便到潮州,问左右:"此间有何道德高行禅流?"左右对曰:"有大颠和尚。"侍郎令使往彼三请,皆不赴。后和尚方闻佛光,故乃自来。侍郎不许相见,令人问:"三请不赴,如今为什摩不屈自来?"师云:"三请不赴,不为侍郎;不屈自来,只为佛光。"侍郎闻已喜悦,则申前旨:"弟子其时云不是佛光,当道理不?"师答曰:"然。"侍郎云:"既不是佛光,当时何光?"师曰:"当是天龙八部、释梵助化之光。"侍郎云:"其时京城若有一人似于师者,弟子今日终不来此。"侍郎又问曰:"未审佛还有光也无?"师曰:"有。"进曰:"如何是佛光?"师唤云:"侍郎!"侍郎应喏。师曰:"看!还见摩?"侍郎曰:"弟子到这里却不会。"师云:"这里若会得,是真佛光。故佛道一道,非青黄赤白色,透过须弥、卢围,遍照山河大地,非眼见,非耳闻,故五目不睹其容,二听不闻其响。若识得这个佛光,一切圣凡虚幻无能惑也。"②

---

① 大颠墓塔,也称为"舌镜塔",仅存,为覆钵式墓塔中较古老的形制,国内罕见。
② (南唐)静、筠禅僧编,张华点校:《祖堂集》,第169—170页。

大颠和尚回应韩愈"何是佛光"的"心是佛光"的议论,引申发挥了六祖慧能"心是佛""识心见性,自成佛道"的南禅宗旨。这种禅、儒思想的碰撞激荡,也象征了粤东潮汕文化的儒佛互补与交融特点,表现出以儒佛交辉为主体的潮汕文化的雏形。

后世认为,岭东禅风乃由大颠禅师开启。虚云和尚《为六祖请赐加封谥号呈文》称:"大颠为曹溪第四传弟子,其见韩愈之年已八十八岁。韩愈未至潮州时,潮人早受法化向矣。后人谓潮州赖有韩愈开辟草莱,不知其功乃种因于大颠禅师也。曹溪弟子分化各方,蛮烟瘴雨之乡,咸沐其化。其与广东文化关系之深,殊未易殚述。"[①]

(四)安南地区[②]

无言通(?—826),俗姓郑,广州人,性沉厚寡言默识,了达事理,时人称"无言通"。《景德传灯录》称为"不语通",《宋高僧传》称"通禅师"。跟随百丈怀海(720—814)习禅得旨。820年,无言通到交州住建初寺弘顿悟禅,得法弟子有感诚(?—860),从此开创无言通禅派。此派在越南递相传持,绵延不断。中国禅宗的公案和体验方法,在无言通禅派中盛行传承,传了十六世,得法七十四人,见载三十九人。

---

① 净慧主编:《虚云和尚全集》第二册《书信·文记》,中州古籍出版社2009年版,第191页。

② 无言通云游至仙游乡约在元和十五年(820),此时属唐代安南都护府管辖,学界论及越南无言通禅派时,一般所言之南传越南不妥,起码无言通禅派在越南独立之前的发展仍属于岭南禅宗的发展。无言通(?—826)、感诚(?—860)、善会(?—901),起码前三代仍属岭南禅宗史,第四代以后方可归入中越禅宗交流。

《景德传灯录》卷九《洪州百丈怀海禅师法嗣三十人》云：

> 广州和安寺通禅师者。婺州双林寺受业。自幼寡言。时人谓之不语通也。因礼佛有禅者问云。座主礼底是什么。师云。是佛。禅者乃指像云。这个是何物。师无对。至夜具威仪礼问禅者云。今日所问某甲未知意旨如何。禅者云。座主几夏耶。师云。十夏。禅者云。还曾出家也未。师转茫然。禅者云。若也不会百夏奚为。禅者乃命师同参马祖。行至江西马祖已圆寂。乃谒百丈顿释疑情。有人问。师是禅师否。师云。贫道不曾学禅。师良久却召其人。其人应诺。师指棕榈树子（其人无对）。师一日令仰山将床子来。仰山将到。师云。却送本处。仰山从之。师云。床子那边是什么物。仰山云。无物。师云。遮边是什么物。仰山云。无物。师召云。慧寂。仰山云。诺。师云。去。①

《大南禅苑集英传灯语录》卷上《无言通传》云：

> 仙游扶童乡建初寺无言通禅师，本广州人也。姓郑氏，少慕空学，不治家产。婺州双林寺受业。处性沉厚，寡言默识，了达事概。故时人号无言通（传一日不语通）。常一日礼佛，次有禅者问座主："礼什么？"师云："礼佛。"禅者指佛像云："祇这个是什么？"师无对。是夜，具威仪就禅者，礼

---

① （宋）释道原著，文雄、妙音点校：《景德传灯录》，第150页。

拜问曰:"向之所问,未审意旨如何?"禅者云:"座主出家以来经逾几夏?"师云:"十夏。"禅者云:"还曾出家么也未?"师转茫然。禅者云:"若也不会,百夏何益?"乃引师同参马祖,及抵江西,而祖已示寂,遂往谒百丈怀海禅师。时有僧问:"如何是大乘顿悟法门?"丈云:"心地若空,惠日自照。"师于言下有得。乃还广州和安寺住持。有人问师:"是禅师否?"师云:"贫道不曾学禅。"良久却唤其人。(其人)应诺。师指棕榈树,其人无对。仰山禅师作沙弥时,师常唤云:"寂子为我将床子来。"仰将床子到,师云:"送还本处。"仰从之。又问:"寂子,那边有什么?"曰:"无物。"这边□曰:"无物。"师又问寂子,仰应诺。师云:"去。"唐元和十五年(820),庚子秋九月,来至此寺卓锡。饭粥之外,禅悦为乐。凡坐面壁,未尝言说。累年,莫有识者。独寺僧感诚,尤加礼敬,奉侍左右,密扣玄机,尽得其要。一日,无疾,沐浴易服,召感诚曰:"昔吾祖南岳让禅师归寂时有云:一切诸法,皆从心生,心无所生,法无所住。若达心地,所作无碍,非遇上根,慎勿轻许。"言讫,合掌而逝。感(诚)茶毗收舍利塔于仙游山。时唐宝历二年(826)丙午正月十二日。二十八年,又至开祐丁丑二十四年,我越禅学自师之始。①

比较《景德传灯录》和《大南禅苑集英传灯语录》的记载,可见,二者记载有出入。《大南禅苑集英传灯语录》在其于婺州双

---

① 《大南禅苑集英传灯语录》,越南后黎朝永盛十一年(1715)木刻版。

林寺受业前增加了关于无言通少时慕佛及其寡言默识的性格的记述，此亦为无言通之名的渊薮。其后二者都记述了无言通与禅者的对话，从而引出其求法的过程（欲拜见马祖，因马祖圆寂而拜谒百丈怀海，并受到百丈怀海的"心地若空，慧日自照"的启悟，后归广州和安寺住持，又曾教仰山习话头禅）。无言通在和安寺与人曾有一段公案机锋，"棕榈树子"与唐代赵州从谂"庭前柏树子"的意思相同，这等公案机锋意在斩断学人的言路、思路和妄想意识，让学人不要有所攀附，不要向外执取，由此回头，追求自己的本心。无言通教与当时还是沙弥的仰山习话头禅也是如此。无言通是百丈怀海的嗣法弟子，怀海之禅以不为物所拘为宗。故此在无言通与仰山的习禅过程中亦以"无物"为机锋。

不过，《景德传灯录》对无言通的记述仅止于无言通修习仰山慧寂习话头禅。《大南禅苑集英传灯语录》则记述了无言通驻锡越南后的详情。唐代元和十五年（820）秋九月，无言通传法越南，驻锡仙游山扶董乡建初寺。对此，《大南禅苑集英传灯语录》卷上《感诚传》也有相关记述："建初寺第二世感诚禅师，仙游人也，姓氏初，出家道号立德。居本郡仙游山，持诵为业。乡豪阮氏高其德行，欲设宅为寺，延致居之。往以情扣师，弗许。夜梦神人告曰：'苟从阮志，不数年间，得大吉祥师。'乃应其请。（今扶董建初寺是也。）未几，通禅师适至。师知其非常人，旦夕服事，未常辄怠。通感其诚恳，遂以名焉。……久向北方，慕大乘者众。是以南来，求善知识。今与汝遇，盖宿缘也。"[1] 无言通受到住持

---

[1] 《大南禅苑集英传灯语录》，越南后黎朝永盛十一年（1715）木刻版。

感诚的礼遇，遂将禅法传给了感诚，由此创立越南禅宗史上传承十五代、延续四百多年的无言通派。

越南无言通禅派的历史有几点尤为值得关注：

第一，创立者无言通禅师师承百丈怀海。"一切诸法，皆从心生。心无所生，法无所住。若达心地，所作无碍。非遇上根，慎勿轻许。"此乃南岳怀让禅师圆寂时所说的偈语。《五灯会元》卷三《六祖大鉴禅师法嗣·南岳怀让禅师》与此略有出入。[①] 无言通在圆寂之时借用怀让的偈语向感诚阐释"心"与"法"的关系，强调若通达心地则所作无碍。"心地"是禅宗常用的概念，最早见于《坛经》，其来源很可能出自《楞伽经》的"本元心地"之说。《大乘本生心地观经》对此有专门阐述，所涉及"心地"问题实是由"唯识无境"蜕变而来，即形容心如大地一样，能生长凡圣万物。偈语最后两句是关于传法的嘱咐语，无言通以此嘱咐感诚禅师，也是未免大乘顿法传给非上根之人而带来的后果：因不能顿悟非但不能成佛，反而对正法生起诽谤怨愤之心。这应是他对于禅法在越南传承与发展的思虑。《大南禅苑集英传灯语录》对无言通的记述其实已经包括了无言通在越南传法所运用的方法，即面壁观、现成公案和体验方式，以此传播南禅宗的顿悟学说，弘扬"心、佛、众生无差别"，提倡心性"清净本然"。

第二，关于无言通禅派所承认的禅宗法统问题。《大南禅苑集英传灯语录》卷上：

---

① 《五灯会元》卷三《六祖大鉴禅师法嗣·南岳怀让禅师》："一切法皆从心生。心无所生，法无所住。若达心地，所作无碍。非遇上根，宜慎辞哉。"[（宋）普济著，苏渊雷点校：《五灯会元》，第127页。]

> 昔世尊为一大事因缘出现于世，化缘周毕，示入涅槃，如此妙心，名正法眼藏，实相无相，三昧法门，亲付弟子摩诃迦叶尊者为初祖，世世相传，至达磨大师，自西而来，跋涉险危，为传此法，递至六祖曹溪，得于五祖所，于达磨初至，人未知信，故以传衣，以明得法。今信已熟，衣为争端，止于汝身，不复传也。于是以心传心，不授衣钵。时南岳让首得其传，让授马祖，马祖授百丈海，吾于百丈得其心法。①

亦即无言通承认禅宗西方传承是如来传迦叶，其后世代相传，传至中土初祖达磨大师，达摩以下经五祖传到曹溪六祖。曹溪六祖至无言通的传承次序则是六祖传南岳怀让，怀让授马祖，马祖授百丈，百丈传无言通，无言通传感诚。

第三，关于传法信物的问题。传法信物的故事在《坛经》和《神会语录》皆有记载，即弘忍密授禅法慧能后，以袈裟为信物。《坛经》记载五祖弘忍对慧能讲述传法信物的缘来："祖复曰：昔达磨大师，初来此土，人未之信，故传此衣，以为信体，代代相承；法则以心传心，皆令自悟自解。自古，佛佛惟传本体，师师密付本心；衣为争端，止汝勿传。若传此衣，命如悬丝。汝须速去，恐人害汝。"② 此段即无言通所述"达磨初至，人未知信，故以传衣，以明得法。今信已熟，衣为争端，止于汝身，不复传也，于是以心传心，不授衣钵"的出处。事实上，传衣钵以为信的做

---

① 《大南禅苑集英传灯语录》，越南后黎朝永盛十一年（1715）木刻版。
② 江泓、夏志前点校：《坛经四古本》，第43页。

法，是中国禅宗机缘未到时初祖达摩所用的一时方便之策，其后生出衣钵纷争的种种危害弊端，这就需要某个机缘来破除这个一时方便。五祖弘忍敢于根据机缘环境的变化，见机行事，大胆破祖师之"方便"，还禅宗传法以心印心的本来面目。《坛经》尚载慧能在圆寂前嘱咐"衣不合传"，并强调"已后传法，递相传授一卷《坛经》，不失本宗。不禀授《坛经》，非我宗旨"，此即所谓《坛经》传宗。不过，《曹溪大师别传》却与《坛经》相左，反复强调袈裟传宗的连续性，称"衣为法信。法是衣宗。从上相传。更无别付。非衣不传于法。非法不传于衣。衣是西国师子尊者相传。令佛法不断。法是如来甚深般若。知般若空寂无住，即而了法身。见佛性空寂无住，是真解脱"[1]。法、衣不离，慧能得法衣于五祖，后以此衣向印宗及大众展示，以此印证自己是得法正宗。《曹溪大师别传》所记的敕书表文中也都突出"达磨衣钵/西国衣钵"等语，及至慧能圆寂前，神会问："传法袈裟云何不传？"答云："若传此衣，传法之人短命。不传此衣，我法弘盛，留镇曹溪。"[2] 慧能灭寂后，肃宗遣使取传法衣入内供养，至永泰元年（765），代宗又送传法袈裟归曹溪。

第四，无言通对感诚偈语问题。无言通对感诚曾有一段偈语："诸方浩浩，妄自喧传。谓吾始祖，亲自西天。传法眼藏，目谓之禅。一花五叶，种子绵绵。潜符密语，千万有缘。咸谓心宗，清净本然。西天此土，此土西方。古今日月，古今山川。触涂成滞，佛

---

[1] 《曹溪大师传》，见杨曾文校写：《敦煌新本·六祖坛经》，附编第104—105页。
[2] 《曹溪大师传》，见杨曾文校写：《敦煌新本·六祖坛经》，附编第111页。

祖成冤。差之毫厘，失之百千。汝善观察，莫嫌儿孙。直饶问我，我本无言。"① 偈中将慧能所传禅宗称为"心宗"，本质是"清净本然"，主张心无分别、无执着，一旦起分别执滞的念头就无法悟道（"差之毫厘，失之百千"）。所谓"触涂成滞，佛祖成冤"与怀海所言"固守动静，三世佛冤，此外别求，即同魔说"相类。感诚也与其弟子善会如是言道："离心求佛者外道，执心求佛者为魔。"

第二节　两宋时期岭南禅宗的发展

两宋时期，宋廷对佛教继续实行扶持、利用的政策。两宋帝王中，除了宋徽宗外，皆崇信佛教。朝廷上下亦多崇佛护佛。宋代皇权进一步强化，士大夫与皇权的矛盾与冲突亦进一步发展，许多士大夫的仕宦生涯都几经沉浮，再加上内忧外患的时代矛盾，使两宋士大夫具有十分明显的忧患意识。面对人生无常的感伤和失意，两宋士大夫往往向佛道寻求精神寄托，甚至不少人以禅者自居，以"居士"号称。岭南地区，随着禅宗的流布和发展，岭南文人士大夫出入禅林、结交禅僧、参禅访道者甚多。佛寺、僧人、佛事逐步成为岭南社会的人文景观，如宋代羊城八景中就有"光孝菩提""大通烟雨""蒲涧濂泉"这样的佛门胜景。

两宋岭南佛教的发展最直接的体现是佛寺遍布各地。据现有研究，见载于宋代方志的岭南佛寺总计298座，较之汉唐岭南佛

---

① 《大南禅苑集英传灯语录》，越南后黎朝永盛十一年（1715）木刻版。

寺109所[1]，宋代增长了近两倍，其具体分布如表5-3所示：

表5-3 两宋岭南各州佛寺数量一览　　　　　　　　　单位：座

路名	州名	佛寺数	路名	州名	佛寺数
广南东路	广州	33	广南西路	宜州	1
	韶州	26		邕州	5
	南雄州	13		儋州	1
	康州	4		藤州	5
	南恩州	2		昭州	14
	惠州	14		浔州	10
	梅州	5		横州	6
	英州	15		柳州	9
	端州	10		振州	3
	新州	18		高州	3
	潮州	6		万安州	1
	循州	11		贺州	7
	连州	2		容州	5
	封州	4		廉州	1
广南西路	桂州	11		贵州	5
	梧州	9		融州	4
	琼州	9		宾州	4
	钦州	3		雷州	4
	象州	13		化州	4

此表依据台湾学者廖幼华的统计数字，具体参见廖幼华：《历史地理学的应用：岭南地区早期发展之探讨》，台湾文津出版社2004年版，第191页。

---

[1] 张弓：《汉唐佛寺文化史》，中国社会科学出版社1997年版，第134—151页。

当然这一数据中有些州的寺院远不止这个数，如韶州地区，余靖《韶州善化院记》记载："韶州生齿登黄籍也，三万一千户，削发隶祠曹者三千七百名。建刹为精舍者四百余区。"[1]如潮州，据郑群辉的最新统计，两宋潮汕新建寺院共七十四所。[2]又如桂北地区，据林志杰统计，宋代广西新建寺院共一百三十一座，桂北七十六座，占总数的58%，其中灵川三十四座、桂林十一座、阳朔九座、平乐七座、临桂五座、全州三座，兴安、灌阳和恭城各两座。[3]从佛寺的数量来看，岭南的粤北、粤东、桂北等地仍是佛教传播发展的重镇。尽管统计所得的佛寺并非都是禅寺，但是从中仍可窥见两宋岭南禅宗发展的概况。

总的来说，两宋时期，禅宗五家在岭南地区都有所发展，尤以云门宗最盛。《五灯会元》卷十五、十六所收云门宗弟子近四百人，在岭南地区传道者近十分之一，主要集中在韶州和广州地区。近人岑学吕《云门山志》记录云门寺历代住持十五人，其中宋代七人，明清各四人。值得注意的是，南禅祖庭中兴的智度禅师（即普遂法师）和慈济禅师（即宝缘禅师）皆是云门嫡裔。其后，始兴人重辩住持南华寺，阐扬临济宗风，一时高僧云集，临济势力以南华寺为中心向外延播。两宋时期，除了南华寺外，临济一系在岭南弘法的僧人还有英州保福殊禅师、桂州寿宁善资禅师以及被流放到梅州后寓居西岩寺的大慧宗杲。宗杲在梅州五年，

---

[1] （宋）余靖：《武溪集》，第85页。
[2] 郑群辉：《潮汕佛教研究》，第47—53页。
[3] 林志杰：《论佛教在桂北的兴盛及其原因——兼谈"桂北文化现象"》，《广西民族研究》1999年第3期，第100页。

其间主要为参禅者讲说公案语录,其后由宗杲弟子汇集成书,自题《正法眼藏》六卷。宗杲学通内外,气节高操,他在岭南弘法五年,为岭南禅宗带来新气象,增强了岭南禅宗与中原佛界的沟通和联系。

此外,两宋时期,曹洞宗、沩仰宗以及法眼宗在岭南地区也有一定影响。其中曹洞宗也主要分布在粤北地区。据禅宗文献记载,洞山良价以下的岭南曹洞宗禅师有韶州华严和尚、堙禅师、罗浮显如禅师等。相较临济宗而言,其势力略逊一筹,但在粤北地区亦有一定影响。沩仰宗在粤北地区也有一定影响。沩仰宗仰山慧寂(807—883)晚年所创的韶州东平道场在北宋初年数度重修,咸平元年(998)敕额"止觉寺",宋仁宗年间,经得彬禅师开堂续灯,恢隆沩仰祖席。此外,此期在韶州弘法的沩仰宗禅师见诸史籍者尚有黄连山义初明彻、慧林鸿究妙济、灵瑞和尚等。法眼宗以天台山为中心,广州光圣院师护禅师自天台得法后,行化岭表,将法眼宗的影响带至广州。

一、南禅宗祖庭中兴

韶州曹溪南华寺,始建于南朝梁代,名宝林寺,隋末一度遭兵火被毁,六祖慧能到此开法,宝林道场得以恢复并扩建,后世视之为"南禅祖庭"。主刹梵宇辟建,先后建方丈室、信具室、禅殿、说法堂、香积厨等。慧能圆寂后,主刹增建祖师灵照之塔,又增辟祖师堂、设斋厨等。唐中宗时,赐改宝林为中兴禅寺,后又敕韶州刺史重修，赐额法泉寺。[1]北宋初，南汉残兵为患，寺塔毁于火，幸而六祖真身得到守塔僧的保护，一无所损。开宝元年（968），宋太祖命人重修全寺，并赐名"南华禅寺"，寺名沿袭至今。不过，重修之事在太祖时并未完成，宋太宗即位后，于太平兴国元年（976）重建师塔七层，加谥大鉴真空禅师，并御笔书额太平兴国之塔。[2]然而，南华寺自慧能寂灭、令韬接续法脉后，其后继席宗匠"寂寂罕闻。历五代迄宋数百年"，宋人余靖曾就此感慨称："灭度以来，四百余载，虽千灯继照，光遍河沙，而布金遗址，筌蹄寂寞，向非睿哲当天，英材接迹，讲求世务，余力佛乘，曷能恢复宗风，以续先轨者哉！"[3]苏轼更是指出："南华自六祖大鉴示灭，其传法得眼者散而之四方。故南华为律寺。"[4]南禅祖庭不振的情况直至北宋真宗末年方有所改变。

北宋真宗天禧四年（1020），韶州前转运使陈绛上言："曹溪演法之地，四方瞻仰，岁入至丰，僧徒至众，主者不能均济，率多侵牟。乞于名山佥选宿德，俾其举扬宗旨，招来学徒。"[5]这一建言获朝廷的批准。在宋仁宗即位之初，南阳赐紫僧普遂首膺是

---

[1] 唐代赐名、重建事，见何明栋主编：《新编曹溪通志》卷三《清代曹溪通志》，第68—69页。此外，宋代李遵勖《天圣广灯录》卷七《宝林寺条》曾记唐代宝林寺诸寺名："神龙中曰中兴，曰法泉。后三年曰广果。开元九年（721）曰建兴。肃宗曰国宁寺。宣宗曰南华。"中兴、法泉寺名被《曹溪通志》所采，其他寺名则仅见于此，录此以备一说。又据《唐大和尚东征传》记载，鉴真和尚在韶州留住期间，曾先后游法泉寺（即宝林寺）、灵鹫寺和广果寺，唐代广果寺并非宝林寺。

[2] 何明栋主编：《新编曹溪通志》，第69页。

[3] （宋）余靖：《武溪集》，第78页。

[4] （宋）苏轼著，孔凡礼点校：《苏轼文集》，中华书局1986年版，第393页。

[5] （宋）余靖：《武溪集》，第78页。

命。庄献皇太后、仁宗皇帝亲遣中贵人诣山,"迎致信衣,禁闱瞻礼,遂师得于便座召对",辞行之时,赐号"智度禅师",并赐以藏经、供器、金帛等。智度禅师回南华寺后建衣楼、藏殿,以示荣光和恩宠。[①]智度禅师,据《建中靖国续传灯录》记载,乃广济通禅师法嗣,其法系是云门文偃—洞山守初—广济通—南华智度。智度之后,仁宗下诏于衡庐地区(即荆湖南路)选择继任住持,以"绍隆祖席"。湖南按察使推荐曾先后住持唐兴、南台和云盖三寺的云门嫡裔宝缘禅师,仁宗下诏赐命服及师号"慈济",令其住持南华寺,并可选择名僧以为辅佐。关于宝缘禅师的生平大略及其住持南华、中兴祖堂的具体事迹,余靖曾在其《韶州南华寺慈济大师寿塔铭》《韶州曹溪宝林山南华禅寺重修法堂记》中有所记述,兹具引如次:

> 今长老缘师,自南岳云台山再当是选,绍光正念,宣扬了义,居者蒙润,来者如归。乃击钟而谋曰:"嗣其业者为之子也;诲于人者为之师也。子之克劭,然后起家;师之不严,何以尊道?此世教之所以壮堂构也。日明月暗,墙壅户通,因分别以见尘缘,视顽虚而识空性。此梵刹之所以崇堂宇也。"由是蓄羡余,广购募。穷山跨谷以求栋干;殚能极艺以召匠硕。协定星之期,观大壮之象。材得以呈其美,工得以肆其巧。计广以席,度深以筵。外像祇陁之居,中施狮子之座。寻声至者,圜立于前,如渴饮河,满腹而去。……缘师,

---

① (宋)余靖:《武溪集》,第78页。

兴元南郑人,本府出家受具,得大乘之要于汉东祚师,遂振锡至于南岳。郡将、邦伯悉饮其名,乃于唐兴、南台、云盖三启,禅师称为岳中之冠。及被朝旨,乃克归绍本统,而肯其基构。六祖之道,由是中兴矣。前所谓必久而隆,不一而具者,有待而然也。[①]

禅师名宝缘,兴元人,游方至随州,参智门禅师祚。投针契理,得意忘言,以心印心,不烦机接。遂为之嗣,即云门之嫡也。寻领众居唐兴、南台、云盖,皆南岳之名蓝也。黜空破有,不涉名相,临锋迅发,直示宗乘。诸方称伏,谓之"禅窟"。故诏求人,无敢先者。驻锡兹山,殆将逾纪。一音演说,四方流布。众中得法而去者,多为人师。其机缘语句,门人各著序录,此不复记。教门崇建,规制鼎新,可谓祖堂中兴矣。既而叹曰:"嘻!止矣。佛言'世间'、'出世间',法备矣。山河大地,有时而尽,况于人乎?虽性空无着,体质当有所归。愚夫以死为讳,小乘以涅槃为乐,皆非中道。吾其自营寿藏,以安时处顺,可乎?"[②]

另外,北宋惟白《建中靖国续灯录》卷三有宝缘禅师的机缘语句,卷五记载他有法嗣十人,其中除了广州兴化延庆禅师外,余下九人皆在韶州弘法。这也证实了余靖所言"一音演说,四方流布。众中得法而去者,多为人师"。由上述记载可知,宝缘禅

---

① (宋)余靖:《武溪集》,第78页。
② (宋)余靖:《武溪集》,第87页。

师是云门下三世，乃智门光祚法嗣（其法系是云门文偃—香林澄远—智门光祚—宝缘慈济），余靖称其为"云门之嫡"。宝缘在南华寺住持近十二年，期间宣扬宗风，重建寺宇，整顿寺规，"六祖之道，由是中兴"。清代《重修曹溪通志》卷一《塔幢》尚记"慈济大师塔，在寺西南二里"。①

北宋太祖、太宗、真宗、仁宗诸朝对南华寺的礼遇和重视，提高和巩固了南华寺的影响和地位。再经过智度、宝缘两任住持中兴祖堂，重振宗风，使得曹溪南华寺再度成为僧俗集聚往来的胜地。庆历元年（1041），余靖与友人王子元、李纮、谭昉和罗浮达二禅师等出游韶城东南的大峒山和月华山，又会同月华长老琳禅师前往南华寺拜会慈济大师。此次南华之行，众人登临览胜，谈禅品茗，欢洽相得。余靖有诗《同李秘校、谭员外、月华长老谒慈济禅师，会宿宝林道场》记述此行：

祖堂留胜迹，再宿此登临。云月自明暗，山川无古今。
谷声猿啸远，泉脉虎跑深。共到忘言处，休论佛与心。②

余靖此行恰逢南华寺重修法堂竣工之际，应慈济大师之请，遂有前引《韶州曹溪宝林山南华禅寺重修法堂记》。法堂原在旧禅堂后，是南华寺重要建筑，是寺内法师开座讲法之所。余靖此记为后世留下了北宋前期南华禅寺中兴法脉和建制规模的重要史料。

---

① 何明栋主编：《新编曹溪通志》，第31页。
② （宋）余靖：《武溪集》，第7页。

此外，清代《重修曹溪通志》卷二《继席宗匠第五》强调了继席宗匠对祖庭法席长温、法轮常转的重要性：

> 我祖赤肩荷法，备极艰危。所创业垂统为可继也。继则必使法席长温，法轮常转，亘古亘今，绳绳不绝。然夷考灯籍，自令韬禅师首继兹席后，寂寂罕闻。历五代迄宋，垂数百年，始见重辩禅师，一轰毒鼓。自兹相继，虽代不乏人，然已落落如晨星矣。夫法席不可久虚，刳魔外旁伺乘罅无虚，日隆万间极弊，可鉴矣。①

其后所列继席宗匠，除了首席令韬禅师外，两宋时期的宗匠以云门、临济为主，其中中兴祖庭的两任住持智度禅师、宝缘禅师皆云门嫡裔，重辩禅师、清桂禅师、智昺禅师、明禅师、因禅师、觉禅师皆临济门下。另，德明禅师乃曹洞宗慧林宗本禅师法嗣。

要言之，宋代南华祖庭中兴既得益于中央朝廷的重视，更与继席宗匠重振宗风密不可分，当然，地方官员和民众的支持也是重要的因素之一。南华寺现存北宋庆历年间（1041—1048）木雕罗汉像三百六十尊，其雕造年代从庆历五年（1045）开始，约至庆历八年（1048）结束。这些罗汉像多在广州雕好后，再运至南华寺供养。如第一百五十七号像铭文："广州第一厢第五届（界）住口庚子生弟子吴文亮，抽舍净财，收赎罗汉二尊，舍入韶州南华永充供养，乞保身田安吉。庆历七年十二月丁亥岁谨题。"又如

---

① 何明栋主编：《新编曹溪通志》，第51页。

第一百六十三号像铭文:"广州会首弟子杨□□,抄到女弟子吴氏十二娘,舍尊者入南华寺供养,荐考生界。二月题。"[①] 这批木雕罗汉的捐造者涉及广州社会各个阶层,有军人、官眷、僧人、外贸商人头领、寄居广州的商人及其眷属、手工业者和市民。[②] 可见,在北宋仁宗朝,智度、慈济两位住持中兴祖庭的过程中,也得到了来自广州民众的支持和供养。

二、两宋岭南禅林与士大夫

影响两宋禅宗发展的一个社会因素,是士大夫普遍喜禅。士大夫喜禅自唐初开始,至中唐转盛,他们的思想情绪始终是影响禅宗发展的一大动力,宋代禅宗与士大夫的联系全面加强。[③] 岭南禅僧与士大夫的交往亦非始于宋代,唐代韩愈被贬潮州时,与大颠和尚相交甚厚,此段公案成为潮汕文化"儒佛交辉"的象征。入宋以后,岭南禅林与士大夫的交往趋多,文人士大夫出入禅林,参禅问道,无形中对岭南禅宗的发展起到了助推作用,禅风佛法借由这些文人士大夫的笔墨文章得以在世俗社会传播与浸染。其中最著者当数余靖和苏轼。余靖乃岭南本土士大夫的代表,苏轼则是贬谪岭南的士大夫代表。

余靖(1000—1064),字安道,韶州曲江人,《宋史》卷三二〇

---

① 广东省博物馆编:《南华寺》,文物出版社1990年版,第107页。
② 张荣芳:《南华寺发现的北宋木雕罗汉像铭文反映的几个问题》,《中国史研究》1999年第1期,第96页。
③ 杜继文、魏道儒:《中国禅宗通史》,第395页。

有传，官至工部尚书，谥曰"襄"，有《武溪集》传世。余靖是北宋仁宗朝名臣，入仕四十载，一生立朝清正。余靖入仕后，曾两度回归曲江，第一次是宝元二年（1039），余靖因母丧回曲江守制三年；第二次是庆历六年（1046），余靖在"庆历新政"夭折后屡次被贬，最后辞官归隐曲江六年。周源《武溪集序》指出："（余靖）夺官屏居曲江凡六年，游山水，益自肆于文学。"[1]余靖在丁忧守制三年及后来归隐的六年里，曾遍览韶州附近的禅寺，并与寺僧往来密切。据《武溪集》记载，余靖曾游访的禅寺有南华寺、东平山正觉寺、西蓉山寺、千善寺、善化院、青莲庵、韶州开元寺、韶州白云延寿禅院、韶州光运寺、曲江灵树寺、花界寺、白莲庵、仁化水南寺、翁源定慧禅院、乐昌宝林禅院、南雄龙光寺，与其交往的禅僧有南雄龙光周长老、灵树喜长老、南华慈济禅师、青林庵主、月华山罗浮达二禅师、乐昌宝林圆佑禅师、定慧思长老、月华琳禅师、白莲惠林等人。余靖所游访者多属韶州名寺，所交游者亦是韶州禅林的高僧大德，并且留下了十余篇相关寺记，呈现了北宋仁宗时期韶州禅林发展的概貌。

由余靖的寺记可知，北宋韶州禅宗丛林尤盛，寺多、僧众、信者夥是其显著特点。多篇寺记记曰："韶于岭外为望州，卢祖印心之域。故寺最众，僧最多。"[2]"六祖开化曹溪，而塔庙之兴布于曲江。"[3]"曲江素号山川奇秀，而复熏以南宗之风，由是占形胜，依邑落，而树刹构舍为精庐者，差倍他境。缁衣之徒，渡江而来，

---

[1] （宋）余靖：《武溪集》，第3页。
[2] （宋）余靖：《武溪集》，第68页。
[3] （宋）余靖：《武溪集》，第83页。

不之衡庐，则之曹溪。故其挈瓶锡，勤道路，探幽深者，亦差众诸部。郡人根性好善者，复以谈空乐施为胜。其缁徒之守戒行，兴佛事，了宗乘者，各以其气相亲。"①

这一时期，韶州禅林在地方官员与民众的支持下获得了较好的发展，各大禅院在僧、官、民的合力下得以中兴。余靖寺记对此多有记载。如翁源耽石院，该禅院于唐大中三年（849）由僧人法光所创，其后败落，"香火仅在，风幡无托"。至北宋天圣（1023—1032）中，今住持慧周同檀越巢迪等相与谋，共兴禅院，"既而同焉者募，异焉者劝，富焉者资，巧焉者力"，使之成为"崇福之秘宇"。②又如沩仰宗之东平道场，其法灯重续得益于地方官员的支持，自开宝至天圣年间（968—1032），地方官员屡择名德以冀恢隆祖席，最后酷好禅学的提点刑狱林升延请得彬禅师开堂续灯。民众亦积极参与东平道场的重建，"施者惟恐不得丰其用，匠者惟恐不能肆其巧"③。

余靖的《韶州白云山延寿禅院传法记》和《韶州月华山花界寺传法住持记》不仅记述了延寿禅院、花界寺历代传法兴寺的法脉，更是指出了禅寺兴衰、宗风传止的内在因素。延寿禅院开山之祖是云门嫡裔实性禅师，《韶州白云山延寿禅院传法记》记述了白云实性之下六世法嗣，即白云实性—志文—契本达正—达真云端—纱光云福—惠龙—常简，指出志文、契本、达真、妙光"皆承师嗣法"，惠龙、常简"皆什方名德之选"。余靖最后比较"公

---

① （宋）余靖：《武溪集》，第86页。
② （宋）余靖：《武溪集》，第63页。
③ （宋）余靖：《武溪集》，第69页。

侯将相之家，不过一传再传，或当世而绝者"后，认为"浮屠氏托大义以承嗣，而能世广基构，至于不朽，贤于阴谋者远矣"。①此点在《韶州月华山花界寺传法住持记》中有更明确的阐述："自正元十一年至是岁，凡二百四十三年。自招提至琳公，凡十二代。以其属自相传，不敢处师座者五，余则以国命、州命、众命，凡有所宗者七世焉。然而学徒或来或不来，所谓去就之分，视德之轻重也。"②易言之，法灯相续，兴衰有数，其要者与嗣法者的贤愚有关。在余靖的寺记中，南华寺、延寿寺、花界寺等韶州名寺兴衰皆维系于嗣法，贤者兴，愚者废。

作为宋代贬谪岭南的士大夫的代表，苏轼与岭南禅宗的关系匪浅。自绍圣元年（1094）至元符三年（1100），苏轼宦谪岭南六年有余，其间三度拜谒南禅祖庭南华寺，与南华住持重辩尺牍往来。除此之外，苏轼频频交往的南禅高僧还有南华明老、南华圭首座、蒲涧信长老、广州六榕智超、东莞资福寺僧祖堂、宝积齐德长老、延祥绍冲长老等，其游访足迹亦遍及岭南各大寺院。据岭南方志及清人梁廷枏《东坡事类》记载，苏轼曾游访的寺院有韶州南华寺、月华寺、建封寺、广州六榕寺、蒲涧寺、宝陀寺、新会宝积院、惠州永福寺、栖禅寺、大云寺、嘉祐寺、博罗香积寺、延祥宝积寺、雷州天宁寺、东莞西资福寺、清远峡山寺、罗浮栖禅精舍等。

尤其值得关注的是苏轼与南华住持重辩的交往。宋代惟白

---

① （宋）余靖：《武溪集》，第74页。
② （宋）余靖：《武溪集》，第85页。

《建中靖国续灯录》卷十四以南华重辩为"荆门军玉泉谓芳禅师法嗣",玉泉谓芳与净因道臻、清隐惟湜皆是浮山法远的法嗣。早在熙宁初,苏轼就已在京师净因禅院与清隐惟湜相识[①],二者交往维持终生。绍圣元年(1094),苏轼南迁,建中靖国元年(1101)苏轼北返,皆途经虔州,而惟湜时任虔州崇庆禅院住持。重辩乃惟湜法侄,虽然绍圣元年苏轼南迁路经韶州南华寺时,始与重辩相识,但由于惟湜的关系,二者之间的交往就顺理成章了。

重辩,在僧传中无传,灯录则见录于宋代惟白《建中靖国续灯录》及清代超永编的《五灯全书》。苏轼曾作《书南华长老重辩师逸事》记其人其事:

> 予迁岭南,始识南华重辩长老,语终日,知其有道也。予自海南还,则辩已寂久矣。过南华,吊其众,问塔墓所在。众曰:"我师昔作寿塔南华之东数里,有不悦师者,葬之别墓。既七百余日矣,今长老明公。独奋不顾,发而归之寿塔。改棺易衣,举体如生,衣皆鲜芳,众乃大愧服。"东坡居士曰:"辩视身为何物,弃之尸陀林以饲乌乌何有,安以寿塔为!明公知辩者,特欲以化服同异而已。"乃以茗果奠其塔,而书其事,以遗其上足南华塔主可兴师。时元符三年(1100)十二月十九日也。[②]

---

① 孔凡礼《苏轼年谱》载,熙宁四年(1071),"在京师时,尝晤惟湜于净因"。(孔凡礼:《苏轼年谱》上,中华书局1998年版,第203页。)

② (宋)苏轼著,孔凡礼点校:《苏轼文集》,第2053页。

道光《广东通志》卷三二八有《重辩传》云:"重辩,南华寺僧也。苏轼谪惠时,游南华寺,辩延馆加厚。又请书柳碑。轼至惠,以桄榔杖寄之。比从海南还,则辩已寂久矣。"①其传文尚有关于重辩塔墓一节出自上述引文,兹不赘引。另外,清代马元、释真朴的《重修曹溪通志》卷二《继席宗匠第五》载明重辩师承:"南华重辩禅师(南岳下十三世临济宗,嗣玉泉芳)。"②

绍圣元年(1094),苏轼首次参谒了南华寺。此次,苏轼瞻礼六祖真身,而后向侍僧借阅《六祖坛经》及传灯录③,写下《南华寺》《读坛经》二诗以及《读六祖坛经》一文,又与住持重辩同游卓锡泉,写下《卓锡泉铭》。其后,绍圣二年(1095),苏轼谪居惠州时,重辩禅师函请苏轼书写唐代王维《六祖能禅师碑铭》、柳宗元《赐谥大鉴禅师碑》、刘禹锡《大鉴禅师碑》,苏轼在回信中称:"所要写王维、刘禹锡碑,未有意思下笔。又观此二碑格力浅陋,非子厚之比也。……所要写柳碑,大是山中阙典,不可不立石。已辍忙,挥汗写出,仍作一小记,成此一事。小生结缘于祖师不浅矣。"④苏轼不仅写出柳碑,并在《书柳子厚大鉴禅师碑后》具体记述其所以选择柳碑的原因:

释迦以文教,其译于中国,必托于儒之能言者,然后传远。故大乘诸经至楞严,则委曲精尽,胜妙独出者,以房融

---

① (清)阮元修、陈昌齐、刘彬华等纂:《广东通志》卷三二八,第664页。
② 何明栋主编:《新编曹溪通志》,第52页。
③ 苏轼读《传灯录》,有诗《曹溪夜观传灯录,灯花落一僧字上,口占》为证。
④ (宋)苏轼著,孔凡礼点校:《苏轼文集》,第1873—1874页。

笔授故也。柳子厚南迁，始究佛法，作曹溪、南岳诸碑，妙绝古今。而南华今无刻石者，长老重辩师儒释兼通，道学纯备，以谓自唐至今，颂述祖师者多矣，未有通亮简正如子厚者。盖推本其言，与孟轲氏合，其可不使学者昼见而夜诵之？故具石请予书其文。①

苏轼认为重辩禅师儒释兼通，道学纯备，苏轼本人也是兼通儒释。是以二者在沟通儒释方面有相似心理。重辩因柳碑通亮简正而推崇之，实因柳碑思想根源"与孟轲氏合"。所谓"推本其言，与孟轲氏合"，即柳宗元在《赐谥大鉴禅师碑》中以孟子的性善来融通六祖的自性清静之说。这一点，南华重辩与苏轼的意见一致。

苏轼与重辩的交往是多方面的，既有精神层面佛学禅理的探讨，也有物质层面的帮助和互赠。前者体现于苏轼所作《书南华长老重辩师逸事》《书柳子厚大鉴禅师碑后》《谈妙斋铭》等。苏轼所作《谈妙斋铭》记述了他与重辩说法谈禅的经历：

> 南华老翁，端静简洁。浮云扫尽，但挂孤月。吾宗伯固，通亮英发。大圭不琢，天骥超绝。室空无有，独设一榻。空

---

① 佛教史传对此亦有所记载，事见志磐《佛祖统纪》卷四六所载："绍圣二年（1095），苏轼谪惠州。韶阳南华寺重辩请轼书柳宗元六祖碑。复题其后曰：'释迦以文设教，其译于中国必托于儒之能言者，然后传远。故大乘诸经至楞严则委曲精尽，胜妙独出，以房融笔授故也。柳子厚南迁，始究佛法，作曹溪南岳诸碑，妙绝古今。而南华今无石刻。'重辩师谓：'自唐以来颂述祖师者多矣，未有通亮如子厚者。盖推本其言与孟氏合，其可不使学者日见而常诵之。'"（《大正藏》第49册，第418页）对比二者，志磐所记当源自苏轼《书柳子厚大鉴禅师碑后》。

毗耶城，奔走竭蹶。二士共谈，必说妙法。弹指千偈，卒无所说。有言皆幻，无起不灭。问我何为，镂冰琢雪。人人造语，一一说法。孰知东坡，非问非答。①

由此铭可见，谈禅环境是室空无有，独设一榻；谈禅的过程及结果是"弹指千偈，卒无所说，有言皆幻，无起不灭"。二者谈禅的过程让人领略到南华长老从维摩诘到慧能等一脉相承的南禅风范。

后者则见诸苏轼与重辩的往来尺牍，如苏轼《与南华辩老十三首》（之二）记曰："兼蒙惠面粉瓜姜汤茶等，物意兼重，感怍不已"，并回赠"紫菜石发少许，聊为芹献"。②《与南华辩老十三首》（之十）亦载苏轼曾寄赠桄榔杖给重辩："荒州无一物可寄，只有桄榔杖一枚，木韧而坚，似可采。"③

元符三年（1100）十二月，苏轼被赦北还，途经南华寺，此时重辩已然寂灭两年有余，苏轼问重辩塔墓所在，以茗果奠其塔，并作《书南华长老重辩师逸事》，指出重辩已是堪透我执的有道之人："东坡居士曰：辩视身为何物，弃之尸陀林以饲鸟乌何有，安以寿塔为！"④值得一提的是，苏轼此次拜谒南华寺，应南华明禅师之请作《南华长老题名记》一文，阐述"世间即出世间，等无有二"的意旨，融合儒释，在向善的人生哲学层面消解儒释差别。

---

① （宋）苏轼著，孔凡礼点校：《苏轼文集》，第576页。
② （宋）苏轼著，孔凡礼点校：《苏轼文集》，第1872页。
③ （宋）苏轼著，孔凡礼点校：《苏轼文集》，第1874页。
④ （宋）苏轼著，孔凡礼点校：《苏轼文集》，第2053页。

第三节　元代岭南禅宗

元朝对佛教大力扶持，元世祖忽必烈带头崇佛，他于"万机之暇，自持数珠，课诵，施食"。世祖以下诸帝对待佛教，大部依世祖的范例办理。元朝佛教的重要特点是藏传佛教特别活跃，并建立了帝师制度。中统元年（1260），元世祖尊吐蕃萨迦派高僧八思巴为国师，至元七年（1270）晋封为帝师。从八思巴开端，终元之世，历朝都以喇嘛为帝师，新帝在即位之前，必先就帝师受戒。至元初（1264），立释教总制院，后改名宣政院，帝师领宣政院事，掌佛教僧尼及吐蕃之境，有权颁行"与诏敕并行"的法旨，对国内各寺院住持有任免、封赐、处分等权力。《元史·释老传》曰：

> 元兴，崇尚释氏，而帝师之盛，尤不可与古昔同语。……元起朔方，固已崇尚释教。及得西域，世祖以其地广而险远，民犷而好斗，思有以因其俗而柔其人，乃郡县土番之地，设官分职，而领之于帝师。乃立宣政院，其为使位居第二者，必以僧为之，出帝师所辟举，而总其政于内外者，帅臣以下，亦必僧俗并用，而军民通摄。于是帝师之命，与诏敕并行于西土。百年之间，朝廷所以敬礼而尊信之者，无所不用其至。①

---

① （明）宋濂等撰：《元史》，中华书局 1976 年版，第 4517—4520 页。

借助于此，藏传佛教在中原和江南地区得到广泛流传，即便是岭南地区，藏传佛教也有不小的影响。据现有的研究可知，元代广东地区佛教的传播与发展，从总体上来看，前与唐宋、后与明清相比，其影响和规模均有所不及，但其传播和发展也不容忽视，并且形成了自己的特点，藏传佛教的传入是其显著特点。[①]

藏传佛教传入岭南与被贬岭南的高僧胆巴有关。胆巴的生平见诸《元史·释老传》《佛祖历代通载》卷二二"胆巴金刚上师"条以及赵孟頫《胆巴碑》。《元史·释老传》云：

> 八思巴时，又有国师胆巴者，一名功嘉葛剌思，西番突甘斯旦麻人。幼从西天竺古达麻失利传习梵秘，得其法要。中统间，帝师八思巴荐之。时怀孟大旱，世祖命祷之，立雨。又尝咒食投龙湫，顷之奇花异果上尊涌出波面，取以上进，世祖大悦。至元末，以不容于时相桑哥，力请西归。既复召还，谪之潮州。时枢密副使月的迷失镇潮，而妻得奇疾，胆巴以所持数珠加其身，即愈。又尝为月的迷失言异梦及己还朝期，后皆验。[②]

《佛祖历代通载》对胆巴治病的过程有更详细的描述：

> 有枢使月的迷失，奉旨南行。初不知佛。其妻得奇疾，

[①] 陈广恩：《略论元代广东地区佛教的传播与发展》，《华南师范大学学报（社会科学版）》2008年第1期，第87页。

[②] （明）宋濂等撰：《元史》，第4518页。

医祷无验。闻师之道礼请至再。师临其家,尽取其巫觋绘像焚之,以所持数珠加患者身。惊泣乃苏,且曰:"梦中见一黑恶形人,释我而去。"使军中得报喜甚,遂能胜敌。由是倾心佛化。①

月的迷失之妻梦中所见"黑恶形人"即胆巴所祭奉的密宗天神摩诃葛剌(梵文 Mahākāla,意指"大黑天"。在藏密中,大黑天既是护法神,也是密宗修法所依止的重要本尊)。胆巴以此密宗法术获得了驻潮大使月的迷失的崇信,也为其在潮州传教取得了地方官员层面的支持。

胆巴在潮传教的另一作为是创建了潮州宝积寺,具见《佛祖历代通载》卷二二:

师谓门人曰:"潮乃大颠韩子论道之处,宜建刹利生。"因得城南净乐寺故基,将求材,未知其计。寺先有河,断流既久。庚寅五月,大雨倾注,河流暴溢。适有良材泛集充斥。见者惊诧,咸谓:"鬼输神运焉。"枢使董工兴创,殿宇既完,师手塑梵像,斋万僧以庆赞之。尝谓昔监藏曰:"吾不久有他往,宜速成此寺。"后师还都,奏田二十顷,赐额宝积焉。②

胆巴手塑的梵像必是其所修持依止的摩诃葛剌神像,宝积寺

---

① (元)念常:《佛祖历代通载》,《大正藏》第49册,第725页。
② (元)念常:《佛祖历代通载》,《大正藏》第49册,第725页。

当属藏式寺院。宝积寺不仅获得赐额，也被赐田二十顷作为香灯田，足见其规模不小。宝积寺建成后，在粤东诸寺中，仅次于开元寺。据嘉靖《潮州府志》记载，宝积寺毁于元末兵燹，入明后重修，嘉靖时，其田产为二十二顷八亩，可见其重修后的规模仍有元代赐田的基础。胆巴虽仅在潮州停留了不到两年，但其在潮开坛授戒，播下了藏传佛教的种子。胆巴寂灭后二十五年，即泰定五年（1328），潮州路判官买住和同知宋用等，于潮州开元寺南隅，捐俸重修祭祀八思巴的帝师殿，潮州路林淳作《创建帝师殿碑》记其事，碑文称："且以其徒胆巴、搠思剌并列于座，盖以传灯授业亦犹孔子之配颜孟。"碑文虽将胆巴与八思巴的关系错置，但胆巴配祀，仍说明潮人对胆巴的崇拜。另外，现存开元寺至正六年（1346）的"铜云钣"的铭文刻有"前代住持简庵福吉祥"，这是一个藏传佛教僧人常用的法名。① 藏传佛教僧人曾住持粤东首刹开元寺，足证元代中后期藏传佛教流传于潮汕地区，并有相当影响。

无论如何，胆巴在潮建寺塑像、开坛授戒、经营田产，取得元廷和地方官员的支持，为藏传佛教在粤地的传播奠定了政治基础。不过，元代藏传佛教在广东地区的传播和发展，留存至今的文献记载甚少，新会圭峰山的元代喇嘛石塔是至今尚存的物证。这座石塔被称为圭峰山"镇山宝塔"，建于新会圭峰山玉台寺旧址，塔刹有七级相轮，上端安仰莲、宝珠，是一座造型独特的喇

---

① 藏僧称"吉祥"的相关研究，可参见郑群辉：《潮汕佛教研究》，第87—88页。

喇塔。①

总体而言，有元一代，藏传佛教虽传入岭南，但其发展应未超越禅宗，岭南地区相对保持以禅为尊的格局。其中有几个方面值得关注：

一、《六祖坛经》的编校与刊印

记载六祖生平与语录的《六祖坛经》在传承和流传过程中形成很多不同的抄本或版本。据现有的研究可知，《坛经》的版本主要有以下数种：敦煌本（包括旧敦煌本、敦博本、北京残本、旅博本）、宋惠昕本（日本真福寺藏本、大乘寺藏本、金山天宁寺藏本、兴福寺藏本等）、宋契嵩本以及源自契嵩本的"曹溪古本"、元代德异本和宗宝本。② 其中宗宝本是入明以后坊间流行最广的本子。明代永乐南藏、北藏、嘉兴藏、房山石经〔万历四十八年（1620）刻石〕等皆收此本，单刻本亦多采此本。

元初，《坛经》版本有多种存世，章次编排、内容繁简各有不同，德异和宗宝两位禅师对《坛经》文本的编校，为这一经典的标准化以及广泛流通提供了方便。③ 本节所关注的是，宗宝本《坛经》的编校和刊印是在广东完成的。宗宝编校《坛经》时，任广

---

① 陈泽泓：《岭南建筑志》，广东人民出版社1999年版，第191—192页。
② 付义：《〈坛经〉版本管窥》，《宗教学研究》2005年第1期，第146页。
③ 李小白：《禅宗文献整理与明代禅风之关联——以宗宝本〈坛经〉为个案》，《古籍整理研究学刊》2016年第2期，第73页。

州光孝寺住持。①宗宝本《坛经》亦署名为"风幡报恩光孝禅寺住持嗣祖比丘宗宝编"。

宗宝在其《跋六祖大师〈法宝坛经〉》中对编校《坛经》的原因有明确交代：

> 余初入道，有感于斯，续见三本不同，互有得失，其板亦已漫灭，因取其本校雠，讹者正之，略者详之，复增入弟子请益机缘，庶几学者得尽曹溪之旨。②

可见，宗宝认为原有的《坛经》版本内容上互有得失，原有雕版也漫漶不清，二者皆影响《坛经》的流通与传播，有必要对此再作校雠以获便于流通的《坛经》善本。宗宝还在跋文中回应"达摩不立文字，直指人心，见性成佛，卢祖六叶正传，又安用是文字哉"的问题，指出"此经非文字也，达摩单传直指也，南岳、青原诸大老尝因是指以明其心，复以之明，马祖、石头诸子之心，今之禅宗，流布天下，皆本是指"③。可见《坛经》的编校流通有助于禅宗教义及文化的传播。

至元二十八年（1291），广东按察使云从龙见到释宗宝所

---

① 杨曾文教授依据元泰定元年（1324）的《达摩像赞碑》《六祖像赞碑》以及《祖师在法性古像碑》，考订出宗宝是元世祖朝光孝寺最后一位住持。这三则碑刻皆提及"至元甲午住山法孙比丘宗宝拜赞"，至元甲午即元世祖至元三十一年（1294），是宗宝编校《坛经》后的第三年。可见，宗宝编校《坛经》是在其任光孝寺住持期间。具体参考杨曾文：《关于元代宗宝是光孝寺住持的考察》，《韶关学院学报（社会科学版）》2013年第1期，第5—8页。
② 何明栋主编：《新编曹溪通志》，第132页。
③ 何明栋主编：《新编曹溪通志》，第132页。

编《六祖坛经》，"谓得《坛经》之大全，慨然命工锓梓，颇为流通，使曹溪一脉，不至断绝"①。云从龙，字无心，别号维山，蒙古皇族，据史载，至元二十三年（1286）至至元三十年（1293）间任广东道提刑按察使。②元人崇尚佛教，官员与僧人的交往密切。云从龙任广东按察使时，应与宗宝有所接触，得见宗宝编校《坛经》，遂命刊刻出版。此举使得宗宝本《坛经》获得官方认可和支持。宗宝本《坛经》在广东地区的刊刻，也推动了岭南禅宗文化的进一步传播。

二、元代岭南的禅僧

元代岭南也出现了一些禅宗高僧，他们在岭南地方官员的支持下积极传教，推动岭南禅宗的发展。兹录其传记及相关资料如次：

---

① 何明栋主编：《新编曹溪通志》，第132页。
② 据相关史料可知，云从龙乃成吉思汗曾孙，为元朝皇族。至元十六年（1279），钦授云从龙宣命隆金牌虎符、宣武将军（正四品），出任湖广邕州安抚使。至元十七年（1280）再被钦授宣命金牌虎符，提升为怀远大将军（从三品），广东琼州安抚使。因入琼抚黎有功，钦授宣命金牌虎符，晋授昭勇大将军（正三品），广东海北海南道宣慰使（从二品）。至元二十三年（1286）授宣命带前降金牌虎符、昭通大将军，任广东道提刑按察使，提点诸狱。累官资善大夫（正二品）镇南节制征南大将军，湖广安南等处行中书省参知政事（从二品）。元贞元年（1295）诏云从龙入朝，授予宣命金牌虎符，授征南大将军，行使其职，统率大军南征交趾。元贞二年（1296）初奉召回朝复命，二月卒于京都（今北京），御旨赐葬广州白云山南端。云从龙墓位于广州市沙河镇五仙桥云家山，是广东地区唯一保存的元代皇帝御旨赐葬古墓，具有极高的历史文物价值。墓园占地面积3040平方米，有墓陵和藏碑亭。墓园门前有石狮，牌坊上书"云公从龙墓园"。墓陵形状为传统山手环抱墓，墓碑上书"御葬湖广安南等处行中书省参知政事赠正一品维山云公同夫人徐氏墓 康熙二十九年立"。

僧人了玫，曲江人，出家万华寺，戒行清高，性量宽洪好学，博通三教典籍。时諠名德领荐，嗣法佛国真觉禅师，归住南华。三司檄为峡山住持。①

僧人清一叟，新安人，住云台海光寺，后参学吴越径山端禅师。师具通内外典，留掌书记。未几，宣政院举充韶之南华寺住持。②

僧人月林，澄迈人，自幼颖悟，入山苦行修习，住持普明寺。元文宗潜邸时，赐金及楮币甚夥，未尝私用，留贮寺中。年五十，趺坐而化，时有五色舍利。③

元泰定丙寅（1326），清远峡山广庆禅寺的住持明颜募缘新建飞来殿。

其碑记称明颜"续派临济之正宗，嗣法诃林之信师"。④

由上引诸僧小传可知，禅寺住持的举荐在某种程度上体现了元廷对岭南地区禅寺的掌控程度。

三、元廷对岭南禅寺的支持与保护

南华寺作为南禅祖庭，是岭南禅宗的重镇。元廷对南华寺颇

---

① （清）阮元修，陈昌齐、刘彬华等纂，《广东通志》卷三二八，第667页。
② （清）阮元修，陈昌齐、刘彬华等纂，《广东通志》卷三二八，第668页。
③ （清）阮元修，陈昌齐、刘彬华等纂，《广东通志》卷三二八，第668页。
④ 杨观：《广州路清远峡山广庆禅寺新建飞来殿记》，见（清）戴肇辰等修，史澄、李光廷纂：《广州府志》卷一〇三《金石略七》，见广东省地方史志办公室辑：《广东历代方志集成》，广州府部（八），第1569页。

为重视，并对南华寺采取了一些支持和保护措施。元代延祐四年（1317），赐金书孔雀经一部。延祐五年（1318），赐护寺免差敕，免去南华寺"所有差役人夫吃食等项"。这份敕文实际是元朝仁宗、英宗和泰定帝三朝帝师公哥罗古罗思监藏班藏卜的法旨[①]，今南华寺尚存法旨原件，另尚有两件八思巴字宣纸书写的圣旨，法旨及圣旨的录文皆见于杨鹤书《广东南华寺发现八思巴字、藏文重要文物》[②]，兹转录如下：

元仁宗普颜笃皇帝圣旨之一

奉天

承运

皇帝圣旨

本圣旨对军官们、军人们，对管理城池的达鲁花赤官员们、来往的使臣们宣谕：

成吉思汗

窝阔台皇帝

薛禅皇帝

完泽笃皇帝，曲律皇帝的圣旨里，曾经这样说过："和尚们、基督教徒们、道士们，不管什么差事，一概蠲免，只向

[①] 法旨原件现存今南华禅寺中，法旨为淡黄云纹绫裱装，分左、中、右三幅，合装一卷。其左幅为元代法旨原件，中幅为明代藏族高僧锁南领占据元代法旨原件用藏文榜书体复抄本，右幅为锁南领占将元代法旨藏文原件译成汉文。另外，法旨汉文译文亦被收入清代《重修曹溪通志》卷三《王臣外护第七之上》。参见何明栋主编：《新编曹溪通志》，第69页。

[②] 杨鹤书：《广东南华寺发现八思巴字、藏文重要文物》，《中山大学学报（哲学社会科学版）》1982年第2期，第40—48页。

天祷告祈求皇上长寿。"现在依照先前圣旨的规定,"不管什么差事一概蠲免,只向天祷告祈求皇上长寿"的说法,广东道韶州路、六祖大鉴真空普觉圆明广照禅师在世时所修建的曹溪(宝)林山南华禅寺所属□□□勉(?)普戒院、广州路枣树巷南华戒院,杭州路南华禅寺,他们寺院里的福心弘辩慈济大师德异长老,已将圣旨交与他收执。他们的寺院、僧房,来往的使臣不要去住宿。不要他们的人马差役。地税和商税也蠲免,举凡属于寺院的水土、人口、牲口、园林、磨房、店舍……

元仁宗普颜笃皇帝圣旨之二

奉天

承运

皇帝圣旨

本圣旨对宣慰司、廉访司官员们,对军官们、军人们、管城池的达鲁花赤官员们、来往的使臣们宣谕:

成吉思汗

窝阔台皇帝

薛禅皇帝

完泽笃皇帝,曲律皇帝的圣旨里,曾经这样说过:"和尚们、基督教徒、道士们,不管什么差事一概蠲免,只向天祷告祈求皇上长寿。"现在依照先前圣旨的规定,"不管什么差事一概蠲免,只向天祷告祈求皇上长寿"的说法,……路何遇祖(?)居士所建的圆觉寺的和尚,将圣旨交他收执了。他们的寺院、僧房，来往的使臣不要去住宿。不要他们的人马差役。地税和商税也蠲免。举凡属于寺院的水土、园林、磨房、店舍、当铺、浴堂、船只木筏，任何人不得依恃势力夺取，那些和尚们也不要依恃有这些说法的圣旨，去做不合规定的事情。如果去做，他们不怕犯法么（什么都不怕么）？……

藏文帝师法旨①

皇帝圣旨 帝师公哥罗竹坚参巴藏卜法旨

敕谕文武官员僧俗军民使臣人等，广州府南华禅寺、广州府南华戒院住坐弘园慈济大师第长老，敬顺天道，照依比先圣旨，本寺所有差役人夫吃食等项尽皆蠲免，亦不许往来诸色人等住坐，搅扰此寺。原有佃户、财物、河水、水磨、资畜等项，不许故意生事侵占、搅扰，着他自在修行，因此赐与护敕，敢有违者，奏知朝廷，治罪不饶，本寺僧众倚敕势力，不许违法。

大都大寺内蛇儿年正月三十日

大明天顺八年伍月拾伍日

大隆善寺净觉慈济大国师锁南领占巴藏卜译

从上录元仁宗圣旨和帝师法旨来看，二者宣谕的对象包括文

---

① 藏文帝师法旨的汉译，亦可参见常凤玄：《广东南华禅寺藏元代帝师法旨考释》，见中国民族古文字研究会编：《中国民族古文字研究》（第四辑），天津古籍出版社1994年版，第183页。

武官员僧俗军民使臣等各个阶层，当时存在侵犯南华寺寺产、向寺院征收赋税、滋扰寺院以及寺院僧众违法等现象，故此元廷分别以圣旨、法旨的形式对此加以限制，以此表明元廷对岭南禅宗寺院的态度。

除了南华寺外，元代岭南地区亦有不少禅寺得到官方支持或重修或新建。如广州光孝寺，元世祖至元十三年（1276），元帅张弘范、吕师夔统兵入广州，至寺瞻礼，遣卒守卫，僧民安堵；至元十六年（1279），诏设僧录司，僧尼皆改服色，住持服黄，讲主服红，常僧服茶褐，以青皂为禁，并免寺院税粮；至元十九年（1282），诏焚道经，合郡文武于光孝寺结坛，焚毁道家论说，唯留老子《道德经》；至元三十年（1293），元帅吕师夔修饰寺宇。[1]此外，光孝寺兜率阁，至元三十年，由僧空山募元帅吕师夔建；悉达太子殿，大德五年（1301），由住持僧山翁募都元帅悉哩哈唎合郡宰官同建，塑太子像及两壁彩画降诞、成道、转轮、入涅等像。[2]广州另一禅寺六榕寺与光孝寺齐名，寺内千佛塔于元至正十八年（1358）重修，其铜柱天盘第二层铭文记曰："时大元至正十八年戊戌岁，化到合郡官员、十方善男信女喜舍金银铜铁铅锡，三月初一己亥越初九丁未日，兴工铸造净慧寺千佛宝塔铜柱天盘一新，所集铢勋，报资息有，风调雨顺，国泰民安，上祝皇

---

[1] （清）顾光、何淙修撰，中山大学古文献研究所整理组点校：《光孝寺志》卷二《建置志》，第20—21页。
[2] （清）顾光、何淙修撰，中山大学古文献研究所整理组点校：《光孝寺志》卷二《建置志》，第28—29页。

图永固，帝道遐昌，佛日增辉，法轮常转。"① 可见，至正十八年（1358），六榕寺千佛宝塔的重修亦有地方官员的支持。

元代潮汕三县共创寺院二十七座②，其中有些禅寺是在地方官吏的直接参与、主持下修建的，如潮州圆通阁、华严阁、揭阳双峰寺等。这三所禅寺皆毁于宋末元初的兵燹，至正五年（1345），潮州路录事寺录事林一清住持重建圆通阁，并于圆通阁东建华严阁，延请南山寺前任住持礼翁善恭为开山，参与此次重建的还有多位潮州路地方官员，时任海北广东道肃政廉访司经历的迷失弥迩也受林一清之托，撰写《圆通阁记》记述此次重建经过：

> 内附初，阁随兵烬而桥制仅存，前府判买住修之，不数稔而风涛荡瀣几尽。至正甲申（1344），倅车乔君、秋官崔君咸以为念，遂属录事林君新之。适贰守张君下车，曰：此守土当为。率众助之。就建圆通阁，增其旧制，阁之东，仍建华严阁。请前住南山礼翁善恭为开山足成之，万户邢侯暨僚属亦有功于是。越明年，元幕卢君、亚幕张君到官。览山川之胜，感今古之怀，韩亭在望，议作仰韩阁于桥之上。凡是役，皆会府诸君建言，用周其美者，录事之力也。是年冬，林君沿檄至羊城，以其事来告，乞予为记。贰宪奉议公为书其扁。予惟圆通大士从无始劫来，以闻思修证二十五圆通，十种大辨才，誓度一切群生。声入心通，无诸障阂，其旨渊

---

① （清）戴肇辰等修，史澄、李光廷纂：《广州府志》卷一〇三《金石略七》，见广东省地方志办公室辑：《广东历代方志集成》，广州府部（八），第1578页。
② 潮汕元建寺院的统计研究，可参考郑群辉：《潮汕佛教研究》，第80页。

哉。厥今当路诸贤，政通民和，成此盛事，岂非圆通愿力之旨乎？林君号一清，永嘉人也，尝笔大士像，喜动龙颜云。文林郎，海北广东道肃政廉访司经历迷失弥迩记。[1]

揭阳双峰寺于元至大、延祐年间（1308—1320）由官府重建，其过程具见泰定元年（1324）南雄路总管府推官程准所撰《揭阳双峰院记》：

> 揭阳双峰独罹劫灰，自丙子至戊申三十三载，归德彭君振来尹兹邑，报恩无地，将经始起废。民父老合辞荐请，君乃捐俸流弛，起释子石山必琼董其役。琼亦罄囊毕力，初构殿瓦砾间，始庚戌夏，迄辛亥冬，邑人刘君用宾，林君叔翊，好善随喜。法筵开，经轮转，山门品列，廊楹鱼贯，僧寮师室，香积宝庋，种种完美。又三年梅倅蒙君果，沿檄适至，暨归裒镪五十万圆满之。……尹字文举，今为惠州路推官。蒙字仲刚，今为潮幕长。谦斋刘君，时主簿程乡。友梅石山林与琼自号也。财施工力姓氏列著碑阴。泰定初元甲子三月朔，承直郎、南雄路总管府推官程准记。[2]

至于岭南西部地区（即今广西），元代新建寺庙二十二所，但禅宗总体并无多大发展。值得一提的是，广西贵港南山寺在元代

---

[1] （明）解缙等编撰：《永乐大典》第九册，卷五三四五，中华书局1986年版，第2488页。
[2] （明）解缙等编撰：《永乐大典》第九册，卷五三四五，第2487页。

重建并获得元文宗御书门匾。贵港南山寺始建于北宋端拱二年（989），首任住持为善智，今存该寺的《南山住持题名记》备录北宋开山迄第二十三代住持题名、岁月、法号。[1]景祐元年（1034），宋仁宗赐额"景祐禅寺"。元大德四年（1300），宣授忠翊校尉贵州达鲁花赤兼劝农事燕帖木儿重修。[2]至治元年（1321），元文宗图帖睦尔以晋王身份被贬琼州，"道经南山，驻跸登览"，至治三年（1323）返京，"复幸是山，观阅洞中，亲洒宸翰'南山寺'三字赐寺僧为之匾"。[3]

元代岭南兴建的大型禅寺是琼州的大兴龙普明禅寺。天历二年（1329），元文宗图帖睦尔复位后，为纪念其在琼州蛰伏三年得到佛祖保佑最终龙飞而建大兴龙普明禅寺，次年正月"赐海南大兴龙普明寺钞万锭，市永业地"[4]。该寺兴建工程浩大，一度引发黎人暴动，不过文宗并未停止修建工程，并下诏让"湖广行省玥璐不花及宣慰、宣抚二司领其役，仍命廉访司莅之"[5]。建成之后，元文宗赐名"大兴龙普明禅寺"，置规运提点所，设官六员。凡此足见元文宗对此事的重视，这在某种程度上也有助于禅宗在琼州地区的发展。大兴龙普明禅寺的重修过程具见翰林学士虞集所作《重修琼山县普明寺记》。[6]

---

[1] 杜海军辑校：《广西石刻总集辑校》（上卷），社会科学文献出版社2014年版，第119—120页。

[2] 杜海军辑校：《广西石刻总集辑校》（上卷），第186—187页。

[3] 杜海军辑校：《广西石刻总集辑校》（上卷），第198页。

[4] （明）宋濂等撰：《元史》，第750页。

[5] （明）宋濂等撰：《元史》，第793页。

[6] 《正德琼台志》卷二七《寺观·普明寺》，《天一阁藏明代方志选刊》，上海古籍书店1964年版，第1284—1286页。

第六章
云门宗的形成及岭南云门概貌

创立于岭南的云门宗是禅门五宗中第四个形成的宗派（与云门宗同时代而稍晚的是活跃在吴越地区的法眼宗）。这个创立于五代十国时期、初期偏于岭南一隅的禅门宗派，是宋代禅宗的主要宗派之一，也是使禅宗在北宋中期一跃成为佛教第一大派别的重要力量。它勃兴于五代，鼎盛于北宋中后期，入南宋后宗风日衰，入元则仅存些许余绪而绝。这个过程与北宋中后期开始的，由诸多有识禅师大声疾呼，认为禅宗法弊丛生、正在由盛而衰的大节奏几乎保持一致。

缘云门宗乃禅门五宗中唯一诞生于岭南的一家，因而在岭南禅宗发展史的图卷上是浓重的一笔。

第一节 云门宗的世系溯源

云门宗是六祖慧能南宗禅五叶中的一叶，所以，其宗源世系无疑可溯自六祖慧能，实际上，其创立者云门文偃就是六祖慧能下七世法嗣。然而他先后直接师从于南岳系黄檗希运门人陈尊宿（道踪），以及身为青原系禅师同时也是唐末最重要禅师之一的雪峰义存，所以，我们要把握云门文偃的禅法神韵，必先追寻和了解陈尊宿和雪峰义存的禅风。

一、陈尊宿

陈尊宿（792？—895？），睦州人（今浙江建德市），因此丛林也常称其为睦州或陈睦州，这一称谓反衬出其地位和影响，因为中国历史上能以贯籍代称者，往往是名人大家。然令人不解的是，关于其生平的载录很少，其生灭年代不详。《祖堂集》《景德传灯录》《联灯会要》等未记法号，只载陈尊宿的称号。《五灯会元》载其法号为道明，《云门匡真禅师广录》载道踪。就文献所见，"师法嗣黄檗，初住睦州观音院，常余百众。得数十载后，舍众住开元寺房。织蒲鞋鬻养母亲，时人号为陈蒲鞋……睦州和尚，名道晨，严州人，姓陈氏，受业不载，得法于黄檗希运和尚，马祖第四世。唐宣宗懿宗时人"[1]。即是说他在睦州开元寺出家，在黄檗希运禅师座下得领玄旨，为黄檗首座。后被四众迎请住观音院，常住弟子百人。后又回出家时的开元寺，并不居庙，隐居家中，编织蒲鞋奉养母亲，故有"陈蒲鞋"之雅号。

禅宗灯录文献对陈尊宿的评价甚高，称其"持戒精严，学通三藏"，形容其禅风"学者叩激，随问遽答。词语峻险，概非循辙。故浅机之流，往往噷之，唯玄学性敏者钦伏"。正因为其"峻

---

[1]（宋）赜藏主编集，萧萐父等点校：《古尊宿语录》卷六《睦州和尚语录》，中华书局1997年版，第106页。

险"而又不"循辙"的禅风,"由是诸方归慕,咸以尊宿称"。[①]"尊宿"之谓却非一般之僧人所能冠称。

然而,这样一位"诸方归慕"的"尊宿",其法嗣却不多,《景德传灯录》和《传法正宗记》载为两人:一为睦州刺史陈操,一为睦州严陵钓台和尚,而后者未录机缘语句。南宋时的《联灯会要》则载睦州陈操尚书一人,《指月录》则记载为睦州刺史陈操居士。

尽管陈尊宿法嗣单薄,但他对禅林法脉延续的贡献却厥功至伟。禅门五宗中,除了云门宗的开创者文偃是在他这里"大达宗旨",临济的开创者义玄(?—867)的悟道也与他有甚深因缘。义玄初参黄檗,那时陈尊宿是黄檗首座。义玄初只随众参侍。陈尊宿慧眼识英,勉令激劝,使义玄向黄檗问话,才有了义玄三问、黄檗三打的公案。此番三问三打,义玄仍未得入处,便对首座陈尊宿表达了想告辞往诸方行脚之意。陈尊宿就向黄檗建议:"义玄虽是后生,却甚奇特,来辞时愿和尚更垂提诱。"[②] 黄檗于是指引义玄去参高安大愚,才有了禅宗史上著名的"大愚三拳"公案。义玄得到大愚的点拨,大悟黄檗此前施设,重返黄檗座下习禅三十三年,之后往镇州(今河北正定)建临济院,开临济宗风。陈尊宿无疑在义玄的大悟因缘中扮演着非常重要的角色。所以宋代以犀利博闻的禅师惠洪在他著名的《石门文字禅》中写《陈尊宿赞》道:

[①] (宋)普济著,苏渊雷点校:《五灯会元》,第230页。
[②] (宋)释道原著,妙音、文雄点校:《景德传灯录》,第205页。

云门临济一龙一夔，嗣存参运皆公使之。

丛林米岭众不满百，念一典客觉有难色。

即袖手去古寺闲房，织屦养母自含其光。

钦其遗风秋满须发，唯不少贬是真弘法。[①]

这里的"云门临济一龙一夔，嗣存参运皆公使之"，把陈尊宿在禅宗法脉传续上的贡献表达得淋漓尽致。

事实上，得陈尊宿指点接引者还不止此二人。重要者，还有如云峰文悦禅师。云峰文悦在黄檗座下三年，黄檗不识其才。陈尊宿老婆心切，谆谆教授，令闻佛法大意，后指点文悦去参访大愚而悟。而这个文悦禅师，在临济黄龙派的形成上也起到了极其重要的指引作用。黄龙派的开创者黄龙慧南，与文悦相见时，已经是非常有名的禅师。那时他在泐潭怀澄处承担分座接引的工作，指导大众禅法。文悦见面坦言，黄龙欠缺明师锤炼，并规劝说泐潭怀澄虽是云门文偃的法嗣，但其禅法与云门禅不同，不是活人之法，建议他另寻名师。黄龙不以为然，文悦却两次细致分析，苦口相劝，并建议黄龙到石霜楚圆禅师处参访。黄龙被说服，去参楚圆，这才有了临济黄龙派的出现。

陈尊宿点拨云门文偃大悟宗旨，后者得以开创云门一宗；促成义玄于黄檗处的悟道因缘，后者得以开展临济一宗；又因发掘云峰文悦而间接贡献于黄龙慧南与石霜楚圆的法缘，黄龙慧南得以发展出临济宗黄龙一派。陈尊宿的宗门眼识、禅法见解可见一斑。

[①] （宋）惠洪：《石门文字禅》卷十八，嘉兴藏第23册。

文偃在陈尊宿处大达宗旨，《碧岩录》卷一言："云门寻常接人，多用睦州手段。"①文偃"孤危耸峻，人难凑泊"的禅风与接人手段，确实与陈尊宿的"词语峻险，概非循辙"更相似。陈尊宿一生"藏用"，发掘、点拨的人才都指引到其他明师座下，自己却片瓦不留，只是暮年回故乡睦州，才准许身边一二人挂名为弟子，其性格风骨淡泊如此。

二、雪峰义存

雪峰的事迹散见于《五灯会元》卷五、卷七，《景德传灯录》卷十六，《宋高僧传》卷十二，《祖堂集》卷七等。

雪峰义存（822—907），泉州高安县曹氏子，十二岁于莆田玉涧寺庆玄律师处充当童侍，十七岁落发，改法讳为义存。二十四岁拜谒芙蓉灵训②，留侍左右。后北上游学各地，并在幽州宝刹寺受具足戒。其后与岩头全豁、钦山文遂结为道友，广参尊宿，久历法筵，但雪峰是诚厚性格、机迟根器，求学之路好不辛苦。《灯录》记载雪峰初参芙蓉灵训、大慈环中，但没有记录具体内容，后雪峰"三到投子""九上洞山"往复参叩，也只是渐有进境。

"三到投子"中的投子大同（819—914），据《五灯会元》卷五载，依止保唐满禅师出家。保唐满禅师的身份无法认定，一说是马祖道一（709—788）弟子佛光如满，一说是保唐宗法嗣。投子初

---

① （宋）圆悟克勤编，赖永海释译：《碧岩录》卷一，深圳弘法寺印行，第43页。
② 《五灯会元》卷七作芙蓉常照大师，《雪峰义存禅师语录》作芙蓉弘照灵训，《祖堂集》卷七作圆照大师。依《景德传灯录》卷十，芙蓉山灵训禅师，归宗智常弟子，谥弘照大师。

习安般,深得小乘基础;后阅华严,得大乘极旨;而后于丹霞天然(739—824)弟子翠微无学处顿悟宗旨。投子与被称为赵州古佛的赵州从谂(778—897)有段机锋对答,赵州称赞投子说:"我早侯白,伊更侯黑。"侯白乃古时闽中擅善骗术的高手,许多人都被他的诡计蒙骗。但一次遇到一女子,侯白却被骗了。这成功算计了侯白的女子,名叫侯黑。赵州对投子评价之高如是。投子与雪峰是同辈人,年龄相仿,却很早就名闻天下,学人争相奔凑。

雪峰三次到投子处参学的情形,《五灯会元》卷五中记载了五段对答:

> 师指庵前一片石,谓雪峰曰:"三世诸佛总在里许。"峰曰:"须知有不在里许者。"师曰:"不快漆桶!"
>
> 师与雪峰游龙眠,有两路。峰问:"那个是龙眠路?"师以杖指之。峰曰:"东去西去?"师曰:"不快漆桶!"
>
> 问:"一槌便就时如何?"师曰:"不是性燥汉。"曰:"不假一槌时如何?"师曰:"不快漆桶!"
>
> 峰问:"此间还有人参也无?"师将锹头抛向峰面前。峰曰:"恁么则当处掘去也。"师曰:"不快漆桶!"
>
> 峰辞,师送出门,召曰:"道者!"峰回首应诺。师曰:"途中善为。"[①]

前四次对话结尾,投子都呼雪峰"不快漆桶",谓之机迟。雪

[①] (宋)普济著,苏渊雷点校:《五灯会元》,第298页。

峰不契，告辞上路，投子仍然老婆心切地抓住时机忽然最后一喝，大叫"修道人！"这或类似于马祖与石头、百丈与药山、黄檗与德山之间的"霹雳之机"，可惜雪峰此时刚入得门，尚未入室，无法借此契机悟入。投子只好说，"途中善为"。这里"不快漆桶"便因这段公案，变成后世禅师常用之语。

"九上洞山"的洞山良介禅师（807—869），是禅门五宗之曹洞宗的开山祖。《筠州洞山悟本禅师语录》和《雪峰义存禅师语录》中记载有数则问答。其中《筠州洞山悟本禅师语录》中所录这五则问答，最能体现雪峰洞山求法之情形：

> 雪峰到参。师问："从甚处来？"云："天台来。"师曰："见智者否？"云："义存吃铁棒有分。"
>
> 雪峰在会下作饭头，淘米次。师问："淘沙去米？淘米去沙？"峰云："沙米一时去。"师曰："大众吃个什么？"峰遂覆却米盆。师曰："子他后别见人去在。"
>
> 师一日问雪峰："作甚么来？"峰云："斫槽来。"师曰："几斧斫成？"峰云："一斧斫成。"师曰："犹是这边事，那边事作么生？"峰云："直得无下手处。"师曰："犹是这边事，那边事作么生？"峰休去。
>
> 雪峰蒸饭次。师问："今日蒸多少？"峰云："二石。"师曰："莫不足么？"峰云："于中有不吃者。"师曰："忽然总吃又作么生？"峰无对。
>
> 师见雪峰来，曰："入门来须得有语，不得道蚤个了。"峰云："甲无口。"师曰："无口即且从，还我眼来。"峰便休。

雪峰辞师。师曰:"子甚处去?"峰云:"归岭中去。"师曰:"当时从甚么路出?"峰云:"从飞猿岭出。"师曰:"今回向甚么路去?"峰云:"从飞猿岭去。"师曰:"有一人不从飞猿岭去,子还识么?"峰云:"不识。"师曰:"为甚么不识?"峰云:"他无面目。"师曰:"子既不识,争知无面目?"峰无对。①

寥寥几段语录,雪峰诚厚不欺心的性格、洞山严谨细密的禅风,以及雪峰悟道之曲折都跃然纸上。

雪峰往复参询九次,也未得见性,与他一同参学的禅师纷纷见道,小他十岁余的曹山本寂、云居道膺二禅师也已成为洞山的得力弟子。雪峰于是继续往参德山。

雪峰年近四十前去参访德山宣鉴(782—865),终在德山棒下有所悟入。德山接引学人之师法,在风格上十分峻烈,经常用棒喝的方式提点学人,所谓"道得也是三十棒,道不得也是三十棒"。德山得法于石头希迁的再传弟子龙潭崇信禅师,侍奉三十年后在湖南澧阳隐居。武陵太守薛延望延请不动,就以私贩盐茶的罪名相威胁,迫使宣鉴住持"德山精舍",此时已年近八十。德山出世行化仅六年时间,但其禅风使天下学者耳目一新,与同时代的临济义玄禅风并称为"德山棒,临济喝"。雪峰遍历法筵,于德山处终得悟入,也明白了投子与洞山当年之用处。后与岩头全奯

---

① 〔日〕慧印校:《筠州洞山悟本禅师语录》卷一,《大正藏》第47册,台湾电子佛教协会,2016年,第514页。

禅师的一番问答，终究断疑彻悟，丛林称此公案为"鳌山悟道"。

雪峰的禅法蒙投子、洞山、德山等大师之反复锤炼、细密筛磨，又假见道友长期的真诚切磋，兼容诸师之长，融合出极具鲜明特色的雪峰法。雪峰离开德山回到闽地时已四十九岁，在信众护持之下建广福禅院。其禅风声名很快广为传播，学人常年不少于一千五百人。他座下法嗣依《传法正宗记》载有五十六人，除云门文偃外，福州玄沙院的开山祖师备、福州怡山长庆寺的中兴祖师慧棱、福州鼓山涌泉寺开山祖神晏、越州（今浙江绍兴）洞岩寺的可休、信州（今江西上饶）鹅湖的智孚等皆出其门下，后各自拥徒说法，成为一方开山之祖。法眼宗的创立者文益是其三传弟子。云门、法眼两宗都以雪峰为"祖庭"。

雪峰义存与当时身处北方的南泉普愿禅师法嗣赵州从谂，以"南有雪峰，北有赵州"，南北并称，翘楚于禅林。他在福州雪峰山（象岩）建立的道场，形成了当时中国最重要的禅宗传布地之一。雪峰门下五十六位法子多在各地建立法幢，几乎垄断了长江以南的佛教。雪峰上接青原行思法脉，向下又开启了活跃于岭南的云门和分布在吴越的法眼两大禅宗宗派。

第二节　云门文偃与云门宗的创立

云门文偃在南岳系下（陈尊宿）大悟宗旨，在青原系下（雪峰义存）得其印证，其法统之丰富如是。雪峰的弟子一般都分布在长江以南的区域，文偃也不例外，他选择离开福州后一路南下，于五代后梁太祖乾化元年（911）游方至岭南韶州，拜谒禅宗曹溪祖庭后，被马祖一系的韶州灵树禅院①住持如敏立为首座，继而在韶州乳源开山，创立了禅门五宗之云门宗。

一、云门文偃

（一）文献简述

文偃生平见载于《祖堂集》、《景德传灯录》、《五灯会元》卷十五、《禅林僧宝传》卷二、《云门匡真禅师广录》卷下、《释氏稽古略》卷三等。云门寺现存《大汉韶州云门山光泰禅院故匡真大师实性碑》和《大汉韶州云门山大觉禅寺大慈云匡圣弘明大师碑》也保留了大量信息。此外，近代巨擘虚云在1951年，咐嘱弟子惟心、妙云、圆澄等收集云门寺相关资料，嘱岑学吕居士编订《云门山志》，材料信息也十分丰富。冯学成先生《云门宗史话》中认为雪峰再传弟子所撰《祖堂集》和北宋初年同为雪峰一脉开出的法眼宗人所撰的《景德传灯录》，都没有像后世的《五灯会元》那样把云门文偃放在雪峰门下的显耀位置，并对此排位表达了疑惑。我们认为，《景德传灯录》之排名与禅师在该宗派的重要性未必完全成正比，还应综合考虑入门先后、法缘亲疏等综合因素。从法缘来说，文偃与雪峰的关系确实不如玄沙师备、保福从展、鼓山神晏、龙华灵照、镜清道怤等亲近，上述禅师跟随雪峰多年，且是在雪峰座下明心见性的，而文偃是在陈尊宿处大达宗旨后才来雪峰处参学的，

---

① 灵树寺，据中山大学中国古文献研究所仇江先生考证，应在韶关曲江韶石建封山腰，即入宋后之建封寺。

在雪峰处也仅三年左右时间①。法缘亲疏，不言而喻。

《景德传灯录》记载了雪峰法嗣上十四人，下四十二人，其中上十四人及下三十一人机缘语句见录，另有下十一人只记录了名号，共计五十六人。文偃在《景德传灯录》里排在雪峰法嗣下第二十九位，而云门五世的佛日契嵩所撰《传法正宗记》录雪峰法嗣五十六人，契嵩也是沿用《景德传灯录》以来的排序，把自己本宗的祖师文偃列在第二十九位。契嵩此书旨在树立强调法统，但他并不认为排名第二十九就抹杀了本宗祖师的重要性，从而贬低了文偃的地位。而《景德传灯录》将文偃排名第二十九位也并非是看轻他的意思，不过是史家记录之笔。如《景德传灯录》中列在第三位的福州大普山玄通禅师，仅见录一百余字；列第六的信州鹅湖山智孚禅师，四百余字；列第七位的漳州报恩院怀岳禅师，不足四百字；列第八位的被赐紫衣师号的杭州西兴化度悟真大师，不足三百字。事实上，篇幅详细程度超过文偃（四千字）者并不多。可见，这两部作品的执笔者并非按照贡献大小或重要性强弱来排名先后。

《景德传灯录》《传法正宗记》，因撰写时期在北宋初年，正是五家面目渐次清晰起来的时期，因此辑录到六祖下即分青原行思和南岳怀让两支，而非两支后又开五宗的方式进行记述，排名先后更多遵循入门先后、法缘亲疏等规矩。而《五灯会元》编纂于南宋，是将北宋景德元年（1004）至南宋嘉泰二年（1202）近两百年间分别成书的《景德传灯录》《天圣广灯录》《建中靖国续灯

---

① （宋）圆悟克勤编，赖永海释译：《碧岩录》卷一，第42页。

录》《联灯会要》《嘉泰普灯录》汇集、删减编纂而成的合集。此时,法眼、沩仰已断续,云门也渐弱,宗门对五宗的划分、五宗的特点、五宗的重要性都有了共识,因此用二家之后又分五宗法统记录传灯谱系。文偃作为五宗之云门宗的开山祖,自然应在雪峰法嗣灯谱中占据首位。

因此可以说,上述三种文献,因其撰写的时机、撰写的意图而对文偃在雪峰座下的位次各自安排,前二者更接近历史的真实,后者更接近宗教的真实。

(二)云门文偃行状

文偃(864—949)俗姓张,苏州嘉兴(今浙江嘉兴)人。《祖堂集》载:"师讳偃禅,苏州中吴府嘉兴人也,张姓。"[1]陈守中《云门弘明禅师碑》云:"师讳文偃,姓张氏,吴越苏州嘉兴人也。"[2]而据《云门匡真禅师广录》卷下《云门山光泰禅院匡真大师行录》载,文偃乃晋王司马冏东曹参军张翰十三代孙。《大汉韶州云门山光泰禅院故匡真大师实性碑》还补充说,因张翰"知世将泯,见机休禄,徙于江浙,故胤及我师生于苏州嘉兴郡"[3]。相关的研究进一步说张翰的父亲张俨是三国末期孙吴的著名文人。[4]自张翰徙嘉兴后,张氏一直居住于此。

---

[1] (南唐)静、筠禅僧编,张华点校:《祖堂集》,第379页。
[2] (清)林述训等修,单兴诗纂:《韶州府志》卷三八《列传七》,广东省地方史志办公室辑:《广东历代方志集成》,韶州府部(三),第824页。
[3] 雷岳:《大汉韶州云门山光泰禅院故匡真大师实性碑》,见岑学吕编,仇江整理:《云门山志》,第172页。
[4] 仲红卫:《云门宗源流述略》,暨南大学出版社2014年版,第57页。

1. 初礼志澄

文偃出生于唐懿宗咸通五年甲申（864），自幼投本州空王寺志澄律师座下为童子。文偃师礼志澄的时间，文献记载不一。《祖堂集》记录是"年十七，依空王寺澄律禅师受业"[①]。而《云门山志》则认为文偃碑铭"撰铭者未明佛制，误称受沙弥戒之年数为法龄耳。且各籍均载幼投空王寺出家，碑铭则载'才逾卯岁'，是未冠时之称。故今假定师出家及受沙弥戒之年为十五岁，确否待考"[②]。后又言："师夙负灵姿，为物应世，故年甫十五即投嘉兴空王寺礼志澄律师出家，并受沙弥戒焉。"[③]文偃在常州戒坛受具足戒时间，《祖堂集》认为是"己卯"年，此处应是"癸卯"错录，则为二十岁。《云门山志》推算是二十一岁。受戒后，文偃回空王寺，侍讲数年，学习《四分律》，"赜穷《四分》旨"，并"毗尼严净，悟器渊发"。[④]冯学成先生在《云门宗史话》中认为，依佛教戒律，比丘在五夏以前，应专精戒律，五夏以后方许听教参禅，因此文偃这一阶段在空王寺的时间当不少于五年。

空王寺始建何时难以认定，赞宁《宋高僧传》之《唐吴郡嘉兴法空王寺元慧传》载：元慧"以开成二年（837）辞亲，于法空王寺依清进为弟子……大中初，还入法门。至七年，重建法空王寺"[⑤]。关于文偃在空王寺的行迹，文献所载不多，《大汉韶州云

[①] （南唐）静、筠禅僧编，张华点校：《祖堂集》，第380页。
[②] 岑学吕编，仇江整理：《云门山志》，第15页。
[③] 岑学吕编，仇江整理：《云门山志》，第16页。
[④] 岑学吕编，仇江整理：《云门山志》，第30页。
[⑤] （宋）赞宁撰，范祥雍点校：《宋高僧传》，第589页。

门山光泰禅院故匡真大师实性碑》谓其"幼慕出尘,乃栖于嘉兴空王寺澄律师下为童。凡读诸经,无烦再阅。……后侍澄公讲数年,倾穷四分指归"①。因文偃"受十支戒后,谨遵律仪,澄公深器重之"②。

2. 次师睦州

已"凡读诸经,无烦再阅"的文偃,仍认为"己事未明",于是,他辞别志澄游方参学,首站就是离嘉兴两百余里的睦州陈尊宿。《云门山志》云:"年二十六以毗尼既严净,而己事尚未明,乃辞澄公往游方。初至睦州,闻有老宿隐于古寺,织蒲屦养母,遂往谒之。"③此时尊宿隐居在睦州编织草鞋为生,已是九十多岁的高寿老僧。陈尊宿接机,向来"机辩峭捷,无容伫思"④,对待文偃也不例外。文偃三日扣门,陈尊宿才开门。门刚开未全开之际,文偃就急急捺入,陈尊宿便一把擒住,说"道!道!"文偃刚想思考回答(拟议),陈尊宿就一把把他向外推,说"秦时镀轹钻",文偃豁然悟入。《祖堂集》没有记录这则公案,《景德传灯录》记录极简,一句点明文偃在陈睦州处发明大旨。《云门匡真禅师广录·行录》记载陈尊宿道"秦时镀轹钻",文偃即释然朗悟,继而"咨参数载,深入渊微"。而《禅林僧宝传》则多出一段情节,即

---

① 雷岳:《大汉韶州云门山光泰禅院故匡真大师实性碑》,见岑学吕编,仇江整理:《云门山志》,第172页。
② 岑学吕编,仇江整理:《云门山志》,第16页。
③ 岑学吕编,仇江整理:《云门山志》,第18页。
④ 岑学吕编,仇江整理:《云门山志》,第31页。

在陈尊宿说"秦时𨍏轹钻"后，随即想把门掩闭，而文偃此时一脚还在门内，因被损一足。这一吃痛，文偃就此悟入。《禅林僧宝传》的这一段情节，在宋代许多禅籍语录，如《碧岩录》中均有提及，只不过有的记录为夹伤，有的记录为"损"。到了《五灯会元》成书时，就将这段情节记录了进去，从历史记述层面将这一情节坐实了。究竟有无这伤足、损足的情节，已无从考据，但后世转述当中衍生出这一情节，经过多人转述，历史层累的可能性很大。《五灯会元》之《云门文偃禅师》是这样记述这一公案的：

> （文偃）以己事未明，往参睦州。州才见来，便闭却门。师乃扣门，州曰："谁？"师曰："某甲。"州曰："作甚么？"师曰："己事未明，乞师指示。"州开门一见便闭却。师如是连三日扣门，至第三日，州开门，师乃拶入，州便擒住曰："道！道！"师拟议，州便推出曰："秦时𨍏轹钻。"遂掩门，损师一足。师从此悟入。①

文偃于尊宿处彻悟后，曾在陈尊宿的弟子陈操侍郎家住了三年。《碧岩录》载："后于陈操尚书宅住三年。"② 两人机锋语句记录下来，被雪窦禅师点评说，陈操只具一只眼。文偃居陈操家时，也经常参叩陈尊宿，反复锻炼，后又回到陈尊宿身边。但此时的陈尊宿年已近百，又志行头陀，不欲领众，法嗣单薄。陈尊宿在

---

① （宋）普济著，苏渊雷点校：《五灯会元》，第922页。
② （宋）圆悟克勤编，赖永海释译：《碧岩录》卷一，第42页。

文偃"咨参数载,深入渊微"后,深知文偃乃佛门龙象,于是为文偃做了参学雪峰的安排。《云门山志》载:"州知其终为法门柱石,因语之曰:'吾非汝师,今雪峰义存禅师,可往参承之,无复留此。'"①《云门山光泰禅院匡真大师行录》谓:"踪知其神器充廓,觉辕可任,因语之曰:'吾非汝师。今雪峰义存禅师可往参承之,无复留此。'"②《碧岩录》云:"睦州指往雪峰去。"③

3. 后参雪峰

如上文所述,雪峰上承投子、洞山、德山等反复锤炼,师法缜密,与赵州一道当时声名巨大,南北并称,门庭广博,又得王审知(后自封闽王)的拥护。文偃若要想成就一番大发展,拜雪峰门下是上佳的选择。文偃听从了陈尊宿的安排,于唐昭宗乾宁元年(894)辞别睦州,前往福建雪峰。

年过七旬的雪峰义存此时刚迁寺于雪峰陈洋塔院,后世称广福禅院或广福院,座下常住弟子有千余人。文偃参谒雪峰的出场,非常具有故事性。《云门匡真禅师语录》卷一载:

> 师到雪峰庄,见一僧。
> 师问:"上座今日上山去?"
> 那僧云:"是。"

---

① 岑学吕编,仇江整理:《云门山志》,第17页。
② (宋)赜藏主编集,萧萐父等点校:《古尊宿语录》卷十八《云门山光泰禅院匡真大师行录》,第347页。
③ (宋)圆悟克勤编,赖永海释译:《碧岩录》卷一,第42页。

师云:"寄一则因缘问堂头和尚,只是不得道是别人语。"

僧云:"得。"

师云:"上座到山中见和尚上堂,众才集,便出,握腕立地云:'这老汉项上铁枷何不脱却?!'"

其僧一依师教。

雪峰见这僧与么道,便下座,拦胸把住其僧,云:"速道!速道!"

僧无对。

雪峰托开,云:"不是汝语!"

僧云:"是某甲语。"

雪峰云:"侍者!将绳棒来!"

僧云:"不是!某语是庄上一浙中上座教某甲来道。"

雪峰云:"大众,去庄上迎取五百人善知识来!"

师次日上山,雪峰才见便云:"因什么得到与么地?"

师乃低头,从兹契合。①

这段公案,《雪峰义存禅师语录》也有记载,后《五灯会元》沿袭。文偃以"临机不让师"的气势完成了与雪峰初见、勘验的全过程。雪峰赞许文偃此时已是能带领五百僧众参禅的禅师,还说寺众应去庄上迎接,可谓还未见面就给了文偃极高的肯定。次日雪峰与文偃相见,雪峰问"因什么得到与么地?",文偃却一话不接,只低下头,从兹契合。

---

① (宋)守坚编:《云门匡真禅师语录》卷一,嘉兴藏第24册。

文偃在雪峰处"一住三年"[①]，便"温研积稔"，使见地纯熟。雪峰遂"密以宗印付师之"[②]。文偃至此正式继承了雪峰法脉，具备了领众传法的资格。

但文偃并未急于开法，而是又用了数年时间参访天下名宿。对此，《云门匡真禅师广录》中的《游方遗录》与惠洪的《禅林僧宝传》，均有明确的记载。文偃在临终前给南汉王赵晟所递《大师遗表》中扼要自述道：

> 臣迹本寒微，生从草莽。爰自髫龀，切慕空门。洁诚誓屏于他缘，锐志唯探于内典。其或忘餐待问，立雪求知，困风霜于十七年间，涉南北于数千里外。始见心猿罢跳，意马休驰。[③]

文偃四方参礼的时间，《云门宗史话》就上文推断为十七年，但《大师遗表》所言时间未必单指离开雪峰后风雪十七年，也有可能是指整个参学的过程，也即从离开嘉兴之时算起，或指从睦州赴闽地而开启的参学经历。总之，在他四方参礼的这个阶段，其锋辩险绝、壁立千仞的气象已遍知丛林，得到了如灌溪志闲、曹山本寂、疏山匡仁等尊宿的提点与认可，所到之处，"俱蒙器重"，"世所盛闻"。

[①] （宋）圆悟克勤编，赖永海释译：《碧岩录》卷一，第42页。
[②] （宋）赜藏主编集，萧萐父等点校：《古尊宿语录》卷十八《云门山光泰禅院匡真大师行录》，第347页。
[③] 岑学吕编，仇江整理：《云门山志》，第170页。

4. 继席灵树

梁乾化元年（911），四十六岁的文偃游历到岭南，先到韶州曹溪礼拜六祖慧能真身，其后慕名前往灵树禅院参访如敏禅师。

韶州灵树禅院，始建年代不详，《韶州府志》载："灵树寺，在韶社都，五代知圣禅师道场，云门继席于此。久废。"[①] 据中山大学中国古文献研究所仇江先生详细考证，灵树寺应是宋代建封寺的前身。曲江韶石山东部临江的建封寺的遗址，即是灵树古寺的遗址。目前遗址为一向东南开口的舒缓谷地，背靠灵树山，面对浈江。

灵树如敏，闽人，其生卒年代不详。《韶州府志》云："如敏，福州人，住韶州灵树山，烈宗高祖累加钦重，署为知圣大师……居岭表四十余年，颇有异迹……赐如敏号曰灵树禅师。"[②]《祖堂集》记载他曾在镇州（今河北），赴镇州大王宴请，与赵州和尚有过问答，得赵州首肯。[③]《宋高僧传》卷二十二将其描绘为颇具神通之人，归于感通类。述其为人宽绰纯笃，无故寡言，深悯迷愚，率行激劝。有"逆知其来"的神通力，每每南汉王诏请如敏，如敏总能不告而知南汉王的问题与事件因缘，于是南汉王有不能抉择的疑虑就会直接询问如敏的意见。如敏也没有什么嫌忌，每次口占皆无不准。南汉王于是赐号知圣大师；入灭后，封谥号灵树。

---

① （清）林述训等修，单兴诗纂：《韶州府志》卷二六《古迹略二》，广东省地方史志办公室辑：《广东历代方志集成》，韶州府部（三），第537页。

② （清）林述训等修，单兴诗纂：《韶州府志》卷三八《列传七》，广东省地方史志办公室辑：《广东历代方志集成》，韶州府部（三），第823页。

③ （南唐）静、筠禅僧编，张华点校：《祖堂集》，第643页。

又载，如敏与侍者苦行二人上山，如敏令侍者先下山后，自己遁入山地。苦行无意发现这一异相，于是藏在草丛中等候。很长一段时间后，如敏才又现身，被苦行追问时解释说，他与山王有旧，相邀言话。[1]这些记载为如敏笼上了一层神秘而传奇的色彩。

与律师系统所撰的高僧传不同，禅师所著灯录系统把神通部分几乎全部隐去不说，只是保留了与文偃相关的一则记录。但如敏是"异人"，则是高僧传系统和灯录系统都不讳言的。相关文献记载，如敏住持灵树寺，把首座的位置空置了二十年。每有人问起，他就会告知他虚席而待之首座的近况。一时对人说，他的首座出生了。数年后对人说，他的首座在"牧牛"即参禅修学锻炼心性了。又数年，说他的首座在行脚。忽然一日，令僧人撞钟，带领全体僧众在山门前迎接首座，果然迎到了文偃。如《五灯会元》说：

> 知圣住灵树二十年，不请首座。常云："我首座生也，我首座牧牛也，我首座行脚也。"一日，令击钟三门外接首座。众出迓，师果至，直请入首座寮，解包。后广主命师出世灵树。[2]

《云门山光泰禅院匡真大师行录》也云：

> 后抵灵树知圣禅师道场。知圣凤已忆其来。忽鸣鼓告众，

---

[1] （宋）赞宁撰，范祥雍点校：《宋高僧传》，第561页。
[2] （宋）普济著，苏渊雷点校：《五灯会元》，第923页。

请往接首座。时师果至。先是知圣住灵树凡数十年，堂虚首席，众屡请命上座，知圣不许。尝曰："首座才游方矣。"及师至，始命首众焉。[①]

这种明示如敏以神通力，一直在关注远在异地、素未谋面的文偃之成长的公案，在禅宗史上鲜能得见。

917年，如敏入灭。在如敏入灭的同年，刘岩在广州称帝，国号大越，次年改为汉，史称南汉。如敏临终前，预知南汉王因想兴兵攻占广西北部桂州等地，又不能决定，想延请他来开示吉凶，便于抉择，于是先行一步坐化了，并遗函刘岩，推荐文偃继承灵树法席。南汉王称帝的第二年（918），"巡狩韶石"，才知道知圣迁化的消息。他斥责知事，问和尚什么时候患病，这么大的事情居然不禀报，致使他痛失大师还毫不知情。知事把如敏预先交代的封函给了南汉王，里面的帖子写着："人天眼目，堂中上座。"这些故事情节，均可在文献中见到。《五灯会元》卷四载："广主将兴，躬入院请师决臧否？师已先知，怡然坐化。主怒知事曰：'和尚何时得疾？'对曰：'不曾有疾。适封一函子，令呈大王。'主开函得一帖子云：'人天眼目，堂中上座。'主悟师旨，遂寝兵。乃召第一座开堂说法。"[②]《云门山光泰禅院匡真大师行录》曰："洎知圣将示寂，欲师踵其席，乃潜书秘函中，谓门弟子曰：'吾灭后，上或幸此，请以遗上。'果会驾幸山。知圣预测上至，乃升堂

[①] （宋）赜藏主编集，萧萐父等点校：《古尊宿语录》卷十八《云门山光泰禅院匡真大师行录》，第347页。

[②] （宋）普济著，苏渊雷点校：《五灯会元》，第239页。

跏趺而终。及帝至，已灭矣。帝询师遗示，门人出函奉之。上启函得书云：'人天眼目，堂中上座。'帝乃敕刺史何希范具礼，命师以袭法会。"①

如敏这一封推荐文偃的遗命帖，南汉王自然依言拥戴。于是，刘岩在灵树禅院召见文偃，答对一番，认可了如敏的安排，敕令韶州刺史何希范具礼命文偃继承如敏灵树法席。次年，敕文偃在韶州开堂讲法。"韶州防御使、兼防遏指挥使、权知军州事、银青光禄大夫、检校兵部尚书、御史大夫上柱国何希范，洎阖郡官僚等，请灵树禅院第一座偃和尚，恭为皇帝陛下开堂说法，上资圣寿者。"②从此，文偃在南汉政权的认可和护持下，"踞知圣筵，说雪峰法"③，"禅河汹涌，佛日辉华，道俗数千，问答响应"，声名一方。

这里只说"雪峰法"，而不说"灵树法""睦州法"，抛却深层禅法层面的原因，我们仅就理性层面作如下几点剖析。第一，因为宗门人对法脉的态度尤其严谨较真，在任何情况下，法脉不可做人情。因此如敏虽与文偃因缘颇深，从其出生就以神通力遥相关注；又有知遇之恩，虚席二十年以待；更将法席和寺众慧命都移交给文偃；还于临终时，巧妙心思，设计竭力向南汉政权推荐，为他争取最有力的护法助缘，铺平他在岭南立足弘法的道路，但这份恩德却不能以妄许法嗣的方式来报答。文偃的见性与蒙受印

---

① （宋）赜藏主编集，萧萐父等点校：《古尊宿语录》卷十八《云门山光泰禅院匡真大师行录》，第347页。
② （宋）赜藏主编集，萧萐父等点校：《古尊宿语录》卷十八《云门匡真禅师广录·请疏》，第348页。
③ 岑学吕编，仇江整理：《云门山志》，第8页。

可都不在如敏处，其传承自然不能算作如敏法嗣。第二，文偃虽是在陈尊宿处开悟达旨，后引导学人也多用睦州手段，但陈尊宿嘱咐他依止雪峰有其深层的考虑。古代大德，往往观因缘行事。各人因缘不同，有的长于发用，法嗣昌盛；有的适于藏用，法缘单薄。陈尊宿嘱咐文偃依止雪峰，不能不说有这一层的考虑。雪峰强盛法脉的基因，也确实成为云门宗大盛天下的先天优势。可以说，文偃此举是顺因缘，遵师嘱。第三，基于礼数之猜想，可作为辅因，但值得一提。如敏是大鉴下四世，陈尊宿是大鉴下第五世，雪峰是大鉴下第六世，文偃按照雪峰法嗣的排序为大鉴下七世。文偃称演灵树法或睦州法，都有僭越之嫌，这一层或许是上面两重原因后暗合的一重原因。

二、云门宗的创立

文偃于919年开始在灵树禅院开堂说法，经历五年，深感灵树禅院与官府和乡绅过于紧密，且灵树禅院的格局似也限制了其法席的发展。因此文偃欲重觅一山林幽深之地，为日渐庞大的随修僧众安排一处便于安心习禅的寺院。于是，南汉乾亨七年（923）上疏奏请，表示自己倦于延接，志在清幽，心唯恬默，奏乞移庵。在南汉王的同意下，文偃率弟子在今乳源县云门山山麓兴建寺院，正式开山于云门，历时五年梵宫落成，南汉王刘岩亲命并赐匾额"光泰禅院"。《云门山志》云："尔后，祖唯恬静，'倦于迎接，志在幽栖'。遂于后唐庄宗同光元年癸未（923），奏准南汉王移庵，领众开云门山。"① "后唐庄宗同光元年癸未，时师年六十，师请移庵，广王俞允。乃领学者赴乳源云门山，鼎革废址，大新栋宇，历五载，毕功于后唐明宗天成丁亥（927），时师年六十四。工竣之日，广王赐'光泰禅院'额。"②《韶州府志》载："云门寺在县北云门山，五代时文偃禅师建。"③

文偃移住云门山后，举扬家风，法席更盛。其教法以风教峭迅，趋道益至闻名，吸引了大批学人前来参学，后人将文偃在云门山建寺演法而传续下去的禅门一支称为云门宗，文偃被时人称为云门大师。

关于云门之盛况，据如今仍存于云门寺之《大汉韶州云门山光泰禅院故匡真大师实性碑》和《大汉韶州云门山大觉禅寺大慈云匡圣弘明大师碑》记载，"天下学者望风而至"，"抠衣者岁溢千人，拥锡者云来四表"。此情可见碑文的具体描述。

《大汉韶州云门山光泰禅院故匡真大师实性碑》载：

> 四周云合，殿宇之檐楹翼翥，房廊之高下鳞差。邃壑幽泉，挫暑月而寒生户牖；乔松修竹，冒香风而韵杂宫商。近于三十来秋，不减半千之众，岁纳他方之供，日丰香积之厨。有殊舍卫之城，何异灵山之院。

---

① 岑学吕编，仇江整理：《云门山志》，第8页。
② 岑学吕编，仇江整理：《云门山志》，第19页。
③ （清）林述训等修，单兴诗纂：《韶州府志》卷二六《古迹略二》，广东省地方史志办公室辑：《广东历代方志集成》，韶州府部（三），第546页。

《大汉韶州云门山大觉禅寺大慈云匡圣弘明大师碑》载：

> 构创梵宫，数载而毕。莫不因高就远，审地为基。层轩邃宇而涌成，花界金绳而化出。晓霞低覆，绛帷微衬于雕楹；夕露散垂，珠网轻笼于碧瓦。匼匝尽奇峰秀岭，逶迤皆泼黛堆蓝……由是庄严宝相，合杂香厨，抠衣者岁溢千人，拥锡者云来四表。

《云门山光泰禅院匡真大师行录》载：

> 师自衡踬祖城，凡二纪有半。风流四表，大弘法化，禅徒凑集。登门入室者，莫可胜纪。

南汉乾和七年（949）四月，云门文偃有疾，自知时日不多，于是"乃修表以告别汉王，扎遗诫以嘱徒众，付法于白云山实性志庠大师"。四月初十日文偃大师示寂，世寿八十六岁，僧腊六十六岁。弟子们"依师训，塔于当山方丈内"，"是月二十五日，诸山尊宿四众道俗千数百人，送师入塔"。[1]

云门之兴，离不开南汉政权对云门文偃护持。云门得以开山，仰赖南汉政权之允准。南汉高祖、中宗两代帝王对文偃赏赍频频，两次诏请文偃入对，并赐号"匡真禅师"。南汉大宝元年（958），后主刘鋹立《大汉韶州云门山光泰禅院故匡真大师实性碑》，南汉

---

[1] 岑学吕编，仇江整理：《云门山志》，第20页。

御书院给事、内常侍雷岳撰《大汉韶州云门山光泰禅院故匡真大师实性碑铭》并序。大宝七年（964），追谥"大慈云匡圣弘明大师"，立《大汉韶州云门山大觉禅寺大慈云匡圣弘明大师碑》，南汉西御院使、集贤殿学士陈守中撰《大汉韶州云门山大觉禅寺大慈云匡圣弘明大师碑铭》并序。

三、云门宗旨宗风

（一）五家宗旨的简要比较

禅宗自六祖慧能后分青原行思和南岳怀让两大支系，又在这两支系开出沩仰、临济、曹洞、云门、法眼五宗。禅宗历史上称宗的原本不止于五，如四川有保唐宗，江西有洪州宗，但此五宗却被禅宗称为"一花之五叶"，有别于其他"宗"，并在《五灯会元》中分五宗记入灯录，这一情况是有其内部理据的。这里的主要理据，就是纲宗的不同。纲宗是开宗祖师依据实证见地，结合受徒实践之经验而总结出的参修、教学、勘验系统，具有强烈的宗师个人风格。纲宗是由宗师与宗门学人，以语言、动作、表情、声响等多个方面，在上堂、劳作、应对等多种场景中所作全方位的推敲，不同的宗师形成了各自独有的接引施设，或言语机锋，或棒，或喝，或转语，或圆相，种种实践方法、勘验方法积淀为本门所独有。五宗因其纲宗之面貌鲜明、独特高妙、广为摄受而成就了禅宗五个禅风各具的宗派。

但"纲宗"一词，或者说"纲宗"这个概念、对"纲宗"的这种认识并不是宗门学人一直保持不变的共识。北宋临济僧人惠洪在《石门文字禅》中慨叹：

> 禅宗学者，自元丰以来师法大坏，诸方以拔去文字为禅，以口耳授受为妙。耆年凋丧，晚辈狷毛，而起服纨绮，饭精妙，施施然以处华屋为荣，高尻磐折王臣为能，以狙诈羁縻学者之貌，而腹非之。上下交相欺诳，视其设心虽侩牛履狶之所耻为，而其人以为得计。于是佛祖之微言，宗师之规范，扫地而尽也。予未尝不中夜而起，喟然而流涕，以谓列祖纲宗至于陵夷者非学者之罪，乃师之罪也。[①]

惠洪认为禅门风气从元丰年（1078—1085）以来，师法大坏，纲宗不张。又说：

> 但识纲宗本无实法……近世丛林失其渊源，以有思惟心，争求实法，唯其以是为宗也……而纲宗丧矣！[②]

惠洪所处的时代（11 世纪时），五家已演为七宗，禅宗已一跃而为佛门第一大宗派，僧尼数目极具膨胀，但却出现了法久弊生、末学横流的现象。很多并不具有传法资质的禅师，随着年岁的增长，也于一方寺庙领众，老实者变为庸师，无所增益于学人；机

[①] （宋）惠洪著，〔日〕释廓门贯彻注，张伯伟、郭醒、童岭、卞东波点校：《注石门文字禅》卷二十六《题隆道人僧宝传》，中华书局 2012 年版，第 1511 页。

[②] （宋）惠洪著，〔日〕释廓门贯彻注，张伯伟、郭醒、童岭、卞东波点校：《注石门文字禅》卷二十三《洪州大宁宽和尚语录序》，第 1375 页。

巧者，一盲引众盲，更是搅浑一池春水，让那些在唐末宋初对禅宗学人来说是常识的正确见解及各家纲宗的面目模糊起来。数十年后，更是每况愈下：

> 大法寖远，名存实亡，其势则然。盖尝中夜起喟，为之涕零。余少游方，所历丛林，几半天下，而师友之间，通疏粹美者，尚多见，至精深宗教者，亦已少矣！又三十年，还自海外，罪废之余，丛林顿衰，所谓通疏粹美者又少，况精深宗教者乎？百丈法度，更革略尽，辄波及纲宗之语……①

因此，惠洪的后半生，一直致力于重新在禅林建立五家宗旨的知识格局，他一生著述如《五家宗旨》《禅林僧宝传》《智证传》等，很多是围绕这一目的进行的，南宋时期的晦岩智昭的《人天眼目》也是这方面的努力之作。

但五家宗旨时代的远离似逃不过事物"成住坏空"的客观规律，终究会走到五家规模尽丧的一步。事实上，在南宋后期，禅病泛滥，带众禅师里充斥了越来越多的庸常人员，甚至是自以为是的"邪师"。这些人既然不能解决自己的生死大事，对于各家接引锤炼学人的手段本领就更不可能掌握了，五家的纲宗在这样的状况下慢慢被弃置了。到了明代，紫柏真可（1543—1603）就慨叹纲宗尽丧，甚至宗门已经不知有纲宗的存在，因此要根治狂疏泛滥、懵懂瞎眼的禅宗现状，必须从重新建立五家施设分明的师

---

① （宋）惠洪著，〔日〕释廓门贯彻注，张伯伟、郭醒、童岭、卞东波点校：《注石门文字禅》卷二十三《五宗纲要旨诀序》，第1367页。

法入手，他耗费了大量的精力与人脉搜掘惠洪的作品，并加以大力推行，认为惠洪的作品与主张，即重塑纲宗，是应对明代丛林弊病的良药。而汉月法藏更是因为要重张五家宗旨，对抗对禅法囫囵吞枣的"一概头禅"，而与当世丛林发生了巨大分歧，从而无意中引发了一场持续百年、波及大半禅林的宗门僧诤，几乎撕裂了天下丛林，终以皇家强行干预才得以画上句号。经过明代两位禅师的努力，五家宗旨至少在知识的层面回归众人视野。至于当今，五家宗旨是继续以知识的方式存在着，还是以宗教的方式被禅宗使用着，就见仁见智了。

五家宗旨，概而言之：

沩仰纲宗："三种生""圆相""三照语"。

临济纲宗："三玄""三要""四喝""四料拣""四宾主""四照用"。

曹洞纲宗："正偏五位""君臣五位""功勋五位""三渗漏""三种堕"。

云门纲宗：云门三句，即涵盖乾坤句、截断众流句和随波逐浪句。

法眼纲宗：六相，即总、别、同、异、成、坏。

（二）云门宗旨宗风

关于云门的宗旨宗风，文献已有括释。《人天眼目》曰："云门宗旨，绝断众流，不容拟议。凡圣无路，情解不通。"[①]《五家宗

---

① （宋）智昭：《人天眼目》，见《大正藏》第48册，第313页。

旨纂要》云:"云门宗风,出语高古,迥异寻常……超脱意言,不留情见。以无伴为宗,或一字,或多语,随机拈示明之。"[1] 而最为人们熟知和研判者,无疑是上文所列之宗纲,即云门三句:涵盖乾坤、截断众流、随波逐浪。对此三句,其门人德山圆明缘密有《颂云门三句语》曰:

函盖乾坤
乾坤并万象,地狱及天堂;物物皆真现,头头总不伤。

截断众流
堆山积岳来,一一尽尘埃;更拟论玄妙,冰消瓦解摧。

随波逐浪
辩口利舌问,高低总不亏;还如应病药,诊候在临时。[2]

也许正因为缘密有此三句颂,致《景德传灯录》把此三句挂在缘密的名下:"德山有三句:一句函盖乾坤,一句随波逐浪,一句截断众流。"[3] 而《五家宗旨纂要》的阐释更为详尽:

函盖乾坤句 本真本空,一色一味。凡有语句,无不包

---

[1] (清)性统:《五家宗旨纂要》,见《大正藏》第65册,台湾电子佛教协会,2016年,第279页。

[2] (宋)赜藏主编集,萧萐父等点校:《古尊宿语录》卷十八《颂云门三句语并余颂八首》,第337页。

[3] (宋)释道原著,妙音、文雄点校:《景德传灯录》,第450页。

罗，不待跨蹉，全该妙体，以事明理。体中玄也。

如何是函盖乾坤句？三山来云："总在里许。"颂曰："函盖乾坤事莫穷，头头物物露真风。顶门亚竖摩醯眼，万象森罗一镜中。"

截断众流句 本非解会，排遣将来。不消一字，万机顿息。言思路绝，诸见不存。玄中玄也。

如何是截断众流句？三山来云："不通一滴。"颂曰："截断众流意若何，算来一字已成多。推排解会徒劳力，肯把要津放得过。"

随波逐浪句 许他相见，顺机接引。应物无心，因语识人。从苗辨地，不须拣择，方便随宜。句中玄也。

如何是随波逐浪句？三山来云："一叶扁舟。"颂曰："随波逐浪过前川，绿笠青蓑把钓闲。一曲渔歌江际晚，高低棹破水中天。"①

对云门三句的释解，乃治云门文偃乃至中国禅宗史不可绕逾的话题，向为学者所关注。实际上，云门三句关涉文偃思想中的"理"和"行"两大方面。就字面言，"涵盖乾坤"喻的是广、大，含摄万有，"形容某种至大无外，包容天地，一切具足的本体；就禅宗史考察，这本体或指心，或指智，或指理（道），由此形成多种不同的哲学体系"②。是指真如本性所具有的本体作用，即真如涵

---

① （清）性统：《五家宗旨纂要》，见《大正藏》第65册，第279—280页。
② 杜继文、魏道儒：《中国禅宗通史》，第373页。

盖整个世界,整个世界都是真如本性的外相体现。"截断众流",其意趣是不为外相所染,即六祖慧能所强调的"于相而离相",既不执有,又不著空。"随波逐浪",即顺应变化,随宜任运,不拘一格。

三句中,首句侧重于"理",后两句侧重于"行"。但"理"与"行"往往是融汇一体而贯通,不可断分。所以云门三句"是一体的,因涵盖乾坤而可截断众流,因截断众流方得涵盖乾坤;因前两者而得自在,故可以随波逐浪;在随波逐浪中方显截断众流和涵盖乾坤"。"所谓三句,原本为一句。"[1]

云门宗风,除宗纲三句外,尚有不少特色之处,尤其在接引学人方面。如遇他人提问,用一个字作答,这种接引方法被誉为"一字关"。这在《云门匡真禅师广录》中随处可拾:"杀父杀母,佛前忏悔;杀佛杀祖,向什么处忏悔?师云:露。""如何是云门一路?师云:亲。""如何是云门剑?师云:祖。""如何是一句?师云:举。"[2] 如此等等,不一而足。这"一字关"的接引方法,最能体现文偃"截断众流"的理趣,因为这个字力系千钧,一下就截断了问者的种种念头而让你"于念而离念",进而反观本心。又如文偃"顾鉴咦"的奇特接引方式也名震丛林。《人天眼目》载:"师每见僧,以目顾之,或曰'鉴',或曰'咦',而录者曰顾鉴咦。""云门顾鉴笑嘻嘻,拟议遭他顾鉴咦。任是张良多智巧,到头终是也难施。"[3] 这种方法也体现了"一字关"那"截断众流"的

---

[1] 冯学成:《云门宗史话》,第60页。
[2] (宋)赜藏主编集,萧萐父等点校:《古尊宿语录》,第256页。
[3] (宋)智昭:《人天眼目》,见《大正藏》第48册,第312页。

意蕴，但这里却多了一个"顾"的前提，也就是先观察不同学人的禀赋而施设，体现了"随波逐浪"旨趣。后文偃门徒德山缘密禅师"删去顾字，但曰鉴咦，故丛林目之曰抽顾"[①]。对此，《五家宗旨纂要》有一颂曰："云门鉴咦，德山抽顾，方便机关，父作子述。扰扰丛林卒未休，而今犹在欣相慕。"[②]显示了这一方法在丛林中之影响。

总括而言，云门三句的宗纲及"一字关"和"顾鉴咦"等奇特的接引方法，构成了云门宗的宗旨和宗风。

第三节　云门宗的勃兴与断续

云门宗从五代时期崛起于南汉，到南宋末年断续，存世三百年左右，在这期间，因文偃教法以风教峭迅，趋道益至闻名，吸引了大批学人前来参学，宗门由此而勃兴，成为有宋一代禅门一支重要力量。然而，随着中国禅宗自身百病丛生以及宗门人才出现断层，传续了十一代的云门宗最终也逃脱不了断续的命运。

一、云门宗的勃兴

（一）云门历代法嗣数量及地理分布

关于云门一支系谱的记录，我们可以参考的资料主要如表6-1：

---

① （宋）智昭：《人天眼目》，见《大正藏》第48册，第312页。
② （清）性统：《五家宗旨纂要》，见《大正藏》第65册，第281页。

表 6-1　云门系谱主要参考资料

文献	成书年代	记录范围
《景德传灯录》	宋真宗景德元年（1004）撰	记载了云门前三世
《天圣广灯录》	宋仁宗天圣七年（1029）撰	记载了云门前四世
《传法正宗记》	宋仁宗至和二年（1055）起稿，嘉祐六年（1061）完成	对云门二世、三世名录的记录尤为详尽
《五灯会元》	成文于宋理宗淳祐十二年（1252）	记载至云门第十一世，综合五灯录，但更为简约
《续传灯录》	明洪武年间（1368—1398）编撰	从云门四世开始至十一世

云门各代法嗣数量，不同文献数字出入颇大。如云门二世，据宋道原的《景德传灯录》卷二十二至二十三记载，有六十一人；契嵩的《传法正宗记》卷八则详细记述了八十八人；至《五灯会元》则仅录十五位。出现这样的情况，可能有这样的原因：（1）信息掌握情况的不同，如契嵩似对本宗二世、三世情况了解更为细致全面。但这种情况下也存在孤证录名无可考的问题，如《传法正宗记》中的江州广云真、颖罗汉匡果等，只在《传法正宗记》中录得一名，其他文籍均未提及。（2）是否属于法嗣的遴选标准不同。（3）记录时，因为文本的撰述意图而取舍标准不同，如《五灯会元》仅记录对当代与后世影响巨大的禅师，其名录即大幅精简。（4）考据失误，禅师之称谓，有以驻锡地加法号的，有时仅取驻锡地加法号之一字，有时常被人使用的是尊号或别号，如此录于书面很容易引起混淆，因而出现遗漏或者重复录入的情况，如契嵩的《传法正宗记》里韶州双峰真与韶州双峰慧真、韶州广悟与双峰竟钦、蕲州北禅悟同与蕲州北禅寂、观州水精院宫禅师与香林澄远，都是因这种情况而产生的重复录入。

综合整理上述文献，统计云门二世至十一世的法嗣及地理分布如表6-2：

表6-2 云门二世至十一世法嗣人数及地区分布

世系	地区	人数	分布走向
二世	韶州	23	以岭南为重心，辐射江西、湖南、湖北
	广州	4	
	潭州	3	
	岳州	2	
	鼎州	1	
	蕲州	1	
	庐州	5	
	信州	3	
	庐山	3	
	筠州	2	
	襄州	2	
	鄂州	4	
	随州	3	
	朗州	1	
	江州	1	
	益州	3	
	眉州	1	
	衡州	2	
	澧州	1	
	洪州	2	
	连州	1	

续表

世系	地区	人数	分布走向
二世	英州	2	
	桂州	1	
	舒州	1	
	新州	1	
	金陵	2	
	潞府	1	
	黄龙山	1	
	湖南（具体地址不详）	2	
	无可考	3	
三世	潭州	2	岭南比例急剧减少
	衡山	2	
	岳州	3	
	鼎州	6	
	鄂州	2	
	复州	2	
	襄州	3	
	唐州	2	
	永康军	2	
	韶州	2	
四世	潭州	3	由江西、湖南、湖北向浙江、江苏发展
	复州	2	
	筠州	3	
	洪州	2	
	泉州	2	
	苏州	2	

续表

世系	地区	人数	分布走向
四世	明州	2	
	襄州	2	
	韶州	8	
五世	真州	2	由江西、湖南、湖北向浙江、江苏发展
	南康军	3	
	筠州	4	
	洪州	2	
	福州	2	
	杭州	2	
	越州	5	
	婺州	2	
	天台山	2	
	明州	2	
	信阳军	2	
	无为军	2	
六世	真州	2	以江西、安徽、浙江、江苏为高密度区，逐渐向北往河南，向南往福建发展。在江南和都城汴京形成强大的势力范围
	南康军	3	
	筠州	4	
	洪州	4	
	福州	3	
	泉州	2	
	汀州	2	
	杭州	9	
	越州	3	
	处州	3	

续表

世系	地区	人数	分布走向
六世	明州	2	
	苏州	3	
	开封府	3	
	潭州	3	
七世	德安府	3	以江西、安徽、浙江、江苏为高密度区,逐渐向北往河南,向南往福建发展。在江南和都城汴京形成强大的势力范围
	庐州	9	
	和州	2	
	舒州	3	
	寿州	3	
	滁州	3	
	真州	3	
	江宁府	6	
	饶州	2	
	太平州	2	
	筠州	3	
	杭州	2	
	湖州	2	
	衢州	2	
	处州	2	
	明州	7	
	常州	2	
	苏州	5	
	润州	2	
	开封府	6	
	卫州	2	
	潭州	2	

续表

世系	地区	人数	分布走向
八世	庐州	3	以江西、安徽、浙江、江苏为高密度区，逐渐向北往河南，向南往福建发展。在江南和都城汴京形成强大的势力范围
	杭州	4	
	越州	4	
	湖州	3	
	婺州	3	
	苏州	2	
	西京	2	
	开封府	3	
	卫州	2	
	庐山	2	
九世	福州	2	人数急剧减少，仅分布在江西、福建、浙江
	杭州	3	
	台州	2	
	西京	2	
	密州	1	
十世	复州	1	北方2人，江苏1人
	平江府	1	
	杭州	2	
十一世	缺	缺	仅集中在浙江

云门宗初期以岭南为中心，三世以后便全部走出岭南北上，其鼎盛期在四世至六世，七世至八世还保持着相当规模，但从九世起急剧衰微，经三世而绝。云门法脉的僧人广布于岭南、湖南、湖北、江西、浙江、福建、河南，又在都城建立了以云门宗为核心的佛教中心。其中，云门二世香林澄远一系出现于诸史籍的人

才最多，四世雪窦重显、五世越州天衣义怀为本宗之鼎盛发挥了不可替代的作用。

（二）云门的成就与影响

禅宗经历了唐末、五代积累，入宋后规模迅速扩大。但饶是如此，北宋前期佛教界人数最多、实力最大的当属华严宗、法相宗、律宗三个宗派。并且，禅宗主要传播的区域仍以南方为主。到宋代仁宗皇帝时，分布情况与势力比重开始改观。北宋中叶仁宗、英宗、神宗、哲宗四朝，禅宗发展最为迅猛，禅宗逐渐成为"显学"。禅门五宗中法眼、沩仰早殁，曹洞尚羸弱，此阶段临济、云门二宗几乎平分禅林，尤其云门宗因受到政权的大力扶植，挟皇权之势，在这个历史进程中，扮演了不可或缺的重要角色。

禅宗入宋后之勃兴，有其复杂的内因外缘。从外缘上看，以云门为代表的禅宗获得了皇权及中央、地方不少官僚的支持。宋仁宗因政策权衡、个人好恶、近臣引介等综合原因，有意扶持禅宗，于庆历七年（1047）左右，应准了太监李允宁的奏请，将李允宁在京城的宅第改建为禅寺，赐名"十方净因禅寺"，召请云门宗第四世之圆通居讷为住持，居讷以疾辞，改由同为云门四世之育王怀琏住持。宋神宗元丰三年（1080），神宗诏令将相国寺六十四院改为八院，其中禅宗为二院，律宗占六院。此前京师寺院皆为律寺，而新设的禅宗二院——慧林禅院与智海禅院——事实上是相国寺东西两序中规模最大的寺院，禅宗与佛教其他派别的势力消长可从这些国家政策的调整上看出端倪。慧林禅院由云门宗之宗本为住持，智海禅院原拟召请临济宗常总为住持，常总以年老辞之，于是代之以云门宗之本逸。而宋神宗之皇妹，历封冀国、秦国、越国的大长公主，及驸马都尉张敦礼又在元丰五年（1082）奏请兴建法云禅寺，神宗又召云门下五世之法秀住持。凭借皇权与士大夫的支持，云门宗成为唯一入驻京师要刹的禅宗宗派，以云门宗为代表的禅宗得以在京城及北方地区兴盛起来。京师云门一宗僧人人数众多。云门僧人中被诏进京入内问对，赐名号、紫衣者，也不乏其人。皇家与京城士人也更多借由云门的面貌来了解和接触禅宗。皇朝政权对云门宗的极力崇奉是云门得以与临济宗一起"冠绝天下"的重要外缘。

云门之勃兴，就其内因而言，离不开各种杰出僧才的贡献。这当中有具眼宗师，如香林澄远、智门光祚、天衣义怀、圆通居讷、云居了元、大梅法英、惠林宗本等；有颇具宗教家风范，善于经营宗派、善巧与政权沟通者，如育王怀琏、法云法秀、法云善本等；有极具思想性，笔耕不辍为后世留下宝贵禅籍者，如雪窦重显、佛日契嵩、法云惟白、正受等；而善于汇集檀资、整顿衰旧寺庙、营建管理的僧才，如妙圆自宝、福昌惟善等，数量之众，不胜枚举。当然，上述僧才往往兼具多个优势，这里只是就其贡献突出彰显在哪一方面而聊作分别，方便表述。

1. 香林澄远

香林澄远（908—987），云门文偃嗣法弟子，是云门二世中最重要的人物之一。澄远，汉州（今四川）绵竹人，俗姓上官。其生平见载于《景德传灯录》卷二十二、《建中靖国续灯录》卷二、《联灯会要》卷二十六、《佛祖历代通载》卷十八、《释氏稽古略》

卷四等。澄远幼年在成都真相院出家，十六岁时受具足戒。离开蜀地后入陕西跟从子陵禅师参学，又往荆湘参龙牙禅师，略得消息。后赴岭南，跟从云门文偃参禅，大豁所疑，为文偃侍者十八年，常被文偃称作"远侍者""远才应"，深受文偃器重，成为同辈翘楚。澄远于后蜀孟昶广政十年（947），辞师回蜀弘法。先住观州水精院，不久移锡青城县（今都江堰市西南）承天寺（建于唐初，北宋初年改名香林院）四十年。澄远颇得云门宗旨精髓，接机施设全用云门之法，一则公案"祖师来意，久坐成劳"成为禅林经典。北宋临济宗圆悟克勤《碧岩录》中评述，认为云门文偃虽然接人无数，但最能代表云门之风且对当代后世影响最大的只有香林澄远的法席。

2. 雪窦重显

雪窦重显（980—1052），云门四世，智门光祚门下，澄远再传弟子。其生平参见《续传灯录》卷二、《联灯会要》卷二十七、《五灯会元》卷十五、《佛祖历代通载》卷十八等。俗姓李，遂宁府（今四川遂宁）人。幼年依普安院仁诜上人出家，受具之后，横经讲席，究理穷玄，诘问锋驰，机辩无敌。认识他的人无不认为重显是大法器。后投光祚门下，第一次造访即在光祚指引下"豁然开悟"，参学五年而尽得其法。此后游历各地，于乾兴元年（1022）住明州雪窦山资圣寺三十一年。重显著作颇丰，有《颂古百则》《瀑泉集》《祖英集》《颂古集》《拈古集》《洞庭录》《开堂录》等，对当时后世的宗门均起到了重要的引导作用，《颂古百则》甚至改变了当时宗门习禅的整体风气，把颂古之风推向风靡。

重显有嗣法弟子八十余人,《佛祖历代通载》卷十八描述重显一系的繁盛时记载道:其时"宗风大振,天下龙蟠凤逸,衲子争集,号云门中兴"。其对云门宗的贡献与地位,可见一斑。

3. 佛印了元

佛印了元(1032—1098),生平见载于《佛祖历代通载》卷十九、《续传灯录》卷五、《五灯会元》卷十六、《禅林僧宝传》卷二十九、《建中靖国续灯录》卷六、《佛祖统纪》卷四十六等。了元俗姓林,饶州浮梁(今属江西)人,庐山开先善暹禅师法嗣。了元孩童时期被闾里先生称作神童,出口成章,语合经史;年少就志慕空宗,投师出家;在开先法席出为宗匠,先后住持庐山归宗寺、镇江金山寺、江西云居寺等九处道场。他不但是宗门巨擘,而且精通儒学,又擅长诗文书法,因此吸引、折服了大批士人学者、缙绅乡贤,结为方外之友。与苏轼、苏辙、黄庭坚等交往颇深,言语往来,文字酬对,有许多脍炙人口的禅门公案流传下来,又与理学家周敦颐一起结社,名为青松社,出任社主。了元是宋代禅师中最为典型之一种,当其时还有大批僧人,无论在出世法的修持,在哲学思想层面的深度,在文化艺术上的造诣等方面都牢牢掌握着话语权,普遍赢得了儒生士人精英阶层的尊重与仰视,间接推动了吸引少年英杰投身佛门的社会风气。

4. 明教契嵩

明教契嵩(1007—1072),生平见载于《镡津文集》卷一、《禅林僧宝传》卷二十七、《石门文字禅》卷二十三、《建中靖国续灯录》卷五、《五灯会元》卷十五、《罗湖野录》卷一、《佛祖历代通载》卷十九、《续传灯录》卷五等。契嵩俗姓李,字仲灵,自号潜子,藤州镡津(今广西藤县)人。七岁入寺庙,十三岁得度受具足戒,十九岁开始四处游方,遍参智识。《禅林僧宝传》记载他每夜必顶戴观世音菩萨像并念诵名号十万遍,又记载他经书章句,不学而通,是天资聪慧又很有思想之人。他所著述的《辅教篇》《皇极论》《中庸解》《论原》《传法正宗记》《传法正宗论》《传法正宗定祖图》等深得当朝宰相及诸大臣的认可,甚至皇帝也赐号"明教"并紫衣。朝廷对契嵩礼遇有加,皇帝更是不顾他多次婉拒,再三召请他留居京师寺庙。朝廷的青睐引起了当时律僧对他的嫉妒和厌恶,编造了许多是非。教家中也有人对契嵩最为着力建立的禅宗西天东土祖统世系的做法大加非难。契嵩对此,旁征博引,撰写几万字的文章加以驳斥、说明。契嵩一生著述有百余卷,计六十余万字,可称著作等身。其中一部分到南宋时期已经佚失,南宋僧人怀悟将收集到的部分文稿整理为《镡津文集》二十卷,共计约三十万字。契嵩以汇通儒佛的学养,向皇帝与朝廷阐述了佛教之益处:从政治角度来看,佛教可以作为儒学之有力辅助,有助于天下之治理;从社会功能角度看,佛教又可正人心、兴善止恶,起到减轻刑罚的作用;从思想层面来看,佛教对于儒学形上学的建构及理论深化起到了重要的启发参考作用。这些说辞大大博得了朝廷及皇室对佛教的好感,巩固了对佛教重要性的认识。契嵩又对朝廷及皇帝详细解释了禅宗建立西方至东土祖统世系的重要性,其《传法正宗记》被编入大藏,得到了官方的正式承认,这对于中国禅宗灯统传统的建立、对灯统表述的统一,都起到了异常重要的作用。

（三）演法于岭南之法嗣

云门宗是六祖慧能南禅"一花开五叶"中，唯一在岭南开出的一叶，其创立者文偃大师在开山云门前已在岭南灵树禅院深耕多年（911年，任灵树寺首座八年，如敏入灭后，文偃继席），这既为其云门开宗奠下了基础，又为日后云门法脉在岭南的传续积淀了因缘。

云门法嗣在岭南演法者主要集中在第二、三、四世，此后见诸灯录者全部北上。即便是云门第二世至第四世在岭南演法之情况，禅宗史籍所言亦寥寥。灯录系统则多以语句机锋为主，鲜有人物行状及历史情境的记载。如以云门第二世为例，文偃入灭后，其弟子陆续有一百余人受过南汉王朝的封号与赐紫，仅常住广州的有六十人，或典谟法教，或领袖沙门。但见诸灯录的岭南门人仅有三十一人，分别是：韶州白云子祥、韶州双峰竞钦、韶州资福、广州广（黄）云元、广州龙境伦、韶州云门爽、韶州白云闻、韶州披云智寂（无机缘语句）、韶州净法章、韶州温门山满、连州地藏慧慈（无机缘语句）、英州大容諲、广州罗山崇、韶州云门宝、广州华严慧、韶州舜峰韶、英州观音、韶州林泉、韶州云门煦、韶州灯峰（无机缘语句）、韶州大梵圆、韶州双峰慧真、云门山法球、韶州长乐山政、韶州佛陀山远（无机缘语句）、韶州鹫峰山韶、韶州净源山真（无机缘语句）、连州慈云山深、韶州灯峰净源真、韶州云门山朗、韶州披云智寂。

这三十一人当中有五人只录其名，未录机缘语句；其余二十六人只有韶州白云子祥、韶州双峰竞钦除机缘语句外，勉强在禅籍当中可以找寻到一丝历史细节，余者之生平、行状难觅。而在地方志乘中或多或少尚可寻到一些线索，尤其是被收入《四库全书》的宋人余靖的《武溪集》对宋时岭南风土、文物的描绘极具参考价值，集内分别记述了白云子祥、双峰竟钦、宝缘长老、月华琳等几位云门宗人的历史片段，足可弥补禅籍记录之不足。

余靖（1000—1064），本名希古，字安道，号武溪，韶州曲江人。庆历四谏官之一，天圣二年（1024）进士。历官集贤校理、右正言，使契丹，还任知制诰、史馆修撰、桂州知府、集贤院学士、广西体量安抚使，以尚书左丞知广州，卒谥襄。余靖少时聪慧，读书过目不忘，宋天圣二年中进士第后，在京任秘书监时，主持校勘《史记》《汉书》《后汉书》，并写出了《三史勘误》四十卷。擢升为谏院右正言时，多次为轻徭薄赋、整顿户政、去除贪残之吏、抚疲困之民等事向皇帝抗声力争，以致唾液飞溅至皇帝的"龙颜"之上。他与欧阳修、王素、蔡襄，被誉为敢于进谏的"四谏"，提出"清、公、勤、明、和、慎"的著名从政六箴，是"庆历新政"的积极参与者。欧阳修撰《襄公余靖道碑》谓："公为人资重刚劲，而言语恂恂，不见喜怒。自少博学强记，至于历代史记，杂家小说，阴阳律历，外暨浮屠，老子之书，无所不通。"余靖入仕后，曾两度回归曲江，其间游访寺院和结交禅僧的详情，上一章已有介绍，兹不赘述。

这里，我们参照《武溪集》的相关记载，结合所能见到的禅籍和志乘资料，对演法于岭南之云门法嗣中的四位禅师作一简要的列述，余者在禅籍中之记录甚简，不再一一列举。

1. 白云子祥

白云子祥，又名自庠。灯录中的史料信息寥寥，对其生卒、籍贯乃至生平细节均未涉及，只能得知他在韶州白云山慈光院住持，曾被南汉国主召请至广州府问法。《景德传灯录》云："韶州白云祥和尚实性大师，初住慈光院，广主刘氏召入府说法。"①《韶州府志》曰："子祥字性实，文偃之法嗣也。居韶州白云山，大阐云门宗乘，初住慈光院，中宗召入问祖意教意是同是别，子祥应对称旨，及将灭，白众曰：'去此他方相见'，言讫而逝。"②余靖《武溪集》卷八《韶州白云山延寿禅院传法记》则为我们提供了较多的信息：

> 实性即云门之嫡也。实性者，刘主所赐号也。名志庠，封州人，姓陈氏。广主延入府中，亲问法要，有名传灯录。庠既即世志文开堂，嗣之次曰契本禅师达正，次曰达真禅师云端，次曰妙光大师云福，皆承师嗣法，世赐师名。厥后有惠龙者，凤翔人，姓赵氏，今长老常简，永嘉人，姓徐氏，皆十方名德之选也。③

这里提到白云子祥是云门文偃的嫡传法子，姓陈，名志庠，封州人（今广东封开县），生卒不可考。曾被南汉国主召请到府中

---

① （宋）释道原著，文雄、妙音点校：《景德传灯录》，第450页。
② （清）林述训等修，单兴诗纂：《韶州府志》卷三八《列传七》，广东省地方史志办公室辑：《广东历代方志集成》，韶州府部（三），第825页。
③ （宋）余靖：《武溪集》，第74页。

问法，并赐号"实性"。

言白云子祥为云门文偃之嫡传法子实为不虚，因他是为数不多被文偃大加赞许的人。《景德传灯录》曰：

> 师问僧："什么处来？"曰："云门来。"师曰："里许有多少水牛？"曰："一个两个。"师曰："好水牛。"师问僧："不坏假名，而谭实相，作么生？"僧曰："遮个是椅子。"师以手拨云："将鞋袋来。"僧无对（云门和尚闻之乃云：须是他始得）。①

且《云门山光泰禅院匡真大师行录》在文偃弟子的排位中，白云子禅居首位："师自衡踞祖城，凡二纪有半。风流四表，大弘法化，禅徒凑集。登门入室者，莫可胜纪。今白云山实性大师，乃其甲也。"②

也许是因为得到文偃的赞许看重，故文偃寂前是付法于子祥的。《云门山志》曰：文偃临寂前"乃修表以告别汉王，扎遗诫以嘱咐徒众，储法于白云实性志庠大师"③。然后来的法席为何却是法球？《云门山光泰禅院匡真大师行录》道出了缘由：

> 禅徒凑集，登门入室者，莫可胜纪。今白云山实性大师乃其甲也。……师（文偃）先付法于弟子实性，俾绍觉场。

---

① （宋）释道原著，文雄、妙音点校：《景德传灯录》，第450页。
② 岑学吕编，仇江整理：《云门山志》，第31页。
③ 岑学吕编，仇江整理：《云门山志》，第20页。

佥议为实性已传道育徒,乃革命。在会门人法球以继师席。呜呼!世导云灭矣。摛植冥行者,何所从适哉!岳幸参目师之余化,知师所为之大略,敢不书之以贻方来!时己酉岁(949)孟夏月二十有五日,集贤殿雷岳录。①

记录这段文字的雷岳,不但是《云门山光泰禅院匡真大师行录》的作者,还是《大汉韶州云门山光泰禅院匡真大师实性碑并序》的作者,其记录的可信度和分量可见一斑。他在八百字的《云门山光泰禅院匡真大师行录》结尾,用了近百字来记录了一场继承权的"革命":文偃嘱咐白云子祥继云门法席,而门人违逆了文偃的遗愿,开会革命,以法球取代了白云子祥。白云子祥临寂前,曾对众人曰:"某甲虽提祖印,未尽其中。诸仁者且道其中事作么生?莫是无边中问内外已否?如是会解,即大地如铺沙去。此即他方相见。"②

白云子祥被迫离开光泰禅院后去了哪里?余靖的《韶州白云山延寿禅院传法记》作了交代,说白云子祥最终在韶州白云山的延寿禅院建立了道场。《韶州府志》谓"延寿寺在太平都"③。截止到余靖生活的年代,延寿禅院已经传了七世子孙。《韶州白云山延寿禅院传法记》云:"自实性至今,七世矣。栋宇加饰焉,田畴加辟焉,仓廪加入焉,器用加给焉,徒众加进焉,远近加信焉。"④由

---

① 岑学吕编,仇江整理:《云门山志》,第32页。
② (宋)释道原著,文雄、妙音点校:《景德传灯录》,第450页。
③ (清)林述训等修,单兴诗纂:《韶州府志》卷二六《古迹略二》,广东省地方史志办公室辑:《广东历代方志集成》,韶州府部(三),第540页。
④ (宋)余靖:《武溪集》,第74页。

此我们可以推知，白云子祥初到延寿禅院时，这里的建筑及人员规模应该相当有限，经过七代云门人的积累和建设，禅院得以成为规模可观、远近加信的重要道场。故《韶州府志》谓其"居韶州白云山，大阐云门宗乘"。

白云子祥的法嗣，余靖的《韶州白云山延寿禅院传法记》云："嗣之次曰契本禅师达正，次曰达真禅师云端，次曰妙光大师云福，皆承师嗣法，世赐师名。厥后有惠龙者，凤翔人，姓赵氏，今长老常简，永嘉人，姓徐氏，皆十方名德之选也。"① 而《云门山志》列有：韶州大历和尚、月华山月禅师、乐净含匡禅师、连州宝华和尚、南雄地藏和尚、后白云和尚、白云福禅师。②

2. 双峰竟钦

双峰竟钦，云门文偃法嗣，是惠洪《禅林僧宝传》中收录的唯一云门二世僧人。惠洪撰《禅林僧宝传》的意图非常明显，就是要以这部作品来树立正反典型，或者说，是以典型案例分析的方式来使禅宗学人懂得禅林的规矩，学会如何"看人"及"选择明师"。从这一意义上说，他选取双峰竟钦便显得意味深长了。只可惜，惠洪并没有对取竟钦而舍子祥等其他人的原因多加剖析，但他的记录对后人了解竟钦还是有所帮助的。《禅林僧宝传》所记录的一些细节，也被《五灯会元》等后世禅籍所吸纳。《禅林僧宝传》云：

---

① （宋）余靖：《武溪集》，第74页。
② 岑学吕编，仇江整理：《云门山志》，第36页。

第六章 云门宗的形成及岭南云门概貌

禅师名竟钦,益州人,生郑氏。少为大僧于峨眉溪山黑水寺。出蜀南抵韶石云门,得心法。即就双峰之下,创精舍以居,号兴福。开堂之日,匡真禅师躬临证明。僧问:"宾头卢应供四天下,还遍也无?"钦曰:"如月入水。"又问:"如何是用而不杂?"钦曰:"明月堂前垂玉露,水精殿里撒真珠。"于是匡真以谓类已加敬焉。太平兴国二年(977)三月,谓门弟子曰:"吾不久去汝矣,可砌个卵塔。"五月二十三日工毕,钦曰:"后日子时行矣。"及期,适云门爽禅师、温门舜峰诸老夜话。侍者报三更。钦索香焚之,合掌而化,阅世六十有八,坐四十有八夏。[1]

《景德传灯录》曰:"韶州双峰山兴福院竟钦和尚慧真广悟禅师,益州人。受业于峨嵋洞溪山墨水寺,观方慕道,预云门法席,密承指喻。乃开山创院,渐成丛林。开堂日,云门和尚躬临证明。……广主刘氏尝亲问法要。"[2]《五灯会元》云:"韶州双峰竟钦禅师,益州人也。开堂日,云门和尚躬临证明。……广主尝亲问法要,锡慧真广悟号。"[3]而宋武江进士张天锡《双峰广悟禅师塔铭》则云:

师讳竟钦,俗姓王氏,生于西蜀之益州,幼投峨嵋洞溪

---

[1] (宋)惠洪:《禅林僧宝传》,见《大正藏》第79册,台湾电子佛教协会,2016年,第513页。
[2] (宋)释道原著,文雄、妙音点校:《景德传灯录》,第451—452页。
[3] (宋)普济著,苏渊雷点校:《五灯会元》,第946页。

山墨水寺为释子，二十一岁具戒巡礼，晚见韶州云门匡真禅师，醉得三昧，时刘氏拓图岭南，尤尚西教，如建封之知圣，云门之匡真，光运之证誓，灵鹫之景泰，皆当时之所钦重，而师实居其一。刘常召师，访其言句，喜辨机捷，复加玄辨，妙用无量清净，广悟慧真之号，赐以磨衲方袍及其他僧服，多杂以锦绮，供具六事，悉用白金，至今存焉。师先于云门化缘，修大藏函袟完具，乃图栖禅之地，西指双峰，飞锡而茅为庐，泉饮粒食，悉皆自营，徐箕庄田，广置松桧，周望数十里，今为瑶刹。此师之实行所宜书者也。师开山四十九年，僧腊六十有二，世寿八十有二，太平兴国二年五月二十五日坐逝，门人遇初等以全身塔葬。①

综合这些记载，略知其大致行历：四川益州人，俗姓王（《禅林僧宝传》说姓郑，塔铭说姓王，笔者以为塔铭应更可信），初在峨眉墨水寺受业，二十一岁具戒，后投云门文偃座下，密受心印后即于双峰开山，驻锡四十九年，南汉广主曾向其问法，并赐号慧真广悟，宋太平兴国二年（977）五月圆寂，世寿八十二，僧腊六十二。

竟钦开山之双峰，为瑶区，应距云门祖庭不远，故其开堂时，偃祖亲往证明，将临寂时，有云门爽禅师及温门舜峰长老等畅谈。同治《韶州府志》云："双峰寺（一名兴福）在双峰山，五代时竟

---

① （清）张洗易纂修：《乳源县志》卷八《艺文志》，见广东省地方史志办公室辑：《广东历代方志集成》，韶州府部（八），第255页。

钦禅师建，宋赐额曰双峰寺。"①明赖佑《重建双峰寺记》云："乳源双峰兴福禅寺，乃太平兴国年间开山广悟禅师栖真之所。"清李师锡《兴福寺奉蠲免差务碑记》也谓："双峰兴福寺始广悟禅师开建法幢，自太平兴国迄兹几近千年。"②

据塔铭可知，经竟钦禅师开山和经营的双峰，成为其时乳源瑶区一有名之丛林。竟钦禅师则与知圣、文偃等禅师齐名，南汉皇帝尝召见问法，并赐法号。禅籍灯录未见有竟钦法嗣，塔铭只说其圆寂后，"门人遇初等"葬其全身。

3. 宝缘长老

宝缘长老为云门下三世，传承世系为：文偃祖师—香林澄远—智门光祚—南华宝缘。

宝缘长老的行迹鲜见于史籍，余靖《韶州南华寺慈济大师寿塔铭》云：

> 禅师名宝缘，兴元人，游方至随州参智门光祚禅师，投针契理，得意忘言，以心印心，不烦机接，遂为之嗣，即云门之嫡也。寻领众居唐兴、南台、云盖，皆南岳之名蓝也。③

又余靖《韶州曹溪宝林山南华禅寺重修法堂记》曰：

---

① （清）林述训等修，单兴诗纂：《韶州府志》卷二六《古迹略二》，广东省地方史志办公室辑：《广东历代方志集成》，韶州府部（三），第546页。
② （清）张洗易纂修：《乳源县志》卷八《艺文志》，见广东省地方史志办公室辑：《广东历代方志集成》，韶州府部（八），第257页。
③ （宋）余靖：《武溪集》，第87页。

> 缘师兴元南郑人，本府出家受具，得大乘之要于汉东祚师，遂振锡至于南岳，郡将邦伯悉饮其名，乃于唐兴、南台、云盖三启，禅师称为岳中之冠。①

由上可略知宝缘禅师的大致行历：兴元南郑人，本府出家，受具足戒。游方到随州参智门光祚禅师，成为光祚禅师法嗣，乃云门法裔，《云门山志》列其为偃祖下三世，余靖列其为六祖南禅十世（大鉴以诸佛大法传青原思，思传石头希迁，迁传天皇悟，悟传龙潭信，信传德山鉴，鉴传雪峰存，存传云门偃，偃传香林远，远传智门祚，祚传今长老缘师，为十世矣），曾驻锡南岳，大兴法雨而被称为岳中之冠，后住持曹溪南华寺。

宝缘禅师住持曹溪南华，乃缘于曹溪六祖祖庭至宋代已问题频发，满目疮痍，亟须大德经营重振。余靖《韶州曹溪宝林山南华禅寺重修法堂记》云：

> （六祖）灭度以来，四百余载，虽千灯继照，光遍河沙，而布金遗址，筌蹄寂寞，向非睿哲当天，英材接迹，讲求世务，余力佛乘，曷能恢复宗风，以续先轨者哉！天禧四年（1020），前转运使、起居舍人陈绛上言："曹溪演法之地，四方瞻仰，岁入至丰，僧徒至众，主者不能均济，率多侵牟。乞于名山佥选宿德，俾其举扬宗旨，招来学徒。"制诏曰："可。"于是南阳赐紫僧普遂首膺是命，庄献皇太后、今皇帝

---

① （宋）余靖：《武溪集》，第79页。

亲遣中贵人诣山，迎致信衣，禁闱瞻礼，遂师得于便座召对移刻。陛辞之日，赐号智度禅师，锡以藏经、供器、金帛等，当时恩顾，莫与为比。归作衣楼藏殿，以示光宠，余亦未遑开缄也。遂师即示，中旨付荆湖南路，博访高僧。今长老缘师，自南岳云台山再当是选。①

智度禅师和宝缘禅师均为云门法裔，《曹溪通志》"继席宗匠"谓"南华智度禅师，云门三世，嗣广济同。南华宝缘禅师，云门宗四世，嗣智门祚"②。且普遂禅师还被赐号"智度禅师，锡以藏经、供器、金帛等，当时恩顾，莫与为比"。惜禅籍文献载其行历不多而难以述说。

宝缘长老应是继任普遂住持南华。普遂此时已将南华引入正轨，又做了不少的基础建设。宝缘住持后，继续经营扩建，同时举扬云门家风，不但重现了南华祖庭道场之盛况，还培养了大量僧才，被时人誉为"祖堂中兴"：

（宝缘）点空破有，不涉名相，归锋迅发，直示宗乘，诸方称服，谓之禅窟。故驻锡兹山，殆将逾纪，一音演说，四方流布，众中得法而去者，多为人师。……教门崇建，规制鼎新，可谓祖堂中兴矣。③

---

① （宋）余靖：《武溪集》，第78页。
② （清）释真朴重修，杨权、张红、仇江点校：《曹溪通志》卷二《继席宗匠第五》，第34页。
③ （宋）余靖：《武溪集》，第87页。

绍光正念，宣扬了义，居者蒙润，来者如归。……蓄羡余，广购募，穷山跨谷以求栋干，殚能极艺以召匠硕……及被朝旨，乃克归绍本统而肯其基构，六祖之道，由是中兴矣。①

故《曹溪通志》在"佛法提纲"中录其法语：

僧问："如何是祖师西来意？"师曰："青山绿水。"曰："不时还有意也无？"师曰："高者高，低者低。"②

余靖与宝缘禅师应有往还，余曾"同李秘校、谭员外、月华长老谒慈济禅师（即宝缘禅师）会，宿宝林道场"，并赋诗曰："祖堂留胜迹，再宿此登临。云月自明暗，山川无古今。谷声猿啸远，泉脉虎跑深。共到忘言处，休论佛与心。"③

宝缘禅师的法嗣，仲红卫《云门宗源流述略》录有三人：兴化延庆禅师、宝寿行德禅师、白虎守升禅师。而《云门宗史话》则多了十一人（佛陀崇钦、延详法迎、舜峰惠宝、甘露自缘、永泰宗宝、双峰法崇、宝林海月、罗汉清显、清锉智静，翁山文白、延寿法牟），共十四人。④

---

① （宋）余靖：《武溪集》，第79页。
② （清）释真朴重修，杨权、张红、仇江点校：《曹溪通志》卷二《佛法提纲第六》，第36页。
③ （清）释真朴重修，杨权、张红、仇江点校：《曹溪通志》卷七《品题词翰第八》，第158页。
④ 仲红卫：《云门宗源流述略》，第148页。

4. 月华琳

月华琳禅师,为云门下四世,传承世系为:文偃禅师—双泉师宽—五祖师戒—洞山自宝—月华海林。

在灯录中,记录云门宗信息最为详尽的《建中靖国续灯录》所列洞山自宝禅师法嗣有七人,并未见有月华琳。《云门山志》列洞山自宝禅师法嗣只有洞山清辩一人,《云门宗史话》列有洞山清辩、洞山鉴迁、月华海林、月华庆雍、南台文、华光诲、长芦惠恩。这里的月华海林是否就是月华琳不敢肯定。也就是说,从已知的禅籍文献中无法梳理有关月华琳的行历。从这一意义上说,余靖的记录成为我们了解这位云门僧人线索的难得资料。

余靖《韶州月华禅师寿塔记》云:

> 月华山西堂琳禅师,曲江都渚人,姓邓,少学儒,能谈王霸大略,已而学佛,以诵经披剃乃游方,犹以诗名,往来江淮间,博览广记,推为文章僧。参洞山自宝禅师,宝于江南为禅宗丛林,无出其右者。见师以大心器之,遂以心印付焉。息机南还,结庵于旧山之北,曰白莲,学者闻其名,自远至者无算,州以众状请出世,师遁于大洞累月,众叩不已,黾勉从之。……晚年避喧退居西堂,众思其道,郡以疏请复恢禅旨者三焉。宝林山者,六祖古道场也,诏择名德锡殊名命服以居之,漕台以师为举,坚辞不行,乃即庵自觉寿藏曰,吾当归骨于此。[①]

---

① (宋)余靖:《武溪集》,第76页。

又《韶州月华山花界寺传法住持记》载：

> 月华山者，招提惠朗禅师演法之地也。……真宗皇帝即位改元之岁，赐寺额曰花界。四年，光政因众命以院让道，寻再为什方居，传八世至今长老琳公，景祐元年（1034）以州命而尸之。……琳生曲江都渚，邓姓。祥符初，寺为外火所延，一瓦无完，琳公时在徒弟中，与知事辈戮力营竖，既而叹曰："识心达本，是谓沙门，何泥于有为耶？"乃优游江淮，遍参师席。初博通内外典，攻诗属文，所至推为文章僧。寻复悔曰："多闻亦病耳。"遂讳作词章。洞山自宝禅师见之，曰："此大乘器也。"既印其心，又欲以院让之。再让皆不受，还曲江于方山结庵而居，今所谓白莲庵也。①

同治《韶州府志》载："惠林，姓邓氏，曲江人，少学儒，喜谈王伯，既而诵梵经被剃游方，以诗鸣江淮间，博览广记，推为文章僧，参洞山自宝，密受心印，南还结白莲庵……住月华寺。"② 与余靖为友，故余靖有《韶州月华禅师寿塔记》及《题白莲庵》诗，注曰"长老琳公旧隐之地"，均见余靖《武溪集》。

从余靖所记可知：

第一，月华山西堂琳禅师，曲江都渚人，姓邓氏。少学儒，即能谈王霸大略。学佛披剃后四处游方，以诗名往来江淮间，博

---

① （宋）余靖：《武溪集》，第85页。
② （清）林述训等修，单兴诗纂：《韶州府志》卷三八《列传七》，广东省地方志办公室辑：《广东历代方志集成》，韶州府部（三），第826页。

览广记，被世人推为文章僧。后参礼洞山自宝，得心印，即返回曲江，于月华山结白莲庵而居，后在州守携众累月坚持不懈的叩请下，勉强同意住持花界寺。作为洞山自宝的法嗣，则月华琳为云门法裔无疑。

第二，余靖之记似前后不一，《韶州月华禅师寿塔记》说是月华琳先游方江淮，参洞山自宝，得心印后南返结庵于山北，州众恳请才勉强驻锡花界寺。而《韶州月华山花界寺传法住持记》则谓花界寺在宋祥符间遭火毁，月华琳与知事等合力重建后才游江淮，得洞山自宝心印再南返结庵而居。

第三，月华琳禅师不负众望，将一瓦不存的花界寺重建并经营为"廪有余粮，人力余力；栋宇时构，树艺日广……甲于州城……四方衲子奔走于路，达心要，去为人师者，数千人"[1]的一方名伽蓝。月华琳也因治理花界寺之成效，被漕台推荐住持六祖道场宝林寺，而琳坚辞不就而终于其庵。

第四，关于花界寺，光绪《曲江县志》载："花界寺在月华山，五代南汉为僧清裹建，宋咸平元年（998）赐额曰花界。"[2]同治《韶州府志》曰："月华寺在城南一百里附近岑水铜场，梁天竺僧智药创，唐招提朗法师演法之地。宋绍圣初重建。"[3]地方志乘虽无此寺沿革变迁的缕述，而据余靖所记，大致略知其梗概：南北

---

[1] （宋）余靖：《武溪集》，第76页。
[2] （清）张希修修，欧樾华等纂：《曲江县志》卷一六《外教录》，广东省地方史志办公室辑：《广东历代方志集成》，韶州府部（四），第480页。
[3] （清）林述训等修，单兴诗纂：《韶州府志》卷二六《古迹略二》，广东省地方史志办公室辑：《广东历代方志集成》，韶州府部（三），第536页。

朝梁时梵僧智药所创，唐六祖慧能裔孙、石头希迁弟子招提朗的道场，南汉时僧清裹重建，宋祥符年间遭火而毁，月华琳禅师重建。故余靖谓"自正元十一年至是岁凡二百四十三年，自招提至琳公凡十二代"。

月华琳的法嗣未见有录。

上述四位云门法嗣的演化，是云门法嗣在岭南弘化的缩影。换言之，云门宗在岭南的传续，主要和重要的区域是韶州，其他地方只是零星可见。这可能与如下因素有关：

第一，云门祖庭就位于韶州乳源云门山，偃祖驻锡、继席灵树，云门开山后一直在韶州弘法，其辐射的区域首先是韶州地区，故而云门法脉在韶州的传承、弘扬，可谓是"近水楼台"。

第二，云门宗与南汉政权关系密切，这既成就了云门的兴盛，也埋下了云门消亡的伏笔，以致有论者认为云门宗因为和赵宋政权的关系过于密切，所以其传播受到统治者政策变更的影响很大（北宋末期，徽宗崇奉道教，对僧侣限制较严，高宗南渡后又对佛教严加限制），所以云门宗从北宋末期就渐入颓势，入南宋后伴随着临济的壮大而消匿。[①]而云门法嗣在岭南韶州的弘化，恰是云门初盛时期，同样得到南汉朝廷的支持，可谓是得"人和"之利。

第三，在岭南，韶州地区历来是佛教禅宗的重镇，余靖在《武溪集》中曾描述了当时韶州佛教兴盛蓬勃的面貌："韶于岭外为望州，卢祖心印之域，故寺最多，僧最多。"[②]"韶州生齿登黄籍

---

① 万毅：《宋代云门宗初探》，《中山大学研究生学刊（社会科学版）》1996年第2期，第42—52页。

② （宋）余靖：《武溪集》，第68页。

也，三万一千户；削发隶祠曹者三千七百名，建刹为精舍者四百余区。"[1] 所以，云门岭南弟子在韶州的行化也是得"地利"之便。

虽然云门岭南法嗣在有宋一代对岭南禅林经营成功，从而为延续、推动岭南佛教禅宗的兴盛和前行做出贡献，然其影响力所及只是韶州一隅。从整个云门法系和大势来看，云门岭南法嗣并没有出现像香林澄远、雪窦重显、佛印了元、明教契嵩这样大师级的云门宗匠，并随着云门宗的衰落而在四世后，便在岭南近乎匿迹。

二、云门的断续

中国禅宗之五叶，在近代虚云老和尚重续五宗之前，"五家七宗"的兴止时间大致如表6-3：

表6-3 "五家七宗"兴止大致时间表

宗派名	兴止大约时间
沩仰	9世纪至11世纪中
临济	9世纪至今
曹洞	9世纪至今
云门	10世纪至12世纪末或13世纪初
法眼	10世纪至11世纪
临济宗黄龙派	11世纪至12世纪中
临济宗杨岐派	11世纪至今（宋代即恢复临济旧称）

---

[1] （宋）余靖：《武溪集》，第83页。

对于法眼、沩仰、云门三宗的衰亡，佛教史籍着墨不多，没有给出衰亡原因的分析，未曾解释为何仅曹洞、临济得以绵延不绝，更加没有说明作为宋代禅宗的主要流派之一的云门宗，为何会极盛而陡衰以致断续。或许是对事物持无常想的佛教来说，成住坏空是个自然的规律，没有什么可以恒久长存，佛教宗派也不例外。

（一）如何界定禅宗宗派的消亡

首先需要说明的是，就禅宗的传统而言，一个宗派不再进入灯录的记载，那么它就在历史上正式消亡了。而站在禅宗以外，则更重视具有云门宗身份认同的僧团实体是否存在。所以刘晓先生在他的文章《金元北方云门宗初探——以大圣安寺为中心》[①]中驳斥了一直以来以南宋为云门下限的说法，详细描绘了金朝统治下云门宗在北方地区的发展，指出云门在这些地区一直存在到了元末。如果诚如刘晓先生之描述，则云门在北方而未见录于灯录的原因，有可能是不同政权治下难以了解，有可能是以之为中华国界之外的僧团而没有记录，也有可能有其他一些更深层的原因，但限于史料而难细究其由。因此为严谨起见，本节探讨的是宋政权治下领土范围内，禅宗的状况及云门断续的原因。

要探讨一个宗派消亡的原因，首先需要界定什么是一个宗派消亡的标识，这同时也意味着宗派消亡的时间节点如何确定。一

---

① 刘晓：《金元北方云门宗初探——以大圣安寺为中心》，《历史研究》2010年第6期，第70—82、191页。

个族群的消亡,是从该族群内最后一名成员去世的一刻算起;一个社团、一个宗教,甚至佛教的大多宗派也都是同样的规律。但是禅宗是否是这样呢?我们可以以曹洞宗在五代时期险些断续的遭遇为探讨的例子。《历代佛祖通载》卷十九记载:

> 舒州投子,名义青……即弃去游方至浮山。时圆鉴远公退席居会圣岩,梦得俊鹰畜之。既觉而青适至,远以为吉征,加意延礼之,留止三年……青开悟……服勤又三年。浮山以大阳皮履布裰付之曰:"代吾续洞上之风!吾住世非久,善自护持,毋留此间。"青遂辞出山。[1]

这段文字记载的是临济宗的浮山法远,把曹洞宗的大阳警玄(948—1027,真宗时避讳为延)的付法信物交付给自己的弟子义青投子(1032—1083),嘱咐他承续曹洞宗的事情。曹洞在唐代本是流布与影响仅次于临济的宗派,进入五代之后直至宋初,却遭遇遴选嗣法人才之瓶颈,教势长期不振。曹洞五世大阳警玄年老时仍找不到继承人,"年八十,叹无可以继者。遂作偈,并皮履、布直裰,寄浮山远禅师,使为求法器"[2]。法远在近四十年后,于宋英宗治平元年(1064)择中自己的高徒义青投子,曹洞宗法脉至此才得以延续。大阳警玄是曹洞一脉颇具威望的宗师,《天圣广灯录》和《建中靖国续灯录》中记载他有法嗣近二十人。但大阳警玄却认为这些子嗣不堪付法,而要请道友临济浮山法远代为寻觅

---

[1] (宋)惠洪:《佛祖历代通载》,见《大正藏》第49册,第505页。
[2] (宋)普济著,苏渊雷点校:《五灯会元》,第827页。

合适的人选。曹洞因此有长达四十年的传承法脉中断期。而义青确实不负众望,成为曹洞历史上至关重要的人物。经由义青的苦心经营,曹洞禅法到了义青下一世——大洪报恩(1058—1111)、芙蓉道楷(1042—1118),即11、12世纪,才有了较大的发展。

由此我们可以推知,禅宗宗派断续与否,看的不是该宗是否还有学人,甚至不是有无广义上的"门人法嗣",而是有无真正堪付衣钵的人。一旦禅宗的某一宗派找不到这样真正堪付衣钵的人,则不论当时本宗派的规模格局有多么盛大,都会面临断续的命运。这样看来,在逻辑上就能解释,为什么云门在极盛的状况下会转向陡衰。那么什么才是堪付衣钵的人?为什么在禅宗极具繁荣的宋代,云门会觅不到一个堪付衣钵的人?

(二)何为堪付衣钵的人

云门宗的佛日契嵩(1007—1072)曾以"得人"与否讨论过宗派兴衰:

> 正宗至大鉴传既广,而学者遂各务其师之说,天下于是异焉,竞自为家。故有沩仰云者,有曹洞云者,有临济云者,有云门云者,有法眼云者,若此不可悉数。而云门、临济、法眼三家之徒,于今尤盛。沩仰已息,而曹洞者仅存,绵绵然犹旱引孤泉。然其盛衰者,岂法有强弱也?盖后世相承,得人与不得人耳。书不云乎:苟非其人,道不虚行。[①]

[①] (宋)契嵩:《传法正宗记》,见《大正藏》第51册,第763页。

契嵩指出，禅宗各派，法无强弱，而各有盛衰，是在"得人"与否。对于这个堪付衣钵者素质的具体界定，契嵩并没有赘述，或许对于他那个时代的人来说，这是不言而明的事情。

台湾禅学研究的前辈黄启江先生在《云门宗与北宋丛林之发展》[①]中，对"得人"因素，主要从寺院营造及重建的能力和在禅法传播上的能力两个方面进行分析，后者还包括著书立说、文字弘法的能力。文章史料翔实，以云门的历代法嗣为例，列举他们在这两方面作出的努力和成就，对云门宗历史研究非常具有启发意义。但问题在于，黄启江先生对于"得人"的界定，还是解决不了我们上述的疑问。难道大阳警玄近二十位被列入灯录的法嗣都不具备黄启江先生所说的这两方面的能力么？难道《天圣广灯录》和《建中靖国续灯录》是以佛法做人情，把不合格的弟子列为了法嗣门人？营造和重建寺庙的能力或许有助于宗派规模壮大，但不是宗派能否存续的先决条件。更合理的解释是，大阳警玄的近二十位被列入灯录的门人，虽然在警玄处得法开悟，但是他们还是缺少了承续曹洞宗风的能力，即他们虽然是优秀的禅门学人，但却可惜不能掌握曹洞"为师之法"。

"为师之法"，简称"师法"，首先要求能明了本宗宗旨，其次要有识人根器、辨认修学阶段的眼识，再次要有本宗独特的接引手段，三个条件缺一不可。

"师法"用禅学内部的语言来解释近似"知宗用妙"，里面包含了己受用和接引人两个方面的要求。这里面的己受用部分没有

[①] 黄启江：《云门宗与北宋丛林之发展》，台湾《大陆杂志》第89卷第6期，第6—27页。

疑议，大家觅的都是同一真心。但接引人部分则在承续前辈经验风格的基础上，随历史的进程而有所变化。这也是禅宗"一花五叶"格局何以可能的原因。

元代中峰明本（1263—1323）在其《天目中峰和尚广录》卷十一里说道：

> 或问达磨始以单传直指之道，至十余传而分为五家宗派者，何也？不可破裂达磨一家之说异而为五耶？倘不异则安有五家之说乎？
>
> 幻曰：所云五家者，乃五家其人，非五家其道也。尔不闻佛祖授受之旨目为传灯，苟知传灯之义则不疑其为五也。请以世灯言之，有笼灯焉，有盏灯焉，有琉璃灯焉，有蜡烛灯焉，有纸燃灯焉，谓灯则一也，而所附之器不同尔。虽曰不同，未有不能破生死长夜之幽暗者。岂惟今之五家为然？昔达磨一灯，凡四传至大医则有牛头一宗，五传至大满则有北秀一宗，六传至曹溪而下则青原、南岳、菏泽此三人者，便自不可得而混矣。此势使然也。盖各宗之下枝分派衍、人物蕃昌乃不分而分矣。今之谓五家者，乃出自南岳、青原两派之下，沿流至此五人，不觉其各各如奔汇之水溢为巨浸，前波后浪各不相待而黏天沃日浩无边涯，是可以一目观之哉？乃不得不分焉。
>
> 或谓五家之分不止于人之盛，就中各有宗旨不同。
>
> 幻曰：非不同也，特大同而小异尔。云大同者，同乎少室一灯也；云小异者，乃语言机境之偶异而。如沩仰之谨严，

曹洞之细密，临济之痛快，云门之高古，法眼之简明，各出其天性，而父子之间不失故步，语言机境似相蹈习，要旨不期然而然也。使当时宗师苟欲尚异而自为一家之传，则不胜其谬矣。以若所为，岂堪传佛祖照世之命灯乎？①

中峰明本指出，禅宗传承基本内核都是少室一脉的心灯，从未变异，但传承过程中，因宗师的施设不同自然产生了支派。这些支派不是在"五家七宗"时期才存在的，而是从达摩下四世就出现了（其上两代，命如悬丝，学人极少，无从分派）。也就是说，"师法"在传承相续中，火性不变，但外在接引、勘验学人的言语施设产生了各自风格，所谓笼灯、盏灯、琉璃灯等就出现了，也就是说宗派就出现了。而这当中风格精致实用被长久保存传承下来，具有极高辨识度的，便形成了"五家七宗"的格局。

再回顾大阳警玄的忧虑，他找不到传续曹洞衣钵的人，也就是找不到可以传承曹洞"师法"的人选。他身边被列入《灯录》的法嗣都是优秀的禅僧，都得了少室一脉的"火性"，但是未得作为"琉璃灯"的手眼施设，可以指导学人，但是不能以曹洞"师法"来指导学人。所以大阳警玄的弟子们还在弘传禅法，但是当时的人们却都忧虑曹洞面临断续。

因此，我们也明了了，佛日契嵩所谓"得人"，最核心的因素指的是能传承本宗派宗风"师法"的人。

---

① （元）中峰明本撰，慈寂编：《天目中峰和尚广录》，北京图书馆出版社1997年版，第106—107页。

(三) 云门消亡的原因

后世不少分析认为,云门的兴盛与皇家的支持密不可分,但也因过分倚重政权的支持,人才全部集中在京师要刹及名乡巨埠,导致山林道场力量的薄弱。北宋末期徽宗崇奉道教对佛教限制较严,扶持不力,南宋高宗更是对佛教采取了较为严苛的限制措施,因此使得云门宗的势力随之急速颓败,以致绝迹。这一分析是否能建立一个严谨的因果关系值得探讨。与政权过从甚密,确实容易出现自身发展对政权支持力度过分依赖的关系,一旦扶持力度变弱甚或转为限制,就会大大影响云门的规模和发展,但并不能解释云门为何迅速断续。我们或许还应借助其他视角,把云门放回禅宗历史,更多从内因进行考察分析,来全面看待更为稳妥。

由上面的分析我们可以得知,禅宗宗派的消亡不是因为该宗派的僧团全部消失了,而是因为该宗派找不到可以承续本宗"师法"的衣钵人。如果这一立论能够成立,那么我们就可以回应一下学界对云门断续原因所作的一些推测。杨曾文先生在《宋代的社会和佛教、禅宗》[1]和《云门宗在北宋的兴盛和贡献》[2]等文章中谈到云门的消亡,只是很谨慎地作了客观描述,指出云门的消亡时间节点在入南宋之后不久。彼时,禅宗传播中心随着政治文化中心的南移而南移,临济宗兴盛,云门迅速衰微。万毅先生在《宋代云门宗初探》[3]里更加明确地推测,云门宗因为和赵宋政权的关

---

[1] 杨曾文:《宋代的社会和佛教、禅宗(下)》,《禅》2006年第6期,第31—36页。

[2] 杨曾文:《云门宗在北宋的兴盛和贡献》,《韶关学院学报(社会科学版)》2012年第3期,第5—10页。

[3] 万毅:《宋代云门宗初探》,《中山大学研究生学刊(社会科学版)》1996年第2期,第42—52页。

系过于密切，所以其传播受到统治者政策变更的影响很大——北宋末期，徽宗崇奉道教，对僧侣限制较严；高宗南渡后又对佛教严加限制——所以云门宗从北宋末期就渐入颓势，入南宋后伴随着临济的壮大而消匿。这样的分析不无道理，特别是考虑到云门在初起阶段得到了南汉王朝的扶持，而在北宋仁宗时期得以大举北进，得到朝廷青睐后，京城原本的律宗官寺许多都变为了云门门庭。但是上文我们已经论证过禅宗宗派的消亡，看的不是门人是否存在，而是具"师法"之宗师是否存在。因此政策的倾轧和外部环境的恶化可以打击一宗派的规模，但无法使得具法宗师消失，使一个宗派断续失传。

从直观数据上看，云门的由盛转衰开始于七世到八世间，与上述学者指出的进入南宋渐衰是一致的。我们可以借由这个阶段整个禅宗的面貌来考察云门迅速由盛转衰的情境。这一时期的状况，最好的参照是临济宗清凉惠洪（1071—1128）的诸多著述。惠洪完整地经历了禅宗勃兴、云门鼎盛时期，在南宋第二年去世。他天资颇高，见闻广博；在僧人中被钱锺书誉为诗才第一，可见其文字功夫；又辩才无碍，老婆心切，针对当时的禅林状况书写了很多极具影响力的书籍。

惠洪曾指出，禅宗"师法"在元丰年间（1078—1085）全面急剧衰落，大约相当于杨岐下三世、黄龙下二世，并不是多年后云门一宗所单独面对的困境：

> 禅宗学者，自元丰以来师法大坏，诸方以拔去文字为禅，以口耳授受为妙。耆年凋丧，晚辈猬毛，而起服纨绮，饭精

妙，施施然以处华屋为荣，高尻磬折王臣为能，以狙诈羁縻学者之貌，而腹非之。上下交相欺诳，视其设心虽侩牛履狶之所耻为，而其人以为得计。于是佛祖之微言，宗师之规范，扫地而尽也。予未尝不中夜而起，喟然而流涕，以谓列祖纲宗至于陵夷者非学者之罪，乃师之罪也。

今三十年禅林下衰，以大福田之衣自标识而号分灯法嗣者，例皆名愧其实。盖族大口众，不肖之子乃生，固其所也！①

惠洪犀利地批评当时纷纷簇簇、有名无实的禅门"宗师"。这些人"以有思维心争求实法"，"苟以意识为智证"，说法只求"钩章棘句，烂然骇人"，"游谈无根"又往往好为人师，热衷于到处散播自己并不正确的观点，混淆他人知见，带来的负面影响很大。这些错误的知见泛滥开来，真正的禅宗精髓便只能湮灭在嘈杂喧嚣的现实里。这种情况愈演愈烈，以至于发展到"为弟子者心非其师而貌敬之，为师者实鄙弟子而喜授以法；上以数相羁縻，下以谄相欺狂，慢侮法道甚于儿戏……大法寝远，名存实亡"的地步。

禅宗之所以在元丰年间大坏，和禅宗本身的历史进程有关。经唐末至五代，禅宗的规模迅速扩大，但直至宋初，并未成为当时最盛行的宗派。宋初佛教界影响最大及人数最多的，还是华严宗、法相宗和律宗；禅宗的传播仍然主要在南方。直到宋代的第四位皇帝宋仁宗时，情况才有所改变。上文已述及，宋仁宗有意

---

① （宋）惠洪著，〔日〕释廓门贯彻注，张伯伟、郭醒、童岭、卞东波点校：《注石门文字禅》卷二十六《题隆道人僧宝传》，第 1511 页。

扶持禅宗，约在庆历七年（1047），太监李允宁被允准将其宅改为"十方净因禅寺"。宋神宗元丰三年（1080），又将相国寺六十四院改为八院，其中禅宗占二院（慧林禅院与智海禅院）规模最大。元丰五年（1082），神宗皇妹及驸马都尉张敦礼奏请兴建法云禅寺。这些禅寺多邀云门法系禅僧出任主持。正是凭借皇权与士大夫的支持，禅宗得以在京城及北方地区发展起来。

伴随着禅宗的蓬勃发展，僧人数目急剧扩大，禅僧数目更是激增，佛教中禅僧的比重也不断上升。根据《佛祖统纪》卷四十四的记载，宋真宗时期，从天禧三年（1019）八月到天禧五年（1021），官方承认的正式僧尼人数由僧230027人，尼15643人发展到僧397615人，尼61240人。若依据法国学者谢和耐（Jacques Gernet）在《中国5—10世纪的寺院经济》里的统计，则这时正式受官方承认的僧侣至少有458855人。[①] 而这些数字仅仅是对于宋初至真宗年间而言，在仁宗大力扶持禅宗之后的数字当在相当程度上超过这一统计结果。虽然我们无法确切统计出这当中禅宗门人所占的比例，但仅仅做最低限度的设想，就能感受到禅宗人数膨胀的迅速。

然而，人数的迅猛增长并不仅意味着宗门的兴盛，其中必然隐含着由此带来的宗门实践处境的隐忧。在历代最为高产的禅师门下，得法弟子至多也不过是数十人，在这十数或数十得法弟子之中，大部分并不能延续其师的成绩，往往是一两世之后即默然

[①] 〔法〕谢和耐（Jacques Gernet）：《中国5—10世纪的寺院经济》，耿昇译，上海古籍出版社2004年版，第11页。

无闻了,能够保持宗脉延续的不过一二人而已。也就是说,禅僧的数目成倍甚至几十倍地滚动增长,但是真正明心见性的丛林长老并没有以相称的比例成倍地出现。这样,师徒的比例便急剧下降了,得法宗师的数目远远不能覆盖求法弟子的需求。在这样的情形下,以"以心传心"的师徒互动为基本形式的教学实践活动,愈发不可避免地出现各种各样的病症,便成为一种必然的趋势了。随着时间的推移,病症往往变成了循环感染的恶疾。

非常普遍的一种情况,是随着上辈祖师的去世,曾经紧随身边的弟子很容易因"年腊高邈"被理所当然地顺延为师,散布到各地丛林传授禅法。即便这些禅师时刻以最谦虚谨慎的态度,按照对先师教诲的记忆来引导弟子修行,他们还是缺少成为一名"禅师"的最重要也是最基本的条件——明心见性。心地未明,他们是无法把"佛心"传递给弟子的,更无法把握弟子实践中细微的处境与状况,而只能靠意识作相似的揣测。这种情况的荒谬与紧急被描述为"一盲引众盲"。现实世界远比理想模型复杂得多,这些随着老师的去世而成为长辈的僧人,并不一定具有自知之明,以妄为真;或者被世俗的事务消磨了解脱的渴望,不思进取;或者他们从老师处所得极少,对禅法并无了解,以至于尽管他们努力去做一方之合格的导师,却无从依循,也无所教授。

至少在五代时期,伴随着五宗的成立,这些问题就或多或少地埋下了种子,各种病症也初步呈现了出来。入宋以后,"禅病"的泛滥便愈发明显。

生活在五代后期及宋初的法眼文益禅师(885—958)敏锐地发现了这些问题,他"宗门指病,简辩十条",希望可以"用诠诸妄之言，以救一时之弊"。《宗门十规论》以十分精当的语言，概括出当时丛林流布的十种弊病：

1．自己心地未明，妄为人师；
2．党护门风，不通议论；
3．举令提纲，不知血脉；
4．对答不观时节，兼无宗眼；
5．理事相违，不分触净；
6．不经淘汰，臆断古今言句；
7．记持露布，临时不解妙用；
8．不通教典，乱有引证；
9．不关声律，不达理道，好作歌颂；
10．护己之短，好争胜负。①

文益将"自己心地未明，妄为人师"放在第一位，因为在这十种弊病之中，此条最为严重，危害最大，后果最严重，也是其他九个问题的根本。学者"未了根尘……辄有邪解，入他魔界，全丧正因"，"但知急务住持、滥称知识，且贵虚名在世，宁论袭恶于身，不惟聋瞽后人，抑亦凋弊风教"。

文益尖锐地警告学子，没有明心见性，不可以因一时之虚名而自欺欺人领众修行，否则不但自己将面临毁谤佛法的大罪报，还断丧了大批学子的解脱机会，而更为重要的是，这样会损害到

---

① （唐）文益：《宗门十规论》，《大正藏》第63册，第37页。

整个禅宗的风教，成为禅宗内部的蛀虫。

这是就"师法"层面的衰落而提出的忧虑，师法的维持与宗门兴荣速度到了某临界点后便呈现反比。惠洪的时代，这个临界点显然早已经被越过了。惠洪眼中的宗门，这时有两方面的难题，在学人的角度看是禅病的泛滥；而更为严峻的则是"师法"的大坏。禅病对于学人来说，如果是在所难免的阶段，那么对于禅病状态的纠正就要倚赖老师的——指点。但是"师法"的相对不足导致盲师前辈被推上法位指导弟子，这又带来了"师法"的疲软。"师法"无力指导带领学人，禅病不但得不到纠正和控制，反而会渐至泛滥。禅病的泛滥又使得丛林参学的整体氛围、知识背景、常识认同等软性修行环境遭到破坏，并且深带禅病的一代也会随着时间的推演而升位为师，反过来又加剧了"师法"的朽坏。这样的恶性循环，对于禅宗来说，无疑是噩梦，是"狮子虫"。

禅宗势力急剧膨胀，人员倍增，法久弊生。宗门的精义与传统被世俗化、表象化地解读、沿袭，虚名之辈开始变为禅宗的中坚力量。这样宗门境遇的急转，引发北宋后期及南宋各宗大德的深切焦虑。这一时期的古德，有的如大阳警玄一般选择慎付嘱，以维护"法统之纯正"；有的如清凉惠洪一般选择捍卫各家"师法"，向世人厘清五家宗旨，明确各宗法统之核心与区别；也有如临济大慧宗杲一样选择回归"师法"本质，只要还是传承少室心灯，那么笼灯、盏灯、琉璃灯，不妨都转做琉璃笼灯；更有如同时代的曹洞宏智正觉等人，选择了低调的中间道路。

这或许才是云门宁可断续而不肯轻易付法，临济掌禅宗大旗孤勇向前，曹洞绵密低调，得占法席一隅的原因。选择存留都是应机策略,并无对错之区别。

云门宗历经十一世而绝,今云门寺住持明向大和尚在《云门宗丛书·序》云:"云门宗传至第十一代光孝己庵深净禅师时,法脉沉寂,灯焰息灭。"[1] 直到近代虚云(1840—1959)遥续己庵深净禅师法脉,为云门十二世,云门之灯火再得延续。

---

[1] 岑学吕编,仇江整理:《云门山志》,序三。

第七章
明中前期禅宗的俗世化走向与禅学心学的合流

宋元以来，就内部僧团而言，一方面禅宗在诸宗派中一枝独秀，另一方面禅宗义理中主张教禅一致、禅净一致和儒佛一致成为主流；就社会影响而言，一方面禅门僧人与在俗士人交往益深，诗禅、茶禅一致论反映了宗门内外生活情趣和思想风貌的融合，另一方面随着佛教寺院的禅宗化及其对民众日常生活的渗透和影响越来越大，出现了专门从事经忏法事活动的瑜伽（教）僧人。明初朱元璋关于三教一致和禅、讲、教分类管理的佛教政策正是在这样的背景下出现的，并且由于朱元璋重视民间社会教化和抑禅扬教，这一政策加速了有明一代禅宗的民间化和世俗化进程，而伴随着明中期陈献章江门心学和王阳明心学的崛起，禅学与心学合流逐渐成为时代思潮，奠定了晚明儒道释三教合一论的思想基础。

第一节 明代的佛教政策与禅门寺僧的凋零

有明一代，尤其是明中前期，在宗教政策上虽是三教并举，然主要的方向是重儒抑佛，对佛禅多是只加以利用。为此设立了专门机构，制定了相对严格的制度来管理寺院和僧众。毁淫祠、兴社学则是这一政策在实践中的具体实施。在这一大的背景下，岭南禅门一派凋零，元气大伤，至晚明才渐次恢复。

一、明代的佛教政策与分类管理

明王朝实行儒道佛三教并用的宗教政策，其思想基础是太祖朱元璋以《三教论》为代表的统合三教的相关论说：

> 于斯三教，除仲尼之道祖尧舜，率三王，删《诗》制典，万世永赖。其佛仙之幽灵，暗助王纲，益世无穷，惟常是吉。尝闻：天下无二道，圣人无两心。三教之立，虽持身荣俭之不同，其所济给之理一。然于斯世之愚人，于斯三教，有不可缺者。[①]

从神道设教立场出发，朱元璋制定了对禅佛教限制利用的基本政策，而且以限制和控制为主，包括收紧度牒发放，对僧人人口总量和年龄加以限制，等等。实行度牒制。洪武二十四年（1391），定天下僧道，府不过四十人，州不过三十人，县不过二十人。如此，全国有一百四十七府、二百七十七州、一千一百四十五县，则核定僧人仅三万七千〇九十人。洪武二十五年（1392）又敕造

[①] （明）朱元璋：《三教论》，见（明）朱元璋撰，胡士萼点校：《明太祖集》，黄山书社1991年版，第215—216页。

《僧籍册》，刊布寺院，互为周知，名为《周知板册》。游方僧至僧寺，必揭周知册验实，不同者拿送有司。这是极其严苛的。其实，早在洪武六年（1373）统计僧道总数已有九万六千三百二十八人[①]，至成化时期因自然灾害严重，礼部大开给度牒鬻僧以赈济饥民的口子，总计成化一朝给发僧道度牒超过三十五万，至成化二十二年（1486）有度牒僧道总数已达五十余万人[②]。嘉靖时，广东籍士大夫霍韬曾向世宗谏言：僧道盛者，王政之衰也。方献夫也积极主张尼僧还俗，禁止私度僧道。但自嘉靖十八年（1539）起，出卖度牒成为连续性政策，被纳入朝廷财政的一项稳定收入，成为明代僧道政策一次重要变局，僧道人口逐渐失控。寺院经济也日显规模。宣德时，广东按察司佥事赵礼奏称："各处寺观多因田粮浩大，与民一体当差，是致混同世俗。如南海县光孝寺，该粮三千余石，每当春耕秋敛，群僧往来佃家，男女杂坐，嬉笑酣饮，岂无污染败坏风俗？乞依钦定额设僧人，府四十名、州三十名、县二十名，就于本寺量拨田亩，听其自种自食，余田均拨有丁无田之人耕种纳粮。"[③]

明朝继承前代传统，设立国家管理僧道的行政机构。洪武初立善世院（借鉴元代的宣政院）掌天下僧教事。洪武十五年

---

① 《明太祖实录》卷八四，洪武六年八月，台湾"中研究"历史语言研究所影印本，1968年，第1501—1502页。

② （明）马文升：《马端肃奏议》卷三《陈言振肃风纪裨益治道事》，《文渊阁四库全书》本，第427册，第734页；（明）倪岳：《青溪漫稿》卷十三《止给度疏》，《文渊阁四库全书》本，第1251册，第149页。

③ 《明英宗实录》卷八，宣德十年八月癸卯，台湾"中研究"历史语言研究所影印本，1968年，第152页。

（1382）改在六部之一的礼部所隶祠部下设僧录司，府曰僧纲司，州曰僧正司，县曰僧会司。由礼部管理天下僧人和寺院，体现了儒家思想的正统地位。诏令将其分为禅（禅修）、讲（宣讲华严天台诸宗经典义学）、教（从事瑜伽等经忏法事活动）三类，诸寺僧有义务选择归属其一，后又规定须着不同颜色的僧服加以区分。这对元代将教寺教僧分类为禅、教、律有继承有修正，其"讲"相当于元代的"教"，而以瑜伽教替代律，但尊教抑禅却是一致的，禅者既无讲僧明经教化之责任，也无教僧替人祈福消灾之职权，其游方又被严格禁止，禅僧与信众的联系被隔绝，不要说发展，连生存下去都危机重重，禅宗的衰微也就在所难免。①"僧录司左右善世二人，正六品；左右阐教二人，从六品；左右讲经二人，正八品；左右觉义二人，从八品。"②这从官品上将禅、讲、教分出高低，其中禅者地位最低。"礼部照得佛寺之设，历代分为三等，曰禅、曰讲、曰教。其禅不立文字，必见性者方是本宗。讲者务明诸经旨义。教者演佛利济之法，消一切现造之业，涤死者宿作之愆，以训世人。"③洪武二十四年（1391）颁布的《申明佛教榜册》，由礼部公布，据以清理天下僧寺，其文称："其禅者务遵本宗公案，观心目形，以证善果。讲者务遵释迦四十九秋妙音

---

① 明人姚希孟在万历年间（1573—1620）曾回顾禅宗的衰落："今天下法席之盛极矣，招提相望，四众回绕，登坛竖义多属讲师，而教外之传几于绝响。昭代二百余年，佛法盛而宗门衰，如云门、沩仰、法眼三宗崭然既久，临济、曹洞亦在明灭间。"（见《邓尉圣恩寺募斋疏》，《邓尉山圣恩寺志》卷十一。转引自曹刚华：《明代佛教方志研究》，中国人民大学出版社2011年版，第151页。）
② 《明太祖实录》卷一四四，洪武十五年夏四月辛巳，第2262页。
③ （明）幻轮：《释鉴稽古略续集》，《大正藏》第49册，第932页。

之演，以导愚昧。若瑜伽者，亦于见佛刹处，率众熟演显密之教应供。是方足孝子顺孙报祖父母劬劳之恩。以世俗之说，斯教可以训世；以天下之说，其佛之教阴翊王度也。"并禁止俗人行瑜伽法等民间佛教活动："瑜伽之教，显密之法，非清净持守，字无讹谬，呼召之际，幽冥鬼魅，咸使闻知，即时而至，非垢秽之躯，世俗所持者。曩者，民间世俗多有仿瑜伽者，呼为善友，为佛法不清，显密不灵，为污浊之所污。有若是，今后止许僧为之。敢有似前如此者，罪以游食。"[①]二十七年（1394）又定僧人《趋避条例》。这些禁令大多在随后颁行的《大明律》中以法律条文固定下来。

朱元璋制定的佛教政策在明初洪武、永乐时期总体执行得较好，但自正统（专权太监王振佞佛）以后，祖制逐渐流于形式，明朝中后期，在皇室（特别是太监、后妃）和贵族的干预下，成化以后至隆庆、万历，国家的宗教管理越来越放任自流，禅佛教日益活跃，带来晚明禅佛教的复兴，史称"万历佛教"，涌现出憨山德清等一批高僧，也直接引发岭南禅宗在明末清初的空前繁荣。

二、明中前期岭南寺院兴修与禅门凋零

明中前期指自明太祖朱元璋洪武至明世宗朱厚熜的嘉靖年间（1368—1566），在这近两百年中共有十位皇帝，使用了洪武（太祖）、建文、永乐（成祖）、宣德（宣宗）、正统（英宗）、景泰（代宗）、天顺（英宗）、成化（宪宗）、弘治（孝宗）、正德（武

---

① （明）幻轮：《释鉴稽古略续集》，《大正藏》第49册，第936页。

宗)、嘉靖(世宗)等十一个年号。不少史家又具体把洪武、永乐时期称为明前期,把宣德至嘉靖时期称为中期,而把隆庆、万历至明亡称为后期。陈垣曾指出:"计明自宣德以后,隆庆以前,百余年间,教律净禅,皆声闻阒寂,全中土如此,不独滇黔然也。"[1]

寺院是佛教僧人团体活动场所,其兴废情况是禅佛教兴衰最直观的重要指标。洪武二十四年(1391)诏令全国归并寺院:"各府州县寺观,但存宽大、可容众者一所,并居之。"[2] 后虽有所松动,但严禁私创寺院。世宗崇道禁佛,嘉靖时期多次诏令拆毁、变卖私创寺院、庵堂等"淫祠"。嘉靖十四年(1535),就连设有全国佛教最高管理机构僧录司的北京兴隆寺也遭焚毁,并不准重建。[3] 次年皇宫里的佛殿被拆毁,佛像、佛骨遭丢弃。岭南寺院也不例外,在洪武至嘉靖近两百年里,几经沧桑,这从康熙《广东通志》及《光孝寺志》《曹溪通志》等所载略见一斑。

我们先看创建、重建与归并情况。

(一) 广州府

1. 番禺县。洪武十五年(1382),广州府于光孝寺设僧纲司,僧正源为都纲,颁印,置正副僧官二员;凡遇庆贺,先期有司于此习仪;永乐十四年(1416),都纲僧庆嵩等募修大殿;正统十年(1445),颁赐光孝寺大藏经典一藏,计十大柜,奉安大殿;成化十八年(1482),从僧定俊请,敕赐光孝禅寺匾额,寺名遂定;弘

---

[1] 陈垣:《明季滇黔佛教考》,河北教育出版社2000年版,第246页。
[2] 《明太祖实录》卷八六,洪武六年十二月戊戌,第1537页。
[3] 《大明会典》卷一○四,明万历十五年内府刊本,第6页。

治七年（1494）僧定俊建四廊；嘉靖三年（1524），西竺寺、悟性寺、廨院寺等并入光孝寺。六榕（净慧）寺，洪武六年（1373）毁其半以建永丰仓，唯存塔及观音殿；八年（1375），僧坚愈于塔东重创佛殿，启门东向，仍曰六榕；二十四年（1391），并入西禅寺；永乐九年（1411），复为本寺。都御史韩雍于成化四年（1468）建怀圣寺；复于成化八年（1472）重建西华寺。弘治中，市舶太监韦眷重修宝陀寺；复又建东山寺，成化间赐额该寺"永泰"，嘉靖十四年（1535）祀真武于前殿。

2. **增城县**。洪武二十八年（1395），僧祖荣重建增城县万寿寺，设僧会司于此，遇圣诞千秋，于此行礼。

3. **顺德县**。嘉靖间，僧怀树、文照、文觉募化重修宝林寺，为祝圣集仪之所。明洪武二十四年（1391）宣缘重修隆福寺，嘉靖三十五年（1556）僧可禅会众复修。天顺年间（1457—1464），民何淮、刘永平等重修化乐寺。

4. **东莞县**。明永乐十一年（1413），重修东莞县资福寺。

5. **新会县**。洪武二十年（1387），僧广寿重建九源寺，嘉靖四十年（1561）重修。成化中，僧真贤重修双涌寺。

6. **香山县**。洪武十一年（1378），僧本廉于已毁香山县宝庆寺旧址重建无量寺；嘉靖七年（1528），游僧重建。

7. **清远县**。洪武十八年（1385），千户刘俊重创清远县东林寺，宣修为祝圣道场。

8. **连州**。弘治九年（1496），郡守曹镐重建翠峰寺。嘉靖二十二年（1543），僧普化重修光孝寺，郡守龚云从作碑记。嘉靖二十八年（1549），重修大云寺，太守龚云从记。

（二）韶州府

1. **曲江县**。元末战火使南华寺损毁严重，洪武年间（1368—1398）寺庙已破败不堪。永乐六年（1408）住持观意重修钟楼，嘉靖三十六年（1557）主持僧广粢重修。正统间（1436—1449）建五祖殿，景泰间（1450—1456）修。景泰间修观音殿。成化间（1465—1487）修诸天殿，嘉靖三十二年（1553）住持悟环重修。成化间修伽蓝堂。成化十年（1474）住持惠勉修四天王相，嘉靖十四年（1535）住持真满建罗汉堂。成化十三年（1477），僧崇晓建本来堂。成化十三年（1477）重建宝塔（六祖塔），正德十一年（1516）住持僧智汉修，嘉靖二十七年（1548）住持僧净鈍重修。弘治三年（1490），八十八代主持僧惠淳（南海农家子）重建旧祖殿（信具楼），嘉靖十六年（1537）僧太仓、圆通重建。弘治间（1488—1505）僧文瑞重修禅堂，嘉靖二十六年（1547）知府陈大纶重建。正德三年（1508），住持如靖（新会人）重建六祖说法堂。正德十二年（1517），僧清洁（号静堂）、圆通重修大雄宝殿。嘉靖八年（1529）住持圆玺修普庵殿。嘉靖九年（1530）住持真圆修鼓楼。嘉靖十三年（1534），僧太仓修宝林门。嘉靖十八年（1539）住持香溪悟全重修方丈室。嘉靖二十一年（1542），住持悟全建御碑亭，知府符锡书刻孝宗《御制坛经法宝序》。嘉靖二十四年（1545）住持净琛修曹溪门。以上是明中前期南华寺的寺院建设情况。宣德（1426—1435）、正统（1436—1449）、天顺（1457—1464）年间，朝廷先后颁赐《法华经》《华严经》以及《大藏经》[有正统十年（1445）英宗的圣旨]。嘉靖年间（1522—1566）朝廷还特颁"护持金牌"以护南华禅寺。

此外，洪武间重修新兴寺、山泉寺、西峰寺、九峰寺、石门寺、南善寺、云石寺。景泰间重修延祥寺，嘉靖十八年（1539）都纲何应珍重修。嘉靖十九年（1540）重修舜峰寺，知府符锡命僧真鉴、应坚主之。嘉靖间重修圆通寺。

2. **乐昌县**。洪武三十一年（1398）重修众善寺，内设僧会司。永乐间（1403—1424）重修兴门寺、兴宁寺。成化十五年（1479）重修宝林寺。

3. **仁化县**。洪武间创建金凤寺，并设僧会司于此，正统八年（1443），僧会吴升重修，嘉靖间又修。洪武初建皈依寺。正德间（1506—1521）重修西荫寺。

4. **乳源县**。洪武初僧了偈重修云门寺、双峰寺。洪武初重修合龙寺。成化五年（1469），僧祖岘重修双峰寺。

5. **翁源县**。洪武初于翁山寺设僧会司，嘉靖九年（1530）住持真净重修。洪武间重修宝庆寺。天顺间僧惠善重修九仙寺。洪武初毁耽石院，成化间重建。弘治中僧真广重修太平寺。弘治间僧泰广徙马岗庵于回龙岗，更名回龙寺。正德间重修秀峰寺。嘉靖间重修水月寺。

6. **英德县**。洪武二十四年（1391）僧会袁嗣渊重建明化寺，设僧会司。洪武间重建圣寿寺，嘉靖十九年（1540）知府符锡重修。洪武间重修云山寺，成化后相继有重修。

（三）南雄府

1. **保昌县**。洪武二十五年（1392）立延祥寺为丛林，设僧纲司署，正统丙寅（1446）重修；洪武二十五年（1392）立云封寺为丛林；正统乙丑（1445）扩修真觉寺，景泰庚午（1450）重修。

2. **始兴县**。洪武三年（1370）僧元宠重建上封寺，二十五年（1392）立为丛林寺，即僧会司署事所；成化辛丑（1481）僧明珍重修吉祥寺；嘉靖十四年（1535）知县汪庆舟兴复龙江寺，更名崇惠寺。

（四）惠州府

洪武中在归善县神霄宫故址建永福寺，栖禅寺、嘉祐寺、圆通寺、光孝寺等均并入。永乐元年（1403）重建长乐县禅定寺。景泰三年（1452）典史卢高建兴宁县宝成寺，嘉靖九年（1530）邑令吴悌重修。嘉靖初徙博罗县延庆寺于登高镇。

（五）潮州府

1. **海阳县**。洪武间建南山寺，正统间建宁波寺。
2. **饶平县**。成化十五年（1479）建林姜寺。
3. **程乡县**。元皇庆元年（1312）僧无济创圣寿寺于阴那山；洪武十八年（1385）粤东监察御史梅鼎捐资命僧德坚扩建，易名灵光寺并题书匾额（梅鼎有《重建灵光寺记》）；成化间僧德圣又重修。
4. **大埔县**。洪武年间建东陵寺、永丰岩寺（时归属海阳县），嘉靖年间建宝元寺，嘉靖三十六年（1557）建长宁寺，万历二十五年（1597）改建为永福寺。

（六）肇庆府

洪武十四年（1381）重修阳江县宁国寺。洪武中于高明县延寿寺归并丛林。永乐元年（1403），复兴高要县梅庵，重修新兴县岱山寺。永乐九年（1411）重修新兴县秀罗寺。

（七）廉州府

正统五年（1440），守备程旸建钦州崇宁寺。正统十二年（1447），僧兴宁募缘建灵山县大云寺，久废；成化九年（1473），佥事林锦重建，以为祝圣之地，修葺重新。

（八）雷州府

1. **海康县**。洪武十五年（1382）重修天宁万寿禅寺，弘治丙辰（1496）太监陈荣捐资复修；洪武间僧隆寿改广教寺为广济寺。

2. **遂溪县**。洪武间知县张昭重建湖光庵；洪武五年（1372），僧无量重修通济庵，正统间乡人又修建，正德间刘佐等再建。

3. **徐闻县**。洪武二十年（1387），徐闻县主簿彭用乾为多火灾，伐石砌塔七层于圆通寺以镇之。

（九）琼州府

洪武癸酉（1393），诏僧录司以无名庵堂归并一寺于琼山县天宁寺，有普庵、六祖等堂，寺内佛像为各处庵堂所归并，郡邑迎诏习仪皆于此；永乐间，知府王修匾其门曰："海南第一禅林"；正统六年（1441），韩真祐捐资重建正殿；八年（1443）知府程莹辟地扩建；成化间僧普明重修；正德丁丑（1517），僧善慧重修。又，洪武初澄迈县重修永庆寺。洪武中临高县重修永兴寺。洪武间千户朱旺移建崖州天宁寺。

第七章　明中前期禅宗的俗世化走向与禅学心学的合流

从以上明中前期广东各地寺院兴修情况看，岭南寺庙并没有严格的分类记录留下来，不过，光孝、南华等传统禅寺、大寺（以丛林即禅林相称）以及地处偏僻的当为禅寺，而一些小型、位于城市的很可能是教寺。各朝均有寺庙兴修记录，洪武、永历、正统、成化朝比较活跃，即便是禁佛严厉的嘉靖朝，不仅南华禅寺获得"护持金牌"而屡有增修，其他各地寺院也有数量可观的修复或重建记录，其中新兴国恩寺在景泰年间重修尤值一提。

国恩寺是禅宗六祖慧能的故居和弘法、圆寂之所，也是《坛经》辑录之地，是南禅三大祖庭之一，在一千三百多年的历史变迁中，其兴废不一，历代屡有修葺和扩建。而在历次的修葺中，明代是至关重要的阶段。唐宋时期只是创建和起步，规模较小，除慧能舍宅为寺外，仅有报恩塔造建及几次重修，未见有其他楼宇殿堂。而终明一代，不但有几次大规模重修，且增建了许多殿堂、禅房、亭阁、山门、牌坊、镜池等。可以说，国恩寺的总体规模和格局是在明代奠定的，清代以后的历次修葺是在明代基础上的修补和某些扩充。尤值特书的是景泰年间住持僧正照和县尉郑昕等人主持的那次修葺。因为该寺历经七百余年，至其时已是残垣断壁，一派颓废之景："师灭度后今七百余年，寺之兴废不一。国朝永乐戊子（1408）重修，又四十年，栋宇倾斜，仅庇风雨，香烟灯炷，不绝如线，未有能振之者，岂非佛灵犹有待其人欤？寺有田一千八百亩，多为豪猾所噬，余粢不得入于寺，以故缁锡少聚。"① 而经是次重修，面貌一新，尤若新建："晨钟暮鼓，

---

① （清）李超、李廷凤纂修：《新兴县志》卷一九《艺文上》，广东省地方史志办公室辑：《广东历代方志集成》，肇庆府部（一九），第180页。

振动林峦,夜烛朝香,祝祈圣寿。道场之盛,视旧有加,往之烟霏掩暧,相映于岚光山色之间者。今则华栋藻拱,金碧辉煌,彷若天宫化境矣。"[1]正因郑昕重修庙宇之功,僧正照特塑郑昕小像置佛像腹中,并预谶语:"僧正照,罗陈人,为国恩寺住持,与邑尉郑昕、邑练严贞修寺宇,以昕有功佛寺,塑昕小像纳佛腹中,预为谶记曰:后九十六年佛迁像出。逮隆庆四年(1570)重修殿刹,毁佛像得昕像,年月悉符所志。"[2]

然从总体看,也仅限于庙宇的修葺而已,即便是光孝、南华之祖庭大寺,也无全国性影响的高僧留名,可见禅僧的命运比禅寺更加多舛,共同映现岭南禅门的凋零。

明初诏令归并丛林,将僧寺分为三类:禅、讲、教(瑜伽),导致行瑜伽法事的教僧(应赴僧)逐渐占据僧团的半壁江山[3],"甚至连本应从事禅修、研究经论的禅、讲僧,欲分沾经忏之利者亦大有人在"[4]。佛教日益世俗化,深入民间民众生活,与重教理、以僧侣为主体的僧团佛教形成对比,呈现庶民佛教或民俗佛教的特征,远遁山林、心性化的禅宗发展受到极大压制。但同时,明太

---

[1] (清)李超、李廷凤纂修:《新兴县志》卷一九《艺文上》,广东省地方史志办公室辑:《广东历代方志集成》,肇庆府部(一九),第181页。

[2] (清)吴绳年修,何梦瑶纂:《肇庆府志》卷二八《杂记志》,广东省地方史志办公室辑:《广东历代方志集成》,肇庆府部(七),第791页。

[3] 何孝荣等著《明朝宗教》(南京出版社2013年版)第43页引用日本学者龙池清对湖州、苏州的研究成果表明,湖州府有教寺三十七、讲寺六、禅寺二十四、所属宗派不明十七,总计寺院八十四所,所归并的寺院庵堂二百五十一所;苏州府有教寺七十一、讲寺二十三、禅寺三十一、所属宗派不明六,总计寺院一百三十一所,所归并的寺院庵堂五百五十八所。教寺在寺院总数中所占比率达到四成乃至六成,由此推定,教僧占到整个僧侣总数的将近半数。

[4] 陈玉女:《明代的佛教与社会》,北京大学出版社2011年版,第282页。

祖在洪武十年（1377）钦定《心经》《金刚经》《楞伽经》等禅门三经作为天下沙门（僧人）必须研习的核心经典，又进一步推动了佛教的禅宗化。而在禅宗内部，强调诸宗融合、禅教融合以及儒道佛三教融合也成为主流。明朝中前期，禅宗大德屈指可数，江南尚有可谈论者，岭南乃至游方岭南的禅僧，遍搜史乘，能留下片言只语或修行故事的僧人已是不多见，遑论高僧大德。陈垣曾感叹明季滇黔僧史缺略，文献无征。披阅灯录，名僧尊宿，多在江浙诸省，康熙间善一如纯因此在言及他辑《黔南会灯录》的机缘时叹息："圣贤不择地而生，佛法遍一切处，何吾黔之独无也？是人以地囿耶，抑佛法有偏耶？"[①]明中前期的岭南又何尝不然？而这种情况发生在拥有中土禅宗祖庭的岭南，实在更加令人唏嘘。查康熙《广东通志》僧传，仅二人稍详。其一，南海人昙谔，祝发为僧后，遍历大方。诣普陀岩，睹观音现相，燃二指以答。登峨眉山拜普贤，现身，复燃二指。洪武三年（1370），居光孝禅寺，因号六指僧。又据《光孝寺志》，昙谔，敕赐弘教大彻禅师。洪武十年（1377）应诏赴京考验，劄付为光孝寺住持。十八年（1385），捐资重建戒坛。其二，琼州府临高县有僧人刘佛，洪武庚申（1380）积薪坐焚，里人砌石于堂之左，藏其余烬。凡遇灾旱，祷之有应。此外，据寺志，有部分明中前期的僧人名录，少数有小传。《光孝寺志》载，其历代住持有：太祖朝僧悦、昙谔，成祖朝元楚、庆新，英宗朝广演、道遂、文德，宪宗朝戒玟、性源、德存、定俊，世宗朝宗源、图琱。昙谔之外，太常正卿叶

---

① 陈垣：《明季滇黔佛教考》，第238页。

廷祚为定俊立传。定俊，号秀峰，番禺人。清修密行，于内外典无所不窥。初授东禅寺住持，遂设教东禅，从者如云。为光孝古寺奏请，敕赐光孝禅寺。弘治七年（1494），重修殿宇，建东西二堂及四廊。据《曹溪通志》记载，明中前期历代住持多忙于修建和维持寺院而已。憨山大师曾感叹祖庭凋落之甚："曹溪为天下禅林冠，一脉派五宗，源如洙泗。第僻处岭外，道路间关，故高人上士，足迹罕至。其徒见闻狭陋，以种田博饭，无复知有向上事，其习俗久矣。"[1] 有传者仅嘉靖时丹田禅师，讳悟进，广州新会潘氏子。生于嘉靖十四年（1535），嘉靖三十二年（1553）投南华寺智琏禅师剃度，日颂《金刚经》不辍，常住六十一年，从未离寺，万历四十二年（1614）坐化后真身留存于寺。享年七十九岁，谥号"真觉"。又据大埔县万福寺资料，正统年间（1436—1449），江西石城黄庭柱游历至大埔阴那山万福庵，遂剃度出家，法号历德，于天顺八年（1464）任住持，重修殿宇，恢复坐禅古风，并将万福庵更名万福寺。

严格来说，明中前期岭南无一名僧。但也许勉强可把两位名僧纳入岭南禅史。一是毒峰季善（又称本善，1419—1482）[2]，出生于广东雷阳，但其原籍系安徽凤阳，而弘法又主要在浙江，其曾祖父官拜南阳明威将军，后降广东雷阳千户。季善注重闭关修禅，是明中期"关中刻苦"的禅修典范，有《天真毒峰善禅师要语》收入嘉兴藏。一是真空禅师，嘉靖己未（1559）来惠州府罗浮山，

---

[1] （清）释真朴重修，杨权、张红、仇江点校：《曹溪通志》卷五《塔记类》，第107页。
[2] （明）释袾宏：《皇明名僧辑略》，《莲池大师全集》（景印《云栖法会》本），第2544—2545页。

止永福寺。时归善（今惠州）叶梦熊（后任兵、工二部尚书）读书禅林，颇多叩问，成为莫逆之交。① 传真空禅师有神通，后广为众僧说法，顶礼者千余人，以为曹溪再至也。曾以入灭之期告林梦熊，而坐化前林梦熊果至辞别。大学士王宏诲为叶梦熊病逝后所作神道碑云："一日，读书西湖，遇异人。往来传秘密，世莫知者。临化，留衣为别，谓后来勋业当代无两。"即指此事。

第二节　禅宗俗世化走向——官方与民间的角力

佛教传入中国以后，先是在宫廷、上层社会、士大夫层流行，逐渐形成规范化的教团。禅宗的崛起和流行，加速了佛教平民化时代的到来，佛教的影响下移民间社会，其后来的发展和演化呈现出俗世化和民间化走向，可以说是一种寺院正统佛教的附属宗教。此外，以在家信众为主体的居士佛教也是一种世俗佛教团体。但更为重要的是，这些民间佛教、居士佛教杂糅了各种民间信仰以及儒家、道家等其他思想信仰，例如元代颇有影响的民间佛教白云宗和白莲宗，尤其是后者，实际上颇多超越禅佛教的教义和仪轨，具备一种独立宗教形态，故史称白莲教，在明初被禁止。洪武七年（1374）朱元璋《玄教斋醮仪文序》云："朕观释道之教，各有二徒。僧有禅有教，道有正一有全真。禅与全真，务以修身养性独为自己而已。教与正一，专以超脱，特为孝子慈亲之

---

① 叶春及的《石洞集》里，载有一首《十四岁读书永福寺友人伐鼓七声命诗索道士酒》诗，时为嘉靖二十四年（1545）。叶春及、叶梦熊叔侄均在寺中读书。

设，益人伦，厚风俗，其功大矣哉。"[①] 可见，曾靠参加白莲教起义军登上政治舞台的朱元璋，高度警惕禅宗等独立宗派的佛教演化为民间秘密宗教的可能性，造成不利于皇权和社会稳定的危险性，而对以服务民众世俗生活、科仪为主的佛教，则褒奖其"益人伦，厚风俗"的社会功能。后来他将寺僧三分为禅、讲、教，三者各司其事，并赋予制度化佛教的教僧以特权，同时严格僧俗界限，严防民间化的佛教活动。承认早就存在于禅、教、律三宗之外从事世俗佛事法会的寺院（甲乙徒弟院），将直接服务庶民生活的瑜伽教僧或赴应僧合法化，大大推进了佛教的俗世化，同时也是垄断化，宣布火宅僧等俗众提供佛教科仪服务为非法，并查禁淫祀。可以说，禅佛教的世俗化本来就是明王朝佛教政策推动的直接结果，而世俗化的禅佛教一旦深入庶民生活便无可避免地民间信仰化，因此，官方禁止僧俗混同以及禁淫祠的努力，都无力改变有着旺盛需求和强大生命力的庶民信仰，如粤东香花佛教在明末出现后延续至今。

一、禁淫祠与魏校岭南毁佛

洪武三年（1370），朱元璋发布《禁淫祠制》："朕思天地造化能生万物而不言，故命人君代理之。前代不察乎此，听民人祀天地，祈祷无所不至。普天之下，民庶繁多，一日之间，祈天者不

[①] 《道藏》第九册洞玄部威仪类，文物出版社、上海书店、天津古籍出版社1988年版，第1页。

知其几，渎礼僭分，莫大于斯。古者，天子祭天地，诸侯祭山川，大夫士庶各有所宜祭。其民间合祭之神，礼部其定议颁降，违者罪之。于是中书省臣等奏：凡民庶祭先祖，岁除祀灶，乡村春秋祈土谷之神，凡有灾患祷于祖先，若乡厉邑厉郡厉之祭，则里社郡县自举之。其僧道建斋设醮，不许进章上表，投拜青祠，亦不许塑画天神地祇。及白莲社、明尊教、白云宗，巫觋扶鸾、祷圣、书符咒水诸术，并加禁止。庶几左道不兴，民无惑志。诏从之。"①"淫祠"通常指不合于礼制、相对于国家正祀的民间信仰。"禁淫祠"后来成为明王朝贯彻始终的祖制，儒家士大夫及其行政官僚更是这一政令的忠实执行者，不乏如魏校这样的激进者，将禁淫祠扩大化，连南华寺这样的禅宗祖庭、六祖道场也遭受劫难。

对照《禁淫祠制》，岭南淫祠庵观可谓众多："习尚，俗素尚鬼，三家之里必有淫祠庵观。每有所事，辄求筊祈谶，以卜休咎，信之惟谨。有疾病，不肯服药，而问香设鬼，听命于师巫僧道，如恐不及。嘉靖初，提学副使魏校始尽毁，而痛惩之，今乃渐革。"② 嘉靖之前，官方对民间淫祀的反对还比较温和，力度并不大。如周铎是正统壬戌（1442）进士，曾官广东右布政使，致

---

① 《明太祖实录》卷五三，洪武三年六月，第1037—1038页。《大明律》也规定："凡师巫假降邪神，书符咒水，扶鸾祷圣，自号端公、太保、师婆及妄称弥勒佛、白莲社、明尊教、白云宗等会，一应左道乱正之术，或隐藏图像，烧香集众，夜聚晓散，佯修善事，扇惑人民"，一律严加惩处："为首者，绞；为从者，各杖一百，流三千里。若军装扮神像，鸣锣击鼓，迎神赛会者，杖一百，罪坐为首之，里长知而不首者，各笞四十"。(怀效锋点校：《大明律·礼律》"禁止师巫邪术"条，法律出版社1999年版，第89页。)

② （清）黄佐等纂修：《广东通志》卷二十《民物志一·风俗》，见广东省地方志办公室编：《广东历代方志集成》，省部（四），第524页。

仕归，家居湫隘，旁有僧舍，当道欲以寺基益之，铎力辞焉。[①] 可见正统时的官吏对僧寺的利益尚有尊重。史载，高瑶于成化十九年（1483）任番禺知县，为政先风化。"县左有幸臣所创寺，僧不敢杵钟，幸臣问其故。曰畏高正卿耳。明日，僧遂逃去，幸臣也撤钟去之。"[②] 这也表明虽有权贵私创寺院，但行事仍相当低调。不过，此后官员毁淫祠的行为越来越激烈。弘治二年（1489），吴廷举知顺德县，颁《禁淫祠条约》，毁淫祠，兴学校，凡可以激风俗，悉力举行。"毁淫祠寺观，以其材作书院、修学宫。"[③] 在任期间，顺德"通县计去淫祠二百二十五所"[④]。屈大均更言："毁淫祠八百余所。"[⑤] 至魏校（1483—1543）在广东大规模毁淫祠而达高潮。魏校之后，又有丁积在嘉靖时任新会县令，"其不载祀典之祠，无大小咸毁之"[⑥]。

魏校号"庄渠"，苏州府昆山县人，弘治十八年（1505）进士，授南京刑部主事，改兵部郎中，正德十六年（1521）任广东提学副使，次年即嘉靖元年（1522）丁忧服阙，在粤仅年余时间，但却以在岭南激进地全面捣毁淫祠而著名。《粤大记》卷之六传魏

[①] （明）郭棐撰，黄国声、邓贵忠点校：《粤大记》上册，广东人民出版社2014年版，第283页。

[②] （明）郭棐撰，黄国声、邓贵忠点校：《粤大记》上册，第282页。

[③] （明）郭棐撰，黄国声、邓贵忠点校：《粤大记》上册，第239页。

[④] （清）黄佐等纂修：《广东通志》卷五十列传七《吴廷举传》，见广东省地方志办公室编：《广东历代方志集成》，省部（四），第1302页。

[⑤] （明）屈大均：《广东新语》卷六《神话》，见欧初、王贵忱主编：《屈大均全集》（四），第189页。

[⑥] （明）陈献章：《丁知县行状》，见（明）陈献章著，孙通海点校：《陈献章集》，中华书局1987年版，第102页。

校:"首禁火葬,令民兴孝,乃大毁寺观淫祠,或改公署及书院,余尽建社学。……自洪武中归并丛林为豪氓所匿者,悉毁无遗。僧、尼亦多还俗,巫觋不复祠鬼。"[①] 其毁寺庙的记录见于魏校的文集《庄渠遗书》(收录魏校任提学副使时所发布的各种公文书),官修《广东通志》等地方志也留下大量记录。

在广州,魏校发布命令:"凡神祠佛宇不载于祀典,不关于风教及原无敕额者,尽数拆除,择其宽厂者,改建东西南北中东南西南社学七区。"[②] 于是将定林寺改中隅社学,西来堂改南隅社学,大云寺改北隅社学等。又将城外粤秀、白云山的佛道场所悉数易为书院。"(粤秀山)故有观音阁,今改而新之,崇奉宋广东漕宪周元公遗像,顺民心也。山之左为迎真观,右为悟性寺。因并废之,塑奉程淳公遗像。南有仁皇废寺,塑奉朱文公遗像。即其旧扁更为濂溪、明道、伊川、晦庵四书院。迎真观之左有天竺寺,改为崇正书院,合祀四先生。"[③] "白云之山有三寺,中曰白云,左月溪,右景泰,盖山中之三胜也。嘉靖间三寺既毁,于是泰泉黄公(黄佐),以景泰为泰泉书院;铁桥黄公,以月溪为铁桥精舍;甘泉湛公,以白云为甘泉书院。"[④] 魏校还毁广州府西禅龟峰寺,建明大学士方献夫祠。其他还有仁王寺、西樵山宝峰寺等。

---

① (明)郭棐撰,黄国声、邓贵忠点校:《粤大记》上册,第146—147页。
② (明)魏校:《庄渠遗书》卷九《岭南学政》,台湾商务印书馆1986年影印本,转引自林有能:《魏校岭南毁佛述略》,《暨南学报(哲学社会科学版)》2015年第3期,第153页。
③ (明)魏校:《庄渠遗书》卷九《岭南学政》,转引自林有能:《魏校岭南毁佛述略》,《暨南学报(哲学社会科学版)》2015年第3期,第153页。
④ (明)屈大均:《广东新语》卷十七《宫语》,见欧初、王贵忱主编:《屈大均全集》(四),第422页。

在广州府所辖县，魏校令："高明县教谕李士文，四会县教谕林启，增城县教谕易文彬，新会县训导萧浚，从化县教谕唐仁，新宁县训导倪廷玉，分诣各乡通查，一应淫祠尽数拆毁，收贮材料变卖地基兴建社学。"[1]嘉靖二年（1523），香山县教谕颜阶奉魏提学行文，毁无量寺铜佛铸笾豆二十四以祀文庙。铜豆今存中山市博物馆，豆身直口，深腹，高圈足，腹有凤鸟纹，圈足有回纹，腹有"嘉靖二年秋香山教谕颜阶奉提学副使魏命造"铭文。嘉靖二年（1523），连州翠峰寺被改为祠，祀宰相刘公瞻。

在韶州府，"（魏校）出巡韶郡，欲入南华山拆六祖寺，时得郡守后尚书周厚山公解乃罢"。寺虽幸免，六祖衣钵（钵盂）却被毁坏。[2]黄宗羲《明儒学案》云："先生（指魏校）提学广东时，过曹溪，焚大鉴之衣，椎碎其钵，曰：'无使惑后人也。'"[3]

在肇庆府，嘉靖七年（1528），遵提学魏校毁淫祠令，知县陈坡改高明县延寿寺为习仪之所，名曰祝圣道场。嘉靖二十一年（1542）迁大平巡检司于高明县山台寺。

在惠州府博罗，延庆寺因近泮宫，当地儒生瞿宗鲁以扰书院而上书魏校，要求将其迁寺，魏氏恶佛氏，从之，并谓此议可行于天下。兴宁县神光寺，正德十六年（1521），督学魏校毁之，改探花书院。兴宁县福庆寺，嘉靖十五年（1536）废。

---

[1] （明）魏校：《庄渠遗书》卷九《谕教读》，转引自林有能：《魏校岭南毁佛述略》，《暨南学报（哲学社会科学版）》2015年第3期，第153页。

[2] （清）林述训等修，单兴诗纂：《韶州府志》卷四十《杂录》，广东省地方史志办公室辑：《广东历代方志集成》，韶州府部（三），第852页。

[3] （清）黄宗羲著，沈芝盈点校：《明儒学案》卷三《崇仁学案三》，中华书局2008年版，第48页。

在潮州府，督学魏校毁程乡县西岩寺。

在廉州府，嘉靖二年（1523）提学魏校拆毁淫祠，以钦州崇宁寺其地为社学。

在雷州府，魏校令："境内淫祠及废寺观，尽数折毁，以祛数百年之惑，变卖地基收贮材料以兴社学，凡可以便民者，从宜为之田粮入官，其师公师婆火居道士圣子人等，俱令首官改正，追出袈裟、法衣、神像、经箓之类，当官烧毁。"[①]据康熙《广东通志》，嘉靖元年（1522）诏毁淫祠，海康县广济寺毁。而早在成化间，海康县郡守魏瀚便以天宁万寿禅寺殿后雷音观堂地改建怀坡（苏东坡）堂，嘉靖初，魏校令把"天宁寺铜鼓并各寺院铜皿，送学镕铸祭器，以绝怪诞"[②]。

魏校毁寺院和佛像、法器，又把佛经列为禁书，禁止流通，还没收或拍卖寺庙田产（南海方献夫、霍韬等积极承买，以至于被弹劾），以兴社学、书院，强化儒家礼制教化。与此同时，还加强僧尼管理，把有度牒者集中于光孝寺，由僧纲司统一管理，没有度牒者饬令还俗，这些都是对明初政策的恢复："禁约之后，师长、火居道士、师公师婆、圣子、尼姑及无牒僧道各项邪术人等，各赴府县自首，各归原籍，另求生理买卖，故违者拿问如律治罪。"[③]

魏校岭南毁淫祠，虽有"驱邪扶正""扬正气"等褒扬之辞，

[①]（明）魏校：《庄渠遗书》卷九《谕教读》，转引自林有能：《魏校岭南毁佛述略》，《暨南学报（哲学社会科学版）》2015年第3期，第153页。

[②]（明）魏校：《庄渠遗书》卷九《谕教读》，转引自林有能：《魏校岭南毁佛述略》，《暨南学报（哲学社会科学版）》2015年第3期，第154页。

[③]（明）魏校：《庄渠遗书》卷九《谕民文》，转引自林有能：《魏校岭南毁佛述略》，《暨南学报（哲学社会科学版）》2015年第3期，第154页。

然其对佛教禅宗道场的破坏所造成的消极后果却是明显的,有明一代,岭南佛教禅宗的脚步迟滞不前,至万历年间憨山大师抵岭南,才肩负起中兴岭南佛教禅宗的重任。

二、香花佛事——岭南禅佛教与民间社会的互动

香花佛事指主要流行于粤东梅州客家地区的佛教超度仪式(做斋),举办"香花"科仪的僧人称香花僧、香花尼或香花和尚、斋妇(俗称斋嬷,指带发出家修行的妇女)。[①] 这种在梅州客家地区从事香花佛事的佛教,有学者称之为"香花派"佛教。因为这种"香花佛事"以佛教的内容和形式为主,故又被学者称为"民间佛教"或"民众佛教"[②]。

---

① 梅州客家地区笼统称寺庙外的和尚为香花和尚(乡家禾),其实也有正规寺院的僧人走出山门做香花佛事的。据李国泰先生《梅州客家"香花"研究》的调查统计,目前香花最流行的梅县、梅江区、大浦、蕉岭等地的中老年人亡故后,90%以上的亡者家庭都延请香花僧尼做香花佛事,道场有设在家里,有设在寺、庵里。僧尼在举行法事时,有别于正统佛教的科仪所诵经咒(一般念《阿弥陀经》、《拜忏经》、往生咒),而是说唱"香花"为主,即运用地方客家方言,糅合客家山歌曲调,以说唱方式劝善劝世,辅以念佛经、颂佛号和法器表演。就其文本而言,内容除演绎佛经故事、佛教人物、佛法哲理外,儒家、道教以及民间各种耳熟能详的谚语浑然一体,是三教合一的。完整的"香花"科仪包括起坛、发关、沐浴、救苦、过勘、拜忏、开光等三十余套。

② "民间佛教"或"民众佛教"是和官方、正统、正信佛教相对而言。但"民间佛教"很容易地归入"民间宗教",而"民间宗教"一般又特指民间秘密宗教。就其所信奉的内容三教混一而言,"香花派"有"民间宗教"的特征,但它的宗教活动形式单一,主要是举办为亡灵超度的仪式,故称之为"民间佛教"或"民间宗教"显然都叫大了。毋宁说,它是客家地方带有民俗色彩的佛教,是世俗化佛教在梅州的具体表现,是佛教中国化和世俗化、民间化的自然产物。故把从事香花佛事的场所定为佛教活动场所,把僧尼定位为佛教徒,也是适宜的。就僧人吃肉、结婚而言,汉化佛教之外的藏传佛教、日本佛教并不因此就不被承认,所以,为难"香花派"的理由并不充足。

就"香花派"佛教的起源看,是和敦煌佛教的"俗讲""变文"一脉相承的,而以民间宗教的"宝卷"来称香花佛事的科仪文本就叫大了。从梅州地区的佛教史看,能明确考证的"香花派"形成时间在明代,并且兴宁人何南风(1588—1651)被奉为"香花派"的创始人,"香花派"佛教是明代岭南禅佛教与民间互动的产物。据康熙《广东通志》,景泰三年(1452)典史卢高建兴宁县宝成寺,嘉靖九年庚寅(1530)邑令吴悌重修;左右有廊,左为上帝殿,南有六祖堂,右为惭愧殿,稍南有花公堂。惭愧殿供奉的惭愧禅师是明代惠州、潮州(后分出嘉应州即梅州)府最具影响力的唐代高僧,程乡(今梅县)与大埔交界处的阴那山为惭愧禅师的道场。兴宁县宝成寺殿宇布局正反映了当地民俗信仰与禅佛教的结合和融通。崇祯《兴宁县志》卷一《地纪篇》的"风俗"记载了在民众的丧仪活动中,"请香花僧祀佛"。

有明一代,对佛教教化功能的重视没有改变,而注重修身养性的禅宗至晚明才得以复兴。岭南禅宗在明代中前期极度凋零,鉴于为亡者忏悔、追福是传统度亡佛事仪轨的基本功能,为顺应时代、求生存展开的变革之路,就要把禅宗的教义和哲理应用到这一满足信众最重要的民间宗教需求上。[①]牧原和尚(何南风)所创香花佛事正具有这种劝世文功能,是集成了音乐、舞蹈、杂技、文学等多种元素的佛教科仪。何南风是兴宁人,人称"半僧先生",出家后

[①] 世俗化、民间化是明清以来官方佛教、正信佛教所面对的重大课题,香花派的历史经验和在当地取得的成绩,值得借鉴。正统佛教应该主动世俗化、民间化,不仅要与各地方言,而且要与当地民俗文化相结合,进行科仪和文本的改革创新,创造更多丰富多彩的为大众喜闻乐见的类似"香花派",而不是对它们进行排斥和打压。

又回家结婚生子,不久又出家。他在与大埔木陈道忞和尚的诗文酬唱中形成了非把佛教进行大众化改革不可的认识。晚年所著《禅中问答》认真研究佛教大众化模式,为克服"俗讲"仍过于文言化的弊端,有意引用大量客家方言和客家山歌唱词,香花僧念经如同唱哀歌,极具感染力。他晚年在江西普济寺任方丈期间创立了临济宗"横山堂"派,因整理香花文本又被认定是香花派的创始人,亦佛亦儒,亦僧亦俗,以"劝人行善"为主要教义。在兴宁,佛教信徒分为老临济和牧原和尚的新派,论人数老临济多,而规法、科仪则从"横山堂"派。有研究认为,至明末清初,在江西、福建、广东一带活跃的东山香花僧,是反清复明秘密社团天地会建立的民间宗教,香花僧的道场法事以佛事音乐"北赞"为基础,吸收南方的地方音乐,组成"香花曲"。目前保存有"香花本"十数册,最有价值的是《古来寺赞集》,也叫《香花僧秘典》。[1]

其实,岭南禅佛教一直有自己的滨海地域特色,蔡鸿生指出:"从唐代到清代,从粤北到粤东,岭南佛门的发展史,是与文化交流和社会变迁连在一起的。译经传入新观念,佛门风尚打上海洋烙印,乃至僧徒的社会类型,等等,都是滨海地域的产物。"[2]关于佛门风尚的滨海烙印,如罗汉斋的起源和僧食蚝豉,关于岭南僧徒社会类型的多样性,如市井僧和流放僧,蔡鸿生教授认为是最具岭南地域特色的所在:岭南佛门是在岭峤海隅的环境中生存和发展的。在古代交通不发达的条件下,这里的经济开发和文明程

---

[1] 释惟添主编:《千年古刹万福寺》,广东人民出版社2011年版,第289—290页。
[2] 蔡鸿生:《清初岭南佛门事略》,第1页。

度，远不如中原和江南，被视为蛮荒之地。"市井僧是岭南经济文化发展不平衡的产物。他们贫富悬殊，各行其道，不受佛门清规的制约，经商娶妻，僧其名而俗其实。"[1]更有俗称"师郎"[2]。这类野寺俗僧，属于岭南佛门的化外现象，在宗教上是荒谬的，在历史上则是合理的。他们把出家当生计，虽剃发易服而未脱骨换胎，继续保持俗心俗行。[3]

第三节　岭南禅学心学的合流与儒佛会通

明中前期的岭南禅宗可以说凋零至极，但与之形成鲜明对照的是岭南禅学却大放异彩，以陈献章（1428—1500，世称白沙先生）、杨起元（1547—1599，官至翰林院大学士）为代表的岭南心学得慧能曹溪禅法真传，使禅学与心学合流，白沙心学风靡天下士林，更是王阳明心学的先导，书写了岭南禅史重要篇章。

一、白沙心学即白沙禅学

康熙《广东通志》卷二六仙释称："粤自葛洪、卢能之后，祖述者代有其人。白沙一出而二氏潜消者，几二百年。"这是囿于儒者立场的言说。其实，白沙心学是慧能禅学的直接继承者。

---

[1] 蔡鸿生：《清初岭南佛门事略》，第12页。
[2] （宋）郑熊《番禺杂记》载：广中僧有家室者，谓之火宅僧。参见谢肇淛：《五杂俎》，中华书局2001年版，第206页。
[3] 蔡鸿生：《清初岭南佛门事略》，第10—14页。

岭南文化早期，相对于中原文化，是夷狄与中国的关系。观《春秋》三传，连楚国都是夷狄，何况岭南。岭南文化的崛起除了中原文化通过儒家官僚们在岭南的持续教化，尤其是张九龄开通大庾岭使得南北交通更加便利之外，还得益于海上丝绸之路与佛教禅宗的传播。这是岭南文化发展独有的两轮：陆路交通接受北方中原和中央文化的向南辐射；海上交通则接受外来文化的影响，包括印度禅佛教、伊斯兰教和基督教都先后通过海路登陆广州，然后进一步北上影响中原和中央文化。

宋明儒学区别于汉唐经学，在经历了禅佛教洗礼后，以弘扬"四书学"为标志回归先秦儒学，其中程颐朱熹一系的理学成为官方儒学。理学家们普遍以辟佛老、卫（孔孟之）道为己任，将圣贤经传天理化，对主张明心见性的慧能南宗禅的批评尤为激烈，在成德成圣等方面提出了一系列新的规范，体现了传统中原（北方）威权、理性文化的特征。明初的岭南学术文化完全是官方程朱理学的天下，直至陈献章创建白沙（江门）心学，融合了岭南禅文化和楚（道家）文化，将天理收归人的本心，以人心的觉悟和自得为天理，而不以圣贤经传的是非为是非，苟不求之吾心，"六经一糟粕耳！"[1] 这对于明代学术文化主流由理学转向心学起了决定性的作用。陈献章是有明一代从祀文庙（孔庙）的三大儒之一，是在思想文化领域继慧能之后具有全国性影响的岭南第二人，白沙心学体现了岭南本土文化的自觉和创新，是在国家（明王朝）层面得到认可的岭南儒学，是儒学岭南化的完成，也是岭南禅学

---

[1] （明）陈献章：《道学传序》，见（明）陈献章著，孙通海点校：《陈献章集》，第20页。

与儒学合流的典型代表。

归经学为圣学与心学。陈献章志在"撤百氏之藩篱,启六经之关键"[1]。他弃理学回归圣学,最后归本于心学。他认定:"往古来今几圣贤,都从心上契心传。"[2]"此心自太古,何必生唐虞?此道苟能明,何必多读书?"[3]可见白沙学是要人从外在的循理回归内在本心,在本心下功夫求自得,从而带来理学向心学的转向。如果说禅宗是佛教的教外别传,以心印心,客观上对重视经教的佛教形成革命性的冲击,那么心学也是儒学和圣学的教外别传,以心印心,客观上对重视经教的经学和程朱理学形成革命性的冲击。

心学是自得之学和疑经之学。陈白沙提出:"山林朝市一也,死生常变一也,富贵贫贱、夷狄患难一也,而无以动其心,是名曰'自得'。"[4]在这里,"一夷狄"的开放地域观和华夷观最是关键,涉及对禅佛教和岭南地方性文化的认知和评价。白沙认为致虚才能立本,而静坐是致虚、悟道的简易法门。故白沙子说:"为学须从静中坐养出个端倪来,方有商量处。……若未有入处,但只依此下工,不至相误,未可便靠书策也。"[5]白沙认为靠"静坐"

---

[1] (明)陈献章:《湖山雅趣赋》,见(明)陈献章著,孙通海点校:《陈献章集》,第275页。

[2] (明)陈献章:《次韵张廷实读伊洛渊源录》,见(明)陈献章著,孙通海点校:《陈献章集》,第645页。

[3] (明)陈献章:《赠羊长史,寄辽东贺黄门钦》,见(明)陈献章著,孙通海点校:《陈献章集》,第294页。

[4] (清)阮榕龄:《编次陈白沙先生年谱》,见(明)陈献章著,孙通海点校:《陈献章集》附录二,第825页。在《明儒学案》卷五《赠彭惠安别言》中,无"夷狄患难"四字,代之以"威武"。

[5] (明)陈献章:《与贺克恭黄门》,见(明)陈献章著,孙通海点校:《陈献章集》,第133页。

以"养善端"的功夫高于向书册"求义理"功夫，因为前者才能达到"自得"（"作圣"）境界。以"养善端于静坐"为作圣之功，白沙学因之被认为是"主静"。与之相联系，白沙的"本虚"说提出"至无有至动，至近至神焉"，二说相互补充，相得益彰，合起来可称静虚说。对此，即使被讥讽为禅学，白沙子也不改主张："由来须一静，亦足破群疑。敢避逃禅谤，全彰作圣基。"① 他还主张重疑和觉悟："前辈谓'学贵知疑'，小疑则小进，大疑则大进。疑者，觉悟之机也。一番觉悟，一番长进。……凡学皆然，不止学诗。即此便是科级，学者须循次而进，渐到至处耳。"② 又说："人争一个觉，才觉便我大而物小，物尽而我无尽。"③ "学无难易，在人自觉耳。才觉退便是进也，才觉病便是药也。眼前朋友可以论学者几人？其失在于不自觉耳。"④ 这里的"觉悟""觉""自觉"，其实同样在说"自得"。当他以疑、觉说"得"时，其学与禅也就浑然一体了。当然，白沙子并不笼统反对读书，而是强调学子要善读书："夫学贵乎自得也。自得之，然后博之以典籍，则典籍之言我之言也。"⑤ "千卷万卷书，全功归在我。吾心内自得，糟粕安用哉？"⑥ 联系到"朱陆异同"之辩，白沙子显然是站在陆九渊"六经皆我注脚"的心学立场上。也因此，白沙曾自誓"他时得遂

---

① （明）陈献章：《偶题》，见（明）陈献章著，孙通海点校：《陈献章集》，第986页。
② （明）陈献章：《与张廷实主事》，见（明）陈献章著，孙通海点校：《陈献章集》，第165页。
③ （明）陈献章：《与林时矩》，见（明）陈献章著，孙通海点校：《陈献章集》，第243页。
④ （明）陈献章：《与湛民泽》，见（明）陈献章著，孙通海点校：《陈献章集》，第191页。
⑤ （明）张诩：《白沙先生行状》，见（明）陈献章著，孙通海点校：《陈献章集》，第879页。
⑥ （明）陈献章：《藤蓑》，见（明）陈献章著，孙通海点校：《陈献章集》，第285页。

投闲计，只对青山不著书"①，对山水、闲乐的兴致远远高于著书立说。但他又自辩："莫笑狂夫无著述，等闲拈弄尽吾诗。"②所表达的无非是厌弃章句俗学，宁肯过一种林泉高致、吟风弄月的生涯。黄淳《重刻白沙子序》谓："先生之学，心学也。先生心学之所流注者，在诗文。"③白沙后人陈炎宗说他"以道鸣天下，不著书，独好为诗。诗即先生之心法也，即先生之所以为教也"④。

白沙心学的岭南特色即禅学特色。白沙"自得之学"虽为心学，但有其鲜明的岭南特色也即其禅学特色。在明代，有不少白沙的批评者斥白沙学为禅学，这并不奇怪。有宋一代，民族危机深重，反映到知识界，儒家的"华夷之辨"成为政治正确的头等大事，士人虽出入佛老，但言论鲜有不辟佛的，流风所及，至明代，儒门正统派批评其论敌最常用的手法仍是说某是禅。而"朱陆之辩"在程朱理学获得官方正统地位后，门户之见使得攻击陆九渊心学者也讥白沙心学为禅学。清代《四库》馆臣早有"大抵皆门户相轧之见"的定评。而陈荣捷先生在分析白沙的主静说时也客观地指出："夫主静为宋代理学家之共同趋向，其受佛家与道家之影响，无可讳言。然而儒者却少有肯承认之者。儒学之能于十一世纪复兴而蓬勃，大放光彩者，正在其能采纳古代之阴阳、

---

① （明）陈献章：《留别诸友（时赴召命）》，见（明）陈献章著，孙通海点校：《陈献章集》，第498页。

② （明）陈献章：《雨中偶述，效康节》，见（明）陈献章著，孙通海点校：《陈献章集》，第461页。

③ 参《陈献章集》附录三，见（明）陈献章著，孙通海点校：《陈献章集》，第903页。

④ （明）陈炎宗：《重刻诗教解序》，见（明）陈献章著，孙通海点校：《陈献章集》，第700页。

道家之自然，与佛学之禅定，熔于一炉，以为其新材料之故。"① 只要跳出"华夷之辨"藩篱，正视禅佛教是中国传统文化有机组成部分，同时摒弃儒家思想为正统的"门户之见"，则说白沙心学即白沙禅学便不再是对白沙子的讥毁。

白沙子从不避讳禅佛教。其诗语如禅语。② 明正统间（1436—1449），他瞻礼禅宗六祖故居龙山国恩寺，有《龙山吟》六首，其中一首句云："寺旁老塔依然在，却到乾坤种种无。"③ 其他也多为禅意诗句，如"乾坤许我具只眼，名利真谁破两关？"④ 及"濂洛诸公传不远，风流衣钵共团蒲"⑤ 之类。在他看来，禅修悟道不重读经而重视启疑情，白沙看着便如"学贵知疑"古训一般，诗禅一致。白沙子诗中还常自称山僧，着禅衣，跏趺，念佛经，为母亲做佛事⑥，等等。对弟子的许多言论，直如禅师的开示一般无二，比如对理一分殊，从顿渐兼顾的功夫论上说个滴水不漏：

　　终日乾乾，只是收拾此而已。此理干涉至大，无内外，

---

① 〔美〕陈荣捷：《白沙之动的哲学与创作》，见〔美〕陈荣捷：《王阳明与禅》，台湾学生书局1984年版，第69页。

② 历来诗禅一味。在白沙之后，明末清初岭南出现诗僧群体，蔚为壮观，并产生全国影响，这是禅门内部对儒者白沙子的积极回应吧？

③ （清）刘芳纂修：《新兴县志》卷二九《艺文》，见广东省地方史志办公室辑：《广东历代方志集成》，肇庆府部（二〇），第302页。

④ （明）陈献章：《次韵吴献臣明府》，见（明）陈献章著，孙通海点校：《陈献章集》，第465页。

⑤ （明）陈献章：《得贺黄门克恭书》，见（明）陈献章著，孙通海点校：《陈献章集》，第450页。

⑥ （明）张诩《行状》："太夫人颇信浮屠法，及病命以佛事祷，先生从之"，见（明）陈献章著，孙通海点校：《陈献章集》，第873页。

无终始，无一处不到，无一息不运。会此则天地我立，万化我出，而宇宙在我矣。得此霸柄入手，更有何事？往古来今，四方上下，都一齐穿纽，一齐收拾，随时随处，无不是这个充塞。色色信他本来，何用尔脚劳手攘？舞雩三三两两，正在勿忘勿助之间。曾点些儿活计，被孟子一口打并出来，便都是鸢飞鱼跃。若无孟子工夫，骤而语之，以曾点见趣，一似说梦。会得，虽尧舜事业，只如一点浮云过目，安事推乎？此理包罗上下，贯彻终始，滚作一片，都无分别，无尽藏故也。自兹已往，更有分殊处，合要理会。毫分缕析，义理尽无穷，工夫尽无穷。①

白沙子对于禅佛教持大胆的拿来主义。这源于他并不认同将儒佛之辨拉扯上华夷之辨。有诗曰："化日熙熙春荡荡，华夷何处不同天？"② 朱维铮分析利玛窦到达王学大本营江西传教时意外地受到善待，认为其重要原因是"王门诸派共同具有的宽容异教异学的心态"③。无疑，白沙学在这一点上已率先进达。所以，白沙"自得"的诗中便有许多近禅、佞佛语。白沙认为主静的禅学对治疗时人忙于功名利禄具有对症下药的积极功用，不必讳疾忌医。白沙子五十五岁被地方官举荐，五十六岁入京应聘，时章枫山往访问学，据夏尚朴（东岩）④《浴沂亭记》载：

---

① （明）陈献章：《与林郡博》，见（明）陈献章著，孙通海点校：《陈献章集》，第217页。
② （明）陈献章：《木犀》，见（明）陈献章著，孙通海点校：《陈献章集》，第588页。
③ 朱维铮：《走出中世纪（增订本）》，复旦大学出版社2007年版，第79页。
④ 夏为白沙同门娄谅（一斋）弟子，攻白沙学为禅学甚力。白沙同门、吴与弼的大弟子胡居仁（敬斋）更是不遗余力，四库馆臣谓其《居业录》"辩献章之近禅不啻再三"。

白沙云："我无以教人，但令学者看《与点》一章。"予（枫山）云："以此教人，善矣。但朱子谓专理会'与点'意思，恐入于禅。"白沙云："彼一时也，此一时也。朱子时，人多流于异学，故以此救之；今人溺于利禄之学深矣，必知此意，然后有进步处耳。"予闻此言，恍若有悟。[①]

在一个重整合融通而非重论辨分别的时代，过分强调华夷（儒佛）之辨与固守门户之见恰恰有碍于心灵的自由解放和学术进步，白沙之学因应时代精神而崛起，其转变学风和开时代新风的意义恰在于超越儒佛之辨，虽然白沙子出于自我保护的需要在名词上仍有沿用官方儒学套语，但实际上，其自得之学将诗与禅完全打通、合一了。在救心救世、针砭时弊的功用上，诗禅、儒佛既有共鸣，则可一并拿来主义。故白沙经常流连于寺院，所谓"山寺燃灯客欲留"[②]"持烛圭峰寺，宵谈仆屡更"[③]便是这个意思。又与太虚、文定等禅僧颇多交往，曾自比陶渊明，而视太虚为庐山慧远。"若个山僧眼总高……书来南海与神交……宾主依然是远陶。"[④]"太虚师真无累于外物，无累于形骸矣。儒与释不同，其无累同也。"[⑤]更有兴味的是，白沙子自言："坐小庐山十余

[①] （清）黄宗羲著，沈芝盈点校：《明儒学案》卷四《崇仁学案四》，第75页。
[②] （明）陈献章：《世卿寄示经飞来寺和予壬寅秋旧律诗，复用韵答之》，见（明）陈献章著，孙通海点校：《陈献章集》，第446页。
[③] （明）陈献章：《得张主事廷实书》，见（明）陈献章著，孙通海点校：《陈献章集》，第371页。
[④] （明）陈献章：《太虚上人以所注定山种树诗见寄，喜而赋此，兼稿呈定山》，见（明）陈献章著，孙通海点校：《陈献章集》，第496页。
[⑤] （明）陈献章：《与太虚》，见（明）陈献章著，孙通海点校：《陈献章集》，第225页。

年间，履迹不逾于户阈。"①"自我不出户，岁星今十周。"②湛若水也说："既又习静于阳春台，十载罔协于一。"③张诩《白沙先生行状》、黄宗羲"白沙学案"都只称"不出阈外者数年"。《明史》传及清人阮榕龄《编次陈白沙先生年谱》从之。自景泰六年（1455）至成化元年（1465），即先生二十八岁起至三十八岁，《编次陈白沙先生年谱》无内容，还据清人张夏编《洛闽源流录》，有"坐春阳台，家人穴壁馈餐"细节，很可能是出于想象，但如果属实，那完全是模仿禅僧闭关，而且是十年。真匪夷所思。至成化二年（1466）出关，复游太学，一诗成名，时人咸以为真儒复出。不可谓不神奇。白沙自得之学在闭关春阳台前不该已经形成，故一般的理解当是闭关期间有得。但是，白沙本人并无明说，我们只是从他出关后复游太学所作诗中已达境界推出。只有张诩的《白沙先生墓表》，独言白沙闭关期间仍无所得："杜门独扫一室，日静坐其中，虽家人罕见其面，如是者数年，未之有得也。于是迅扫夙习，或浩歌长林，或孤啸绝岛，或弄艇投竿于溪涯海曲，忘形骸，捐耳目，去心志，久之然后有得焉，于是自信自乐。"④考所言"迅扫夙习"后的逍遥生活应该是成化五年（1469）第三次下第遂绝意科举后，是张诩未免将白沙自得时间推得太后，恐与事实不符。再有，白沙生前有诗，自比禅宗传衣钵，亲付象征白沙学代

---

① （明）陈献章：《龙冈书院记》，见（明）陈献章著，孙通海点校：《陈献章集》，第34页。
② （明）陈献章：《初秋夜》，见（明）陈献章著，孙通海点校：《陈献章集》，第340页。
③ （明）陈献章：《白沙先生改葬墓碑铭》，见（明）陈献章著，孙通海点校：《陈献章集》，第884页。
④ （明）张诩：《白沙先生墓表》，见（明）陈献章著，孙通海点校：《陈献章集》，第884页。

名词的"江门钓台"于湛若水：

<blockquote>
江门钓濑与湛民泽收管（三首）

小坐江门不记年，蒲裀当膝几回穿。
如今老去还分付，不卖区区敝帚钱。

皇王帝伯都归尽，雪月风花未了吟。
莫道金针不传与，江门风月钓台深。

江门渔父与谁年，惭愧公来坐榻穿。
问我江门垂钓处，囊里曾无料理钱。（达摩西来，传衣为信，江门钓台亦病夫之衣钵也。兹以付民泽，将来有无穷之托。珍重，珍重。）①
</blockquote>

而另外一首《与湛民泽》的诗，交代了白沙学的心法，更像是传法偈："六经尽在虚无里，万里都归感应中。若向此边参得透，始知吾学是中庸。"② 其临终遗偈则是："作一诗云：托仙终被谤，托佛乃多修。弄艇沧溟月，闻歌碧玉楼。曰：'吾以此辞世。'"③

白沙子禅学修养如此之高，其诗学与禅学水乳交融，难分彼此，他本人或可称为禅儒，即有高深禅法的儒者，这也许是禅学

---

① （明）陈献章：《江门钓濑与湛民泽收管》，见（明）陈献章著，孙通海点校：《陈献章集》，第644页。
② （明）陈献章：《与湛民泽》，见（明）陈献章著，孙通海点校：《陈献章集》，第644页。
③ （明）张诩：《白沙先生行状》，见（明）陈献章著，孙通海点校：《陈献章集》，第872页。

烂熟时代的产物，白沙子"自得之学"独领风骚。明以前已出现众多的儒禅，即调和儒释、高唱儒释一致的禅师，如传下虎溪三笑佳话的庐山慧远、自号中庸子的智圆、有"一代孝僧"和"明教"禅师之称的契嵩等。据说，影响宋明理学至深的"寻孔颜乐处"的话头即是黄龙晦堂心禅师向周子提出，周子有得后再传于二程的。白沙子"自得之学"上承孔孟，中接周子、大程子，固然已参透"孔颜乐处"①，或可以"禅儒"称之。禅儒即禅学化的儒学或重禅法的儒学，与重经教的儒学即理学相对，这其实也是人类思想发展的逻辑必然，就如同禅宗必然继佛教而兴，又如同基督教的发展必然会产生个人心性化的新教对重视经教而不敢越雷池一步的天主教加以变革。当代学人完全没必要忌讳白沙学的禅学特色，禅学、心学早已没有意识形态的异端色彩，都只是具有岭南特色的古典思想资源而已。

如果说，慧能立足岭南地域文化，一闻佛法（《金刚经》）顿悟无论南人北人，人人皆具佛性，成佛之道在于自觉、顿悟，客观上体现了岭南人的文化自觉和文化诉求。陈白沙十年闭关静坐，顿悟"自得之学"，"百粤为邹鲁"②确实能体现出陈白沙作为岭南人的文化自信。两人的学术文化成就或思想贡献，都源于他们立足于岭南人（慧能被指斥为獦獠，白沙被指斥为禅学）的生

---

① 屈大均《陈文恭集序》云："王青萝云'白沙非禅者也。白沙初学于吴康斋而未有得。归坐春阳之台，乃恍然有得于孔、颜之所以为乐。其学盖本诸心，其功则得于静，似禅而非禅者也'。"[见（明）陈献章著，孙通海点校：《陈献章集》，第921页。]

② 白沙弟子张诩撰《白沙先生行状》，称白沙出生时，"有占象者言：中星见浙闽，分视古河洛。百粤为邹鲁，符昔贤所说"。张诩撰《白沙先生墓表》又言："天旋地转，今浙闽为天地之中，然则我百粤其邹鲁欤！"

存处境和文化心理,在华夷之辨中处于弱势一方,因而能借助或禅学或心学,一致地主张开放的地域观和平等的人性观,一致地淡化华夷之辨的立场,实际上是赞成一种更加开放、包容的一元论的普世价值。在中国思想史上,慧能南宗禅完成中国佛教史上最重要变革(使佛教从寺院走向民间,从僧人走向居士),白沙的自得之学直接导演了中国儒学史上心学学派的完成和流行(陆九渊心学处于发端阶段,且与朱熹论辩中尚处下风;王阳明为心学集大成者,使心学得以流行,从官方走向民间,从书斋走向大众),儒佛两家内部最重大的变革都发动于岭南大地,不能不归功于岭南文化的受容性、包容性和开放性,这是岭南人和岭南文化的骄傲。

二、杨起元会通儒佛

白沙心学后被称为江门心学,白沙高弟如东莞林光(1439—1519,字缉熙,号南川)、番禺张诩(1456—1515,字廷实,号东所)都是白沙心学的重要传人。不过,被认为白沙衣钵继承者的湛若水(1466—1560,字元明,号甘泉),虽然宣传白沙学不遗余力,并与王阳明过从甚密,共同推动了明代思想转型,但其精神气质却完全不类白沙,特别表现在他对禅佛教的敌视立场。倒是阳明后学的传人归善(今惠州)杨起元(1547—1599,字贞复,号复所),大有继起白沙、再振江门遗响之志。[①] 大体而言,无

[①] 详参陈椰博士关于杨起元的博士论文(中山大学哲学系 2013 年度)《杨复所与晚明思潮研究》,承陈博士允准,本小节的相关资料和部分论点均引自该论文,特此鸣谢!

论从为学风格还是精神气质上，白沙、复所有着高度的一致，都信心尚悟，径求高妙圆成的先天境界，不落腐儒俗套。又雅好诗文，属于有着"自然"情调的文士型理学家。俩人又都遭受"近禅""虚高"之指责。后者对前者行谊学说亦步亦趋的效仿与阐释，在诗文中不时透出以白沙传人自拟自期之意，并见称于时人。高僧憨山就将他看作岭南继慧能、大颠、白沙之后"大树性宗之帜"的人物。[①]他的同僚张元忭更直指："吾意振江门之遗响者，必斯人也！"[②]邹元标为之所作《嘉议大夫吏部左侍郎兼翰林院侍读学士贞复杨公传》称："由盱江（指近溪）而直接新会（指白沙），以近溯孔孟嫡传者，舍公谁属？"指出复所承传、融合近溪和白沙学之特点。复所幼承庭训（父亲杨传芳），即慕白沙之学，中年师从近溪先生后，对白沙学日益服膺，尤其"致虚立本"说。他支持李袞重刻《白沙先生全集》，并为之作序；又在文集基础上编成《白沙语录》刊行。[③]

杨起元承传近溪和白沙学，突出表现在他明确且一贯地会通儒佛（禅）。罗近溪"终身与道人和尚辈为侣，日精日进"[④]，讲学风格"真得祖师禅之精者"[⑤]。杨复所走得更远，其《曹溪通志》序

---

① 憨山云："岭南自曹溪偃化，大颠绝响，江门不起，比得杨复老，大树性宗之帜，贫道幸坐其地，欢喜赞叹不穷也。"[（明）憨山：《答邹南皋给谏》，见曹越主编，孔宏点校：《憨山老人梦游集》，北京图书馆出版社2005年版，第293页。]

② （明）张元忭：《别杨贞复漫语》，《张阳和先生不二斋文选》卷六，见《四库全书存目丛书》集部第154册，齐鲁书社1997年版，第465页。

③ 参陈椰博士论文第六章"岭学源流视野下的杨复所"的第二节"重振江门遗响——复所与白沙之学"。

④ （明）李贽：《与焦漪园太史》，《续焚书》卷一，见（明）李贽：《焚书 续焚书》，中华书局1975年版，第28页。

⑤ （清）黄宗羲著，沈芝盈点校：《明儒学案》卷三十四《泰州学案三》，第762页。

自言：

> 尝慕曹溪性宗，结屋韶石。卢祖之学以见性为宗。自佛教入中国，学者类以名相求佛，而"自性功德"、"自性西方"、"自性戒定慧"等语，始揭西来之意，学佛者自此始识宗趣。法弘化阐，薰及儒流，若周子得之寿厓，程子又得之周子，其名教虽遵六籍，而其密义实取诸《坛经》也。其书具存，要不可掩，然则我卢祖岂特有功于释，抑亦有功于孔矣。[①]

适憨山德清在韶中兴曹溪祖庭，两人相契甚深。此即《居士传》所谓"闲居究心宗乘，慕曹溪大鉴之风，遂结屋韶石，与诸释子往还"[②]。其《曹溪通志》序于性宗三致意，致称："故见性之学，为天地立心，为生民立命，为往圣继绝学，为万世开太平之枢要也。"而德清也赞誉他大树性宗之帜，为岭南自曹溪偃化，大颠绝响、江门不起之后第一人。

杨复所正是以见性之学会通儒佛，传阳明良知学，也传白沙自得之学。他主张"学佛知儒"，认为"佛学明，儒学益有所证"：

---

① （明）杨起元《曹溪旧志序》，见（清）释真朴重修，杨权、张红、仇江点校：《曹溪通志》，志书序部分。
② （清）彭绍升编：《居士传》传四十四《杨贞复》，江苏广陵古籍刻印社1991年版，第583页。杨起元曾在南京刊布《法宝坛经》，又采《信心铭》、《坛经》颂偈、《中峰和尚广录》编辑成《明心法要》一书供学友证学取资，其《诸经品节》卷首自署"比丘东粤复所杨起元"，令清代四库馆臣直呼"犹可骇怪"，惊诧不已，在提要中说："起元传良知之学，遂浸淫入于二氏已不可训，至平生读书为儒，登会试第一，官至九列，所谓国之大臣，民之表也。而是书卷首乃自题曰'比丘'。"

窃谓儒学虽失其传，然有宗门之学，则吾儒之传为不失。学者虽不求宗门之学，第能真实参究儒者之学，至于无丝毫疑处，未有不默合于宗门者也。其不默合于宗门，其于儒犹未也。①

他常将佛教名相与儒家观念相类比，认为禅宗"直指人心，见性成佛"，不外乎吾儒一"诚"字②；又说"'悟'之一字，本出禅宗。然究其实，即《大学》所谓'致知'，孟子之所谓'著察'也"③，佛法"其要在于使人之明其心者，固即《大学》之教也，所异者文字耳"④。他还将棒喝等禅宗淬炼学人的种种方便施设类比儒家的琢磨之功。他甚至将圣贤之位格与佛菩萨等同起来，说六祖慧能是"佛而儒者"，又说"尧、舜、禹、汤、文、武、周公，乃吾儒之过去七佛也"⑤。如此类比，不胜枚举。而杨起元反复阐说的，则是"见过知非"之义旨。强调"见性"（圣人）即"见过"：

凡吾人不见性体，即不能见过。性体一见，过状历然。不能见过，而自谓见性者，欺也；不至见性，而自谓见过者，亦欺也。见过者，是见性之实也。见性如人之活，见过如人

---

① （清）彭绍升编：《居士传》传四十四《杨贞复》，第583页。
② （明）杨起元：《知儒篇跋》，见（明）杨起元撰，谢群洋点校：《证学编》卷三，上海古籍出版社2016年版，第154页。
③ （明）杨起元：《邹南皋年丈》，见（明）杨起元撰，谢群洋点校：《证学编》卷二，第94页。
④ （明）杨起元：《送刘布衣序》，见（明）杨起元撰，谢群洋点校：《证学编》卷四，第219页。
⑤ （明）杨起元：《叶龙老》，见（明）杨起元撰，谢群洋点校：《证学编》卷二，第89页。

知痛知痒。谓活人不知痛痒，无是理矣！问人之活否，曰知痛痒矣；问人见性否，曰知过矣。①

他还以见性为旨作《过箴》曰："我本无过，过本无我。我本无我，过本无过。皆我无我，皆过无过。无我皆我，无过皆过。噫！一切放下，无可不可。"管东溟评价他的这种儒佛汇通思想是"圆之以圆宗"②。据他自称，晚年随众读诵《坛经》而悟得此义，进而对孔子说的"自讼"、孟子说的"行有不得者，皆反求诸己"体会弥深，认定"此孔子之旨也，亦佛之髓也"③。

站在性宗立场，儒佛既非二道，辟佛之举纯属多余，不仅多余，甚至危害尤甚。因为辟佛者一面批判佛教，一面又"取其书读之"，"阴用之而阳辟之"，复所直斥这种剽窃行径有悖于尧舜之道，败坏心术：

> 学者因儒先辟佛老，遂不敢显言之，而私窥其书焉。阴用而阳拒，是窃也。焉有窃心不除，而可以入道者哉？且天下既有其书矣，横目之人孰不见之，而能使之蔽其目乎？其书皆尽性至命之理也，有识者孰不悦之，而能使之刳其心

---

① （明）杨起元：《重刻法宝坛经序》，见（明）杨起元撰，谢群洋点校：《证学编》卷三，第160页。

② 明人管东溟说："唐宋以来，未有以天子并尊三教之宗，著为令甲者，而自我圣祖始。开国二百余年，亦未有以儒生阐圣祖之大，贯二氏于儒道中者，而自愚与杨少宰贞复子始矣。贞复盖圆之以圆宗，而愚兼方之以方矩。"《答吴侍御安节丈书》，见（明）管志道：《问辨牍》卷之元集，收入《四库全书存目丛书》子部第87册，第658—659页。

③ （明）杨起元：《重刻法宝坛经序》，见（明）杨起元撰，谢群洋点校：《证学编》卷三，第160—161页。

乎？必不能矣，而卒归于窃取。噫！古道岂其然哉？[1]

他指出，宋儒始祖周濂溪并无辟佛的言论，而本朝官学认可的陈白沙、王阳明，皆由佛而学有所悟，"自宋而迄于今，称为真儒者无有不由佛以入，则千百世而下可知也。又奚必阴取之而阳弃之，徒使心术有盗窃之隐罪哉？"[2] 他更作出大胆推断：若是佛可辟，那么儒亦一样可辟，因为二教"皆古之所无有也"，"未有文字之前，天下之民惟知凿饮耕食之事而已。有文字而后有义理，义理之流也，而后为儒。此土儒矣，彼土安得不佛哉？"何况佛教的传入有其历史的必然性："中国之儒息矣，彼佛安得不入哉？井田之废久矣，游食之民众矣，民之福不齐而鳏寡孤独者众矣，取士之途狭而慧辩高亢之士无所容矣，不佛之归而谁归哉？故后世之有佛也，亦天道人事之会也。"他认为辟儒者应当回归儒者经世之本分，把精力放到先王治道的恢复上，而不是斤斤计较于儒佛之辨："今欲辟之，必大整顿吾儒之学，如古者礼乐射御之教，六德六行之教，井田取士之法，一切俱复，然后可。"其实到了此太平之时，又何须辟佛？因为"中国尊，则四夷自效其贡献；儒道盛，则异教自助其文词"[3]。

为了宣扬三教同道，回击辟佛者的指责，复所频频援引明太祖

---

[1] （明）杨起元：《笔记》，见（明）杨起元撰，谢群洋点校：《证学编》卷一，第27页。
[2] （明）杨起元：《送刘布衣序》，见（明）杨起元撰，谢群洋点校：《证学编》卷四，第219页。
[3] （明）杨起元：《叶龙老》，见（明）杨起元撰，谢群洋点校：《证学编》卷二，第90—91页。

三教共济的《三教论》等来宣扬佛教羽翼儒教,暗助王纲:"高皇至圣哉!以孔孟之学治世,而不废二氏也。二氏在往代则为异端,在我明则为正道。"①他声称:"今之儒者,于仲尼之道所以祖尧舜、率三王、删诗制典者,果能默契洞晓,了了无疑乎?则虽时引一二禅语以明之,何害?譬之圣天子端拱明堂,冠裳万国,之中杂以四夷君长,不惟不足为朝廷之羞,而益足以明大一统之盛。"②

---

① (明)杨起元:《笔记》,见(明)杨起元撰,谢群洋点校:《证学编》卷一,第37页。
② (明)杨起元:《叶龙老》,见(明)杨起元撰,谢群洋点校:《证学编》卷二,第90页。有关杨起元的详细研究,可参见陈椰博士论文《杨复所与晚明思潮研究》(中山大学哲学系2013年度)第三章"天下无二道 圣人无二心——杨复所的'儒佛汇通'思想"。

第八章
明末清初：岭南禅宗发展的第二个高潮

宋元以降，"五家分灯"的禅宗总体上呈衰微之势，禅与净土的合流成为佛教发展的主要形态。晚明时期（1573—1644）[①]，中国佛教出现了"中兴"的局面，无论是佛教义学还是禅学思想，均有复兴，还出现了诸如云栖袾宏、紫柏真可、憨山德清、蕅益智旭等佛学大师，禅宗中的临济宗和曹洞宗也在南方兴盛起来。明清鼎革之际，遗民"逃禅"之风兴起，大量士人出家为僧，形成了明清之际"遗民僧"群体。晚明以降，岭南佛教的发展遇到了两个重要的机缘：一是明末高僧憨山德清流放岭南时住锡南华寺而中兴曹溪；二是清初"遗民僧"群体聚集岭南而皈依天然和尚，形成了"海云禅派"。在如此机缘之下，明清之际的岭南成为禅宗的南方"法窟"，涌现了一大批极具时代特点的禅僧、诗僧群体，禅宗的道场也呈现出勃勃生机，特别是曹洞宗博山一系法脉在岭南地区得到了弘传。如陈伯陶所说："大抵僧之盛，始空隐曹洞宗也，其派衍为会城之海幢寺、大佛寺，番禺之海云寺，东莞之芥

[①] 一般将明代万历（1573—1620）至崇祯（1628—1644）一段划作"晚明"，本书所采用之划分为樊树志《晚明史（1573—1644）》（复旦大学出版社2003年版）之观点。

庵，韶州之丹霞寺。"① 对于明清之际岭南禅宗的发展，学者多有讨论和总结：

> 明末清初，禅宗在岭南得到很大的发展，原因有三个方面：首先，明末四大高僧莲池、紫柏、憨山、蕅益推动的禅宗复兴之局势，尤其是憨山大师在广州等地"冠巾说法"，在韶州恢复曹溪禅师祖庭，有力地推动了佛教在岭南的传播和发展。其次，曹洞宗高僧无异元来之高足道丘、道独返粤弘法，与其徒弘赞、函昰、函可等具是佛门龙象，道风清峻，学识渊博，分别弘化一方，在世间有巨大的影响。再次，明清易代，岭南、云贵是坚持抗清到最后的地区，许多不甘清廷统治的士人官绅，为求得精神之解脱纷纷投身佛门净土，他们普遍有较高的素质，因而极大地充实了僧侣的群体，并扩大了佛教的影响力。在以上几个方面因素的联合推动下，清初的岭南佛门，不论是僧徒和居士的数量、素质，还是寺院的数目、规模，还是佛子弘法的坚定、热忱，还是经解语录、诗文杂录等著述的数量、质量，都有极大的提高，禅宗的发展到达了唐六祖以来的第二个高峰。②

由此，明清之际的岭南禅宗，既是岭南佛教史的重要发展阶段——岭南禅宗发展的第二个高潮，也是中国禅宗史上独具特色

---

① （清）九龙真逸：《罗浮指南》，罗浮山酥醪观道同图书馆，中华民国九年（1920）版，第35页。
② 张红、仇江：《曹洞宗番禺雷峰天然和尚法系初稿》，见杨权主编：《天然之光——纪念函昰禅师诞辰四百周年学术研讨会论文集》，第6—7页。

的篇章。

第一节　憨山德清与明末岭南禅宗

释德清（1546—1623），字澄印，晚号憨山，俗姓蔡，金陵全椒（今安徽全椒县）人。[①]九岁即能诵《普门品》，后入江宁报恩寺，十九岁受戒。随后，憨山四处参访，万历十一年（1583）赴东海牢山（山东崂山）结庐安居，自号憨山。憨山德清的弘法事业受到了慈圣太后的支持，集资修建海印寺，也因此获罪，被捕下狱，以私创寺院罪配戍雷州。钱谦益在《憨山大师塔铭》云：

> 先是，慈圣崇信佛乘，敕使四出，中人谮构，动以烦费为言，上弗问也。而其语颇闻于外廷，所司遂以师为奇货，欲因以株连慈圣左右，并按前后檀施币金以数十万计，拷掠备至。师一无所言，已乃从容仰对曰："公欲某诬服易耳。狱成，将置圣母何地耶？公所按数十万，在县官锱铢耳。主上纯孝，度不以锱铢故伤圣母心。狱成之后，惧无以谢圣母，公穷竟此狱，将安归乎？"主者舌吐不能收，乃具狱上，所列惟赈饥三千金，有内库籍可考。慈圣及上皆大喜。坐私造寺院，遣戍雷州，非上意也。[②]

[①] 愈谦：《新续高僧传》卷八，见（梁）慧皎等撰：《高僧传合集》，上海古籍出版社1991年版，第810—811页。

[②] （清）释真朴重修，杨权、张红、仇江点校：《曹溪通志》卷三《疏记》，第118页。

高承埏《重兴曹溪憨山禅师传赞》也曰："岁乙未，方士流言侵攘，逮赴诏狱。按验无实，坐以私创寺院，戍雷州卫。"①以此观之，憨山遭遣戍雷阳，应是因谗言所致，实有冤情，故有人欲为之申诉说情，然憨山对此却坦然面对，如先憨山抵曹溪任主持的"达观可（释真可）公急师之难，将走都门，遇于江上。师曰：'君命也，其可违乎？'为师作《逐客说》面别"②；"达观可公欲白其枉，师止之，为作《逐客说》赠师而别。"③

自万历二十四年（1596），憨山初入岭南，白衣说法，复兴广州诃林，中兴韶州曹溪。所以，憨山虽是以戴罪之身逾岭南下，却是岭南禅宗之大幸。自此，岭南佛禅面貌为之一变。

一、流放岭南，白衣说法

万历二十四年（1596），憨山被遣戍岭南，二月进入广东，度大庾岭，至曹溪，饮曹溪水、谒六祖，并作《过曹溪谒六祖大师》偈曰："曹溪滴水自灵渊，流入苍冥浪拍天。多少鱼龙从变化，源头一脉尚冷然。"④见祖庭凋敝不堪，遂凄然而去，因有《出曹溪入广州道中》云："烟水南游历百城，相逢知识总无情。挨身才欲须臾住，又指前途向别行。"⑤抵五羊（今广州）后，寓海珠寺⑥，"赭

---

① （清）释真朴重修，杨权、张红、仇江点校：《曹溪通志》卷三《疏记》，第151页。
② （清）释真朴重修，杨权、张红、仇江点校：《曹溪通志》卷三《疏记》，第118页。
③ （清）释真朴重修，杨权、张红、仇江点校：《曹溪通志》卷三《疏记》，第151页。
④ （清）释真朴重修，杨权、张红、仇江点校：《曹溪通志》卷三《疏记》，第167页。
⑤ （清）释真朴重修，杨权、张红、仇江点校：《曹溪通志》卷三《疏记》，第167页。
⑥ 梁永康：《广东佛教史》，香港中华佛教图书馆，1984年，第64—65页。

衣见粤帅,就编伍于雷州",至三月十五日才抵达雷州,居于雷州城西天宁寺。时值大旱,雷州疫疠横行,死者枕藉,憨山"率众掩埋,作广荐法会,大雨平地三尺,疠气立解"[①]。憨山寓雷州期间,还在雷州附近的电白县苦藤岭建化城庵,以茶接济行人。

憨山虽以戴罪之身莅岭南,然他毕竟是佛门龙象,且文学成就卓越,蜚声社会各界,所以在粤期间,就与当地士绅多有往还,也经常应邀为他们开示佛法。《光孝寺志》载:

> 参政周君率学子来,叩击举通乎昼夜之道而知发问,师曰:"此圣人指示人要悟,不属生死一著尔。"周君怃然击节。粤之孝秀冯昌历辈,闻风来归,师拟大慧冠巾说法,构禅室于壁垒间。说《法华》至"宝塔示现娑婆,华藏涌现目前",开悟者甚众。[②]

又祝以豳(1551—1632),字耳刘,号惺存,浙江宁海人,明万历进士,知随州,后出任广东佥事,与憨山有交游,称憨山为"憨头陀",曾为憨山勘校《六祖大师法宝坛经》撰《坛经序》,他在《憨山大师曹溪中兴录序》云:"是时憨山大师,方演法羊城,远近淄素,仰若龙象。"[③]与憨山"终始相依于粤者,(福)善与通

---

① (清)释真朴重修,杨权、张红、仇江点校:《曹溪通志》卷三《疏记》,第118页。
② (清)顾光、何淙修撰,中山大学中国古文献研究所整理组点校:《光孝寺志》卷六《法系志》,第67页。
③ (明)祝以豳:《憨山大师曹溪中兴录序》,《憨山老人梦游集》卷三十八,清顺治十七年毛褒等刻本,第733页。

岸、超逸、通炯也，……粤士皈依者孝廉冯昌历、御史王安为上首，刘起相、陈迪祥、欧文起、梁四相、龙璋，皆昌历之徒也"①。

在寓雷州期间，憨山也往还广州，集弟子数十人，讲诵《法华经》。万历甲寅（1614），慈圣皇太后去世，憨山痛哭，"披剃返僧服，至广州，游萝岗寺，寓海珠寺，皆有诗纪之。驻锡于长春寺，又说法于光孝寺"②。

在广州，憨山把光孝寺作为弘法的重要道场，"老人至五羊，说法穸庐，一时法性弟子与淄素皈依者众，翕然可观"③。其中，"智海岸、修六逸、若惺炯三人不离执侍"，"及投老南岳，则岸、逸二子相随不舍"④，追随憨山。光孝修六逸法师是憨山在岭南的大弟子，三水人，俗姓何，草岁出家，"万历间憨和尚以王事抵粤，时人无识之者，师先心异，皈依焉。和尚亦独重师，视如针芥。……或参学者众，命师代为说法，咸称得未曾有"⑤。修法师追随憨山，遁迹庐山，后与憨山入曹溪，得憨山所披紫衣。后来修法师入住光孝寺，争往事之者众。若惺炯即寄庵大师，讳通炯，字若惺，南海人，俗姓陆，"憨山一见器之"，遂侍憨山，跟随赴

---

① （清）顾光、何淙修撰，中山大学中国古文献研究所整理组点校：《光孝寺志》卷七《名释志》，第77页。
② （清）梁鼎芬等修，丁仁长等纂：《番禺县志》卷二十七《人物志十》，见广东省地方史志办公室辑：《广东历代方志集成》，广州府部（二一），第411页。
③ （清）顾光、何淙修撰，中山大学中国古文献研究所整理组点校：《光孝寺志》卷九《语录志》，第95页。
④ （清）顾光、何淙修撰，中山大学中国古文献研究所整理组点校：《光孝寺志》卷九《语录志》，第95页。
⑤ （清）顾光、何淙修撰，中山大学中国古文献研究所整理组点校：《光孝寺志》卷八《名释志》，第80页。

第八章　明末清初：岭南禅宗发展的第二个高潮　　397

曹溪，奉命往云栖受具戒，参访诸山，后"赴匡庐憨老人所，领职首众……憨山示寂，乃归诃林"[①]。

综括而言，憨山于光孝寺复兴之功德有：

1. 为众说法。《光孝寺志》云："（万历）二十六年（1598），沙门通炯等迎憨山入寺，请讲《四十二章经》。"[②] 万历三十一年（1603），缘光孝戒坛废为书舍，通炯、通岸等募众赎回，冯昌历等捐资重修，"设立戒坛法师等相，请憨山法师讲《弘传序》"[③]。由于憨山大师在光孝寺有众多的开示，故《光孝寺志》卷九《语录志》中选录了憨山的大量语录。

2. 重修戒坛，撰写碑铭。光孝之戒坛，为刘宋时梵僧求那跋陀罗所建，是六祖慧能受戒之地，然历久沧桑，至明季已废被他用。"万历三十一年（1603），戒坛废为书舍，沙弥通炯、从云、栖回同沙门超逸、通岸募众赎回。檀越冯昌历、龙璋等各舍财重修。"憨山除了受请讲经外，又撰《重兴六祖戒坛碑铭》。铭曰：

> 大海潜流，四天下地，禅宗一脉，自南而至。爰有至人，诃林肇开，戒坛创立，待圣人来。菩提无树，根栽于戒，佛种从缘，枝叶是赖。百七十年，符谶不虚，从猎队出，培此根株。袈裟出现，须发自落，堂堂应真，光明透脱。法雷一

[①] （清）顾光、何淙修撰，中山大学中国古文献研究所整理组点校：《光孝寺志》卷六《法系志》，第67页。

[②] （清）顾光、何淙修撰，中山大学中国古文献研究所整理组点校：《光孝寺志》卷二《建置志》，第22页。

[③] （清）顾光、何淙修撰，中山大学中国古文献研究所整理组点校：《光孝寺志》卷二《建置志》，第33页。

震，法雨滂沱，流润大千，重出枝柯。覆阴既繁，集者益盛，凡圣不分，龙蛇乃混。枝柯既批，根本不固，故金刚地，栖此狐兔。大运循环，无往不复，昔人适来，还我故物。宝掌一开，取如探囊，法幢重建，斯道用光。叶落归根，来时无口，实我祖师，将心自剖。此坛既复，如出矿金。尽未来际，将传此心。虚空可殒，心光不坠，惟此道场，如是如是。①

此外，憨山并有吟诵光孝景物及感想的诗数首，见录于寺志之艺文和题咏。

3. 为光孝殿堂题额，留下众多墨宝。如大殿匾"待圣人来"、韦驮龛匾"金刚心地"均为其手书，"明万历年间，憨山大师住锡诃林，额曰待圣人来崇先圣而祝后来，意甚殷也"②。而仪门对联"禅教遍寰中，兹为最初福地；祇园开岭表，此是第一名山"③也是出自憨山之手。

除了在广州弘法，憨山还曾应邀前往肇庆鼎湖山白云寺。"明万历间，憨祖弟子金禅师重新殿宇，回廊复阁，旧址鼎新，迎憨祖主席，云水辐辏，堂室难容。"④ 在肇庆期间，憨山留下了不少吟咏，计有：《望鼎湖》、《鼎湖白云寺》（二首）、《题莲花洞》、《端

---

① （清）顾光、何淙修撰，中山大学中国古文献研究所整理组点校：《光孝寺志》卷十《艺文志》，第135页。
② （清）顾光、何淙修撰，中山大学中国古文献研究所整理组点校：《光孝寺志》卷十《艺文志》，第130页。
③ （清）顾光、何淙修撰，中山大学中国古文献研究所整理组点校：《光孝寺志》卷三《古迹志》，第44页。
④ （清）释成鹫编撰，李福标、仇江点校：《鼎湖山志》卷四《清规轨范第八》，第65页。

州庆云院怀制府大司马陈公》（二首）、《寄云栖大师》、《化城院》（二首）等。

憨山在岭南"白衣说法"，僧俗二界与憨山的交游，给晚明岭南佛教带来了新气象。然其于岭南佛教禅宗贡献最著者，莫过于中兴南禅祖庭曹溪南华寺。

二、驻锡南华，中兴曹溪

憨山与南华之缘共有三次，第一次是其被谪戍雷州途次逾庾岭入粤先抵曹溪谒六祖，然是次因途程紧迫，无法久留，可以说是匆匆过客。

第二次是万历戊戌（1598）九月，净空上人与南华寺僧行裕、真权、净泰等到广州拜谒憨山，憨山应请为其筹划修建华严道场，历时千日，至辛丑年（1601）十月十五日结束。① 至万历二十八年（1600）秋，应"曹溪修行观察使"祝以豳之邀，憨山赴韶州正式主曹溪南华寺席。"以庚子（1600）冬日始应命入山，睹其败坏之状，若人有必死之症，卢扁之所束手。因念祖庭道法攸系，遂死誓为之调理，思从根本次第焉。"②

韶州曹溪南华寺是禅宗南宗祖庭，六祖慧能大师的道场，始建于南朝梁，敕额"宝林寺"，唐中宗时敕改为"中兴寺""法泉寺"，宋太祖开宝元年（968），赐名"南华禅寺"。历时代变迁，

---

① （清）释真朴重修，杨权、张红、仇江点校：《曹溪通志》卷五《碑铭类》，第107页。
② （清）释真朴重修，杨权、张红、仇江点校：《曹溪通志》卷四《碑记类》，第78页。

至明代，南华寺已衰敝不堪。当年传教士利玛窦至韶州被安排居南华时，就因寺僧大坏教门而拒之不就："利僧至韶阳请太守陈公，曰：'蒙军门命僧移居南华，敢不遵依，但寺僧皆椎牛嗜酒，大坏六祖之教，僧羞与为侣。'"① 至憨山驻锡南华寺时，更是"四方流棍，集于山门，开张屠沽，秽污之甚，积弊百余年矣。坟墓率占祖山，僧产多侵之"②。《憨大师中兴曹溪实录》中，憨山讲述了这种状况的来历以及整治它的决心：

> 及弘、正间，四方流棍，渐集于山中，始以佣赁，久则经营，借资于僧，而僧愚不察，以山门通翁源入府孔道而渐成窟穴，罗于道侧，开张市肆，岂特鸠居鹊巢，将使狼据狮窟。僧亦舍寺而住庄，庵则山门日空，流棍日集，祸害日作，而僧徒竟为此累，以至几不可保矣。丙申（1596）春，予蒙恩放岭外，初入山礼祖，见其凋弊不堪之甚，未几而祸患果作，僧至泆离。于是一时当道汲汲拯救之。初，制府大司马陈公欲予往救正之，未果。既而观察海门周公甚留心祖道，方从事于此，顷即入贺去。继本道祝公乃极力致予，因寺僧某等乃相率来归，请授具戒，坚志恳请。予应之，于庚子（1600）秋九月入山，即以祖庭为心，遂拼舍身命，一一综理，次第建立。③

---

① 黎玉琴、刘明强：《利玛窦史海钩沉一则》所附刘承范的《利玛窦传》，见林有能等主编：《利玛窦与中西文化交流》，香港出版社2012年版，第107页。
② 《憨山大师年谱》万历二十九年条，见曹越主编，孔宏点校：《憨山老人梦游集》，第576页。
③ （清）释真朴重修，杨权、张红、仇江点校：《曹溪通志》卷六《实录》，第133页。

憨山对南华的整治采取一系列措施：

首先，整肃寺僧队伍，强化教育。南华寺的衰败，一个重要的表征是寺僧素养的低下，教纪散乱，自身不保。故憨山初驻南华便强力整顿：

> 十月初七日始，至初九日止，三日在殿精选合寺大小僧行，诵经读书。初九日设立法华堂，卯时鸣钟三通，齐赴佛殿。摆设不许延迟，仍要褊衫整齐，各带《法华经》一部，少则二人共之。具在一时完备，不许违误。十三日设立义学三处：东廊馆十月十三日午时开，西廊馆十月十三日寅时开，延寿馆十月十三日巳时开。①

其次，实施中兴曹溪的十大措施。万历辛丑（1601）腊月初八佛成道日，憨山在南华寺特为合山僧众普授戒法，发布《为灵通侍者戒酒文》。② 同时，颁布十项措施以中兴曹溪：

1. 培祖龙以完风气；
2. 新祖庭以尊瞻仰；
3. 选僧行以养人才；
4. 驱流棍以洗腥秽；
5. 复产业以安僧众；

---

① 曹越主编，孔宏点校：《憨山老人梦游集》，第542—543页。
② （清）释真朴重修，杨权、张红、仇江点校：《曹溪通志》卷三《文类》，第64页。

6. 严斋戒以励清修；

7. 清租课以禅长住；

8. 免虚粮以苏赔累；

9. 复祖庭以杜侵占；

10. 开禅堂以固根本。①

再次，重新规划南华寺的建置布局：

> 至若禅堂为道场根本，向为僧居，予捐资买地，移七主各为修整安居，以易其基。乃修正堂五间，前殿五间，左右五间。立智药三藏为开山祖。穿堂三间，左右廊房各七间，方丈、库房各三间。又以自买旃檀林房以易僧居为香积厨。修华严楼为祖庭头门，建无尽庵以补后龙，买僧寮以为药室。百废俱举，几七年而工将半。②

憨山对南华寺开展全面的整顿和改革，涉及寺庙的清规戒律、日常修行、僧才教育、庙产管理、道风建设等诸多方面，使得祖庭面貌焕然一新，南华寺"种种颓靡，一旦而振起之"③。"归侵田，斥僦舍，屠门酒肆，蔚为宝坊。缁白分集，摄折互用。大鉴之道，勃然中兴。"④

---

① （清）释真朴重修，杨权、张红、仇江点校：《曹溪通志》卷六《实录》，第133—141页。
② （清）释真朴重修，杨权、张红、仇江点校：《曹溪通志》卷四《碑记类》，第78页。
③ （清）释真朴重修，杨权、张红、仇江点校：《曹溪通志》卷四《碑记类》，第78页。
④ （梁）慧皎等撰：《高僧传合集》，《明庐山法云寺沙门释德清传》，第811页。

万历三十四年（1606），憨山遇赦，随即北游衡岳，披剃返僧服。万历三十五年（1607），憨山再次回到曹溪，继续整顿改革，但遭遇险阻，只能黯然离去，嗟叹不已：

> 嗟乎！事业之难也。予平生以荷法门为心，竟以此致谴。今在罪乡，犹念六祖法道之衰，乃誓匡持，力救其倾颓。八年之内，无论所费不赀，即劳神焦思，冒险履危，辛苦万状，以经营之，言之未尝不饮泣也。第愧道力轻微，不足以消魔业，故功成而沮之，岂非法缘哉。嗟！予已矣。[①]

憨山在驻锡南华期间，除了整顿南华寺外，还完成了两件惠及后世的大事：

一是编修《曹溪通志》。南华之有志，始于明嘉靖年间韶州知府符锡主修、学训龚邦柱编纂之《南华志》。万历三十二年（1604），憨山重修华南志，更名《曹溪通志》，之所以改"志"为"通志"，其在凡例为之说明：

> 旧但称《南华寺志》，今以《通志》言之者，盖曹溪为天下禅宗本源之地，若洙泗云。况山水皆无异西天，故其所取，不独区区尺寸之地，所记又不止目前变幻山水而已。今《志》意取中国率土之形，由昆仑发源，山从东走，水自西来，而禅家道脉，亦自西而至，故远取禅源，自七佛始，以至释迦，

---

① （清）释真朴重修，杨权、张红、仇江点校：《曹溪通志》卷四《碑记类》，第79—80页。

所传西天四七，东土二三，散于四海，列为五宗。其事虽不核而意实想通，故其志不在山水而在道脉，故曰《通志》。①

憨山编纂《曹溪通志》，时两广总督陈大科、吏部右侍郎杨起元、云南布政司左参议周汝登分别作序。对憨山编纂《曹溪通志》之功，后人评价甚高。陈序云："其事核，其旨元，宗门良史哉。"杨序曰："顾非憨上人慧性超悟，克绍宗风，文藻优长，辩才无碍，安能部分胪列，纲兴目张，创例发凡，掩前光后者也！"清康熙十一年（1672），肇庆府知事史树骏作《重修曹溪通志序》云：

> 曹溪之有《通志》，自憨大师始也。斯时曹溪中落，禅贩辈攘窃其间。大师奉旨戍粤，得以中兴祖庭，佥谓天幸。……憨山之道，曹溪之道也。②

今人仇江在重新点校《曹溪通志》的前言中认为："憨山德清所创《曹溪通志》是现存岭南古寺志中很有特色的一种。……《曹溪通志》浓墨重涂记述了南禅一脉的源泉及兴衰起伏的发展过程，如同深沉厚重的历史长卷，令人掩卷遐思。"

二是重刻《坛经》。憨山在《重刻六祖坛经序》中，道出了重刻《坛经》之缘由："余蒙恩岭外，幸作六祖奴郎，聊为料理废坠之绪，因见经本数刻，多有改窜不一。……予偶得古本，乃为

---

① 释真朴重修，杨权、张红、仇江点校：《曹溪通志》，凡例第1页。
② （清）史树骏：《重修曹溪通志序》，见（清）释真朴重修，杨权、张红、仇江点校：《曹溪通志》，见志书序部分。

勘订。其所记参差者，复为整齐，分为十品，以雅称经名也。刻于山中。"[1] 祝以豳在憨山尚未完成刻梓时就予以祝贺，其在《坛经序》谓："旧本漫灭，余将谋重锓之梓。而憨头陀业先之矣，梓未竟，余以入贺。……万历庚子（1600）春三月下浣曹溪修行观察祝以豳书于灵鳌舟中。"[2]《曹溪通志》也载有憨山《刻法宝坛经序》。[3]

万历三十九年（1611），憨山移居端州（今肇庆）鼎湖山养病，次年转住广州长春庵。万历四十一年（1613），憨山应邀离粤北上，"返庐山，建法云寺于五乳峰下，效远公六时刻漏，专修净业"。

憨山第三次入曹溪是明天启二年（1622），憨山以七十七岁高龄再次应邀入住曹溪，次年农历十月十一日坐化于南华寺，世寿七十八岁，法腊五十九年，三日后入龛，并移往庐山法云寺，至崇祯间，粤人再迎龛回曹溪："先是乙丑岁（1625）龛归庐山五乳峰法云寺，塔而藏焉，崇祯癸未（1643）粤人复奉其龛归曹溪。历年二十，端坐如生，遂金漆涂体，升座与六祖同留肉身，就天峙冈旧塔院地供养，名曰憨山寺，去南华寺半里许。"[4] 今其真身与六祖真身同供养于南华寺。

憨山于万历二十四年（1596）始入岭南，天启三年（1623）终于岭南，除了在南华寺、光孝寺等禅刹开示之外，对于岭南

---

[1] （明）憨山德清：《重刻六祖坛经序》，见南华寺建寺1500周年《六祖坛经》重印本。
[2] （明）祝以豳：《坛经序》，见南华寺建寺1500周年《六祖坛经》重印本。
[3] （明）憨山德清：《刻法宝坛经序》，见释真朴重修，杨权、张红、仇江点校：《曹溪通志》卷三《序类》，第63页。
[4] （清）释真朴重修，杨权、张红、仇江点校：《曹溪通志》卷六《传赞类》，第152页。

禅宗产生深远影响的当是憨山德清的著作《梦游全集》。钱谦益《〈憨山大师梦游全集〉序》云：

> 憨山大师《梦游全集》嘉兴藏函，止刻法语五卷。丙申岁（1656），龚孝升入粤，海幢华首和尚得余书，椎椎告众，访求鼎湖栖壑禅师藏本。……《梦游集》本初传武林天界，觉浪和尚见而叹曰："人天眼目，幸不坠矣。"……其在岭表共事搜葺者，孝廉万泰，诸生何云，祖孙朝鼎也。其佽助华首网罗散失者，曹溪法融、海幢月池及华首侍者今种、今照、今光也。①

钱谦益与清初名僧交游甚多，尤其推崇紫柏真可和憨山德清，也很赞叹岭南高僧诸如宗宝道独、天然函昰等。从他的叙述可以看到，憨山在岭南得到了佛教界的广泛认同。澹归今释于此也曾记述：

> 丁酉（1657）人日，中丞龚公孝升过海幢，出宗伯钱公牧斋书。其于大师之遗稿流通之心真切无比。华首和尚观之，亦赞叹无比，既以海幢所藏者，简付龚公矣。复刊布诸刹，为博求全收之计。又以八行致端州栖壑禅师，索其全集。……《梦游全集》目录、编辑、重校诸名，幸各存之。

---

① （清）钱谦益：《〈憨山大师梦游全集〉序》，转引自冼玉清：《广东释道著述考》，第87—88页。

通炯，号寄庵，为大师首座。今海幢诸僧，皆其诸孙也。[1]

可见，憨山德清于晚明谪戍岭南，对岭南禅宗的中兴起到了至关重要的作用，也为明清之际岭南禅宗的发展奠定了基础。

第二节　平南王与清初岭南禅门

书写明清易代之际的岭南佛教禅宗时，有一位无法绕逾的人物——平南王尚可喜，他既是"广州屠城"、杀人如麻的刽子手，又是扶持和带动岭南佛教禅宗发展的檀越，人们对其有着恨爱交加的复杂心情。

一、尚可喜与"广州屠城"

尚可喜（1604—1676），字元吉，号震阳，祖籍山西，明万历三十二年（1604）生于辽东海州（今辽宁海城）。明崇祯五年（1632）任广鹿岛副将。崇祯七年（1634）降后金，授总兵官。崇德元年（1636）封智顺王，隶汉军镶蓝旗，后因战功赫赫，于顺治六年（1649）改封为平南王，镇守广东，与平西王吴三桂、靖南王耿继茂所辖藩镇并称"三藩"。顺治十七年（1660），耿继茂奉命移镇福建，平南王独霸岭南，"专镇广东"[2]，直至康熙十九年（1680），平藩父子坐镇广东三十年，成为名震一方的"南霸天"。

---

[1] （清）今释：《梦游全集小纪》，转引自冼玉清：《广东释道著述考》，第88—89页。
[2] 《东华录》卷七，顺治十一年二月，清乾隆刻本，第64页，据爱如生中国基本古籍库。

顺治七年庚寅（1650）初春，平南王尚可喜和靖南王耿继茂率领清兵南下广州，在围困了广州近十个月后，终于在十一月三日将其攻克。清兵屠城七日，广州城尸横遍地，血流成河。"屠戮甚惨，城内居民几无噍类，其奔出者，急不得渡，挤溺以死，复不可胜计。"《鞑靼战纪》也记载：清军入广州城，"大屠杀从十一月二十四日一直进行到十二月五日。他们不论男女老幼一律残酷地杀死，他们不说别的，只说：杀！杀死这些反叛的蛮子"。尚可喜后来在给道丘和尚的书信中也承认，"向年提师入粤，屠戮稍多"[①]。屠城之后，尸骨遍布街衢，往往由幸存的佛门僧侣出面清理，如真修和尚雇人收拾尸骸，聚而殓之，埋其余烬，合葬立碑于东郊乌龙冈。钮琇的《觚剩》载曰："浮屠氏真修曾受紫衣之赐，号'紫衣僧'者，乃募役购薪，聚胔于东门隙地焚之。累骸烬成阜，行人于二三里外望如积雪，因筑大坎瘗焉，名曰'共冢'。"[②]

除了"广州屠城"外，岭南其他地方也不能幸免，据乾隆《南雄府志》记载："大清平、靖二藩克（南）雄城，民尽屠戮，十存二三。"

关于这段历史，已有不少研究著述，在此不赘。

二、尚可喜捐资重修、新建岭南佛教禅宗道场

尚可喜这个双手沾满了广东人鲜血、给广东人留下凶神恶煞

[①] （清）释成鹫编撰，李福标、仇江点校：《鼎湖山志》卷七《平南王请书》，第128页。
[②] （清）钮琇撰，南炳文、傅贵久点校：《觚剩》卷八，上海古籍出版社1986年版，第148—149页。

形象的刽子手，在坐镇岭南之后却公然"佞佛"[①]，俨然成为岭南佛教之"护法"，这委实令人不解。但我们似乎可以这样理解，尚可喜在攻城时遇到了顽强的抵抗，可谓杀红了眼，所以入城后就大肆屠戮。但在成为独霸一方的统治管理者后，他首先面临的是尽快控制局面、稳定统治的需要，于是，靠形象再造以拉拢地方人心是其首选。他深信，一个表明自己佛教信仰的统治者，自然会获得宗教对其政权的支持，并吸引有佛教信仰民众的拥护。[②] 蔡鸿生《清初岭南佛门事略》云："平南王给自己蒙上'大檀越'的面纱，一再礼请高僧空隐和尚和栖壑问道，多次捐资兴修寺庵，岂不是通过对佛、法、僧的皈依，表明自己放下屠刀，以此来粉饰太平，收拾民心么？"[③] 他给道丘和尚的书信中也透露些许其"佞佛"的真实原因：

> 平南王尚可喜致书于鼎湖山庆云寺堂头栖壑老和尚莲座：本藩薄德匪躬，仰荷佛光，谬膺天眷，底定粤东，分茅胙土。念兹宠渥，似属前因。爱慕大乘，留心内典。凤钦禅范，亲炙未能。向年提师入粤，屠戮稍多。虽云火焰昆岗，难分玉石。然而血流漂杵，干恐天和。内返诸心，夙夜自愧。兹蠲吉日，启建道场。报恩资有，植福消冤。[④]

[①] 蔡鸿生：《清初岭南佛门事略》，第32页。
[②] 〔美〕杨庆堃：《中国社会中的宗教：宗教的现代社会功能及其历史因素之研究》，范丽珠等译，上海人民出版社2007年版，第123页。
[③] 蔡鸿生：《清初岭南佛门事略》，第39页。
[④] （清）释成鹫编撰，李福标、仇江点校：《鼎湖山志》卷七《平南王请书》，第128页。

实际上，从入城开始，尚可喜就对佛教寺院手下留情。清代广东著名诗人凌扬藻在《岭海诗钞》云："广州既屠，民室遂空，两藩兵尽入居住，号老城。文职各署俱于新城权设，惟佛地以信奉得留。"[①] 从各种地方史料中可以发现，平南王尚可喜坐镇广东的期间，频频捐资兴修佛寺，铸钟铸佛，礼僧问道，甚至为其女儿出家而向朝廷申请荣典，既与当时清廷尊崇佛教保持一致，又充分表明其放下屠刀、立志向佛的决心。据《元功垂范》[②] 记载：尚可喜重建广东寺庙开始于顺治十三年（1656）。广州城中的越秀山，为广州形胜之地，明末清初，遭到严重破坏。尚可喜不但派人重新种植树木，修治道路，砌筑垣墙，而且对城内各个寺庙捐资修葺，使其"壮丽视昔有加，风气益为完固"。《鼎湖山志》云："平南王尚王之镇粤也，二十年来所创立修建，若曹溪、大佛诸寺，不下数十所。而世子少保公、都统公，复推王意而广之，凡名山邃谷，古刹梵宇，游辙所经，悉令丕振，鼓钟绮绣相望。"[③]

兹对尚可喜父子捐资、修葺、新修广东佛教庙宇缕述于下：

（一）捐资重修光孝寺

清兵入城之初，曾析光孝部分殿堂为旗兵驻地，肢解了光孝的整体布局。寺志释"宝宫后殿"云："五间，在大殿后，今截去……国朝顺治初年，平、靖两藩入粤，驻旗将此殿截为一街，

---

① 黄佛颐编纂，仇江等点注：《广州城坊志》，广东人民出版社1994年版，第9页。
② 传为澹归禅师为平南王尚可喜所作传记。
③ （清）释成鹫编撰，李福标、仇江点校：《鼎湖山志》卷七《重修庆云寺山门护殿记》，第134页。

现居旗舍。"①光孝原有东南西北四廊,"国朝顺治初,平、靖两藩入粤,截北廊为旗舍"。"今存南廊、东廊、西廊,其北廊截为旗舍。"②尤其是将光孝截为前后街,致原在大殿后东北方的戒坛与主体分离:"国朝顺治初,平、靖两藩入粤,分界安扎旗军,乃截本寺前后地址另划街巷,戒坛遂划在后街,与旗舍毗连。"③应该说,这对光孝寺损害最深。

在政局初稳后,平、靖两藩及家眷于顺治十年(1653)曾布施资财给光孝寺。寺志载:顺治初年,平南王尚施银五百两。靖南王耿施银七百两。靖藩太福金施银七百两。平藩孙女施银一百两。④故寺志之《檀越志》将其列为"大护法檀越"。

顺治十一年(1654),平、靖两藩主持重建光孝寺大殿,将原来的面阔五间改为七间。寺志云:"国朝顺治十一年,东莞人蔡元正捐赀万金,请平、靖两藩重建,改为七间,视前更极壮丽。额曰'祝圣殿'。"⑤缘此,今释《重修光孝寺大殿碑记》曰:"平、靖二王,应新运而蔚为名世,底定岭表,百废具兴,以为福国庇民、阴翊王化,无有过于大雄氏者。"⑥

---

① (清)顾光、何淙修撰,中山大学中国古文献研究所整理组点校:《光孝寺志》卷二《建置志》,第28页。
② (清)顾光、何淙修撰,中山大学中国古文献研究所整理组点校:《光孝寺志》卷二《建置志》,第32页。
③ (清)顾光、何淙修撰,中山大学中国古文献研究所整理组点校:《光孝寺志》卷二《建置志》,第33页。
④ (清)顾光、何淙修撰,中山大学中国古文献研究所整理组点校:《光孝寺志》卷八《檀越志》,第85页。
⑤ (清)顾光、何淙修撰,中山大学中国古文献研究所整理组点校:《光孝寺志》卷二《建置志》,第23页。
⑥ (清)顾光、何淙修撰,中山大学中国古文献研究所整理组点校:《光孝寺志》卷十《艺文志》,第129页。

(二)重修南禅祖庭南华寺

南华寺虽经晚明憨山大师中兴,然一些殿堂也无大的修葺,至清初"殿堂周廊半就倾圮",有见于此,尚可喜于康熙丁未(1667)春至戊申(1668)春,重修南华寺,"移祖殿于佛殿后,移藏经楼于祖殿之址,以见正印真传、顿教直入之意"①。具体言,重建大雄宝殿:"康熙六年(1667),平藩重新兴建,绿瓦朱楹,金壁交光,掩映云日,视前制更加宏丽。"重建祖师殿:"平藩新建,其壮丽庄严视佛殿。"与其长子尚之信、次子尚之孝连同一些官员捐资重建了御经阁(藏经楼)。②故《平南王重兴南华寺记》《平南王重建御经阁碑记》《平南王募化南华寺祖殿周廊疏》等碑记见录于清释真朴和马元重修的《曹溪通志》。

此外,尚可喜还延请南华寺融六大师至广州长寿寺讲演《楞严经》。

(三)兴建白云庵

顺治九年(1652),尚可喜在得胜庙后建白云庵,又名太平庵,"内塑佛像,爰勒之钟鼎,以志佛力于不朽"③。文献载,番禺有得胜庙,"清顺治初,平、靖两藩前锋设卡处也。事定后,东西各建庙,以得胜名"④。清顺治九年,尚可喜在番禺县建白云庵,供

---

① (清)释真朴重修,杨权、张红、仇江点校:《曹溪通志》卷三《疏记》,第56页。
② (清)释真朴重修,杨权、张红、仇江点校:《曹溪通志》卷三《疏记》,第57页。
③ (清)樊封撰,刘瑞点校:《南海百咏续编》,广东人民出版社2010年版,第200页。
④ (清)梁鼎芬等修,丁仁长等纂:《番禺县志》卷三六《金石四》,见广东省地方史志办公室辑:《广东历代方志集成》,广州府部(二一),第540页。

奉佛陀与观音大士。庵中旧有铁钟一口，钟有铭文言："将士奋腾，兵马无恙。其间铸炮制药，随手而应，阴有神助。是年十月初二日恢省，追溯不忘，乃捐赀建造太平庵，内塑佛像，爰勒之钟鼎，以志佛力于不朽。"①

（四）扩建海云寺，捐铸鎏金佛像供养

顺治十年（1653），平南王请函昰主持广州府番禺县雷峰海云寺，并对海云寺加以扩建，捐铸释迦如来鎏金佛一尊。《胜朝粤东遗民录》曰："平南王尚可喜慕其高风，以函昰开法雷峰之海云寺，因捐金铸铜佛高丈余，置寺中，复广置寺田，盛兴土木，俾成海邦上刹。"②所铸释迦如来铜佛落款识为"大檀越喜铸"③。《南海百咏续编》也谓：海云寺"在雷峰，林峦秀美，为海山佛国，明末僧今湛主持其间，鼎革后天然和尚主讲焉。平南镇粤，仰其高风，为之广置寺田，更虔铸佛像，金光丈六，以志香火因缘，土木之盛，近时罕有，遂为海邦上刹"④。

（五）新建广州大佛寺

康熙三年（1664），尚可喜在广州龙藏寺旧址修建大佛寺。始

---

① 《白云庵钟铭》，见李仲伟、林子雄、崔志民编著：《广州寺庵碑铭集》，广东人民出版社2008年版，第282页。或见（清）樊封撰，刘瑞点校：《南海百咏续编》，第200页。

② （清）陈伯陶纂，谢创志整理：《胜朝粤东遗民录》，上海古籍出版社2011年版，"附录方外"第292页。

③ （清）梁鼎芬等修，丁仁长等纂《番禺县志》卷四一《古迹二》，见广东省地方史志办公室辑：《广东历代方志集成》，广州府部（二一），第637页。

④ （清）樊封撰，刘瑞点校：《南海百咏续编》，第204页。

建于五代南汉时期的龙藏寺,在清兵入城后殿宇悉数化为灰烬。早在顺治十八年(1661)尚可喜就有建寺酬恩之请,得到皇帝允准。康熙二年(1663),尚可喜心生忏悔,故自捐王俸,亲任董理,以"为天子祈福"为名,动工重建佛寺:"康熙三年,南疆奠谧,平南王自捐王奉,营造兹宇。上为天子祝禧,制式悉仿京师官庙,世尊慈范亦摹之北匠云。"[1]至"康熙三十年(1691)落成,由京师延请喇嘛僧十人为住持,以东西僧房分为十室居之"[2]。

新建之佛寺内,三尊佛像和观音像由黄铜精铸而成,庞大且豪华。大殿中供奉的佛祖像,"身高一丈六尺,合莲花座共一丈九尺,横阔一丈四尺"[3],"制式悉仿京师官庙,世尊慈范亦摹之北匠"[4]。《广州市文物志》云:"佛像以黄铜精铸。三尊佛像皆盘膝坐,每尊高6米,重约10吨……佛像仪态慈祥,铸造精美。各像均分为头盖、面部至肩、上身至腰、下身至盘膝坐和莲花座5段铸造,然后焊接而成。……是广东省内现存最大的古代黄铜铸像。"[5]佛寺因此得名大佛寺,号称"岭南一大刹"[6]。

大佛寺及三世佛铜像的营造,是平南王"佞佛"的最高峰,《元功垂范》对其赞赏有加:"论曰佛法东来,劝人为善,亦有阴朔王政者,近取诸身要从不嗜杀人即佛种子,故三聚净戒,首曰

---

[1] (清)樊封撰,刘瑞点校:《南海百咏续编》,第185页。
[2] (清)郑荣等修:《南海县志》卷五《古迹略》,见广东省地方史志办公室辑:《广东历代方志集成》,广州府部(八),第166页。
[3] (清)张凤喈等修,(清)桂坫等纂:《宣统南海县志》,上海书店、巴蜀书社、江苏古籍出版社2003年版,第165页下。
[4] (清)樊封撰,刘瑞点校:《南海百咏续编》卷二(佛寺),第158页。
[5] 《广州市文物志》编委会编著:《广州市文物志》,第270页。
[6] (清)张凤喈等修,(清)桂坫等纂:《宣统南海县志》,第165页下。

不杀，而杀因于嗔（瞋），嗔（瞋）缘于贪，苟能明见自心，则知三界同此一性，妄想相续可以坐断也。王恭敬三宝，正从不嗜杀人，一念植众德本此寺，为王特请，亦犹行古之劝建之道也。"①

（六）为其幼女建檀度庵

尚可喜共有子女二十三人，其中女儿十七人，被时人称为"王姑姑"之幼女是平藩王府中的异类，她生性喜素礼佛，目睹兄长辈之骄横而忧患成疾，于是恳请出家，成了一名"遗民逃禅"者。而尚可喜似乎也很尊重女儿的选择，于康熙四年（1665）专为其建檀度庵，并选派十名宫女随侍。《南海百咏续编》载：檀度庵"在越井冈之阳，女静室也，始于康熙四年，平南王建，为庵主自悟比邱（丘）焚修所。平南有子二十三人，女十七人。其幼女某，……力恳为尼。王不能夺，选宫婢十人为侍者，建庵居之，号曰'自悟'，群称之为'王姑姑'云"②。民国《番禺续志》亦云："檀度庵在清泉街。康熙四年（1665），平南王尚可喜建。王有子二十三人，女十七人。其第十三女某，生即茹素礼佛，睹诸兄之横恣，忧患成疾，力恳为尼。王乃选宫婢十人为侍者，建此庵为其静室，法名'自悟'，人称之为'王姑姑'。"③

在十位随侍中，有一位法名"无我"者，擅诗、书、画、梵呗技艺，成了自悟大师"青灯古佛旁"的知己。《续比丘尼传》卷

---

① （清）尹源进：《元功垂范》卷下，"大寺成"条，中山图书馆油印本。
② （清）樊封撰，刘瑞点校：《南海百咏续编》，第192—193页。
③ （清）梁鼎芬等修，丁仁长等纂：《番禺县志》卷四十一《古迹志二》，见广东省地方志办公室辑：《广东历代方志集成》，广州府部（二一），第639页。

四云:"无我,平南王尚可喜宫人。随王女自悟出家于南海,为檀度寺尼。能诗善画,人物尤工。庵有自悟像,披发衣紫,蛾眉双蹙,若重有忧者。……题句云:'六根净尽绝尘埃,嚼蜡能寻甘味回。莫笑绿天陈色相,谁人不是赤身来!'"[①]有这样一位才尼的陪伴,对自悟大师来说,能够不与父兄同流合污,而力求洁身自处,应是最大的慰藉。

(七)捐修庆云寺

位于鼎湖山之庆云寺乃清初岭南四大名刹之一,亦是尚可喜在广东捐资修建的最早寺院之一。

顺治十四年(1657)冬,尚可喜延请鼎湖山庆云寺栖壑道丘禅师入府问道,并在广州做法事,超度两王提师入粤时惨遭杀戮的群众。事毕,尚可喜捐巨资扩建庆云寺殿堂,并特赐"法座"给栖壑以为王座椅。其座椅,木质,长九十五厘米,宽七十三厘米,高五十三厘米,连靠背通高一百一十三厘米,今藏鼎湖山庆云寺。另外,还书联相赠,联曰:镇两粤咽喉,来往同登福地;食十方粥饭,清贫不负名山。此联原挂于庆云寺大门内朝厅(韦驮殿),咸丰十年(1860)毁于火。光绪二十九年(1903)由香山邓鼐书、曾芸山等人重刻,现挂于客堂。而当时庆云寺门的横额及对联也为尚可喜所撰写。

康熙九年(1670)冬,平南王世子、都统尚之孝捐资并督王府兵为庆云寺大规模兴建道路及大雄宝殿周围如斋堂、客馆、钟

[①] (清)张应昌编:《清诗铎》卷二十六,中华书局1983年版,第995页。

楼、鼓楼等。

（八）布施扩建海幢寺

海幢寺，南汉千秋寺故址。檀萃《楚庭稗珠录》曰："傍珠江南岸为海幢寺，故郭家园也。建寺始于僧月池，得平藩之增饰而益华矣。"[1] "顺治初，僧阿字始建佛屋于旁，额曰海幢"，为阿字之道场。顺治十二年（1655）春，尚可喜大力修葺扩建海幢寺，并礼请著名和尚空隐到此说法[2]，从而使海幢寺声望益播。康熙元年（1662），继续"买四面余地，改创大殿、藏经阁"[3]。康熙十一年（1672），尚可喜及福晋舒氏，对海幢寺进行更大规模的布施和扩建，"阿字故与平南王善，康熙十一年展拓寺基，平藩自建天王殿，王福晋舒氏建大殿，总兵许尔显建二殿及后阁，巡抚刘秉权建山门。局式恢宏，溪山形胜，甲乎岭南"[4]。

还需一提的是，平、靖两藩原欲在广州按王贝勒规格兴建王府，并预制了大量绿琉璃瓦及台门、鹿顶等构件备用，上奏清廷遭拒，后王福晋舒氏将所有构件布施于各寺："寺内所用之绿色砖瓦，均舒福晋所布施。初，两藩营造府第，咨请部示，恳照王贝勒制式，得用琉璃砖瓦，以及台门鹿顶。嗣奉部驳：'民爵与宗藩制异。察平、靖两藩均由民身立爵，所请用绿色砖瓦之处，碍难准行。'时粤东启窑、砖瓦皆成，而未敢擅用，乃尽施佛寺，若粤

---

[1] （清）檀萃：《楚庭稗珠录》，见鲁迅、杨伟群点校：《历代岭南笔记八种》，第183页。
[2] 黄佛颐编纂，仇江等点注：《广州城坊志》，第695页。
[3] （清）邹伯奇：《邹征君遗书·道乡集跋》，同治十三年刊本，中山大学图书馆古籍部藏。
[4] （清）樊封撰，刘瑞点校：《南海百咏续编》，第202—203页。

秀山之观音寺、武帝庙及大佛寺，皆此种砖瓦也。今寺之香积厨、大斋灶，尚是螭砖砌成者，近为骨董家易去殆尽矣。"[1]海幢寺的修葺和扩建，也是用了这批砖瓦。

海幢寺经尚可喜的修葺扩建，便迎来了鼎盛时期。18世纪的海幢寺，其规模超过现在三倍，建有大雄宝殿、塔殿、天王殿、韦驮殿、伽蓝殿、丛观堂、大悲阁、藏经阁、观音殿、毗卢阁、义鹿亭等，成为广州"五大丛林"之一。

（九）重修飞来寺

飞来寺，位于广东清远，始建于南梁，在清初战乱中被拆毁火焚。康熙元年（1662），尚可喜捐资万两重修飞来寺，康熙二年（1663）落成。《元功垂范》载："清远峡有飞来寺，兵燹荡尽，借王以重建，江山增壮。"[2]至今寺内保存有尚可喜给此寺落成的手书碑文。

（十）兴建报资寺

尚可喜为超度其母在广州西城外芦荻巷建报资寺。此寺作为回报之地，一些曾经护持寺院的官僚，寺院往往在其逝后为其建立牌位，逢年过节进行瞻拜。实际上，为平南王尚可喜所建。尚可喜及其子尚之孝兄弟等被朝廷赐死后，王府参将的家人收其遗骸，一起葬于报资寺中。黄芝《粤小记》记述道："庚申（1680）

---

[1] （清）樊封撰，刘瑞点校：《南海百咏续编》，第202—203页。
[2] （清）尹源进：《元功垂范》卷下，"大寺成"条，中山图书馆油印本。

八月十七日，赐死于府学名宦祠，焚尸扬灰。沈上达家人钟姓者，收其骸骼余烬，瘗之西园报资寺。"①

另外，在尚可喜八十寿诞时，靖藩曾赠寿屏一座，后尚可喜转捐华林寺。所以华林寺"藏平南王寿屏一座，雕梨嵌金，字文工好。盖靖藩由闽驿致为平王八旬祝寿者也。永镇山门，往来士多扪读之。"② 尚可喜还重修南海万善寺并易名为观音阁。③

三、对尚可喜"佞佛"的评价

尚可喜在岭南的形象，并没有因为"佞佛"而有大的改观，仍然是"面目狰狞，两颧高耸，环目短髯，黄带蓝袍，纬帽不戴顶，鹰嘴靴，叉手而坐，犹觉其杀气勃勃也"④。以致其被"赐死于府学名宦祠，焚尸扬灰"，最后才由"沈上达家人钟姓者，收其骸骼余烬，瘗之西园报资寺"。不过，岭南佛门对尚可喜"佞佛"的反应，却是因人而异，后人的评价亦不一。

在佛门中，最备受争议者，乃"遗民逃禅"名僧澹归今释，而争议的一焦点在于《元功垂范》是否出自澹归之手，因为此书作为平南王编年传记，多是对尚可喜歌颂赞美之辞。学者对此众

---

① （清）黄芝撰，林子雄点校：《清代广东笔记五种·粤小记》，广东人民出版社2015年版，第405页。
② （清）樊封撰，刘瑞点校：《南海百咏续编》，第197页。
③ （清）郑荣等修：《南海县志》卷五《古迹略》，见广东省地方志办公室辑：《广东历代方志集成》，广州府部（八），第167页。
④ （清）黄芝撰，林子雄点校：《清代广东笔记五种·粤小记》，第390页。

说纷纭：一是认定为澹归所撰，并视之为其一生中最大的污点；二是澹归只是"笔削"而"托名"尹源进；三是澹归、尹源进充其量只是编次，尹整理为初稿，澹归最后审阅。① 澹归本人在与其师天然函昰和尚的一封信中曾提到此事：

> 顷为平南相延，有笔墨之役。笔墨非道人事，然一生落在笔墨中，意复以此不魑不魅之局，置此不魑不魅之人，又且听诸造物，然于整顿道场，亦太远矣。②

这里，不拟赘论《元功垂范》是否为澹归所撰。不过仅就其所撰碑记及祭平南王悼文，也可略窥其对尚之溢美颂扬。在尚可喜重修光孝寺大殿后，澹归今释曾撰《重修光孝寺大殿碑记》云：

> 平、靖二王，应新运而蔚为名世，底定岭表，百废具兴，以为福国庇民，阴翊王化，无有过于大雄氏者。顾兹刹宗风，领袖天下，不有作新，何慰物望？于是首发府金，为众善倡。……平藩靖藩之正其始，蔡父蔡子之慎其终，不特外护之芳标，抑亦邦家之赤帜矣。③

---

① 何方耀：《澹归金堡与〈元功垂范〉关系考辨》，见钟东主编：《悲智传响——海云寺与别传寺历史文化研讨会论文集》，第45页。
② （清）澹归和尚著，段晓华点校：《徧行堂集》（二），广东旅游出版社2008年版，第104页。
③ （清）顾光、何淙修纂，中山大学中国古文献研究所整理组点校：《光孝寺志》卷十《艺文志》，第130页。

尚可喜死后，澹归虽无参加祭礼，但呈上了祭文，文中云：

> 惊闻先生遂捐宾客，虽乘彼白云，自返圆生树下，而眷兹黔首，共沉独漉泥中，况今释空门三世，结宇长城，倦翻半枝，移阴广厦者也。所恨病卧荒丘，不获泛舟珠水，虔修薄供，洁上香瓣。礼无责贫，力无求老，幸曲赦于世谛之边，去不至方，毁不灭性，更旷观于大道之表。且也戎务殷繁，重以民生憔悴，或传餐而欹枕，亦操扇而投醪，强食节衰，俯酬下士之望；拨乱反正，仰答上天之庥。莫罄愚诚，伏维睿鉴。谨遗弟子义贲手启奉慰，今释无任悚仄。①

对尚可喜"佞佛"所为，我们认为应从主观和客观两方面来看。主观上，"究其原因，非常复杂，可能是因征战中杀戮太多，心里愧疚，想要减轻自己的罪孽，因而做出的赎罪行为；可能是出于政治目的，拉拢逃禅遗民，收买民心，巩固自己在岭南地区的统治；可能是满洲佞佛传统的影响；也可能几种原因兼而有之"。

客观上，至清初，广东各地之佛教道场，普遍是破败萎靡，因平藩的"佞佛"而得到修葺、重建甚至新建，重现昔日风貌，这对当时广东佛教的发展无疑有着积极的作用，也给今天留下了一批宝贵的文化遗产。此其一。其二，尚可喜身为"平南王"，是广东最高的统治者，其"佞佛"虽是个人的行为，却体现了统治

---

① （清）澹归和尚著，段晓华点校：《徧行堂集》（四），广东旅游出版社2008年版，第251页。

者的意志和政策层面的风向，在社会上营造了扶持、发展佛教的氛围和环境，从而得到整个社会的认可和支持。其三，在明清易代社会混乱之际，宗教对社会整合中的作用是明显的，平藩的"佞佛"与恢复儒学一样，是重建封建秩序的重要手段。

总之，清初广东佛教禅宗之所以还能健康前行，甚至说有一个相对兴旺的态势，平藩的"佞佛"也许是一个重要的原因。所以，正如不能因其"佞佛"而抹杀其屠城杀戮的罪行一样，也不能因其刽子手的身份而无视其"佞佛"对广东佛教发展的助推之功。

第三节　明清易代与清初"遗民逃禅"

明清易代之际，一大批文人士大夫面对动荡时势，他们既心急如焚，却又无力济世；既难以逃避，却又坚守志节。于是纷纷削发易服，"遁入空门"，以特殊的方式来表达对清朝统治的抗争。这造就了当时中国一道独特的风景——"遗民逃禅"。岭南则成了这场风潮中的重要舞台。

一、"遗民逃禅"释义

对于"遗民逃禅"的文化内涵，学界多有讨论。这些"遗民逃禅"者，兼有"遗民"与"僧人"双重身份。其中"逃禅"，即指削发为僧，遁入空门。而"遗民"，其义似乎复杂得多。就字面言，是指改朝换代后前朝遗留下来之人。然中国之有"遗民"一说，多限于宋元、明清易代的特定时期，这就涉及"亡国"与"亡天下"、"汉族"与"异族"以及儒家伦理观念等范畴。顾炎武说："有亡国，有亡天下，亡国与亡天下奚辨？曰：易姓改号，谓之亡国。仁义充塞，而至于率兽食人，人将相食，谓之亡天下。……故知保天下然后知保其国，保国者，其君其臣肉食者谋之；保天下者，匹夫之贱与有责焉耳矣。"[①] 屈大均曰："南昌王猷定有言，古帝王相传之天下，至宋而亡，存宋者，遗民也。大均曰，嗟夫，遗民者，一布衣之人，曷能存宋？盖以其所持者道，道存则天下存。……自存其道，乃所以存古帝王相传天下于无穷也哉。"[②] 姜伯勤教授关于"亡国""亡天下""遗民"的阐释有如下判语：

> 在明清"亡国"的语境中，亦即在君主易代的"上下文"中，明"遗民"的语义，乃指忠于明朝而退隐者，即忠于明朝的、拒绝出仕新朝的故国派人士。
>
> 而在明季"亡天下"的语境中，即在中华文化危亡的关头，在汉文化传承而面临生死存亡的"上下文"中，广义的"遗民"的语义，乃指力图在文化较低的民族统治下"保存汉文化和拯救黎民百姓"之人。
>
> 在明"亡国"语境中，人们往往把"遗民"理解为"士

---

① （明）顾炎武著，（清）黄汝成集释，栾保群校点：《日知录集释》卷十三《正始》，中华书局2020年版，第252、356页。
② （清）屈大均：《翁山文抄》卷八《书逸民传后》，见欧初、王贵忱主编：《屈大均全集》（三），人民文学出版社1996年版，第394页。

大夫"。而在"亡天下"的语境中,"遗民"远非"士大夫"阶层所能容纳,"遗民"包括了有志于守护中华文化、家园的各种人。①

学界的各种意见均有其合理性,这里,我们仅就清初的"遗民",尤其是把"遗民"与"逃禅"两者合二为一,对"遗民逃禅"试作广义和狭义的界定。广义上,凡是明代遗留下来,削发为僧、皈依佛门者均可称之为"遗民逃禅"。广义"遗民逃禅"者中的大部分,不一定具有传承、固守文化道统的强烈自觉意识,他们只是在天崩地裂之际,因恐慌无适而无奈入空门。狭义上,可以把"亡国"与"亡天下"结合起来,专指那些内心不愿臣清而遁入空门的士大夫阶层。狭义"遗民逃禅"者具有强烈的忧患意识和故国情怀,忧国忧民,视清朝为异族统治而高擎反清复明旗帜,欲救"已亡之国";他们又具有强烈的传承、固守文化道统的自觉意识,以守护道统为己任,坚守气节。只是在这易代动荡的时势,在新的统治者面前,他们欲济世却又无力济世,于是只好选择另一种抗争方式——"逃禅",即削发为僧。"一个'逃'字,蕴含了多少遗民僧的悲凉与无奈,这些饱读诗书,以经邦兴世,传承儒家道统为己任的士大夫,遁入佛门,的确是一种无奈之举"②。这种"无奈之举",一方面以"逃禅"的方式给予他们精神上的慰藉;另一方面又欲以此救"亡天下",一如何冠彪在《论

---

① 姜伯勤:《石濂大汕与澳门禅史——清初岭南禅史研究初编》,第41—42页。
② 何方耀:《澹归出家前后明清易代观和夷夏观析》,见杨权主编:《天然之光——纪念函昰禅师诞辰四百周年学术研讨会论文集》,第226页。

明遗民之出处》所言："在明亡以后，遗民的责任就在保存'天下'，即是使汉族文化不因'亡国'而沦亡。"[1]

狭义的"遗民逃禅"们将是我们讨论的主要对象。

二、岭南是"遗民逃禅"的中心之一

天崩地裂后的故国情怀、佛教禅宗在明末的兴盛、夷夏之防的传统观念等共同促成了"遗民逃禅"在明清之际的大量出现。跟随着南明朝廷退却的步伐，遗民僧大致集中在江南、岭南和西南这三个区域。"甲申（1644）之后，男女遗民逃禅成风，逐步形成爱国爱教的三大中心：江南有苏州灵岩寺的弘储法师（1605—1672），滇南有鸡足山的担当法师（1593—1673），岭南则有海云寺的天然和尚（1608—1685）。"[2] 三地的遗民和遗民僧不单是本地士人，其他地方的士人也向之聚集，具有全国意义。

位于南国边陲的岭南，是明朝以及南明的最后退却地之一，是抗清的激烈战场，当然其后果也是极为惨烈的，这在上文平、靖两藩"广州屠城"已有提及。而素尚忠义之岭南人自是不甘俯首称臣。陈伯陶《胜朝粤东遗民录》之《自序》云："明季吾粤风俗，以殉死为荣，降附为耻，国亡之后，遂相率而不仕不试，以自全其大节。其相勖以忠义，亦有可称者，何言之？自顺治丙戌（1646）冬，李成栋、佟养甲偏师袭广州，绍武遇害，逾年春，成

---

[1] 何冠彪：《论明遗民之出处》，见何冠彪：《明末清初学术思想研究》，台北学生书局1991年版，第67页。

[2] 蔡鸿生：《清初岭南佛门史料丛刊系列》总序，见《海云禅藻集》，华宝斋书社，2004年。

栋复追桂王及于桂林，势将殆矣，而粤之陈文忠、张文烈、陈忠愍三臣振臂一呼，义兵蜂起，于时破家沉族者，踵相继也。养甲惧，遂令成栋旋师。及三臣败死，山海诸义士扰拥残众为复仇计，会城之外，至于号令不行，李、佟因是有反复为明之举。盖桂王所以延其残祚者，实维吾粤诸臣之力。至若何吾驺、黄士俊、王应华、曾道唯、李觉斯、关捷先等，虽欠一死，后皆终老岩穴，无履新朝者，故贰臣传中，吾粤士大夫乃无一人。而吾驺、士俊以崇祯朝旧相出辅桂王，及平、靖二王围广州，桂王西走，吾驺犹率众赴援，士俊亦坐阁不去。其苦心勤事，思保残局，比之贰臣传中冯铨、王铎等，自当有间，而此诸人，当时咸被乡人唾骂，至于不齿，至今弗衰。此亦可见吾粤人心之正，其敦尚节义，浸成风俗者，实为他省所未尝有也。"① 他们在最后抵抗失败后，仍不肯仕清而"逃禅"。所以1646年和1650年，清兵两陷广州后的岭南遗民，纷纷遁入佛门，"岭南佛门涌现出一浪高过一浪的遗民潮，在珠江三角洲表现得最明显"②。

如果说岭南是全国"遗民逃禅"的中心之一，丹霞别传寺则是岭南"遗民逃禅"的中心和重镇。别传寺开山于康熙元年（1662），与岭南名刹大刹相较，时短名微，然而，在这明清鼎革之际，一跃而为与南华、云门齐名的粤北乃至岭南之名刹，大概有两个原因。一是因为该寺由著名遗民僧主将澹归金堡首创，又由被视为遗民僧精神领袖的天然函昰首开法脉，"这样，别传寺就

---

① （清）陈伯陶纂，谢创志整理：《胜朝粤东遗民录》，"自序"第27页。
② 蔡鸿生：《清初岭南佛门事略》，第20页。

形成了由澹归开山、由天然开法的'双祖师'格局"①。天然、澹归乃是时岭南乃至全国禅门中叱咤风云的人物,其他寺宇无疑难以望其项背。二是因为在这天崩地裂的乱世中,大批遗民僧,尤其是那些士大夫遗民僧,在迷惘焦灼、无适徘徊的心境下,在苦寻最后的归处。于是,精神领袖的人格魅力和感召力犹如黑夜中的灯塔,放射出夺目之光,吸引这些迷惘人群。实际上,在当时,凡是天然函昰的主要道场,都成了遗民僧鹜趋之所,"海云寺作为别传寺的祖庭,会聚了明亡后在粤的各路才俊。别传寺作为新道场,又收聚了前明廷中部分不愿在满清朝廷为官而出家的志士。一南一北两寺,两相呼应,形成了清初珠江流域的文人聚合中心"②。"在天然法座周围,集结着大批的志士仁人式的社会精英。"③

正是这乱世,成就了丹霞别传寺"遗民逃禅"的中心和重镇的地位。

三、岭南遗民僧群像

本书的指向为岭南禅宗史。基于此,如前所说,狭义的"遗民逃禅"者是我们讨论的主要对象,因为真正给岭南禅宗文化留下遗产的,或者说,在书写明清易代之际在岭南禅宗中不可、不

---

① 引自今别传主持释顿林在"纪念函昰禅师诞辰四百周年学术研讨会"所致开幕词,见杨权主编:《天然之光——纪念函昰禅师诞辰四百周年学术研讨会论文集》,第1页。

② 袁首仁:《文化小舟——丹霞山别传寺记》,见钟东主编:《悲智传响——海云寺与别传寺历史文化研讨会论文集》,第103页。

③ 蔡鸿生:《清初岭南佛门史料丛刊系列》总序,见(清)徐作霖、黄蠹辑,黄国声续辑并点校:《海云禅藻集》,广东旅游出版社2017年版,第1页。

能绕逾的就是这一群体。当然这一群体的人数也不少,不可能一一缕述,仅选择部分作如下简要叙述。

(一) 遗民精神领袖天然函昰

与大多数遗民僧在明清易代后才"逃禅"不同,天然函昰于明亡前就已剃度受戒、身披袈裟了。在他身上,没有"逃"的色彩,似乎不合完全意义之"遗民逃禅",然而,这不但丝毫没有影响其在遗民僧心目中的地位,反而更有着高大上的形象。因为遗民僧是在迷惘中"逃禅",而且在初入禅门后仍然迷惘,他们不知道如何念佛、怎样修行,在这种状况下,天然大师恰好是他们最好的导师,此其一。其二,天然函昰出身名门,从小就受到传统儒家文化熏陶浸染,是当时岭南的人文大家名家,骨子里就有着忠义节孝的因子,且亲身经历和见证了明清易代的残酷历史真相,所以,身在方外却心在方内,时刻关注着时势,诚如陈垣先生所言:"世变以来,宗门不能独免,虽已毁衣出世,仍刻刻与众人同休戚也。"[①] 另一方面,他又早早皈依三宝,是宗宝道独门下函字辈之翘楚,是道风高峻的禅门龙象。这样的双重身份,让其既以传统士大夫特有的故国情怀和固守文化道统的使命担当,又以佛禅普度众生的生命关爱和人文关怀,来拯救"亡天下"。这是一般的遗民僧无法比肩的。其三,在反清复明斗争中,天然函昰虽没有直接"抡刀上阵",然他以其他方式进行反清抗清的斗争,体现有二:一是利用其道场,接纳、保护、暗助甚至输送抗清遗民志士,

---

① 陈垣:《清初僧诤记》,中华书局1962年版,第49页。

"当时广东的一些海云系寺庙,实为抗清斗争的秘密据点"。二是以笔为戟,用诗文来谴责清军的暴行,讴歌反清复明的斗争,悼念战死沙场的烈士,以激发人们的抗清意志和爱国热情,这在他的大量诗文中随处可拾。杨权先生在《作为明遗民精神领袖的函昰禅师》一文中对天然函昰有这样的概括:

> 在明末就已出家的岭南高僧函昰所以被目为袈裟遗民,乃在于其内心对拯救"亡天下"之局负有自觉使命,其反清倾向的产生,与他长期受儒家文化浸染有密切关系。由于其政治态度与文化修养的作用,在清初的社会背景下,海云寺成为了"逃禅"遗民麇集的重镇,而函昰也成为了内心充满孤怀遗恨的士人所共宗的领袖。函昰虽未像围绕在其身边的僧人函可、今释与今种(屈大均)那样直接参加复明斗争,但他对抗清人士始终是持同情与支持态度的,而对清朝征服者是持抗拒与谴责态度的。这一点,从其诗作中可明显看出脉络。而且,函昰曾为复明地下运动输送过力量,广东的某些海云系寺庙实为抗清的秘密据点。[①]

总之,天然函昰"将弘法护生与忠孝节义结合起来,言传身教,不遗余力,成为十七世纪岭南佛门的精神领袖"[②]。关于天然函

[①] 杨权:《作为明遗民精神领袖的函昰禅师》,见钟东主编:《悲智传响——海云寺与别传寺历史文化研讨会论文集》,第307页。
[②] 蔡鸿生:《清初岭南佛门史料丛刊系列》总序,见(清)徐作霖、黄蠡辑,黄国声续辑并点校:《海云禅藻集》,第1页。

昰的行历、弘法活动等将在下一节详述。

(二)"私携逆书"案主祖心函可

狭义的"遗民逃禅"者既是佛禅龙象,又是人文巨擘,他们有着鲜明的反清立场,他们的作品著述往往被清廷视为禁书而加以销毁,酿成了清初的"文字狱"。清代第一桩"文字狱"的案主,是岭南高僧祖心函可。

祖心函可(1611—1659),广东博罗人,俗姓韩,名宗騋,字犹龙,生于万历三十九年(1611)。其父韩日缵,万历三十五年(1607)进士,官至礼部尚书,卒谥文恪。宗騋自幼聪颖,十六岁补博罗县生员。后随父常居南京,颇有声名,因而"倾动一时,海内名人以不获交而耻"[①]。二十五岁时,宗騋丧父,渐生出世之想。崇祯十年(1637),宗騋与天然函昰相聚,畅谈甚欢,自此一意向佛,与天然函昰一起参访道独禅师于罗浮华首。"道独令参赵州无字,函可呈颂曰:道有道无老作精,黄金如玉酒如渑。门前便是长安路,莫向西湖觅水程。"[②]

崇祯十二年(1639)六月,二十九岁的宗騋随道独到江西庐山,道独为宗騋落发舟中,赐法名函可,字祖心,号剩人,为曹洞宗第三十四代传人。崇祯十四年(1641)入罗浮山华首台,充都寺。后至广州,筑不是庵(黄华寺)于小北门外,与今种、今释等人于此相从。[③]以此观之,与天然函昰一样,祖心函可在明亡

---

① 函可著,杨辉校注:《千山诗集校注》上册,辽海出版社2007年版,第1页。
② 函可著,杨辉校注:《千山诗集校注》下册,辽海出版社2007年版,第554页。
③ (清)梁鼎芬等修,丁仁长等纂:《番禺县志》卷二十七《人物志十》,见广东省地方史志办公室辑:《广东历代方志集成》,广州府部(二一),第413页。

前就已出家。

甲申（1644）之变，清兵入关，故国沦丧，函可悲痛之余，仍奔走于广东和南京之间。明朝福王朱由崧在南京建立弘光政权，函可得知后，立即以"重新印刷佛经"为名，携徒赶赴南京，寄宿于顾梦游家，与著名反清人士顾炎武、归庄、龚贤等人紧密联系，并写下《甲申岁除寓安南》诗："梅花岭下小溪边，寒尽孤僧泪独涟。衲底尚存慈母线，担头时展美人篇。先皇岁月余今夕，故园风光忆去年。香冷夜深松火息，万方从此静烽烟。"① 陈寅恪先生认为：函可"实暗中为当时粤桂反清运动奔走游说"②。弘光政权覆灭后，函可因南京戒严而滞留三年，写下《再变纪》记述所见所闻。顾梦游在《千山诗集》序说："乙酉（1645），以请藏经来金陵。值国再变，亲见诸死事臣，纪为私史。"③ 顺治四年（1647）夏，函可在与其父亲有师生之谊的招抚江南大学士洪承畴的帮助下，获得通关印牌，自南京回粤，然在出城时，守者从其笥中查出有弘光帝答阮大铖书稿及《再变纪》一书，从而被逮入江宁驻防满军提督巴山处，巴山疑其有徒党，乃严加拷掠，令其招供。函可一口咬定为自己一人所为，血淋没趾仍屹立如山。十一月，洪承畴上奏：

> 犯僧函可系故明礼部尚书韩日缵之子，日缵乃臣会试房师。函可出家多年，于顺治二年（1645）正月内，函可自广东来江宁刷印藏经。值大兵平定江南，粤东路阻未回，久住

---

① 函可著，杨辉校注：《千山诗集校注》上册，第205页。
② 陈寅恪：《柳如是别传》下，上海古籍出版社1980年版，第941页。
③ 函可著，杨辉校注：《千山诗集校注》上册，第1页。

省城。臣在江南从不一见，今以广东路通回里，向臣请牌，臣给印牌，约束甚严。因出城门盘验，经笥中有福王答阮大铖书稿，字失避忌，又有《变记》一书，干预时事。函可不自行焚毁，自取愆尤。臣与函可有世谊，理应避嫌，情罪轻重不敢拟议，其僧徒金猎等四名原系随从，历审无涉。臣谨将原来给牌文及函可书帖封送内院，乞敕部察议。得旨：洪承畴以师弟情面，辄与函可印牌，大不合理，着议处具奏。函可等着巴山、张大猷差的当员役，拿解来京。①

后吏部议奏："招抚江南大学士洪承畴，给广东游僧函可护身印牌，负经还里，为江宁守卫搜出福王答阮大铖书并《再变纪》一册，其中字迹，有干我朝忌讳，洪承畴以师生之故，私给印牌，显属徇情，应革职。得旨：尔部所议甚是，但洪承畴素受眷养，奉命江南，劳绩可嘉，姑从宽宥。"②顺治五年（1648）二月，函可被解送京师，入刑部狱。四月，函可流放沈阳，奉旨宥送盛京慈恩寺焚修，是为清代第一宗文字狱的受害者。

被流放东北的函可，以传播佛法为己任。顺治九年（1652）三月，沈阳各大寺院联名延请函可开法南塔，又弘法于普济、广慈、大宁、永安、慈航、接引、向阳诸刹，听法弟子数百众，"谴谪诸臣若莱阳左衮、陈心简辈，始以节义文章相慕重，后皆引为法交。……因演《楞严》、《圆觉》，四辈皆倾。自是大禅法教，凡

---

① 严艺超：《函可年表》，《文化惠州》2011年第3期，第58页。
② 《东华录》卷二，顺治四年，第38页。

七坐大刹,会下各五七百众"。诸喇嘛和各寺监院也启请函可主法:"元旦,喇嘛潦藏葛浪、耶舍葛浪、索勒葛浪、僧录司掌印行深、辽阳僧纲宽、道藏主慧达、广慈监院玄赋、接引监院祖远、慈航监院寂亮、大宁监院师慧、永安监院祖道等稽首和南……恭惟剩和尚座下。"①杨燕韶先生认为"将南禅北传是函可和尚一生中一项重大的成就"②。正如憨山被谪流岭南使岭南禅宗得以中兴一样,函可被流放东北,使南禅曹溪一脉得以在东北地区弘传。函可被奉为关外佛教的"开宗鼻祖"。③

顺治七年(1650),函可集诸同好,成立"冰天诗社",并亲自为诗社作序曰:"尽东南西北之冰魂,洒古往今来之热血……聊借雪窖之余生,用续东林之胜事。"④一时文风兴起。顺治九年(1652),函可首登千山,从此,与千山结缘,"五年中十登千山",因有"一到千山便不同,山翁只合住山中"的诗句,其语录、诗集均以千山冠名,函可对东北文化的影响由此开始。

顺治十六年(1659)十一月二十七日,四十九岁的函可在辽阳首山金塔寺端坐而逝,弟子们"龛肉身,诣千山龙泉寺",后迁至大安寺,在双峰寺建塔,有《千山剩人可和尚塔铭》《奉天辽阳千山剩人可禅师塔碑铭》。

身在东北的函可却时刻心系家乡,顺治八年(1651),其师道独和尚派遣其徒真乘来访,告知清兵洗劫,博罗城内"十不存

---

① 函可著,杨辉校注:《千山诗集校注》下册,第562页。
② 杨燕韶:《明季岭南高僧:函可和尚研究》,台湾文史哲出版社2013年版,第88页。
③ 温金玉:《千山剩人函可及其禅法研究》,《六祖禅》2020年第1期,第33页。
④ 函可著,杨辉校注:《千山诗集校注》下册,第497页。

一"。函可感慨,悲怆万千:"几载望乡音,昔来却畏真。举家数百口,一弟独为人。"函可一家兄弟姊妹子侄仆从,皆死于国难,而自己每以"不得死于国家见诸公地下为憾,因自号剩人"[1]。临寂前,更有"发来一个剩人,死去一具臭骨"偈语及"吾思吾岭南耳"语答友人。尤其是被誉为道独门下函字辈两驹的双函(函昰和函可),情同手足,函可遭遣沈阳,函昰"遣其徒今无通问,而函可所度弟子今育、今匝、今曰、今庐、今又、今南等,皆江南人,由是两家子弟分处南北"[2]。悉函可示寂,函昰作《哭千山剩人法弟》三首,其二云:"乌玄鹄白尽乾坤,侠骨平心欲并论。至性自应投绝域,深悲何必恨中原。十年膻雪酬先泽,七刹幢铃答后昆。觉范子卿终一死,深余骸骨吊关门。"

"亦儒亦佛,能孝能忠"是对函可精辟、入木的判语。

(三)开山别传的澹归今释

享誉僧俗两界的传奇式人物澹归今释,是函昰座下"十今"中的重量级龙象,他一生中最显最大的功德当是开山丹霞别传,延请乃师开法,给岭南禅门乃至岭南文化留下一笔厚重的遗产。

澹归(1614—1680),浙江仁和(今杭州)人,俗姓金,名堡,字道隐,号卫公,又号蔗余。生于明万历四十二年(1614),自幼聪颖、耿直、无畏、孤傲。王夫之说他"为诸生时,孤胆介

---

[1] (清)梁鼎芬等修,丁仁长等纂:《番禺县志》卷二十七《人物志十》,见广东省地方史志办公室辑:《广东历代方志集成》,广州府部(二一),第413页。

[2] (清)梁鼎芬等修,丁仁长等纂:《番禺县志》卷二十七《人物志十》,见广东省地方史志办公室辑:《广东历代方志集成》,广州府部(二一),第413页。

旷远，不屑为时名。弱冠，博通群书，熟知天下利病"，"文笔清坚，度越蹊径。应崇祯丙子（1636）乡试，五策谈时政，娓娓数万言，微辞切论，直攻乘舆无讳"。[1]崇祯九年（1636）举人，崇祯十三年（1640）进士，历任山东东临清州知州、兵部职方、清吏司员外郎、礼部给事中、本科右给事中署兵科事。甲申（1644）鼎革后，联络浙、闽一带义军抗清。顺治五年（1648）抵广东肇庆谒见永历帝，经瞿式耜所荐被任为礼科给事中，因忠直敢谏、痛切时弊、纠弹权佞而被称为"五虎"中之"虎牙"[2]，也因此开罪权贵，屡遭谤谗，终以"把持国政、谋危社稷"罪名入狱，后得瞿式耜相助得脱，旋于桂林茅坪草庵祝发为僧，法名性因，自此步入禅门。

永历六年（1652）前往广东番禺雷峰海云寺，入天然函昰门下，受具足戒，改法名为今释，字澹归，号冰还道人，又号借山野衲，晚号舵石翁，成为海云系今字辈曹洞宗禅僧。

康熙元年（1662），乃澹归今释一生中最值得纪念的一年，他接受明遗民李充茂的布施，在丹霞山正式创建道场，经五年而寺成，以"教外别传"之意寺名别传。在这五年中，澹归奔走州郡，广结喜缘，胼手胝足，运水搬柴，其艰苦辛勤难以言表。而其本人则撰《丹霞营建图略记》《丹霞山新建山门记》《丹霞大悲阁记》《兜率阁记》《准提阁记》等文以记当时开山梗况。成鹫在《舵石

---

[1] 刘娟：《澹归作品遭禁毁考论》，见钟东主编：《悲智传响——海云寺与别传寺历史文化研讨会论文集》，第332页。

[2] 刘娟：《澹归作品遭禁毁考论》，见钟东主编：《悲智传响——海云寺与别传寺历史文化研讨会论文集》，第333页。

翁传》中对其开山有这样的记述：

> 壬寅岁（1662），开山于韶之丹霞，建别传寺，前后创造，胼手胝足，运水搬柴，露面抛头，躅州过郡，送往迎来，人事辇辂，五官并用，一如寂然。师尝语人曰："吾于丹霞得个入处。"阅五年，丛席粗成，迎天老人入山主法。……戊申（1668）元朔，举西堂，立僧秉拂，当机提唱，别出手眼，同学折服。辛亥（1671）冬，老人赴归宗请，师留丹霞毕创造之局。癸未（1703）冬，出匡庐省觐。①

康熙五年（1666），别传寺已初具规模，澹归撰《请雷峰天然老人住丹霞启》，延函昰入主别传开法，是为别传之开法祖师。康熙七年（1668），澹归接天然函昰大法，为第四法嗣。成鹫《舵石翁传》云：澹归"已而病作，垂危，天然亲至榻前，握手与诀曰：'汝前所得，到此用不着，只恁么去，许你再来。'闻语病中返照，大生惭愤，正观万念俱自息，忽冷汗交流，碍膺之物与病俱失。从此入室师资契合，顿忘前所得者，天然乃印可"②。康熙十年（1671），天然函昰退院丹霞赴庐山归宗寺而致别传虚席数载，至康熙十三年（1674），澹归才继别传法席，开堂说法，"四方闻风，瓶笠云集，堂室几不能容。师以本分事接人，一味真实，野狐禅辄斥去之，一时会下，多真参实究之士，至今耆硕白首丹霞，

---

① （清）成鹫和尚著，曹旅宁等点校：《咸陟堂集》（二），广东旅游出版社2008年版，第79页。

② （清）成鹫和尚著，曹旅宁等点校：《咸陟堂集》（二），第79页。

足不下山，犹有古德之遗风焉"①。

康熙十六年（1677），澹归决意退院，托付乐说（今辩）主法别传，因乐说坚拒而未果，后离丹霞赴南韶。康熙十七年（1678），澹归给乃师天然函昰书说："今释老矣，食少事繁，加以多病，断不可久。乐说解行相应，终当以此席累之。"②澹归正式退院丹霞别传。

退院丹霞别传后，澹归即渡岭北上嘉兴请藏经，结茅于平湖，次年遣人将藏经奉回丹霞别传。康熙十九年（1680）八月十九日，示寂于浙江平湖，世寿六十七，法腊二十九。寂前嘱侍者荼毗，投骨于江流，假如"汝辈若投骨石塔，丹霞必得凶报"③（澹归似预知日后丹霞别传遭劫事）。寂后，侍者遵嘱奉骨灰归栖贤，至康熙二十八年（1689），别传寺门人奉澹归灵骨还丹霞，建塔于海螺岩，徐乾学撰《丹霞澹归释禅师塔铭》。

缘澹归乃"遗民逃禅"者，其诗文多有反清色彩，最终逃不过清廷的文字狱。乾隆四十年（1775），乾隆帝亲自督办澹归《徧行堂集》案，别传寺也因此遭劫。乾隆谕曰：

> 僧澹归《徧行堂集》语多悖谬，必应毁弃，即其余墨迹、墨刻亦不应存。着李侍尧等逐一查明缴进，并将所有澹归碑石，亦即派诚妥大员前往椎碎推扑，不使复留世间。又闻丹

---

① （清）成鹫和尚著，曹旅宁等点校：《咸陟堂集》（二），第79页。
② （清）澹归和尚著，段晓华点校：《徧行堂集》（四），第227页。
③ 袁首仁：《别传寺史略》，见钟东主编：《悲智传响——海云寺与别传寺历史文化研讨会论文集》，第90页。

霞山寺系澹归始辟，而无识僧徒竟目为开山之祖，谬种流传实为未便。但寺宇成造多年，毋庸拆废，着李侍尧等即速详细查明，将其寺作为十方常住，削去澹归开山名目，官为选择僧人住寺经理，不许澹归支派之人复接续。①

两广总督李侍尧依旨悉数遵办。

澹归亦儒亦僧，既抗清又歌平藩，人们对其褒贬不一，其师天然函昰之"汝前所得，到此用不着"应是有所指。澹归寂前所留偈语，或许是其一生及为人的自我表白和评判：

入俗入僧，几番下火，如今两脚挵空，依旧一场憷慄。莫把是非来辨我，刀刀只砍无花果。②

（四）"半僧半俗"释成鹫

清初岭南名僧成鹫，住世八十六年，"早为士，晚为僧"，故其自诩"半僧半俗"。

成鹫（1637—1722），广东番禺韦涌乡人，俗姓方，名颛恺，字麟趾，生于明崇祯十年（1637）三月二十一日。其父方国骅乃明举人，岳父梁启运为明万历副贡，均归隐不仕，对成鹫影响颇深。成鹫自少就有侠义疾恶、重气节之品性，他在《纪梦编年》中曾说："疾恶之严，自少成性。尝侍先君侧，闻与客谈论甲申之

---

① 《清实录·高宗实录》卷九九五，中华书局2008年版，第290页。
② （清）成鹫和尚著，曹旅宁等点校：《咸陟堂集》（二），第80页。

变曰：'宰相误国，某相公奸，某相公贪婪，某相公庸鄙，秉钧失人，是致丧乱，不可救也。'予闻而心愤之。是岁宾兴，先君举于乡。粤俗称谓，子以父贵，出入呼为相公。予艴然作色，谓其人曰：'相公恶名耳。奸佞庸鄙，误国之贼，予深恨之，毋予渎也。'混沌未凿，虽不辨名实，严气正性凛然莫犯如此。"[1]

成鹫自幼聪颖，卓尔不凡，有"神童"之称。年十三应永历童子科试即被录为博士弟子员。然成鹫不好科业，以"晚世真儒"为指向，因以砚耕课士为生。

然成鹫后来之所以弃儒入禅，似降世时即有因缘，其《纪梦编年》云："不孝子降生，梦老僧入梦而娩。先母常为汝言：汝从僧来，当从僧去，夙缘如此。"[2]康熙十六年（1677），三藩之乱被平定，复明已无望，时年四十一岁的成鹫"仰天大笑曰：'久矣夫，吾之见累于发肤也。'左手握发，右持并剪，大声疾呼曰：'黄面老子，而今而后，还我本来面目，见先人于西方极乐之世矣。'"[3]缘其自我削发，《胜朝粤东遗民录》因有"逾年遂削发为僧，然未有师也"言。康熙十八年（1679）投罗浮石洞禅院离幻元觉门下，法名光鹫，字即山，后改从木陈平阳派，易"光"为"成"而名成鹫，改字迹删，号东樵山人，为临济宗天童系第七代传人。

成鹫后半生的禅修行历丰富多彩，几游岭南诸山，先后有西宁（今郁南）翠林僧舍、罗浮石洞禅院、琼州（今海南）灵泉寺、

---

[1] （清）成鹫和尚著，曹旅宁等点校：《咸陟堂集》（二），第302页。
[2] （清）成鹫和尚著，曹旅宁等点校：《咸陟堂集》（二），第300页。
[3] （清）成鹫和尚著，曹旅宁等点校：《咸陟堂集》（二），第309页。

佛山仁寿寺、香山（今中山）东林庵、丹霞别传寺、鼎湖庆云寺、广州大通烟雨宝光古寺（今芳村）等。今择其要者叙述于下：

1. 华林受戒。广州华林寺原是菩提达摩之"西来初地"，系岭南乃至中国禅宗的源头，为皈依者所向往。早成元觉法嗣的成鹫于康熙二十年（1681）前往广州华林，礼其师父，即时任华林寺第二任方丈的元觉禅师，禀受十戒。元觉圆寂后，成鹫被公推为华林第三任方丈却坚拒不就。据杨权《对"西来初地"若干史实的还原》①，成鹫在后来（康熙三十九年，即1700年）先后三次致书华林寺方丈，其师叔元海，就元觉《石洞和尚塔铭》中弟先兄后、伦序颠倒问题进行宗门内部争论，显示成鹫刚直率真的禀性。

2. 香山建东林。据《纪梦编年》载，成鹫于康熙二十九年（1690）"南游铁城"即香山（今中山），仿东林故事建东林庵，"结社于城东之河泊高氏园林，割地为庵，颜曰东林，堂曰望远……同时入社三十余人，仿东林故事"，"社中诸贤，若萧、若郑、若毛、若高、或方、若缪"。②数年后，成鹫曾寓澳门普济禅院，赋诗寄东林诸子以表怀想。成鹫仿东林而建东林庵，印证了其"遗民逃禅"心志，故马国维说，"迹删成鹫，亦遗民而皈依于佛法者"；姜伯勤教授说，"迹删一系带有相当强烈的遗民特色"。③

3. 两上丹霞。早就与开法丹霞的函昰、开山丹霞的澹归有往还的成鹫，自是对丹霞早就向往，当康熙三十四年（1695）丹霞别传第四任主持今遇禅师邀请其上丹霞时，就立即动身前往："先

---

① 杨权：《对"西来初地"若干史实的还原》，《六祖禅》2018年第3期，第25页。
② （清）成鹫和尚著，曹旅宁等点校：《咸陟堂集》（二），第317页。
③ 姜伯勤：《石濂大汕与澳门禅史——清初岭南禅学史研究初编》，第485页。

母夙具正信，绝无姑息之恋，许以远游。既得请矣，适有丹霞之约，遂别东林，买舟而往。"[1]后因其母逝世而暂离丹霞。次年，成鹫再上丹霞。

两上丹霞别传的成鹫停留的时间不会很长，但日子却非常惬意，因为住持今遇对其礼遇有加，《纪梦编年》就说，"乙亥（1695）冬予始入山挂搭，相见握手如平生欢"，"主人破格，以客礼礼之，不强之以受职。挂瓢钵于篁竹岩正气阁之右厢，属容儿侍，传致饮食，始终无懈容"。[2]而其他寺僧及诸子也与成鹫相处融洽，时有唱和。这风景怡人、生活如意的环境和氛围，使成鹫有了在此终老的念头："幸丹霞之有人，可藉以休老矣。"[3]然终无如愿，今遇退院离开丹霞后，别传乱象萌生，原先之惬意不再，更是"栖迟客饮，病苦无聊，怀抱心丧，虚度岁月，俯首屏息，寄人篱下，郁郁无足道也"。于是，孤傲耿直的成鹫无奈下山他往，自此再无踏足丹霞山门。

成鹫挂单丹霞别传虽短，却留下了大量的诗文，如《丹霞山记》《丹霞山代坡记》《舵石翁传》《丹霞十二咏》等，记录了丹霞别传诸多人和事，弥足珍贵。杨权先生认为："《咸陟堂集》中的丹霞资料包括两方面的内容：一是关于丹霞山与别传寺的资料；二是关于丹霞山的开法祖师天然函昰及其座下僧人的事迹或活动的资料。无论哪个方面的内容，对了解明末清初岭南禅门的情况，均具文献价值与历史价值。""就研究丹霞山经营史而言，成鹫版

---

[1] （清）成鹫和尚著，曹旅宁等点校：《咸陟堂集》（二），第317页。
[2] （清）成鹫和尚著，曹旅宁等点校：《咸陟堂集》（二），第317—318页。
[3] （清）成鹫和尚著，曹旅宁等点校：《咸陟堂集》（二），第317页。

《丹霞山记》比李充茂版《丹霞山记》更具文献价值。"[①]

4. 入主鼎湖。鼎湖山庆云寺乃清代岭南佛禅之重镇,姜伯勤教授云:"鼎湖山系在岭南禅学中处于中流砥柱的地位。"自创山以来,以禅宗为本,净律兼修。然至第六代祖圆捷入灭后,虚席近年,戒律松弛,众僧散乱,寺几废弛。为重振昔威,士绅众僧延请成鹫入山。成鹫自云:

> 本山庆云寺开创七十余年,先后住持相传六代,皆以戒律为本,禅净为宗。矩矱精严,清规炳著。榜立僧堂,罔敢违犯。无奈世降法弛,风移俗易。当下所见,大不如前。山僧出世,承石洞先师遗命,不许为人混迹尘中,蹉跎岁月。自拼此身,不离学地。今因祖庭虚席,大众见推,不量绵力,谬膺重荷,勉徇舆望,实负初心。[②]

于是成鹫于康熙四十七年(1708)入鼎湖山主法,为庆云寺第七任方丈。旋即严厉整治寺风,重申寺规。两广总督赵弘灿在《鼎湖山志》序中云:"有老比丘成鹫者,墨名儒行,学广道高,州之绅士延其住锡焉。于是修辟山场,讲明戒律,已历历可观。"[③]张贤明、聂明娥在《成鹫与清初广东曹洞宗》一文中认为:"成鹫的入主却对鼎湖山产生极大的影响。第一,成鹫成为非曹洞宗博

[①] 杨权:《〈咸陟堂集〉中的丹霞资料》,见杨权主编:《壁立千仞——"澹归与〈遍行堂集〉"学术研讨会论文集》,中山大学出版社2019年版,第326页。
[②] (清)成鹫编撰,李福标、仇江点校:《鼎湖山志》卷四《清规轨范第八》,第65页。
[③] (清)成鹫编撰,李福标、仇江点校:《鼎湖山志》序,第1页。

山系的法嗣任庆云寺住持的绝响。庆云寺后来作出非博山系法嗣不能任庆云寺住持的规定，应该与成鹫有极大关系。……第二，成鹫始创自动退院制。成鹫在鼎湖任第七任住持，其前的六任均是任职终身，自上任伊始直至圆寂。然成鹫却在中道辞去，这主动退院之例遂成后来鼎湖之通例。"①然成鹫整顿寺风猛烈，可能触动了不少人的利益，兼之其孤傲不群之禀性因而遭到排挤，孙毓玠序说成鹫"时为群犬所吠"，无奈六年后退席离山。

然成鹫于鼎湖贡献最著、最大者莫过于修成《鼎湖山志》。早在康熙三十八年（1699），庆云四祖契如就发愿修志，并请成鹫主其事，后因契如于翌年圆寂而未果。今成鹫入主鼎湖庆云，得以再续前缘，重新启动修志事，于康熙四十九年（1710）告成。广西巡抚陈元龙在志序曰："《鼎湖山志》八卷，迹删大师所辑也。"该志提纲挈领，资料丰富翔实，文简而采扬，影响很大。李福标先生在点校该志的前言中云：

> 此《山志》的确在当时为整顿和扭转寺风起了举足轻重的作用，且为后人研究岭南佛教史用地方史提供了极其珍贵的原始文献。在修志体例上也为后来者提供了范本，光绪年间增城《华峰山志》即仿《鼎湖山志》之体例而纂修。成鹫自称"思取信于将来，庶无惭于往哲"，不虚也。②

---

① 张贤明、聂明娥：《成鹫与清初广东曹洞宗》，见杨权主编：《天然之光——纪念函昰禅师诞辰四百周年学术研讨会论文集》，第312页。
② （清）成鹫编撰，李福标、仇江点校：《鼎湖山志》，前言，第5页。

辞别鼎湖的成鹫又回到了他曾于康熙四十年（1701）主法七年的广州大通烟雨宝光寺，于康熙六十一年（1722）十月二十一日圆寂，世寿八十六，僧腊四十五。

研究成鹫，大多会注意到他作为临济宗法嗣而与曹洞宗僧过从甚密的现象，这可能有主客观的原因。客观上，当时岭南禅门，应是曹洞宗华首台系的天下，因而成鹫只能与他们往还。主观上，成鹫本乃鸿儒，尽管削发为僧，也改变不了儒质，蔡鸿生教授谓其"释表儒里"①。而曹洞宗僧群体中，多为硕学，成鹫与他们类聚群分，实为"道同而相谋"。主观原因应是主要的。

（五）"异端"遗民僧石濂大汕

提到明清易代之际的岭南禅宗，很多人都会关注石濂大汕，他是一位多才多艺而又放浪形骸的异端"遗民逃禅"者。

大汕（1633—1705），字石濂，亦作石湖、石莲，号大汕、厂翁、亦号石头陀，吴县（今浙江嘉兴）人，也有说江西九江人，俗姓徐，亦有说姓金或姓龚，生于明崇祯六年（1633），卒于清康熙四十四年（1705），世寿七十二岁。

不过，关于大汕的籍贯、俗姓及少年的经历均无准确的说法，仅知其"幼而警敏，善画士女。作诗有佳句，有故出家，踪迹诡秘"②。依现存文献所记，十六岁时皈依江宁（今南京）曹洞宗著名高僧觉浪道盛，开始信仰佛教，二十岁在苏州落发为僧，此后在江

---

① 蔡鸿生：《清初岭南佛门事略》，第98页。
② （清）潘耒：《与梁药亭庶常书》，见（清）潘耒：《遂初堂集》，清康熙刻本，第573页，据爱如生中国基本古籍库。

南一带传法授道。《大南实录·大南列传前编·石濂传》载:"明季清人入帝中国,濂义不肯臣,乃拜辞老母,剃发投禅,杖锡云游。"如此说来,则大汕乃系"遗民逃禅"者。黄登《岭南五朝诗选》之《国朝高僧释大汕》云:

> 释大汕,字石濂,浙江籍,江南人。天界觉浪杖人法嗣。年未二十,即踞座。先住江南百祖翠云竹堂,次住浙中广福水西、开化,有赵州云门斩钉截铁之机。后入庐山,度庾岭南,扫塔曹溪。平南王请住大佛,举龙华三会,毕,出游中洲,四众留住嵩山。①

以此观之,大汕约于康熙初度岭南游,先扫塔曹溪,后住羊城。大汕之于岭南禅宗的行历如次:

入住大佛寺 初来广州的大汕,先住狮子林,后在其同乡、平南王府幕客金公绚的帮助下,得以"平南王请住大佛寺"。据姜伯勤教授的研究,"1664(康熙三年)至1672年期间,大汕曾被请住大佛寺"②。在这一期间,大汕不乏好友,其中大均(屈大均)、大韶(范成)都是觉浪座下的同门师兄弟,自然对大汕多有护法,岭南大家梁佩兰亦帮助不少。潘耒《救狂砭语》之《梁药亭复书》云:"初至狮子林时,佩兰与敝友翁山为其护法之始……"而大汕在大佛寺上堂之法语,乃大韶禅师(范成)代其所编:"夫《大佛

---

① 黄登:《岭南五朝诗选》,见《四库全书存目丛书》集部第47册,第315页。
② 姜伯勤:《石濂大汕与澳门禅史——清初岭南禅学史研究初编》,第60页。

寺初上堂法语》，则范成兄代兄所作。"① 姜伯勤教授曰："客观地说，大韶作为觉浪法嗣，屈翁山（大均）作为觉浪弟子，对法弟大汕早期在大佛寺的传法活动，确实有过真诚的帮助。"②

住持长寿寺　大汕曾离开羊城北上中原大地，约于康熙十七年（1678）因"复念粤中公案未了，不拒重请，法驾再来，众共迎住长寿"③。长寿寺创建于明万历三十四年（1606），由广东巡按御史沈正隆发起修建。此时长寿住持实行（即真修）和尚圆寂，需选人继席，给了大汕机会。而大汕能入主长寿，也应是拜金公绚和屈大均的支持和帮助，潘耒《救狂砭语》之《与梁药亭庶常书》曰：

> 渠（指大汕）又诣事平南王之幕客金公绚，得见平南及俺达公（尚可喜之子）。广州长寿、清远飞来二寺，皆实行和尚所住持，实行没，公绚言于俺达，以石濂住长寿。长寿无产业，飞来有租七千余石，乃于诸当事，请以飞来为下院，尽逐实行之徒，而并吞其租，翁山有力焉。④

潘耒之言，虽是对大汕之诋毁，却客观反映了金、屈两人助大汕入主长寿之功。

大汕入主长寿（同时兼主清远飞来寺）后，悉心经营，俨然成了其自身的道场。首先在寺内建招隐堂。招隐堂者，即召集遗

---

① 姜伯勤：《石濂大汕与澳门禅史——清初岭南禅学史研究初编》，第60页。
② 姜伯勤：《石濂大汕与澳门禅史——清初岭南禅学史研究初编》，第60页。
③ 黄登：《岭南五朝诗选》，第315页。
④ （清）潘耒：《与梁药亭庶常书》，见（清）潘耒：《遂初堂集》，第573页。

民隐士之地，其遗民情怀若揭。继而建亭筑殿、凿池垒山，尤其是大汕曾到越南弘法及经商（下文将述及），回来后斥巨资并以阮王所赐之物来扩修长寿等寺。《大南实录前编》也记录大汕广南之行，谓其"以禅见得幸，后归广东，以所赐名木建长寿寺"①。王士祯《广州游览小志》记载："长寿庵，在西郭外。创于万历间，禅人大汕石濂重新之。汕能诗画，营造有巧思。"②经他复兴的长寿寺，"文木为梁，英石为壁。曲房奥室，备极精工"③，具池沼、园林、宫室之胜。大汕在《离六堂近稿》也自语云：

> 余驻锡长寿……收神运谋，畚土垒石于半帆池中，构小浮山，以希大浮山踪迹焉。山立水上，水通珠海，潮汐环绕，琼楼绀殿，金碧辉映，回廊曲桥，蜿蜒窈窕，皆余二十余年庄严法界之所经营次第也。④

正是大汕对长寿的经营，使一度沉寂冷落的长寿寺，又复显昔日的光彩，名列是时广州大丛林之一。

安南（越南）弘法 康熙三十四年（1695），应安南（今属越南）大越国王阮福周之请，大汕迈出国门，远赴安南弘法，自称"大鉴当年庾岭回，于今吾道又南开"。而前来迎接他的则是原籍

---

① 刘玲娣、释广通：《中越佛教交流史上的粤籍僧人元韶生平事迹试探》，《六祖禅》2020年第2期，第33页。
② （清）王士祯：《广州游览小志》，上海商务印书馆1937年版，第4页。
③ （清）张渠撰，程明校点：《粤东闻见录》，广东高等教育出版社1990年版，第58页。
④ 姜伯勤：《石濂大汕与澳门禅史——清初岭南禅学史研究初编》，第223页。

岭南的元韶法师。

谢元韶，广东潮州程香（今广东梅州）人，十九岁时出家投报资寺。康熙十六年（1677）卓锡归宁寺，建十塔弥陀寺，广开象教。后往顺化富春山，造国恩寺，筑普同塔，是越南临济宗"元韶禅派"的创始人。关于元韶回广东迎石濂大汕事，越南汉文史籍文献多有记载，《大南列传前编》第六卷高僧列传之《谢元韶传》载：

> 谢元韶，字焕碧，广东潮州程乡县人。年十九出家，投报资寺，乃旷圆和尚之门徒也。太宗皇帝乙巳十七年，元韶从商船南来，卓锡于归宁府，建十塔弥陀寺，广开象教，寻往顺化富春山，造国恩寺，筑普同塔。寻奉英宗皇帝命，如广东延请石濂和尚及法像法器，还奉敕赐住持河中寺。①

《大南一统志》《敕赐河中寺焕碧禅师塔记铭》等所记大同小异。

大汕在顺化、会安等地行化一年有余，因其"行事豪迈、夸张，被安南国王封为国师，他一次就使1400余人受戒"。大汕在越南所传扬的并不限于禅宗佛学，而是将佛道儒三教杂糅，以适应阮氏政权的政治需要，故阮福周《海外纪事序》云，大汕"大而纲常伦纪，小而事物精粗，莫不条分缕析，理明词畅……其为禅益政治实多"。毛端士《海外纪事序》曰其"以中国之纪纲，变

---

① 〔越南〕阮朝国史馆编：《大南列传前编》，越南顺化图书馆复印本，1844年，第23—24页。

第八章 明末清初：岭南禅宗发展的第二个高潮

殊方之习俗"。他主持佛事，深受王臣及信众欢迎和尊崇，因而被尊封为"国师"的同时，并获赠千佛袈裟一领，及大量的布施财物。大汕在安南，除了弘法外，还与闽粤商人交往，从事一些商贸活动。故这既是一次佛教传播之旅，也是一次商贸之行，可谓弘法、商贸双丰收。次年秋，大汕携大量获赐赠的珍宝财物回到广州，撰《海外纪事》记述安南弘法全过程。

重修澳门普济禅院 据姜伯勤教授的研究，澳门普济禅院为大汕所创的流行说法并不准确，澳门普济禅院可能是循智法师于明天启年间所创。[①]之所以说成大汕所创，应与大汕自安南回来后斥资重修以及大汕的地位和影响力有关。

大汕重修普济禅院一事，文献及论者多有述及。姜伯勤曾引李鹏翥先生《澳门古今》"开山祖大汕和尚"云：

> 普济禅院的开山祖可考者，人皆推大汕和尚……清朝康熙二十四年乙丑（1685），他应越王阮福周的邀请，前往安南（今越南）说法……奉为圣僧。他藉盛名积极串连志士，募得款项甚多，密谋推翻满清。归回时因海盗猖獗，幸他机警地将金帛藏于藤佛腹中，安全返穗。于是大修长寿寺，营缮白云山麓的弥勒寺，清远的峡山寺，并来澳重修普济禅院。[②]

大汕在澳门弘扬佛教，并借此组织反清活动，深得澳门民众

[①] 姜伯勤：《石濂大汕与澳门禅史——清初岭南禅学史研究初编》，第395页。
[②] 李鹏翥：《澳门古今》，见姜伯勤：《石濂大汕与澳门禅史——清初岭南禅学史研究初编》，第436页。

热爱和敬仰。现在澳门普济禅院祖师堂内悬挂着大汕的自画像，画中长发披肩，目光坦荡，画像两边"长寿智灯传普济，峡山明月照莲峰"的楹联，道出了他的传法业绩，也透露出这些寺院之间的密切关系。这是后人称颂大汕和尚修缮寺院的最好纪念。

一生"天马行空、放浪形骸"的遗民僧大汕的最后归寂却是悲惨的。康熙三十八年（1699），其同乡潘耒因求贿不得而举报大汕通洋罪名，于康熙四十三年（1704）为按察使许嗣兴擒治，在广州对石濂大汕施行了笞刑，押发出境至赣州山寺。康熙四十四年（1705）为巡抚李基和押解回江南原籍，死于常山押解途中。《清诗纪事初编》载："大汕为按察使许嗣兴禽治。押发出境。至赣州。止于山寺。皈依者众。为巡抚李基和逮解回籍。死于常山途次。则甲申乙酉间事。"[①]其他文献也有相关的记载。

石濂大汕多才多艺，工诗画，有才情，被誉为诗僧、画僧，又因其"既不落发，亦不剃头，不侍庑廷，亦不拘泥佛诫，诗文不避绮语，且曾游历海外，操习贸易经营"而被视为清初禅门"异端派"。客观说，平南王请他入住家庙大佛寺，安南阮王邀其赴越弘法，岭南那么多名家高僧与其交好相助，证明大汕实非平庸、等闲之辈。"其时广州西郊长寿寺、广州城内大佛寺、广州白云山蒲涧寺、清远峡山飞来寺和澳门普济禅院，成为大汕系的五大丛林。"[②]可以说，大汕在清初岭南的禅门中形成了自有特色的一系，为岭南禅宗的发展做出了自己的贡献。

---

① 邓之诚：《清诗纪事初编》，卷三《释大汕》，上海古籍出版社1984年版，第324页。
② 姜伯勤：《石濂大汕与澳门禅史——清初岭南禅学史研究初编》，第398页。

（六）"逃禅"复"归儒"的屈大均

明清之际的岭南，有一位反清斗士，逃禅在先却又归儒，甚至辟佛，他就是被誉为"岭南三大家"之一的屈大均。

屈大均（1630—1696）先辈，自宋绍兴以降世居广东番禺沙亭（今番禺思贤乡），明崇祯三年（1630）九月生于南海西场（今广州西场），幼因家难被寄养于邵家，遂随邵姓，名龙，号非池。顺治二年（1645），年十六补南海县学生员。次年，其生父屈宜遇领其归番禺故乡，复归屈姓，名大均，字绍龙，另先后有翁山、冷君、骚馀、介子、华夫等字。[①]康熙三十五年（1696）病逝于广州，在世六十七岁。

屈大均一生善变复杂，难窥其全貌，兹仅观其"遗民逃禅"的生涯轨迹。

反清战士 与一般的"遗民"不同，屈大均不但具有不仕清朝的强烈节义骨气，而且是直接参加抗清战斗的一名战士。顺治三年（1646）清军首陷广州后，屈大均遵其父"仕则无义。洁其身，所以存大伦"之遗训，坚拒仕清，并于翌年直接加入其师陈邦彦和义士陈子壮、张家玉等发动的大规模反清起义，"从其师陈邦彦独当一队"。起义失败、陈邦彦就义后，大均暂隐家乡以候时机。顺治六年（永历三年，即1649年）赴肇庆行在，向永历帝呈上《中兴六大典书》，为复明献计谋策，被授秘书一职，然因父疾辞归未就，反清战旅暂告结束。然余音未了，逃禅后的屈大

[①] 欧初、王贵忱：《屈大均全集前言》，见欧初、王贵忱主编：《屈大均全集》（一），人民文学出版社1996年版，前言第2页。

均于顺治十七年（1660）在会稽与抗清义士魏耕等共议匡复大计，还函邀郑成功率兵北伐，致清廷追捕魏、屈等人，大均幸得逃脱。康熙十二年（1673），吴三桂反清，屈大均自粤北入湘从军，与吴议兵事，监军于桂林。可以说，他是一位完全意义的抗清战士。

逃禅为僧 顺治七年（1650），平南王尚可喜再陷广州，屠城七日，并实施"留发不留头"的政策。在这腥风血雨面前，屈大均为躲避迫害，逃难似的到其家乡附近的雷峰海云寺，投天然函昰门下，成为名副其实的"逃禅"遗民僧，"法名今种，字一灵，而以所居曰死庵"。其实，屈大均与天然函昰早就有缘分，因是乡里，少时聪颖的屈大均就为高僧函昰所器重，在大均十六岁时就介绍他往越秀山从陈邦彦习《周易》《毛诗》等。今成师徒，甚是自然。但令人不解的是，屈大均后来竟离天然函昰而转礼觉浪道盛，成为天界系的一员。

按理说，像屈大均这样直接参加反清起义的战士，何以会有"逃"之举？这可能有一个"亡天下"的道统理念问题，也就是说，既然救"亡国"不成，就转救"亡天下"了。怎样救"亡天下"？首先就得存其身，其身不存，孰救之？再进一步，所存之身又以何救之？在士人心中，唯有"道"。故大均先父死前就特别嘱他"洁其身，所以存大伦也。小子勉之"[①]。而大均自身则更为明确："士君不幸生当乱世，重其身所以重道。天下无道，栖栖然思

[①] （清）屈大均：《翁山文外》卷七《先考澹足公处士四松阡表》，见欧初、王贵忱主编：《屈大均全集》（三），第138页。

有以易之，惟圣人则可。"① 他在《书逸民传后》阐释更详细：

> 南昌王猷定有言，古帝王相传之天下至宋而亡。存宋者，逸民也。大均曰，嗟夫，逸民者，一布衣之人，曷能存宋？盖以其所持者道，道存则天下与存……。今之天下，视有宋有以异乎？一二士大夫其不与之俱亡者，舍逸民不为，其亦何所可为乎？世之茕茕者，方以一二逸民伏伏草莽，无关乎天下之重轻，徒知其身之贫且贱，而不知其道之博厚高明，与天地同其体用，与日月同其周流，自存其道，乃所以存古帝王相传之天下无穷也哉。嗟夫，今之世，吾不患夫天下之亡，而患无逸民之道不存。②

以此观之，大均之"逃禅"，乃先以存身，继而传道，完全是中国传统士大夫那种固有之禀性，而大均心中的"道"只有中华道统，与佛禅无涉，因而在其僧侣生涯中，几无僧业，"仅一度在海幢寺为师祖道独和尚充当侍者，协助他'网罗散失'，编辑《憨山大师梦游全集》，并应命写了一篇《华严宝镜跋》……涉及佛学义理的惟一文字……也无非是应酬文章"③。在时间上也只持续十二年便告脱下袈裟回归儒者本位。

---

① （清）屈大均：《翁山文外》卷一《七人之堂记》，见欧初、王贵忱主编：《屈大均全集》（三），第32页。
② （清）屈大均：《翁山文抄》卷八《书逸民传后》，见欧初、王贵忱主编：《屈大均全集》（三），第394页。
③ 蔡鸿生：《清初岭南佛门事略》，第78—79页。

还俗归儒 在清政权渐趋稳固、复明无望的时势下，善变的屈大均终于还其本来的面目。北游南归后的屈大均，于康熙元年（1662）以"家贫母老，菽水无资，不可以久处山谷之中与鹿麋为伍"[①]和"吾以释之姓不如吾屈之姓美"[②]的"事亲"和"复姓"为由正式弃释还俗。还俗伊始，还装模作样留一小发髻，头戴偃月玉冠，一副道士貌样示人，他在《屈道人歌》说"是时虽弃沙门服，犹称'屈道人'"[③]，故"人辄以'罗浮道人'称之"[④]。然没过几天，"道貌"也不要了，穿起了俗装。

然屈氏乃岭南大家，饱读诗书，满腹经纶，焉可安做一介俗民？实际上，他还俗只是归儒的一个前奏，归儒才是终的。他曾毫不隐讳地说："予二十有二而学禅，既又学玄。年三十而始知其非，乃尽弃之，复从事于吾儒。"[⑤]"昔者，吾之逃也，行儒之行，而言二氏之言；今者之归也，行儒之行，而言儒者之言。"[⑥]其实，屈氏骨子里就是一个儒者，"他本来就是一个披着袈裟的儒者"[⑦]，

---

① （清）屈大均：《翁山佚文》《髻人说》，见欧初、王贵忱主编：《屈大均全集》（三），第471页。
② （清）屈大均：《翁山文外》卷八《有明处士孺朗施君墓志铭》，见欧初、王贵忱主编：《屈大均全集》（三），第147页。
③ （清）屈大均：《广东新语》卷十二《诗语》，见欧初、王贵忱主编：《屈大均全集》（四），第321页。
④ （清）屈大均：《翁山佚文》《髻人说》，见欧初、王贵忱主编：《屈大均全集》（三），第471页。
⑤ （清）屈大均：《翁山文外》卷八五《归儒说》，见欧初、王贵忱主编：《屈大均全集》（三），第123页。
⑥ （清）屈大均：《翁山文外》卷八五《归儒说》，见欧初、王贵忱主编：《屈大均全集》（三），第124页。
⑦ 杨权：《屈大均（今种）的出家与还俗——今种论之一》，见杨权主编：《天然之光——纪念函昰禅师诞辰四百周年学术研讨会论文集》，第270页。

"一个僧貌儒心的人"①。他"逃禅"无非是一个形式,他"归儒"也是一个形式,根本就用不着"归"字。前者,心头压抑,遮遮掩掩;后者,心结全解,正大光明。

扬儒辟佛　弃禅归儒后的屈大均似还未尽兴,甚至说是还未"解恨",最终走向扬儒辟佛。外来的佛教文化经千百年的发展,已经成为中华文化的重要组成部分,但儒释之争从未因此而消停,却也能互鉴。唐之韩愈因反佛(谏迎佛骨)而被贬潮州,却与岭南高僧大颠和尚成了好友,认可了佛教。明之魏校在岭南大毁"淫祠",迫出家人还俗,甚至要砸禅宗六祖之衣钵,却因儿子夭折、仕途阻滞而心怀悔意。而屈大均的辟佛却不同了,他毕竟是吃过十二年素餐的禅门中人。他经过比较儒佛优劣后,强烈辟佛。且看他的言论:

> 今天下之禅者,皆思以其禅而易吾儒矣。顾吾儒独无一人,思以儒而易其禅,岂诚谓禅者之怪妄其辞,而辟之莫详于先代诸儒,吾兹不必谆谆说耶?……今使有一醇儒于此,能以斯道讲明庵中,使儒者不至流而为禅,而禅者亦将渐化而为儒,于以维持世道,救正人心,昌明先圣之绝学,其功将为不小。②
>
> 朱子不言静而言敬,盖患人流入于禅,然惟敬而后能静。敬也者,主静之要也。盖吾儒言静,与禅学辞同而意异;吾

---

① 蔡鸿生:《清初岭南佛门事略》,第79页。
② (清)屈大均:《翁山文外》卷二《过易庵赠庞祖如序》,见欧初、王贵忱主编:《屈大均全集》(三),第87页。

儒以无欲而静，故为诚为敬；禅以无事而静，故沦于寂灭而弃伦常，不可以不察也。①

是选以崇正学、辟异端为要。凡佛老家言，于吾儒似是而非者，在所必黜。……其假借禅言，若悟证顿渐之类，有伤典雅，亦皆删削勿存。②

类似这样的扬儒辟佛之言不胜枚举。他甚至连禅宗六祖慧能也不放过，讽其故居为不幸之地："新州卢村，乃六祖出身之所，至今屋址不生草木，近其居者，毛发稀秃，此地之不幸也。"③总括一个核心，就是佛教是异端，必须辟之。

当然，就屈氏扬儒辟佛一事，似停留在言辞上，行动上无过激行为，充其量是撰《花怪》一文，对其曾经的好友、岭南名僧大汕进行讥讽、诋毁。"屈大均的辟佛，不及禅理奥义……他只是惊叹'今天下异端盛行，释老多而儒者少'，担忧儒道日趋沉沦，才致力于对异端进行道德的批判。"④

屈大均"这位在17世纪南天巨变中涌现出来的一代名士，由儒逃禅，由禅归儒，崇儒辟佛，给自己的遗民生涯刻下了一道惊世骇俗的曲线，既光彩夺目，又令人困惑"⑤。时人和后人均有褒贬

---

① （清）屈大均：《翁山文外》卷二《陈文恭集序》，见欧初、王贵忱主编：《屈大均全集》（三），第48页。
② （清）屈大均：《翁山文外》卷二《广东文选自序》，见欧初、王贵忱主编：《屈大均全集》（三），第43页。
③ （清）屈大均：《广东新语》卷二《卢村》，见欧初、王贵忱主编：《屈大均全集》（四），第45页。
④ 蔡鸿生：《清初岭南佛门事略》，第92—93页。
⑤ 蔡鸿生：《清初岭南佛门事略》，第73页。

不一的评判。

四、"遗民逃禅"与岭南禅宗新气象

作为中国禅宗重镇的岭南，自明嘉靖魏校"毁淫祠"以来，不少佛教禅宗的庙宇道场被毁，出家人被迫还俗，整个佛教禅宗的基础受到严重的摧残，可谓是满目疮痍。而明清易代的大动荡时势，反却给岭南禅宗以"复生"的契机。大批不愿臣清的明遗民，为了躲避战祸而逃禅遁入空门，虽然其中不少人的逃禅属权宜之计，但客观上扩大了佛禅信众的基础。随着信众增加产生的社会要求，便是佛禅寺宇道场的修复、扩建和新建，成了清初岭南佛教禅宗的一道亮丽风景。

更为可喜的是，"在明清之际，遗民僧构成高僧群的主体"[①]。也可以这样说，狭义"遗民逃禅"者领导、主宰着当时岭南的佛教禅宗。以天然函昰为精神领袖的逃禅遗民群体，多是硕学鸿儒，他们形成一支高素养的僧侣队伍，这在岭南乃至中国的佛教发展史上是从未有过的现象。他们禅修、耕文两不误，个个著述等身，为后世留下了厚重的文化遗产。他们以深邃的智慧和敏锐的触角来悟读佛禅机理，既把儒家的风气带进佛门，又用佛家的理念影响社会，一扫元代以降岭南佛教的沉闷阴霾。他们以出世之形行入世之实，心系社会，关心民瘼。他们循守道规而又灵活变革。所以，姜伯勤教授说："明末清初一批有文化教养的知识人进入禅

---

① 蔡鸿生：《清初岭南佛门事略》，第40页。

林,力挽颓风。"[1]蔡鸿生教授言:"天然和尚座下的法众,有进士、举人、诸生,以及隐士和布衣,等等。按其出家因缘来说,遗民僧相当于'政治和尚'。他们作为新鲜血液注入僧尼群体,在更大程度上体现儒释合流。"[2]

总之,他们推动了岭南乃至中国佛教的发展,从而形成了岭南佛教发展史上的第二个高峰。

第四节 天然海云系与清初岭南曹洞宗的兴盛

明末清初岭南地区的禅宗以曹洞一系为主,甚至可以说是曹洞宗的天下。这首先得益于空隐道独的开山之功;继而形成了以其法嗣天然函昰为首的海云系;而海云系禅僧遍及岭南(包括福建和江西的一部分),继席、住持各大寺院,既弘扬曹洞禅法,又培育大批僧才,使得岭南禅宗生机勃勃,一派兴盛之景。

一、空隐道独与岭南曹洞宗博山系的开山

释道独(1600—1661),字空隐,号宗宝,南海(今广州市)陆氏子,生于明万历二十八年(1600)。六岁失父,随母亲居近寺院,闻"发愿来生童贞出家""见性成佛"等语而有出世之志。《宗宝道独禅师语录》自序云:"道独不知何幸,熏得此心,一闻

---

[1] 姜伯勤:《石濂大汕与澳门禅史——清初岭南禅学史研究初编》,第569页。
[2] 蔡鸿生:《清初岭南佛门事略》,第20页。

即心是佛，便信得及，舍此必无他向。"稍长，得《六祖坛经》，听后竟能成诵，十四岁树下习定。后自行执刀剃发，归隐龙山。"十四岁见《坛经》，已识自己面目，便不向外驰逐。""偶遇《坛经》，一言便醒，如甘露灌顶，醍醐润心。"[1]

崇祯元年（1628），其母病卒，翌年七月，年二十九的道独度岭北上，拜谒名僧博山无异，博山为之剃度出家，成为博山座下弟子。《宗宝道独禅师语录》卷二云："己巳年（1629），度岭去博山见先师。"《罗浮山志会编》云："山异之，呼入方丈，与语竟夕"，"空隐禅师，名道独，字宗宝，博山无异禅师，有法嗣，南海陆氏子也"。[2]崇祯三年（1630）四月，别博山往庐山，先后游历徽州、杭州等，后驻锡庐山黄岩寺，至崇祯十一年（1638）度岭归粤，入住东莞双柏林、芥庵。崇祯十三年（1640），曾移锡归宗寺。崇祯十四年（1641）十月，还粤住罗浮之华首台。期间曾应邀往福建长庆西禅、扫博山塔等，后杖锡还粤。顺治十三年（1656）住海幢。顺治十七年（1660），住东莞芥庵，后又还海幢。顺治十八年（1661）四月，自海幢还芥庵，七月二十二日端坐而寂，世寿六十二，僧腊三十三，建塔于罗浮华首台西溪之南。

道独之于岭南禅宗，最为人们注目者，当是驻锡罗浮华首台，岭南洞宗禅法由此振起。故檀萃《楚庭稗珠录》直以"华首"称之："华首者，名道独。"华首台始创于唐开元间（714—741），《罗浮山志会编》载："孤青峰下为华道台。《旧志·罗浮灵异记》

---

[1] （明）道独和尚著，萧晓梅、李福标点校：《长庆宗宝道独禅师语录》，广东旅游出版社2015年版，自序第11页。

[2] （清）宋广业：《罗浮山志会编》，第92页。

谓：'有五百华首罗汉游息于此，故名。'开元二十六年（738）建，后遂为寺。"①崇祯十四年（1641）十月，"粤孝廉张萠公、黎美周谋诸内阁象冈何公、宗伯秋涛陈公，力请师住罗浮，开博山法门。于十月左右，道独还粤，住罗浮之华首台。"潘耒《游罗浮记》曰："寺门怪石森立，东西溪交流锁织，中为平坡，园正如台，故云华首台。旧云有五百华首菩萨会于此。古刹久废，崇祯间空隐禅师开法于此。"②而道独之《宗宝道独禅师语录》卷三"华首茶话"云：

> 山僧本拟深藏山谷，无意出头。今日华首，元是法字卍子一线机缘，后因丽首座及大众、诸居士费了许多心力，接得山僧到此，与大众同住。③

道独在华首开法，影响甚大，四方信众、学者闻之而至，《博罗县志》载："道独所至之处，道风遍洽，慈善普薰，自节烈文章之士至贩夫灶妇，无不倾心，愿出门下。""空隐禅师开堂说法，大阐宗风，四方云游参学者至不能容，因复建前楼，山门有一联云：'一门深入罗浮路，五百重登华首台。'空隐所题也。"④其旺盛之景可见一斑。

六祖慧能之南禅诞于岭南，然其"一花五叶"中，除云门一

---

① （清）宋广业：《罗浮山志会编》，第25页图说。
② （清）潘耒：《游罗浮记》，见（清）宋广业：《罗浮山志会编》，第178页。
③ （明）道独和尚著，萧晓梅、李福标点校：《长庆宗宝道独禅师语录》，第49页。
④ （清）宋广业：《罗浮山志会编》，第25页图说。

叶外，余者均开于他处，说明在六祖之后，岭南禅宗尚无耀眼过人之成就，至明清易代之际，景况才为之一变。这除了憨公在晚明中兴外，道独开法华首当有引领之功。缘六祖南禅之曹洞宗，发展至明清时期，形成两大支系：觉浪道盛的天界系和无异元来的博山系。道独嗣无异，华首开法，人们称之为华首系，是博山系在岭南分支。而道独座下的函字辈法子，多为洞宗之巨擘，尤其是函昰和函可被目为双驹。钱谦益在《华首空隐和尚塔铭》中说道独"随身两膝无剩余，龙象踏蹴看两驹"[①]，两驹者，指的就是函昰和函可。《楚庭稗珠录》也说道独"落发为博山法嗣……粤人请居罗浮之华首……其徒函昰、函可等最著"[②]。惜函可因文字狱而长眠东北，而函昰则弘其乃师道独之禅法，终成天然海云一系雄起于岭南。"六祖灭后，派衍五宗，其一曹洞，凡三十二传至博山无异，无异传华首道独，独传师及函可。可以罹难化导沈阳，师既得法，历住江右、粤东诸名山大刹，说法度生逾四十载。"[③] 可以说，明清之际岭南曹洞宗开山祖师无疑是天然函昰的师父空隐道独。

二、天然函昰与海云系的形成

天然函昰（1608—1685），广东番禺造迳村人，俗姓曾，名起莘，字宅师，生于明万历三十六年（1608）。出身望族，自幼聪

---

① （清）钱谦益：《牧斋有学集》，上海古籍出版社1996年版，第1271页。
② 聂文莉：《函昰与函可》，见钟东主编：《悲智传响——海云寺与别传寺历史文化研讨会论文集》，第248页。
③ （清）顾光、何淙修撰，中山大学古文献研究所整理组点校：《光孝寺志》卷六《法系志》，第68页。

颖，六岁就外傅，自觉身若阒虚，大哭而返。崇祯六年（1633），应父命赴乡试中举人。崇祯十三年（1640）上京应试，舟次南康，入庐山双剑峰黄岩寺礼空隐道独禅师，后移锡金轮峰归宗寺，求道独剃发为僧，法名函昰，字丽中，别字天然，为曹洞宗三十四代传人。康熙二十四年（1685）八月圆寂于番禺海云寺，享年七十八岁，僧腊四十七。翌年四月，弟子建塔于丹霞之佛日峰，康熙五十三年（1714），其法嗣今但尘异移塔于罗浮山。

终函昰一生的行历，其驻锡、弘法之地有：

江西庐山：黄岩寺、归宗寺、栖贤寺、净成寺、巢云寺。

福建福州：西禅长庆寺。

广东：罗浮华首台，广州光孝寺、海幢寺、无着庵，番禺海云寺，韶州丹霞别传寺，东莞芥庵、戢庵，潮州开元寺。

（一）天然函昰在岭南的主要法迹

继席华首 天然函昰礼空隐道独后，他就侍候相随，明崇祯十四年（1641）十月，他与法弟函可迎道独入主罗浮华首台，时道独为住持，函昰为首座，师徒三人中兴华首，开博山法门。清顺治十八年（1661）道独入灭，函昰继席华首，承续和光耀华首系。

光孝弘法 据《光孝寺志》悉，天然曾两次在光孝开堂说法，一是"（崇祯）十五年（1642），天然函昰禅师开法诃林。应宗伯陈子壮及绅士道俗等所请也"[①]。另一次是顺治己丑年（1649），应

---

① （清）顾光、何淙修撰，中山大学中国古文献研究所整理组点校：《光孝寺志》卷二《建置志》，第22页。

广州宰官绅士之请,"于十月二十二日入寺,即日升座示众"。缘其说法,今释的《重修光孝寺大殿碑记》中就有"憨山清之唱教,天然昰之谈宗"之语,寺志《语录志》中,有天然和尚语录《崇祯壬午广州道俗请诃林开堂》《顺治己丑广州宰官绅士请诃林开堂》等。

除了说法,天然还于顺治六年(1649),应广州官绅之请修葺、设立殿宇,重建遗迹。主要有迁移睡佛阁和风幡堂,并书"风幡堂"匾额,重建笔授轩,改建方丈室和韦驮殿,设立客堂。

法席芥庵 康熙《东莞县志》载:"芥庵,在篁村,空隐、天然两禅师建……空隐,自闽雁湖还粤,住东莞辟此庵。天然亦自江西庐山归,相继住之。"而据麦淑贤的研究,所言之"建"和"辟此庵"虽有"筹建"与"开山"之意,但实是自逢与张国安于顺治十五年(1658)所创建,并引今释《芥庵劝缘引》为据:"东官之芥庵,创自比丘自逢我公、优婆塞张梦回醒公,以为雷峰和尚法筵。"[①]庵成后,函昰入主芥庵法席。后道独、函昰、今释法祖孙三人常住芥庵,而函昰则不时雷峰、芥庵往还。顺治十六年(1659),"闻函可讣,趋芥庵谒道独,相向哑然"。顺治十八年(1661),道独患疾并圆寂于芥庵,函昰不离左右,最后奉道独塔于华首台,撰行状。此后,今释往丹霞,函昰在芥庵的活动日少,至康熙二年(1663)正式退席,由弟子今覞继之。

丹霞一祖 康熙元年(1662),函昰法子澹归今释开山丹霞别传寺,经五年而成,旋请乃师函昰入山主法,是为丹霞别传一祖。

[①] 麦淑贤:《东莞芥庵暨庵与华首一系故事钩沉》,见杨权主编《天然之光——纪念函昰禅师诞辰四百周年学术研讨会论文集》,第285页。

缘函昰乃遗民僧之精神领袖,一呼百应,四方士人鹜趋上山,使丹霞别传与番禺雷峰海云南北遥相呼应,成为是时岭南遗民逃禅中心乃至岭南文化的重镇。

主法海幢 顺治十二年(1655),道独应平、靖两藩之请入主海幢寺,入灭后,函昰于康熙元年(1662)继席,然嘱其弟子今无为首座,主理寺事。《创建海幢寺碑记》云:"乙未春,长庆空老人应平、靖两藩请,偶憩于此。乐其幽静,遂一寄迹。寻返锡华首,四众思慕。亡何入灭。皈礼诸檀信如大中丞李公瑞梧、侍郎王公圆长、总戎张公葵轩、方伯曹公秋岳辈,谓主法不可无人,相率礼请其嫡嗣雷峰天和上继席,和上癖于岩壑,不逞而难于辞。适阿公承心印、受衣钵,嘱属以首座,遂命主海幢院事。"[①]后由其法子阿字今无住持。

开元洞宗二世 位于潮州的开元寺,乃岭东首刹。就今文献所见,道独与函昰于该寺的弘法行迹不详,然寺志却将道独和函昰列为该寺曹洞法派华首分派第一世和第二世。[②]尤其是该寺所藏、道光六年(1826)印制、光绪九年(1883)重刻的《开元寺传灯录》,其"第一部分,出自天然和尚编撰《青原颂古摘珠》一书,所记从第一世六祖慧能至第三十三世空隐道独,涵括九百多年"。而更为珍贵的是,函昰之《青原颂古摘珠》已失传,却在《开元寺传灯录》保存部分内容[③],使今人得以重览。

---

① 黄任恒编纂,黄佛颐参订,罗国雄、郭彦汪点注:《番禺河南小志》,广东人民出版社2012年版,第300页。
② 释慧原编纂:《潮州开元寺志》,潮州开元寺编印,2017年,第430页。
③ 李君明:《岭南佛门瑰宝——〈开元寺传灯录〉》,见钟东主编:《悲智传响——海云寺与别传寺历史文化研讨会论文集》,第238页。

天然函昰在岭南的弘法，主要的道场当是番禺海云寺，因而被人们称之为天然海云系。

（二）天然海云系的形成

始建于南汉时期的海云寺，原名隆兴寺，也称金瓯寺、雷峰寺。明桂王永历二年（1648），番禺隆兴寺住持今湛请函昰为开山祖。今释《雷峰海云寺碑记》云：" 番禺东境，有山曰雷峰，此吾师天然昰和尚海云道场也……至顺治戊子（1648）春，而和尚始掩关于此，则寺主旋庵湛公所请也。"① 顺治十五年（1658）正式易名海云寺，成为天然函昰弘法、育嗣的道场。

天然和尚门风高峻，道法高深，汤来贺所撰《天然昰和尚塔志铭》谓其 "所立规矩，整肃森严，一切外缘，视若尘垢……时佛法滥觞，惟师门风孤峻，与诸方异"②。故门下皈依者甚众，传法弟子为著名的 "十今"：今无、今覞、今摩、今释、今壁、今辩、今湻、今遇、今但、今摄。据统计，天然和尚有 "今字辈释子45人，古字辈释孙34人，传字辈释重孙3人，俗家弟子67人，连同师父天然函昰和师叔剩人函可2人，本《合传》总共收录天然一系僧俗师徒共计151人"③。至此，形成岭南曹洞宗博山—华首—天然海云一系。诚如今释《雷峰海云寺碑记》所云："雷峰僻在一

---

① （清）今释：《雷峰海云寺碑记》，见冼剑民、陈鸿钧编：《广州碑刻集》，第237页。
② （清）顾光、何淙修撰，中山大学中国古文献研究所整理组点校：《光孝寺志》卷六《法系志》，第69—70页。
③ 李君明、聂文莉：《明末清初天然函昰和尚及其法属合传》，见杨权主编《天然之光——纪念函昰禅师诞辰四百周年学术研讨会论文集》，第134页。

隅，历三十年，营建未讫。但孜孜于炉韝，不汲汲于因缘，而为博山一枝，深密复荫。"

《海云禅藻集》[①]和《番禺县续志》记录了天然门下僧俗两界弟子在岭南行化的情况。兹列表8-1如下：

表8-1 岭南行化的天然弟子一览表

序号	姓名	籍贯	小传	文献出处
1	今无（海幢禅师）	番禺	字阿字，番禺万氏子。绍龄披缁，年十六参雷峰天和尚得度，十七受《坛经》，十九随入匡庐，监栖贤院务。年二十奉命只身走沈阳，谒师叔剩和尚。三年归广州，住雷峰、海幢。十二年北上请《藏经》，乙卯（1675）回海幢。辛酉（1681）元旦，有"收拾丝纶返十洲"句。九月卒，世寿四十九，僧腊三十，有《光宣台全集》行世。	《海云禅藻集》卷一
2	今[regular]（栖贤禅师）	新会	字石鉴，新会人，族姓杨，字无见。以居士悟入，年四十二始落发受具。甲辰（1664），领西堂，复继栖贤席。戊申（1668），移住福州之长庆。未几，返栖贤。有《直林堂全集》行世。	《海云禅藻集》卷一
3	今摩（鹤鸣峰禅师）	番禺	字诃衍，原名琮，少为邑诸生，颇好黄老之学。庚寅（1650）冬，从大父母落髪，同时受具雷峰。乙未（1655），游匡庐。戊戌（1658），还粤。甲辰（1664）四月八日，付嘱大法。戊寅（1698）秋，示寂。世寿七十，僧腊四十有六，灵骨还瘗庐山。	《海云禅藻集》卷一

---

① （清）徐作霖、黄蠡辑，黄国声续辑并点校：《海云禅藻集》，广东旅游出版社2017年版。（清）《番禺县续志》卷三十二"艺文集部"按："《海云禅藻集》，天然和尚开法雷峰海云寺，明亡后海内名流翕然皈依，此编哀辑诸人之诗，每人详载其里履，明遗老轶事，多见于此。"

续表

序号	姓名	籍贯	小传	文献出处
4	今释（丹霞禅师）	杭州	字澹归，族姓金，名堡，杭州仁和人。登庚辰（1640）榜进士，年三十七，出世桂林。壬辰（1652），参雷峰，充栖贤书记。创丹霞名刹，又充监院，前后勤力十六年。时老人住丹霞，充西堂。甲寅（1674）继席，凡四年。以请《藏》去，示寂于平湖。有《徧行堂正集》《续集》行世。	《海云禅藻集》卷一
5	今壁（雷峰西堂禅师）	东莞	字仞千，东莞温氏子。幼通坟典，弱冠出世，习毗尼于鼎湖。闻天然禅师倡道雷峰，徒步归之。戊申（1668）元旦，与澹归禅师同日付嘱。己亥（1719）冬，分座海云。未几示寂，建塔于寺之南园。	缺
6	今辩（长庆禅师）	番禺	字乐说，番禺麦氏子。尝学帖括于海发禅师梁之佩，导以内典梵行。忽有所省，求行脚僧引至匡庐，参天老人求为薙染。庚子（1660），还雷峰受具。戊申（1668）解夏，付以大法，分座丹霞。乙丑（1685），老人示寂，主海云、海幢两山。丁丑（1697），示寂长庆，白衣弟子陈宗柏建塔于慧楞禅师之左。有《四会语录》《菩萨戒经注疏》行世。	《海云禅藻集》卷一
7	今摄（巢云禅师）	番禺	字广慈，番禺崔氏子。未脱俗，初参天老人，早已留心宗乘。及归，严办披缁，依老人三十年如一日。居侍寮最久，后充雷峰监院诸职。乙卯（1675），离乱中冒险入岭。复出岭，入净成侍老人，于庚申（1680）付法偈，时年六十二矣。越六年，示寂。刻有《巢云遗稿》。	《海云禅藻集》卷一

续表

序号	姓名	籍贯	小传	文献出处
8	今湛	三水	字旋庵,三水人,族姓李,原名廷辅。绍龄发大心出世,住雷峰隆兴寺。闻天然和尚倡道诃林,躬延禅师作开山第一祖。时龙象云集,湛发愿行募,泥首击柝于闤闠者三年,改名海云。戊子(1648)登具,为海云、海幢两山都寺。趺化于丁巳年(1677),世寿六十五,僧腊三十。众奉全身塔瘗于本山南园。	《海云禅藻集》卷二
9	今离	新会	字即觉,新会人,族姓黄,原名尚源。邑诸生,传江门之学,学者多宗之。闻天然禅师阐法于诃林,谒请辩论儒释宗旨,披剥累日,不觉自屈,即日皈依落发。戊子(1648)受具,随杖居雷峰,为一众纲维。顷充华首、栖贤监院,再领雷峰监院。癸丑(1673),往栖贤省觐老人,许雷峰付以大法。遇咯血病作,未承记莂,以是秋示寂庐山。	《海云禅藻集》卷二
10	今堕	番禺	字止言,番禺黎氏子,原名启明,字始生。己丑(1649),求天然禅师薙染受具,命为诃林监院。顷奉书入闽,省觐长庆师翁。归雷峰,遇戒期,推选阇黎。时澹归和尚登具,心识其师资,礼敬尤殊,巾锡相随者数载。临终,老人偈示许其再来付嘱,时己亥(1659)冬月也。澹归和尚开丹霞别传寺,崇报先德,位与列焉。	《海云禅藻集》卷二
11	今应	番禺	字无方,番禺人,族姓许。己丑(1649)出世受具,继旋庵湛公为雷峰监院。会修建殿宇,指麾匠石,皆中绳度,人服其能。殿之宏丽巩固,应有力焉,惜工未竣已西首矣。族多善士,出世为大僧者尤多,皆其劝导云。	《海云禅藻集》卷二

续表

序号	姓名	籍贯	小传	文献出处
12	今镜	三水	字台设，三水人，族姓李。年十七，随母出世，求天然禅师剃发，禀具执侍丈室，自小持船静室至诃林、雷峰、栖贤诸大刹，皆属纲维。丙申（1656）坐化，不及担荷大法，时贤惜之。	《海云禅藻集》卷二
13	今嵩	番禺	字山品，番禺人，族姓李。母奉慈氏甚谨，先遣其子往依天然禅师于小持船，供洒扫之役，自与其女依禅师之妹庵主来机。丁亥（1647），同脱白。禅师收为执侍，始受具。居雷峰，与顿修渐公结茅闭关三年，出侍华首师翁。戊戌（1658）度岭，游天台，住灵隐，遍参诸方。礼继起禅师，当机有省，付以大法，嗣济宗。	《海云禅藻集》卷二
14	古卷	从化	字破尘，从化人，族姓邓，原名璁。邑诸生，闻天然禅师道倾岭南，日游诃林门下，窃听余论，勃然有出世之志。己丑（1649）从戒坛剃落，衣伽黎衣，随杖入雷峰。天老人甚器之，因求道过苦，遂以病蜕。	《海云禅藻集》卷二
15	今严	顺德	字两足，顺德人，族姓罗，原名殿式，字君奭。邑诸生，弱冠从天然禅师求生死大事，己丑（1649）脱白受具。其母颇知书，相继落鬓。居雷峰丈室最久，人罕见之。戊戌（1658）奉命往嘉兴请藏，还至归宗，阅大藏一周。病还雷峰，爱栖贤山水之胜，扶病强行。居亡何，竟以宿疾蜕于五乳峰静室。有《西窗遗稿》一卷，《秋怀》《百合》诸诗，尤为世所传诵。	《海云禅藻集》卷二
16	今如	新会	字真佛，新会诸生，姓黄，原名□□。癸巳（1653）皈天老人出世登具，随杖居栖贤。乙未（1655），复入岭，执侍华首师翁左右服勤。华首入涅后，往来庐山二十余年，依天老人会下，与石鉴觊禅师、即觉离公为性命之友。年腊既深，归老雷峰，一夕坐脱。	《海云禅藻集》卷二

续表

序号	姓名	籍贯	小传	文献出处
17	今音	番禺	字梵音，番禺人，族姓曾，原名起霖，字湛师，天然禅师从弟。先遣其妻祝发，密制衣祴，潜附商舸入庐山，求天老人脱白。岭上遇华首台为其落髪。乙未（1655），在栖贤登具。戊戌（1658），随天老人还雷峰。辛丑（1661），游罗浮，坐化华首台上。有《古镜遗稿》一卷藏于山中。	《海云禅藻集》卷二
18	今邡	新会	字姜山，新会莫氏子，原名微，字思微。邑诸生，向依天然禅师决生死疑义，至庚子（1660）归，始落染受具。戊申（1668），为雷峰监院，人比之杨岐、石窗诸尊宿。后居福州长庆坐化。	《海云禅藻集》卷二
19	今白	番禺	字大牛，番禺人，族姓谢，原名凌霄。邑诸生，佪儴人也。癸巳（1653），皈天然禅师薙染登具。丙申（1656），值雷峰建置梵刹，工用不赀，白发愿行募。人募三分，沿门持钵十余载，丛林规制次第具举。一夕行乞，即次端坐而逝。	《海云禅藻集》卷二
20	今全	番禺	字目无，番禺人，族姓许。癸巳（1653）脱白受具，继无方应公为监院。当雷峰建置之始，会典值岁有功。	《海云禅藻集》卷二
21	今荃	番禺	字具五，净起从公（今从）之弟，原名龙子，字田树。兄弟皆从天禅师讲学课艺。辛丑（1661），薙染受具，超悟出群，为天老人所期许。素有宿疾，不获究竟一大事，诸山惜之。	《海云禅藻集》卷二
22	今二	新会	字一有，新会人，族姓陈，原名□□。邑诸生，一见天禅师即戢身皈命。辛丑（1661）受具，往来匡庐、丹霞。卒于清远。	《海云禅藻集》卷二
23	今稚	番禺	字闻者，番禺人，族姓苏。癸巳（1653）出世，戊戌（1658）登具，执侍丈室三十余年。禅师居栖贤，往来省觐，不惮跋涉。脱白后始知书，能强记，习静之功也。	《海云禅藻集》卷二

续表

序号	姓名	籍贯	小传	文献出处
24	古汝	琼山	字似石，琼山人。十岁缁衣，己亥（1659）登具。随禅师杖履特久，超悟拔萃，盖海外奇珍也。	《海云禅藻集》卷二
25	今从	番禺	字净起，番禺人，族姓李，二严大师长子，原名云子，字山农。明经。从素持梵行，居俗时与天然禅师结净社于天关。禅师出世入匡庐，从亦弃章缝隐于柏堂故里。丙午（1666），始随禅师薙染，命典教授。	《海云禅藻集》卷二
26	今回	东莞	字更涉，东莞人，侍郎王应华仲子，原名鸿逞，字方之。邑诸生，其父与天然禅师为法喜之交，回少闻妙道。乙巳（1665）在雷峰落髪受具，随师住丹霞，寻升记室。一日过溪，褰裳就涉，至中流遇江水暴涨，漂没巇石之下。禅师震悼不能已，人谓更涉之字，若悬谶云。	《海云禅藻集》卷二
27	今讀	漳州	字离言，福建漳州人，族姓□，辛丑（1661）至雷峰，依禅师会下，寻典宾客。后入丹霞。	《海云禅藻集》卷二
28	今佛	新会	字千一，新会人，李姓，原名□□。邑诸生，易服礼华首老和尚剃度受具，充芥庵监寺。后事天老人，为栖贤典客。卒于丹霞。	《海云禅藻集》卷二
29	古行	顺德	字克躬，顺德人，循圆通公族弟。童子时慨然有出世之志，以亲老依恋子舍，逮躬养至殁，即入雷峰脱白受具。丙辰（1676），岭外阻梗，老人念栖贤困陁，间关无可使者，行毅然请往，至净成顺化。	《海云禅藻集》卷二
30	今端	新会	字毫现，新会蒋氏。幼为章缝之士，晚好茹淡服素。初易儒服于雷峰，遂禀具随老人主法丹霞，推为龙护园主。龙护乃丹霞僧邮，居雄州孔道，能接待十方云水。久之，还雷峰，教习诸初学，休老而终。	《海云禅藻集》卷二

续表

序号	姓名	籍贯	小传	文献出处
31	今竹	湖广	字俱非,湖广人,姓□。由行伍得度,投天老人受具。充海幢知客,顷老人居丹霞,精研道妙。后奉命居长庆,严修梵行。耄年坐化怡山。	《海云禅藻集》卷二
32	今龙	茂名	字枯吟,高州茂名人,姓□。少年脱白,礼石波禅师受具。己亥(1659),参天老人于雷峰,出为典客。随入丹霞,参请益切。会石鉴禅师分座怡山,奉命以监寺辅行。自石公退院,从福州往参天童,当机大悟,木陈和尚付以大法。寻示寂天童。有语录、诗稿行世。	《海云禅藻集》卷二
33	古真	湖洲	字智摄,湖洲归安茅氏轮洁公之子。先后薙髻,在归宗受具。随杖入雷峰,充点座,后历副寺。年少有心,时露文采,惜未究祖道而终。	《海云禅藻集》卷二
34	古诠	番禺	字言全,番禺人,黄姓。素闻天老人以宗门事接引后学,束身来皈,求薙染受具。老人爱其诚朴,特命领华首院事。以疲劳咯血,病蜕于华首。	《海云禅藻集》卷二
35	古住	黄梅	字正十,湖广黄梅人。行脚至栖贤,参石鉴禅师,留侍。会禅师分座怡山,与枯吟龙公内外调护,丛席再振。辛亥(1671),奉石公返广州,居雷峰。未几以行乞参询往来各山,后伤师资迅逝,悒悒成病。返匡庐住静,溘然奄化。	《海云禅藻集》卷二
36	古邈	番禺	字觉大,番禺罗氏子。童年因从父作阴株公得礼雷峰,为驱乌长。居顷之,出海幢,求阿字大师剃染受具。天老人还雷峰,入侍丈室。自再返栖贤,相从高隐。后奉命之福州长庆,扫除丛席,候老人式临。暂充典客,竟以病入涅。有《闽中吟草》一卷。	《海云禅藻集》卷二

续表

序号	姓名	籍贯	小传	文献出处
37	今锡	新会	字解虎,新会人,族姓黎,原名国宾。邑诸生,少修梵行,遇天老人即求脱白受具。初为海云典客,会阿字大师分座海幢,监院甚难其人,禅师命锡充之,寻迁都寺。其子月旋亦依止海幢,并称耆德。	《海云禅藻集》卷三
38	今儆	番禺	字敬人,番禺人,族姓陈,原名虬起。邑诸生,少从孝廉梁祐迨结净业于芳草精舍。	《海云禅藻集》卷三
39	今荊	江浦	字妙峰,江南江浦人,族姓关,原名天放。顺治初,从南海县令入粤。薪客寓诃林,一见天老人,五体投地,求为比丘。老人察其诚,戊子(1648)登具,偕入雷峰掩关。自侍寮历典巨职,皆能以慈摄众。潭山有许长者延请住静二年,寻又应柏堂李子之请。	《海云禅藻集》卷三
40	今印	顺德	字海发,顺德人,族姓梁,原名琼,字之佩,更名海发。邑诸生,丁酉(1657)秋闱不遇,径衣方袍,出岭至匡庐,皈天老人落髮受具。戊戌(1658),随师还粤。顷复返庐山掌记室。至楚黄见天章和尚,一语遂契,付以大法,命居西堂。年三十,未有室,诚古德再现也。弟海岸,后亦出世海幢。	《海云禅藻集》卷三
41	今沼	番禺	字铁机,番禺人,天然禅师族侄,原名昈,字自昭。庚寅(1650)丧乱,室庐妻子陷于危城,孑身漂寓,无复有入世意。晚读《楞严经》始洒然超脱,于是入雷峰,结茅室,与友人麦生三闭关三年。时天老人居栖贤,雷峰方兴土木,沼出辅旋庵湛公募化。殿宇落成,戊戌(1658)迎天老人返锡。庚子(1660)开戒,与石鉴禅师同日受具,命司记室,寻升按文堂。随杖居东莞芥庵,一夕坐亡,卒年四十五,淄白为之哀悼。有《全集》行世。	《海云禅藻集》卷三

序号	姓名	籍贯	小传	文献出处
42	今啫	新会	字记汝，新会人，番禺诸生潘楫清字水因者也。弃诸生从天老人受具，辛丑（1661）为雷峰典客，后随杖住丹霞，充记室，再从老人住归宗。性耽山水，爱香山凤凰峰，结茅憩焉。孤居十余年。乙丑（1685），老人入涅，复返雷峰。庚午（1690）还古岗，访寻古旧，忽示微疾，作书诀别诸同学，掷笔端坐而逝。有《借峰诗稿》《岭南花逸》《韵谱》行世。	《海云禅藻集》卷三
43	古电	新会	字非影，新会李氏子。幼随母出世，依天老人，庚子（1660）登具，执侍服勤三十余年。老人住丹霞，行募江右。辛亥（1671）住归宗，复行募吴越。比还雷峰，属典库藏。居栖贤，独肩常住之务。老人入涅，未蒙记莂，乐公劝梓其《石窗草》行世。世寿五十五，示寂栖贤。	《海云禅藻集》卷三
44	今四	新会	字人依，新会人，族姓张，原名圣睿。凭诸生，年三十余，出世礼枞堂禅师薙染。丁酉（1657），皈华首老和尚受具，充记室。出为海幢典客。时阿大师创建海幢，道法盛行，王臣士庶轩车相望，卒能应酬不缺。及石鉴和尚分座栖贤，以监院副之。后以母老归养，竟坐化于象岭下。	《海云禅藻集》卷三
45	今鹜	番禺	字慧则，乐说和尚仲兄，邑诸生，原名向高。世乱居山野，教授生徒自给。乐公侍栖贤，作书招之，忻然脱白衣缁。乙巳（1665）受具，充丹霞化主。顷侍老人于归宗。乙卯（1675），归雷峰，典客六年。时福州长庆丛席久虚，绅士再造三恳老人主法，选上首耆宿先行经理，遣鹜与作金声公、觉大邈公入闽。会老人退休净成，遂留长庆守待。至老人入涅后，归雷峰坐蜕。	《海云禅藻集》卷三

第八章 明末清初：岭南禅宗发展的第二个高潮　　　475

续表

序号	姓名	籍贯	小传	文献出处
46	古通	顺德	字循圆，顺德人，族姓梁，原名国桢，字友夏。郡诸生，世乱隐居于乡，与妻子修净土之行。闻雷峰道风高峻，求为薙发。乙巳（1665）受具，初典书疏，未几出充雷峰下院主。老人念其年老务繁，令还本山训课沙弥。坐蜕山中。	《海云禅藻集》卷三
47	古毫	新会	字月旋，海幢解虎锡公之子。绍龄从顶湖栖壑和尚落髮受具。迁住海幢，执侍阿大师丈室，寻为典客。惜早蜕不能究道，为可悼也。	《海云禅藻集》卷三
48	今普	姑苏	字愿海，其先姑苏人，居广州，姓朱。初求天老人出世，人多易之，迨受具办道，人皆逊其能。入侍丈室，充丹霞化主，后终归雷峰。弟大严亦为僧海幢，兄弟皆精篆刻。	《海云禅藻集》卷三
49	古正	湖州	字轮洁，湖州府归安县人，姓茅。若冠为诸生，顿修渐公从兄，未出家前已闻天老人洞风倾注，遂絜其子智摄徒步来皈。甲辰（1664）受具，即典记室。历居归宗、丹霞、雷峰诸山，不改典籤之役。终于海幢院中。	《海云禅藻集》卷三
50	今渐	湖州	字顿修，浙江湖州府归安县人，姓茅氏，鹿门先生裔孙。辛卯（1651）入雷峰时，年始二十，求见天老人，出世之念益坚。受具后，与山品嵓公缚茅雷峰山麓，闭关逾二载。老人以法器期之，畀掌记室，多所指授。顷从入栖贤，以母老归养苕雪间，种茶自给。后再游广州，遇乐说和尚主法长庆，遂留住会下。未知所终。	《海云禅藻集》卷三
51	古键	顺德	字铁关，顺德胡氏子。庚戌（1670）年甫十八，出世雷峰，辛亥（1671）始登具。初欲入栖贤依天老人，至海幢，为阿大师留掌记室，寻典宾客。丁丑（1697）复居雷峰掩关，过劳得咯血之病，以此致蜕。	《海云禅藻集》卷三

续表

序号	姓名	籍贯	小传	文献出处
52	古荫	香山	字覆人，香山梁氏子。圆顶方袍走方外，遍参机缘多不契。还粤，径投雷峰座下，礼天老人受具。初领典座，寻迁副寺，勤劳一十八载。以积劳咯血终，世寿五十六。	《海云禅藻集》卷三
53	古义	新会	字自破，新会人，姓卢氏。出世丹霞，历诸上刹，皆典重职。居海幢客寮，性嗜茶，著有《茶论》一篇。挂锡名山虽多，然住亦不久。晚隐新州竹院，后闻角子和尚继席丹霞，策杖来归，竟终于丹霞。所著有诗百余首。	《海云禅藻集》卷三
54	今足	高要	字一麟，肇庆府高要人，姓陆，原名□□。平生喜布施，信因果，弃诸生出世雷峰，丁巳（1677）受具，次日即奉命栖贤。遂腰包度岭，走吴越秦晋，所过大刹无不遍参诸方大老。丁丑（1697）募缘返粤，归省墓田，偶病而终。子为诸生，女度为尼。	《海云禅藻集》卷三
55	古证	梧州	字竟清，广西梧州人，姓陈氏。遇姜山郝公行募粤西，因求出世。携归雷峰，复还絜一子一女并求落髮，女度为尼，依无着庵。证诣丹霞出世，己酉（1669），始登比丘，久之迁雷峰典客。庚辰（1700），终于本山。子柱峰为丹霞行僧，先证卒。	《海云禅藻集》卷三
56	古易	番禺	字别行，番禺崔氏子。族本儒家，与从父广慈大师同师天老和尚。初为雷峰殿主，迁典客，寻掌书记。有咯血病，雅善调摄，得几中寿。尊礼旋庵湛公，恩如父子。因俗居聚落与海云林峦相望，父子道念之笃，若有所薰习也。	《海云禅藻集》卷三

续表

序号	姓名	籍贯	小传	文献出处
57	古桧	番禺	字会木，番禺许氏。性至孝，壬辰（1652），从族叔入雷峰，礼天禅师。癸巳（1653），遂坚求出世，时年十七。丙申（1656），从广慈大师抵匡庐。戊戌（1658），老人还字栖贤，留守丈室。己亥（1659），趋还雷峰登具，复返庐山。自是行脚历白门、九华、牛首、天台诸名胜。既归，值老人主法归宗，为一众募食。澹归和尚有《序》壮其行。比归休雷峰，身任典客二十七年。临涅口称观世音名号，随顺而化。有《梦余草》一卷行世。	《海云禅藻集》卷三
58	今身	新会	字非身，新会邑诸生，族姓刘，原名彦梅。戊申（1668）弃诸生，登具丹霞，侍天老人于归宗。晚隐苍梧龙化七寺，甲戌（1694）示寂隐居。	《海云禅藻集》卷三
59	传多	番禺	字味啰，别行易公次子。童年剃落，侍阿大师，受具后为雷峰殿主。有《小山诗稿》。	《海云禅藻集》卷三
60	古昱	高州	字融虚，其先高州信宜人，祖姓曾，徙居惠州。弱冠出世于闽之上杭，得戒于江西圆宗永继传和尚。初依象林慧弓大师，慕海幢道风之盛，往参阿大师，由副堂晋维那。大师殁，迁住石龙兰若，旋复返海幢典客，及乐说、泽萌、角子三禅师开戒，皆选充教师阇黎。后隐居雷峰，司藏钥。庚辰（1700）夏以滞下病，至辛巳（1701）春初示寂。世寿五十二，僧腊三十四。有遗诗五卷藏山中。	《海云禅藻集》卷三

续表

序号	姓名	籍贯	小传	文献出处
61	今毯	东莞	字雪木，东官尹氏子。童年子身皈雷峰为沙弥，辛丑（1661）受具，选侍司，寻升按云堂。随老人七住道场，未尝少离，唯居丹霞时，尝一充龙护园主而已。自老人示寂后，依乐说和尚，自粤西至七闽，笠杖相从者数年。比乐和尚示寂长庆，则依鼓山为老和尚。辛巳（1701）访旧雷峰，暂憩海幢，扫阿公塔，遘寒疾而终，僧腊四十一，世寿六十。著有《怀净土诗》十六首传世。	《海云禅藻集》卷三
62	今远		族姓许，名应进。	宣统《番禺县续志》卷二十七"人物志十"
63	今法		族名昭，应进子。	
64	古机			

除了追随天然和尚出家为僧的，还有众多居士皈依在天然和尚门下，或皈依空隐道独老和尚，或皈依石鉴和尚、乐说和尚、阿字和尚。其有名者如袁彭年（今忏）、何运亮（今宣）、王应华（函诸）、谢文长（今悟）、黎遂球（函美）、陈学伫（函全）、梁朝钟（函机）、王琅（今叶）、王应芊（函闻）、杨晋（今报）、罗宾王（函骆）、梁声（今象）[1]、王邦畿（今吼）、李廷标（今晴）、麦侗（今玄）、英上（今心）、陈恭尹（金吾）[2]、陶璜、陈可则（今一）、高嘉学（古根）、罗龙祥（今莖）、王镇远（古若）、彭钎（古行）、李蜚粤（古混）、朱衡（古行）、林梦锡（今舒）、黎延

---

[1] （清）徐作霖、黄蠡辑，黄国声续辑并点校：《海云禅藻集》，第172页。
[2] （清）徐作霖、黄蠡辑，黄国声续辑并点校：《海云禅藻集》，第181页。

祖（今延）①、黎彭祖（今彭）②、谢楸（今楸）、何国相（今趣）、何王捷（古总）、黄灿（古记）、谢俨（古顽）、何九渊（古峰）、袁景星③、刘云汉、卫文英（古深）、许古仁、叶符、许颖（古颖）、林上达（古贽）、林璇、许城（古荽）、陈滟（古瓒）、屈修、樊应元（今鹭）、谢禹臣、修古、张审鹄（今扬）、卫兆桂、潘楳元（今竖）、庞嘉鳌（今焰）、崔植（今济）、卫灏昌、刘胤初（古意）、李梦会、麦定元（今载）、梁宪、谢楷（今湄）、卫廷昌、高履遇、汤晋（今惺）、张苍都（古童）、谢振翃（今济）、王隼（古翼）、韩嘉谋（古咸）。④

所以，天然和尚在岭南地区僧俗两界的弟子人数众多，其"嗣法弟子海幢阿字无、栖贤石鉴觌、丹霞澹归释、雷峰西堂仞千壁，皆先师入灭，余各分化一方"。也正是天然海云一系在岭南的弘化，才使得明清之际"南天佛国赖重兴，洞上宗风终不坠"⑤。

第五节 木陈道忞与清初岭南临济宗的兴起

六祖慧能南禅五叶中的临济、曹洞两叶，历来是较大的禅宗宗派，在全国范围看，临济的影响力可能更大一些，故向有"临天下，曹一角"之说。然就明清之际岭南的禅宗状况而言，则可

---

① （清）徐作霖、黄蠹辑，黄国声续辑并点校：《海云禅藻集》，第187页。
② （清）徐作霖、黄蠹辑，黄国声续辑并点校：《海云禅藻集》，第188页。
③ （清）徐作霖、黄蠹辑，黄国声续辑并点校：《海云禅藻集》，第194页。
④ （清）徐作霖、黄蠹辑，黄国声续辑并点校：《海云禅藻集》，第211页。
⑤ （清）顾光、何淙修撰，中山大学古文献研究所整理组点校：《光孝寺志》卷六《法系志》，第70页。

说是"曹天下，临一角"。恰因为有这"一角"，就决定了我们在审视这一时期岭南禅宗的历史时，不能也不可舍这"一角"于不顾，否则就无法窥其全貌。

清初岭南临济宗的传续主要是岭南籍僧人木陈道忞禅师的平阳系，属临济杨岐派法脉。

一、木陈道忞的行历与临济天童系的传续

木陈道忞（1596—1674），俗姓林，名莅，字木陈，号山翁，晚号梦隐。关于其籍里，多指潮州府潮阳人。《续指月录》曰"粤之潮州茶阳林氏子"[1]。《罗浮山志会编》也称"潮阳林氏子"。而姜伯勤教授引饶宗颐《潮州志·艺文志》之《山翁忞禅师随年自谱》云："为潮阳大埔湖寮乡林氏子。清初，潮阳大埔属潮州管辖。"[2]汪宗衍序《山翁忞禅师随年自谱》也谓其"广东大埔茶阳林氏子"。这一说法应是准确的。今大埔属梅州市管辖。

木陈生于明万历二十四年（1596），自幼聪颖。《续指月录》载其大致行历：

> 因读《大慧杲录》忽忆前身云水参方，历历如见。即日走匡庐开先，投明法师剃染。明以师志慕禅宗，为举"台山婆子"话，遂于言下荐得赵州意旨。自验生死关头未破，遍

---

[1] （清）聂先编撰，心善整理：《续指月录》，巴蜀书社2005年版，第417页。
[2] 姜伯勤：《石濂大汕与澳门禅史——清初岭南禅学史研究初编》，第551页。

参憨山清、黄檗有诸尊宿，终不自肯。后参悟和尚于金粟，机缘不契。直趋双径，谒语风信。……信乃开示，师不肯，复回金粟，举前话，悟曰："你吃饭还问人借口么？"师拟议，悟便打。后因多"殃崛产难"因缘，打破疑团，始明得从上古人关键。凡居侍司，掌记室，亲炙悟者一十四秋，日臻玄奥。①

综合各种文献资料，可以大致勾勒木陈道忞一生的法迹。

木陈道忞青少年时候，一直习儒，后读《金刚经》知佛法大意，读《佛说阿弥陀经》便向往西方极乐世界，而读《大慧宗杲语录》则"出家之志，于兹遂决"。二十一岁便赴庐山开先依若昧智和尚出家。二十三岁，遵父母之命还俗成婚。二十七岁再投若昧智和尚剃发，依憨山德清受具足戒。后游历诸方，入天童寺密云圆悟座下，侍奉十余载，为圆悟禅师法嗣。明崇祯十五年（1642），圆悟示寂，木陈继席天童寺。清顺治三年（1646），退居慈溪五磊山。其后历住越州（浙江）云门寺、台州（浙江）广润寺、越州大能仁禅寺、湖州（浙江）道场山护圣万寿寺、青州（山东）法庆寺，至顺治十四年（1657），再返天童山。顺治十六年（1659），奉召入宫为清世祖说法，晚年隐居于会稽化鹿山。康熙十三年（1674）六月二十七日示寂，享年七十九岁，塔于平阳黄龙峰下。② 其著述《布水台集》《北游集》《弘觉禅师语录》等皆

---

① （清）聂先编撰，心善整理：《续指月录》，第417页。
② 钟东：《木陈道忞禅师浅论》，《嘉应学院学报（哲学社会科学版）》2013年第7期，第30—34页。

入嘉兴藏。

时人和后人评判木陈道忞时都绕不开一件事,那就是他应召入宫为顺治帝说法。木陈是经憨璞性聪的荐举于顺治十六年(1659)九月二十二日入宫,至次年五月十五日辞归,在宫时间七个月又二十三天。他与顺治帝谈禅论道,并不时奉承赞颂几句,诸如"古人多有隔月之迷,唯皇上果位中人,虽现身为生民主,而念念不忘此事,诚过古人远矣""我皇佛心天子,不向四威仪中简点僧家,与别个帝王迥异"①等,故深得顺治赏识,遂敕封"天童道忞弘觉禅师"。

木陈道忞所处的时代是明清易代、满族入主中原的大裂变时期,在民族大义高于天、"亡国"与"亡天下"纷争攘扰的时势下,木陈道忞此举受时人非议是难免的,然木陈却有自身的理念和见解。在他看来,明亡只是"亡国",非"亡天下",只是易朝易主而已,且新主更是"佛心天子"。所以,他除了自身归附满清外,同样以儒家忠孝的伦理道统号召人们归顺新朝,被称为"新朝派"。而从当时禅宗派别来看,一个"非常有趣的现象是,在明清易代之际,出仕新朝者往往是临济宗人,如憨璞性聪、木陈道忞、玉林通琇等;而不愿俯首称臣,甘愿作明王朝的孤臣孽子者则往往是曹洞宗人,如以天然为中心的岭南遗民。这不只是事件本身的巧合,我想与临济宗和曹洞宗的思想是有一定的关系吧"②。

---

① (清)释道忞:《北游集》之《奏对机缘》,引自释存德:《论天然函昰与木陈道忞的传统价值观——以"亡国"与"亡天下"的思想视域为中心》,见杨权主编:《天然之光——纪念函昰禅师诞辰四百周年学术研讨会论文集》,第64页。

② 释存德:《论天然函昰与木陈道忞的传统价值观——以"亡国"与"亡天下"的思想视域为中心》,见杨权主编《天然之光——纪念函昰禅师诞辰四百周年学术研讨会论文集》,第61页。

以此观之，这恐怕不只是木陈的个人行为了。但不管怎样，后人还是时有批评，甚者如陈垣之《清初僧诤记》云，"木陈在故国派中，既遭唾弃，在新朝派中，又有玉林与之相竞，乃欲中伤玉林，而玉林不与诤也"，并以雍正在朱批中谓"木陈系宗门罪人"而说"呜呼！以木陈之从周，而终膺'宗门罪人'之谥，知古昔之枉作小人者多也"①。

回到禅宗史的视角，"清初的禅宗，基本上是明后期兴起于江南的临济、曹洞两宗。临济宗下分天童系和磐山系，曹洞宗下分寿昌系和云门系，这四系构成了有清一代禅宗派系的主体"②。其中，临济天童系的代表是密云圆悟大师。圆悟（1566—1642），号密云，俗姓蒋，宜兴人，幻有正传法嗣，晚年住持宁波天童寺，弟子遍天下，因有天童系之名。其嗣法弟子十二人中，木陈道忞乃影响最大者。明崇祯十五年（1642）圆悟入灭后，木陈道忞继席天童，成了继密云圆悟后天童系的标杆，次年即在天童寺开堂弘法。其同门黄毓祺撰《同门疏》谓："新堂头（指木陈道忞）入太白院中，一雨普滋群品。"后木陈道忞住持绍兴平阳寺时自创传承法偈，称"天开偈"（平阳二十八字）："道本元成佛祖先，明如杲日丽中天。灵源广润慈风溥，照世真灯万古悬。"③由此形成、衍生出临济天童系的平阳派，故有"平阳木陈"之谓。所以，"木陈道忞继密云圆悟后对振兴临济宗卓有贡献"④。

---

① 陈垣：《清初僧诤记》，第74、79页。
② 杜继文、魏道儒：《中国禅宗通史》，第591页。
③ 刘玲娣、释广通：《中越佛教交流史上的粤籍僧人元韶生平事迹试探》，《六祖禅》2020年第2期，第33页。
④ 姜伯勤：《石濂大汕与澳门禅史——清初岭南禅学史研究初编》，第567页。

二、木陈道忞与临济宗在清初岭南的兴起

虽然木陈道忞一生弘法之地主要不在岭南,然"作为来自岭南的高僧,木陈道忞还联系了一批岭南故乡僧人,并使岭南佛法在明清鼎革之际的三十年中得到飞跃性的发展。《布水台集》卷四有《送楚源禅人还粤》《赠南海实行上人》《赠岭南月千上人》《哭循州若乾宁禅师》。而《天童弘觉忞禅师语录》卷十八有《送思极生禅人归粤分卫》及《送介庵宁禅人归南海》等"[①]。足见其与岭南僧人的联系交往以及对岭南禅门的影响。而其法嗣多在岭南举其禅风,带动了临济宗天童系平阳派在清初岭南的兴起。

(一)宗符智华

宗符智华(1613—1671),俗姓林,福建漳州人,法名智华,字宗符,号愚关。十五岁礼本邑昭然禅师出家,明崇祯五年(1632)入粤,崇祯十年(1637)入鼎湖庆云礼栖壑道丘和尚受具,随侍近十年。清顺治三年(1646)度岭北游,参访诸山尊宿,后返粤,创双桂庵、勇猛庵等。顺治十二年(1655)创华林寺。顺治十五年(1658)谒弘觉国师木陈道忞于天童。"康熙元年(1662)冬,木陈道忞将天童圆悟道场金粟从汉月法藏一系中夺回,号称反正,宗符再来参,得受拂子"[②]。康熙六年(1667)创东湖禅院于东莞。康熙十年(1671)受邀住持云门,同年染疾回广州华林,不久圆寂。

[①] 姜伯勤:《石濂大汕与澳门禅史——清初岭南禅学史研究初编》,第567页。
[②] 徐文明:《广东佛教与海上丝绸之路》,第240页。

从宗符的行迹可知，曾两次礼木陈，尽得其大机大用，是为木陈法嗣。《罗浮山志会编》曰："宗符禅师，即愚关和尚。法名智华，字宗符，号愚关，闽之漳州林氏子。礼栖壑禅师授具，嗣法木陈道忞，后主华林，为华林寺首任方丈。"① 迹删成鹫《愚关和尚传》云："最后谒弘觉国师于天童，机缘契合，棒喝之下，尽得其大机大用，遂受密印焉。"②《华林寺开山碑记》谓："（宗符）厥后遍参海内诸大名宿，传毗尼于云顶，印心法于天童。"③

宗符一生之法业最巨者当是开山广州华林寺并首任方丈。华林旧址乃中国禅宗初祖菩提达摩来华之"西来初地"西来庵。华林寺之名当始于宗符开山。碑记载：

> 崇祯初季，我师宗符老人，由漳州行脚入粤……一时当道宰官暨绅士程则可、王念初、梁佩兰、陈恭尹诸公，仰师道范，为卜地西来，请转法轮。由是遐迩响风，输将恐后。爰拓基址，定方隅，引河流为功德水，植材木为祇树园，首建大雄宝殿，次及楼阁、堂庑、寮室、庖湢，无不圆成，榜曰"华林禅寺"，乃国朝顺治乙未（1655）见闻民。师住持一十有七载，大建西来宗旨，常垂三关语，勘验诸方学者，道风远播，闻者景从。④

---

① （清）宋广业：《罗浮山志会编》，第93页。
② （清）释成鹫编撰，李福标、仇江点校：《鼎湖山志》卷五《耆硕人物第九》，第85页。
③ （清）释元觉：《华林寺开山碑记》，见冼剑民、陈鸿钧编：《广州碑刻集》，第226页。
④ （清）释元觉：《华林寺开山碑记》，见冼剑民、陈鸿钧编：《广州碑刻集》，第226页。

宗符"前后复开法双桂、勇猛、东湖、云门诸刹"。尤其驻锡华林十余年,"嗣法门人离幻、铁航、识此、天藏。皈依弟子,不可以数计"。

离幻元觉(1624—1681)是宗符之嫡嗣,木陈道忞法孙。《罗浮山志会编》云:"名元觉,字离幻,晚居石洞,因以为号焉。平阳木陈国师法孙。"[1] 俗姓简,顺德人,初名成安,字离患。顺治三年(1646)礼宗符得度,顺治十年(1653)从栖壑大师受具,后以偈"有离即有患,无患亦无离。证得离离患,即幻证真离"呈宗符愚关得首肯,许以入室,为第一法嗣,遂改名元觉,号离幻,属平阳木陈下元字辈法孙。后曾住罗浮山石洞禅院,自号石洞。康熙十年(1671),宗符入灭,元觉继席,为华林第二世。元觉主法华林十年,大建法幢,禅律兼通,才品并茂,故远近缁素翕然向风,《华林寺开山碑记》就出自其手。康熙二十年(1681)十月示寂,世寿五十八,僧腊二十九。

除元觉外,宗符门下元字辈法嗣还有铁航元海、识此元印、天藏元旻,传戒弟子有元俨,受法弟子有纯觉元睿、成惠□□、竺仙元獎、契如元渠等,其中元海继席华林,元渠为鼎湖山庆云寺的第四代方丈。

在成字辈法孙中,最著名者乃迹删成鹫,他入离幻元觉门下,法名光鹫,字即山,后改从平阳木陈派,易"光"为"成"而名成鹫,改字迹删,为临济宗天童系第七代传人。元觉圆寂后,曾被公推为华林第三任方丈,但他坚拒不就,后任鼎湖庆云寺第七

---

[1] (清)宋广业:《罗浮山志会编》,第93页。

任方丈，曾撰其师祖《愚关和尚传》。

以此观之，宗符及其门人传承、弘扬临济平阳木陈法脉，成为清初岭南禅宗的一支重要力量，"宗符系以华林寺、双桂庵、勇猛庵等为根本，对于岭南佛教的发展有很大贡献"[1]。

（二）旷圆本果

旷圆本果，生卒年不详，初名行果，后因依木陈道忞平阳派而为本果，字旷圆，号硕堂、蕉庵、鹤泽渔翁等，湖北江陵人。关于其行历，因资料阙如而难以理清。潘耒《遂初堂别集》卷一《报资禅院记》云：

> 旷园禅师，荆州人，儒家子。早岁出家，遍参名宿，得法于弘觉国师，礼塔曹溪，薄游广城，道望翕然。新州龙山寺，六祖故居也，四众延师住持。师有父友胡念嵩致书粤东学使陈省斋，嘱为之护法，省斋亦自重师。师住龙山，有不适意，即辞去。省斋欲留师于广州，见西郊外有废藩支子海州之墅园，池竹最为清幽，捐俸倡募，以官价得之，改为招提，请师开法其中，此壬戌（1682）春事也。[2]

据此略知其早年出家，遍参名宿，后得法于木陈道忞，为木陈法嗣，后木陈编《历传祖图赞》，本果为之作序。

---

[1] 徐文明：《广东佛教与海上丝绸之路》，第243页。
[2] （清）潘耒：《遂初堂别集》卷一《报资禅院记》，清康熙刻本，第540页，据爱如生中国基本古籍库。

参之其他文献及学人之研究,旷圆本果在岭南的主要足迹为:

礼塔曹溪 南禅祖庭曹溪南华寺是本果从江南来岭南的首站,时其同门雪樰真朴正住持曹溪,因而参礼六祖之塔。

住持(潮州)报资 据徐文明教授的研究,"其门人毗陵严长居士蒋钁(法名元稔)与'粤东报资旷圆果'水乳契合,可见他在粤东潮州时亦住报资寺"。而其法嗣元韶于康熙五年(1666)"辞亲出家,投入于报资寺旷圆和尚"一语中的报资寺,应是潮州报资寺,当时广州报资寺尚未辟建。①

游历罗浮 李福标先生据与旷圆过从甚密之黄鹤仙《寄怀旷园禅师》诗、成鹫禅师《挽硕堂老人十章历序平生相遇之缘》诗等,认为旷圆本果曾游罗浮,且他住的寺院大约是大颠当年曾住过之地,可能是其编《正弘集》的最初灵感。②

驻锡国恩 新州龙山国恩寺乃禅宗六祖慧能之故居和圆寂之所。旷圆本果约于康熙十九年(1680)应四众之请出任国恩寺住持,故鼎湖山庆云寺第二代住持在犙弘赞和尚七十大寿时,旷圆之祝寿诗就署"新州龙山本果旷园和尚"。康熙二十三年(1684)成鹫也曾到新州龙山拜会旷圆:"予归自珠崖,谒翁于国恩寺之丈室。"然其居龙山时间不会很长,因"有不适意"便退席还广州。

开山(广州)报资 据前引潘耒的《报资禅院记》,旷圆回广州后,广东提学使陈省斋(即陈肇昌,湖北江夏人)为其购广州城西尚之信故园,辟为报资寺。而李福标则认为此事之原委应是:

---

① 徐文明:《广东佛教与海上丝绸之路》,第235页。
② 李福标:《灵山旷园果禅师行实考略》,《广东佛教》2018年第6期,第82页。

康熙十九年（1680）尚之信覆败前，报资寺已由旷园创建并掌握，康熙十九年关闭之后，旷园即去了新兴国恩寺。康熙二十一年（1682），广州风声渐平，而新兴亦"有不适意"，旷园又从新兴回到广州，由广东提学使陈省斋倡捐赎回报资寺。[①]

驻锡灵山 潮州灵山寺，乃唐大颠和尚的道场。缘旷圆在广州主法报资寺期间，不时参与法性禅院雅集，最晚一次约于康熙二十九年（1690）。周大樽于康熙三十六年（1697）编辑《法性禅院唱和诗》续集卷五"释本果"条简介云："释本果，字旷园。湖北江陵人。潮州灵山寺僧。编有《灵山正弘集》。"以此推之，大约在康熙三十二至三十四年间（1693—1695），旷园和尚正式移住潮州灵山寺。

旷圆本果留给后人最重的遗产当是《正弘集》，然其编集之初本与潮州灵山寺（今属潮阳）无涉，只是集中所言之事以灵山法匠大颠和尚为主，且旷圆后来又驻锡过灵山寺，故后来该寺重刻时冠之"灵山"而成《灵山正弘集》，后收入《四库全书总目》。

旷圆本果的法嗣中，以元韶禅师为最。元韶，俗姓谢，广东省潮州府程乡县人，年轻时礼旷圆本果于报资寺出家，属平阳木陈下元字辈法孙。元韶后往越南传法，被视为越南南方临济宗的开山祖师，是越南临济"元韶禅派"的创始人。故越南《列祖禅传》记载的天童圆悟以下的法系为：三十一代木陈道忞，三十二代旷圆本果，三十三代元韶。

[①] 李福标：《灵山旷园果禅师行实考略》，《广东佛教》2018年第6期，第82页。

（三）雪樌真朴

雪樌真朴，俗姓徐，号雪樌，福建漳州人，生卒年不详，曾为孝廉。《五灯全书》卷七十四《韶州曹溪雪樌真朴禅师》谓其"闽之漳州徐孝廉也，得法于天童忞。初住福建太平，后主曹溪"[①]。成鹫尊其"雪师翁，平阳之大弟子也"。康熙十年（1671）韶州知府马元在《重修曹溪通志序》曰："盖雪公为石斋黄先生里人，又为木陈和尚高座。木和尚诏入对，因事纳忠，多所启沃，观其《语录》，可佐史材。雪公时在记室，天下事洞若观火。"[②] 陈垣《清初僧诤记》之《清初济宗世系表》，也将雪樌真朴列于木陈道忞门下。可见，真朴乃木陈法嗣无疑，然令人不解的是，其法名并没有沿用平阳派或天童祖定派字号，而其法子却用平阳木陈下之元辈字号。

真朴早年曾住福州太平寺。永历间弘化于木陈道忞家乡潮州，曾携道忞伯兄元儒之信至天童。康熙初年住持惠州准提阁，邑中博士叶挺英曾礼真朴于此出家，法号元㭎，乾隆《归善县志》录有真朴诗三首。康熙七年至十一年（1668—1672）主法南禅祖庭曹溪南华寺，韶州知府马元有《请雪樌禅师住曹溪启》云："恭惟上雪下樌大和尚朗照玉山，旧缘金粟。通身有仙骨……恭迎杖锡，丕振鼓钟。"[③]《曹溪通志》"继席宗匠"中有"曹溪雪樌朴禅师，临济三十二世，嗣弘觉忞"，"佛法提纲"中有雪樌朴禅师上堂法语。

真朴南华退席后息身广州粤秀云林北郭，后应光孝四众之请，

[①] 徐文明：《广东佛教与海上丝绸之路》，第237页。
[②] （清）释真朴重修，杨权、张红、仇江点校：《曹溪通志》，序第1页。
[③] （清）释真朴重修，杨权、张红、仇江点校：《曹溪通志》卷五《启类》，第126页。

于此开法,故澹归《雪樋和尚住光孝寺开堂启》云:"躐迹于韶阳祖地,南华长老咸刮金镞;息影于粤秀云林,北郭人家悉遵玄轸。"[1]《光孝寺志》卷六《法系志》所列历代住持中,有"康熙间,雪樋"。又雪樋曾为华林寺第二任方丈离幻元觉撰《石洞和尚塔铭》,因铁航元海改动铭文中之伦序,成鹫致书元海抗辩,书中有"带累平阳,牵连光孝"之忧,也可旁证真朴曾驻锡光孝。

真朴主法曹溪南华寺期间,重修《曹溪通志》。为修好此志,真朴与韶州知府马元多次函商,书成后则两人同署。后人对此志评价甚高,参与重新点校该志的仇江先生在前言云:

> 《曹溪通志》之重修在康熙十年(1671),距初版之万历三十二年(1604)近七十载,其中经历明清改朝换代、兵燹动乱的阶段,真朴除了对原《志》的结构、内容作了调整增删,更重要的是增补了上述阶段的历史,保留了明清之际岭南特别是粤北地区政治、军事、宗教、文化诸方面的珍贵史料。……对粤北、岭南乃至中国的禅宗研究,都是不可或缺的珍贵史料。[2]

(四)天拙本宗

天拙本宗,九江人,木陈道忞法嗣,生平及事迹不详。黄登《岭南五朝诗选》"释本宗"条曰:"释本宗,字天拙,九江人,天

---

[1] (清)顾光、何淙修纂,中山大学中国古文献研究所整理组点校:《光孝寺志》卷十《艺文志》,第138页。

[2] (清)释真朴重修,杨权、张红、仇江点校:《曹溪通志》,前言。

童木陈和尚法嗣，主法曹溪，有南华语录诗集。"①康熙年间住持南禅祖庭曹溪南华寺。韶州太守赵霖吉、韶协总镇林本直《请天拙禅师住曹溪启》云：

> 恭惟天拙大和尚宗门领袖，像教总持。绍弘觉之嫡传，不愧于子；衍密云之大派，端藉厥孙。智朗一灯，道涵群汇；锡飞五岭，衣被单行。怀拯溺出生愿力，何妨身作慈航；展超凡入圣辩才，直凭手撑铁筏。穷山邃谷，顽蘖未销，夏楚或难施于窹寐；业薮深林，负崛自固，斗习岂易格于性情。惟此长枪大戟，端让机锋；以兹柽梧圉扉，还输慧剑。棒喝可禅政教，竹篦原是炉锤。今者曹溪胜地，祖德久湮，幸逢法驾遄临，敢冀宗风遐畅。②

而《曹溪通志》"继席宗匠"中称"曹溪天拙宗禅师，临济三十二世，嗣弘觉忞"，"佛法提纲"中有天拙本宗禅师上堂法语。

天拙在驻锡曹溪期间，多与官宦文人往还唱和，如桐城人、蓟辽总督孙晋有《寄天拙和尚》三章、《挽天拙大师》二首，而天拙有《复鲁山孙居士》三章；天拙有《次龚总宪韵》八章，五河人、曲江县令凌作圣有《和天拙和尚次龚总宪》八首；桐城人周南有《游南华访天拙和尚》四首；等等。足见天拙本宗之道行。

除了上述所列，木陈道忞还有一些法嗣在岭南弘法，如鼎山

---

① 见姜伯勤：《石濂大汕与澳门禅史——清初岭南禅学史研究初编》，第568页。
② （清）释真朴重修，杨权、张红、仇江点校：《曹溪通志》卷五《启类》，第125页。

本微，俗姓傅，潮州人，嗣道忞，曾在潮州、惠州等地弘法，与本果、元韶等交情深厚，后远赵交趾。又木陈法孙敏言元默曾主法光孝寺。《光孝寺志》云："敏言法师名元默，号葆庵。南海九江村冯氏子……初，临济正宗传三十一世至木陈国师，木陈传天岳，天岳传师，是为三十三世。得法后乃归隐诃林。雍正间，受阖山请，住方丈。"[①] 故寺志在列历代住持中，有"雍正间，敏言"。且敏言法嗣圆德又在乾隆间继席主法光孝。

从上可知，临济平阳木陈派在清初岭南禅门确是一支重要的力量，其法嗣主法南禅祖庭及岭南大刹，并远播安南，对临济宗在岭南的兴起做出巨大贡献。

第六节　清初岭南主要禅宗寺院

明季以降，岭南地区的禅宗以曹洞一系为主，特别是以天然为首的海云系禅僧遍及岭南，清初岭南地区的禅宗寺院主要是由曹洞宗的僧人住持。而随着临济平阳木陈派在清初岭南的兴起，临济宗僧人也活跃于岭南的名刹道场。两系禅僧共同维系、经营着禅宗寺院，弘扬佛法，中兴岭南佛教禅宗。

这一时期著名的禅宗寺院，主要有惠州罗浮山华首台，韶关曲江南华寺、仁化丹霞别传寺，广州光孝寺、海云寺、海幢寺、华林寺、无着庵，肇庆鼎湖山庆云寺，东莞的芥庵，潮州开元寺。华林寺由宗符老人在明末清初创建，传鼎湖山之律，亦与天然和

---

① （清）释真朴重修，杨权、张红、仇江点校：《曹溪通志》卷三《碑记类》，第68页。

尚有交涉，皈依弟子甚多。[1]无着庵为天然和尚为其胞妹比丘尼来机所建，始于康熙丁未年（1667），落成于戊午（1678），成为清初广州著名的尼众道场。[2]远在粤东的开元寺被视为曹洞宗华首分派的道场，其第一世为宗宝道独，第二世为天然函昰，第三世为尘异今但，第四世为密因古如。[3]兹择其要者略述于下。

一、华首台

华首台寺位于惠州博罗县罗浮山西南孤青峰下，始建于唐开元二十六年（738），为罗浮五寺之首，有"罗浮第一禅林"之称。明崇祯年间（1628—1644），曹洞宗僧人空隐道独禅师及其弟子天然函昰、剩人函可在此传法，中兴华首台。1641年，三十四岁的天然函昰随道独到华首台，任首座。顺治十八年（1661）四月道独圆寂，天然继席住持华首台。康熙二十四年（1685），天然和尚圆寂，次年其弟子建全塔于丹霞山。康熙五十三年（1714）十月，天然和尚的法嗣今但尘异迁本师全身塔往罗浮山梅花庄。康熙二十年（1681）至二十五年（1686），今遇住持华首台，后住持丹霞、栖贤，卒于海云寺。天然和尚座下第九法嗣今但，住山五十年，住持华首台三十多年，雍正十年（1732）十一月二十六日圆寂。天然一系住持或在华首台修炼的还有古如、古诠、今无、

---

[1] （清）释元觉：《华林寺开山碑记》，见冼剑民、陈鸿钧编：《广州碑刻集》，第226页。
[2] （清）王令：《鼎建无着庵碑记》，见冼剑民、陈鸿钧编：《广州碑刻集》，第225页。
[3] 释慧原编纂：《潮州开元寺志》，第430—431页。

今䂊、今回、今离、今嵩、今音等[1]，天然一系俨然出自华首台。

二、南华寺

南华寺位于韶关市曲江曹溪，梁天监三年（504），西域智药三藏于此建宝林寺，唐仪凤元年（676），六祖慧能从广州至宝林，开南禅道场。唐中宗神龙年间（705—707），敕改名为"中兴寺"，赐额"法泉寺"。宋太祖开宝元年（968）赐额"南华寺"，寺名沿用至今。作为禅宗祖庭，南华寺在宋代以降"为国所重"，多受朝廷诏褒，及至明朝中晚期，"宣庙（1426—1435）则有金书《法华》及绣绒罗汉之赐，英庙（1436—1449，1457—1464）则有金书《华严》及护持敕书之赐，孝庙（1488—1505）、世庙（1522—1566）则有九莲观音与护持金牌之赐，而宪庙（1465—1487）《御制坛经序》，文尤炳如日星，学士大夫咸服膺焉"[2]。在晚明时已成寥落之势，"岁久就圮，本来说法诸国，幽然无光，而回廊一带虫啮且尽，寺骎骎非其旧"。崇祯庚寅（1590）年十一月至辛卯（1591）年初，南华寺重修，将朝廷的颁赐重新安置，于坛门外挹翠亭树石坊，题曰"岭南第一山"。[3]尽管如此，南华寺在晚明时已经衰落，"大坏极弊"[4]。此时，憨山德清谪戍岭南，入南华寺，

---

[1] 张红、仇江：《曹洞宗番禺雷峰天然和尚法系初稿》，见杨权主编《天然之光——纪念函昰禅师诞辰四百周年学术研讨会论文集》，第11—13页。

[2] （清）释真朴重修，杨权、张红、仇江点校：《曹溪通志》卷四《碑记类》，第76页。

[3] （清）释真朴重修，杨权、张红、仇江点校：《曹溪通志》卷四《碑记类》，第77页。

[4] （清）释真朴重修，杨权、张红、仇江点校：《曹溪通志》卷四《碑记类》，第78页。

全面整顿南华道风,史称"曹溪中兴"。

南华寺在明末的法脉,当是曹洞宗。崇祯乙亥(1635),余集生居士"以大中丞被遣,入曹溪,愍寺众未知禅学,乃往博山延超尘首座,就说法堂,开禅期,立规矩,置田赡众,自此渐知禅学"[1]。也就是说,此时的南华寺的禅学由余集生倡导而重新开始。有阿盘禅师,"名智珠,号蘧宿,有尊者之称。江南徽州婺源汪氏子,生明崇祯己巳(1629)",二十四岁嗣法曹洞宗且拙讷翁,四十九岁住曹溪,开堂说法,对曹溪禅法多有发挥。[2]清顺治年间(1644—1661),南华寺住持僧德融也为洞宗第三十一世嗣祖沙门。[3]

清初,平南王尚可喜募化重兴南华寺,对其寺院建置进行了调整,欲将南华寺建成为皇家祈福的道场。但对于尚可喜欲将祖师殿移建于藏经阁一事,南华寺僧众提出了反对意见,认为这样的移建会给寺院的发展带来诸多不便,恳请平南王"将祖殿仍旧勿迁"[4]。顺治八年(1651)平南王和靖南王还"延请曹溪融六大师,于羊城长寿禅林讲演《楞严》,祝国佑民,仰羡锡紫睿旨"[5]。康熙七年(1668),尚之廉募捐重建憨山塔院。[6]正是有了官方的庇护,南华寺在清初顺治、康熙两朝多次为寺庙的香灯田粮米杂

---

[1] (清)释真朴重修,杨权、张红、仇江点校:《曹溪通志》卷二《居士》,第35页。
[2] (清)释真朴重修,杨权、张红、仇江点校:《曹溪通志》卷二《佛法提纲第六》,第47页。
[3] (清)释真朴重修,杨权、张红、仇江点校:《曹溪通志》卷二《继席宗匠第五》,第35页。
[4] (清)释真朴重修,杨权、张红、仇江点校:《曹溪通志》卷五《启类》,第124页。
[5] (清)释真朴重修,杨权、张红、仇江点校:《曹溪通志》卷三《疏记》,第55页。
[6] (清)释真朴重修,杨权、张红、仇江点校:《曹溪通志》卷四《碑记类》,第90页。

差等事项向与官府交涉，以此维持寺院的香火不断。

三、光孝寺

光孝寺位于广州市净慧路，"三国时本为虞苑，文曰诃林。东晋为王园寺，唐为乾明法性寺，宋改为崇宁万寿，寻又改为报恩广孝寺。至明成化始有光孝之名"[①]。有明一代至清初，朝廷对光孝寺多有诏褒，光孝寺俨然作为敕建的寺院得到优渥，寺僧亦勤力重修寺院。明太祖洪武十五年（1382），设僧纲司；十八年（1385），住持僧昙谡复修戒坛。永乐十四年（1416），寺正都纲僧庆嵩、副都纲僧契寅、住持僧庆新募修大殿彩饰佛相。英宗正统十年（1445），颁赐光孝寺大藏经典一藏。宪宗成化十八年（1482），敕赐"光孝禅寺"匾额。孝宗弘治七年（1494），住持僧定俊重修大殿四围椽题；十四年（1501），本寺分为十房。世宗嘉靖十九年（1540），本寺僧众捐资重修寺宇；二十五年（1546），僧通轼赴京购补《大藏经》；二十九年（1550），住持僧圆珊募缘重修大殿彩饰佛相。神宗万历六年（1578），迎请大通寺达岸祖师肉身于大殿供养；十二年（1584），住持僧圆洸募缘塑地藏十王像于大殿佛背后。熹宗天启六年（1626），通岸、通炯、超逸及本寺僧募缘赎回寺内地址二十四所，修复殿宇，募建禅堂、斋堂。清顺治八年辛卯（1651），广东乡试以光孝寺作贡院；顺治十一年

[①] 徐绍棨：《重刊光孝寺志序》，中华民国二十四年（1935）九月广东省立编印局刊本乾隆《光孝寺志》。

（1654），东莞人蔡元正捐资万金，请平、靖两藩重建大殿，改为七间，题额"祝圣殿"，释今释作《重修光孝寺大殿碑记》。康熙壬申（1692），住持僧无际捐资重建六祖殿并建拜亭，康熙四十一年（1702）释大汕作《重修六祖殿宇拜亭碑记》。①

  明清之际，复兴光孝寺者当为憨山德清和天然函昰。澹归今释认为："近代以来，憨山清之唱教，天然昰之谈宗，仅能兴复诃林，未及崇严宝殿。"②明神宗万历二十四年（1596），憨山德清入粤。二十六年（1598），沙门通炯等迎请憨山入光孝寺讲《四十二章经》；三十一年（1603），光孝寺戒坛废为书舍，通炯同僧超逸、通岸等募资赎回重修，请憨山法师讲《法华经弘传序》。③

  从光孝寺的法系来看，明清之际光孝寺的法系传承者是明怀宗朝的显观通炯、清顺治间的天然函昰和康熙间的雪樲。寄庵大师通炯，字若惺，南海西樵人，生于万历戊寅（1578），十一岁皈依光孝寺静文艺公，十七岁剃发。1596年，通炯在广州参拜憨山法师，受沙弥戒，后迎请憨山主光孝寺之椒园。在憨山的指导下，通炯在光孝寺领众修习，也随憨山参学曹溪、云栖、普陀、匡庐诸道场。憨山圆寂之后，通炯回到光孝寺，以振兴光孝为己任，次第修复，使得光孝寺焕然改观。通炯为憨山法师大弟子，与通智、超逸等同为禅门翘楚，对明清之际光孝寺的复兴做出了很大

---

① （清）顾光、何淙修纂，中山大学中国古文献研究所整理组点校：《光孝寺志》卷二《建置志》，第25页。
② （清）顾光、何淙修纂，中山大学中国古文献研究所整理组点校：《光孝寺志》卷十《艺文志》，第129页。
③ （清）顾光、何淙修纂，中山大学中国古文献研究所整理组点校：《光孝寺志》卷二《建置志》，第33页。

贡献。①

明崇祯十五年（1642），天然和尚应僧俗之邀开法诃林。十七年（1644），天然远遁他方。顺治六年己丑（1649），天然和尚重返诃林，重修光孝寺殿宇，重建笔授轩，改建方丈，书"风幡堂"额。② 次年，士绅敦请天然住持光孝寺，继续修缮殿宇，改建堂阁。顺治六年（1649），今盌主持光孝寺，今堕止言为诃林监院，今镜台设于顺治十三年（1656）前曾住持诃林。

四、海云寺

海云寺原名隆兴寺，也称金瓯寺，因在番禺雷峰山，民间多称之为雷峰寺，为南汉（917—971）时贾胡（外国商人）所建。崇祯末，三水人李廷辅住隆兴寺，于南明永历二年（1648）请天然和尚至隆兴寺做开山祖师，顺治十五年（1658）改名海云寺。乾隆《番禺县志》卷五载：

> 海云寺在员岗雷峰山，相传为贾胡建。明崇正间僧今湛主持。顺治初僧□□开法于此。尚可喜捐金铸大铜佛，高一丈余。次第改建大殿、前殿、弥勒阁、斋堂、方丈，皆今湛手自经营，遂成名刹。商丘伯侯性、布政使袁彭年、督学何

---

① （清）顾光、何淙修纂，中山大学中国古文献研究所整理组点校：《光孝寺志》卷六《法系志》，第68页。

② （清）顾光、何淙修纂，中山大学中国古文献研究所整理组点校：《光孝寺志》卷二《建置志》，第26—27页。

进亮于此受戒。①

顺治壬辰（1652），铸鎏金释迦如来一躯；戊戌（1658），大雄宝殿落成，复铸慈氏如来；己亥（1659），建钟鼓楼；辛丑（1661），请《藏经》回；康熙甲辰（1664），前殿建成；己酉（1669），建伽蓝重阁；丁巳（1677），营建左右廊庑。"雷峰僻在一隅，历三十年营建未讫。"②清康熙年间（1662—1722）是海云寺鼎盛时期，殿堂建设均已完备，成为岭南曹洞宗的名刹。天然门下弟子在海云寺帮助天然和尚"锻炼衲子、发明大事者，今海幢阿字无、栖贤石鉴觑，其尤表表者也"③。住过海云寺的有今无、今觑、今摩、今释、今壁、今辩、今摄、今湛、今离、今堕、今应、今镜、今嵩、今严、今如、今音、今邡、今白、今全、今荃、今回、今龙、今锡、今蒴、今沼、今儆、今四、今普、古卷、古行、古真、古住、古邈、古电、古通、古正、古健、古易、古证、古桧、古昱等。④

五、别传寺

丹霞别传寺位于韶州丹霞山，清康熙元年（1662），仪部李

---

① （清）徐作霖、黄蠡辑，黄国声续辑并点校：《海云禅藻集》，第213页。
② （清）今释：《雷峰海云寺碑记》，见冼剑民、陈鸿钧编：《广州碑刻集》，第237页。
③ （清）今释：《雷峰海云寺碑记》，见冼剑民、陈鸿钧编：《广州碑刻集》，第237页。
④ 张红、仇江：《曹洞宗番禺雷峰天然和尚法系初稿》，见杨权主编《天然之光——纪念函昰禅师诞辰四百周年学术研讨会论文集》，第17—23页。

充茂舍丹霞地，天然和尚法徒澹归今释创建丹霞寺，为监院，营建五年始成。康熙五年（1666）天然和尚入山开法，"仁化丹霞寺落成，弟子今释迎师主之，称丹霞开法和尚云"[①]，丹霞寺自此成为清初曹洞宗在岭南的重要道场。康熙七年（1668）元旦，澹归接天然和尚法，为第四法嗣。康熙十三年（1674），澹归在丹霞入院并开堂说法。康熙十七年（1678）澹归度岭请藏，次年四月遣人送藏回丹霞。康熙十九年（1680），澹归圆寂于浙江平湖，骨灰建塔于丹霞海螺岩。澹归同门今毽《礼澹和尚塔》序曰："澹老人辟丹霞垂三十余年，同门不敢忘开山之烈，自嘉禾归，塔于螺岩。"[②]澹归之后或同时，有今辩、今遇、今但、古梵、古丼、古如传庐、心包、法基等继席丹霞，住丹霞的海云系禅僧还有今地、今𧧼、今回等。

六、海幢寺

海幢寺位于广州河南华西路，南汉时为千秋寺，后废。明末有僧人募缘得地建寺，取名"海幢"。"海幢寺，在河南，明季空隐和尚驻锡说法于此，一传为函昰，再传为今无。"[③]清顺治十二年（1655），空隐道独和尚应邀住持海幢寺，此后天然和尚、阿字和尚、古云和尚等名僧先后在此住锡。

---

① （清）陈世英撰：《丹霞山志》卷六，清雍正刻本，第40页。
② （清）徐作霖、黄蠡辑，黄国声续辑并点校：《海云禅藻集》，第151页。
③ （清）梁鼎芬等修，丁仁长等纂：《番禺县志》卷四十一《古迹·寺观》，见广东省地方史志办公室辑：《广东历代方志集成》，广州府部（二一），第636页。

阿字今无禅师，番禺万氏子，得法天然和尚，为曹洞宗三十五世，博山下三世。康熙壬寅（1662），住海幢寺，料理寺务，营建殿堂，次第修建佛殿、僧堂、楼阁、佛像，与省会公卿酬酢频繁。住海幢十二年，所有经营，皆躬自规划。丙午（1666）夏，首建大殿；丁未（1667），建四大天王殿[1]；乙卯（1675），建持福堂，祀大护法中丞刘持平。康熙五年（1666），阿字和尚购置寺旁山地，在平南王尚可喜的支持下，到康熙十八年（1679），增建了殿堂院阁二十多座。此时，海幢寺僧徒益聚，今无铸千人锅以给乏解赠。戊午（1678），募建藏阁。辛酉（1681）九月告寂，世寿四十九，僧腊三十。澹归和尚对今无的评价很高，以为"雷峰门下固多才，其所至皆卓然有成。若气格雄杰，思理波澜，入境都尽，出路愈夥，势欲断而仍连，义将显而更隐，立功立言，首推阿兄。"[2] 而对于清初海幢寺的兴盛，今无当记首功。

天然和尚门下弟子数千，阿字和尚徒众也不下千人，海幢寺成为岭南曹洞宗的又一大道场。"时阿大师创建海幢，道法盛行，王臣士庶轩车相望。"[3] 天然一系的海幢寺僧包括函金、今种、今释、今无、今湛、今四、今竹、古正、古键、古义、古毫、古邈等，数不胜数。[4]

---

[1]（清）王令：《鼎建无着庵碑记》，见冼剑民、陈鸿钧编：《广州碑刻集》，第225页。

[2] 古云：《海幢阿字无禅师行状》，见（清）今无和尚著，李君明点校：《今无和尚集》，广东旅游出版社2017年版，序第3—4页。

[3]（清）徐作霖、黄蠡辑，黄国声续辑并点校：《海云禅藻集》，第115页。

[4] 张红、仇江：《曹洞宗番禺雷峰天然和尚法系初稿》，见杨权主编《天然之光——纪念函昰禅师诞辰四百周年学术研讨会论文集》，第33—43页。

七、庆云寺

庆云寺位于肇庆市鼎湖山，为明清之际岭南著名道场。"庆云立教，宗律并行"[1]，设有禅堂，"中奉三如来金相，旁安禅众，行博山规矩，曹洞钟板"。又有净业堂，"中奉阿弥陀如来金相，左右奉观世音、势至二大士金相，两旁居净土清众，修六时课诵"[2]。据称，鼎湖山是六祖慧能弟子智常禅师隐迹之地，也是唐宋以降岭南地区的佛教寺庙聚集之处。庆云寺开山祖师道丘和尚，字离际，号栖壑，顺德龙山柯氏子。万历丙戌年（1586）生，年十七壬寅（1602）礼广州永庆庵碧崖大师出家，癸卯岁（1603）侍憨山德清于宝林寺，丙午岁（1606）往金陵亲近雪浪洪恩、一雨通润，庚戌岁（1610）赴杭州参拜云栖袾宏得净土法门及衣钵，癸亥岁（1623）礼寄庵和尚受具足戒于广州法性寺（光孝寺），丁卯岁（1627）入江右侍博山无异元来，辛未岁（1631）又入庐山而后归广州，住白云山蒲涧寺。丙子岁（1636），因访新州六祖故址，见端州（肇庆）鼎湖山水秀丽，知为福地，乃于此开山，将当时已有的一座小庵，建成大刹。[3] 从道丘的修学经历来看，"乃弘博山之道，更严净毗尼，复设净业堂，弘云栖法要，禅净律三教并行"。顺治乙未（1655），重修大雄宝殿；丁酉（1657），平

---

[1] （清）释成鹫编撰，李福标、仇江点校：《鼎湖山志》卷一《月令》，第9页。
[2] （清）释成鹫编撰，李福标、仇江点校：《鼎湖山志》卷一《堂寮考》，第19页。
[3] 《端州庆云禅院沙门释道邱传》，收入喻谦：《新续高僧传四集》卷第五十六，见（梁）慧皎等撰：《高僧传合集》，第932页下。又见《初代开山主法云顶和尚年谱》，见（清）释成鹫编撰，李福标、仇江点校：《鼎湖山志》卷二《开山主法第六》，第33页。

南王、靖南王差人来请道丘出山主法，不就；戊戌（1658），道丘圆寂，世寿七十三，僧腊五十六。①

道丘的继席弟子在犙和尚，讳弘赞，新会朱氏子。崇祯癸酉（1633），访道端州，应梁少川之请，在鼎湖莲花洞附近开山建庵。甲戌（1634）夏，在犙礼道丘于广州蒲涧寺受具，随即礼请道丘住持鼎湖。丙子（1636）冬，在犙出岭遍参海内名刹，拜访各山住大佬。癸未（1643）返粤，居英德之西来山，开创白象林。顺治戊戌（1658）夏，道丘示寂，四众奉在犙继席鼎湖。康熙甲辰（1664）冬，在犙应请在南海麻奢建宝象林居止。其时，"岭海之间，以得鼎湖戒为重"。在犙"平生接待学人，一禀栖和尚、博山、云栖遗教，多以戒律绳束后学，不以拈椎竖拂"。丙寅（1686）五月二十二日示寂，世寿七十五，僧腊五十三，全身塔于庆云禅院之右。传法弟子慧弓诇为上首，所著《梵网经略疏》《心经添足》《准提会释》《式叉摩那戒本》《归戒要集》《沙弥律仪要略增注》《沙弥仪轨颂》《兜率龟镜集》《观音慈林集》《解惑篇》《六道集》《沩山警策句释》《木人剩稿》等，前后著述一百多卷，板藏嘉兴楞严寺传世。②庆云寺第三代继席者石门和尚（1621—1691）、第四代契如和尚（1626—1700）为道丘得法弟子，第五代空石传意和尚（1652—1707）为在犙得法弟子，第六代一机圆捷（1630—1708）为道丘得法弟子。第七代住持为迹删成鹫。

明清之际，庆云寺"以戒律为本，禅净为宗"③，秉承律宗传

---

① （清）释成鹫编撰，李福标、仇江点校：《鼎湖山志》卷二《开山主法第六》，第34页。
② （清）释成鹫编撰，李福标、仇江点校：《鼎湖山志》卷三《继席弘化第七》，第46页。
③ （清）释成鹫编撰，李福标、仇江点校：《鼎湖山志》卷四《清规轨范第八》，第65页。

统，戒律甚严，道丘和尚于崇祯丙子（1636）立下《僧约十章》：第一敦尚戒德约，第二安贫乐道约，第三省缘务本约，第四奉公守正约，第五柔和忍辱约，第六威仪整肃约，第七勤修善业约，第八直心处众约，第九安分小心约，第十随顺规制约。[1] 在惨也制订了各种《警策》，之后的历代住持都强调"祖训"[2]，使得庆云寺成为明清之际独具特色的佛教道场。同时，在庆云寺受戒、得法的弟子，多阐化一方，在岭南各大禅宗道场都有庆云寺的弟子。

---

[1] （清）释成鹫编撰，李福标、仇江点校：《鼎湖山志》卷四《清规轨范第八》，第65页。
[2] 此"重申祖训"为戊子年（1708）第七代住持迹删成鹫所立，见（清）释成鹫编撰，李福标、仇江点校：《鼎湖山志》卷四《清规轨范第八》，第65页。

第九章
衰落与重振

岭南禅宗在明清交际之时曾一度出现繁荣景象。然而，清末以降，汉传佛教整体滑坡，佛教失去了昔日神圣的光环，沦落为"迷信"之流，广东尤甚。重要的原因，一是政府对佛教的打压方针；二是僧团腐败，僧人不守戒律，终日碌碌无为，浑浑噩噩[①]，诚如清末新政时期"开明"士绅所抨击的那样："自佛教之敝，寺院半为藏污纳垢之所。万千僧人，袖衣坐食，华屋深居，专以迷信神权之术，诱天下人民而惑之。既足以耗民之财，困民之生，尤足以阻碍国民文明之进步。"[②] 总的来说，岭南佛教禅宗在清末民国时期的道路是曲折迂回的。

第一节 丛林复兴之曲折

清末民初的岭南佛教禅宗，被庙产兴学运动冲击得支离破碎；教界及社会人士成立佛教团体本以自救，却因教产问题反成了纷

---

① 参见林桂苑：《澄海佛教的批判》，见达诠主编：《人海灯》第二卷，中西书局2011年版，第499页。更多有关广东佛教衰败的报道，参见1904、1905年份《岭东日报》。

② 《岭东日报》光绪三十一年（1905）三月初六日。

争的平台；北伐战争风云的激荡，引发了"佛教革命"的争论。所有这些使岭南佛教禅宗的复兴曲折而艰辛。

一、庙产兴学对佛教禅宗的冲击

佛教是外来的宗教，自两汉进入中土，与中国固有文化有一个漫长的冲突、调和、融合的历史过程，这就是人们常说的佛教中国化的历程。这个过程虽然至唐代六祖慧能大师已基本完成，创立独具中国特色的佛教——禅宗，佛教文化成为中国传统文化的重要组成部分，然而，佛教文化毕竟是外来异质文化，与中国本土文化的冲突是难免的，特别是当统治者因对佛教不甚喜好或者欠缺需要而采取或损或毁的态度时，对佛教就难免有不利的影响，例如历史上的"三武一宗"对佛教的打击便是致命的。而在士大夫阶层，对佛教持排斥者也大有人在，儒佛之斗、道佛之争连绵不断，唐代大儒韩愈就曾因反佛而被贬岭南。所以，在中国历史上，毁淫祠兴社（儒）学运动从未间断过，大批佛寺被视为淫祠而遭毁掉。毁淫祠以兴儒学的情况在中国佛教重镇之一的广东尤甚。如明代嘉靖年间，魏校督学广东，大毁淫祠，这在上文已有述及。

庙产兴学是历史上毁淫祠以兴学在清末民初的延续，一般认为康有为、张之洞等人是庙产兴学的始作俑者。光绪二十四年（1898），康有为在《请饬各省改书院淫祠为学堂折》云："我各直省及府州县成有书院。而中学小学直省无之。莫如因省府州县乡邑公私现有之书院义学学塾皆改为兼习中西之学校。并鼓励绅民创学堂。查中国民俗惑于鬼神淫祠遍于天下。以臣广东论之,乡必有数庙,庙必有公产。若改诸庙为学堂,以公产为公费,则人人知学、学堂遍地。"① 同年,张之洞的《劝学篇》也提出改庙产为办学经费的主张:"府县书院经费甚薄,屋宇甚狭,小县尤陋,甚者无之,岂足以养师生、购书器。曰:一县可以善堂之地、赛会演戏之款改为之,一族可以祠堂之费改为之。然数亦有限,奈何?曰:可以佛道寺观改为之。今天下寺观何止数万,都会百余区,大县数十,小县十余,皆有田产,其物业皆由布施而来,若改作学堂,则屋宇、田产悉具,此亦权宜而简易之策也。大率每一县之寺观取十之七以改学堂,留十之三以处僧道,其改为学堂之田产,学堂用其七,僧道仍食其三。计其田产所值,奏明朝廷旌奖,僧道不愿奖者,移奖其亲族以官职,如此则万学可一朝而起也。"② 正是这些社会名流与官员的呼吁和奏请,光绪帝于光绪二十四年(1898)五月二十二日正式颁布了兴学上谕,强令"民间祠庙,其有不在祀典者,即由地方官晓谕居民,一律改为学堂,以节靡费而隆教育"③。至此,庙产兴学风潮席卷全国。

在岭南,时任两广总督的岑春煊(1861—1933),大力兴建学堂,其经费多取自庙产。一时间,有关庙产兴学的报道见诸舆论,不胜枚举。在操作过程中,官府对于负隅顽抗、拒不提产的寺庙,多采用强硬手段。1905 年,岑春煊严厉镇压了"长寿寺毁学"事

---

① (清)康有为:《请饬各省改书院淫祠为学堂折》[光绪二十四年(1898)五月十五日],见汤志钧编:《康有为政论集》上册,中华书局 1981 年版,第 132 页。
② (清)张之洞:《劝学篇》外篇第三,上海书店出版社 2002 年版,第 4041 页。
③ 朱有朋:《光绪朝东华录》第 4 册,中华书局 1958 年版,第 110 页,总第 4126 页。

件，将寺院查封，没收其全部财产，震惊粤省。[①]民国建立后，提取庙产之风更加炽盛。1918年广州市政公所成立后，除继续占用寺庙兴办学校外，为适应大规模的市政建设需要，改拆了大量寺庵。同时，二十年代的广东战事不断，为筹集军饷，各地政府又驱逐僧众，拍卖了大量庙产，直接威胁到佛教的生存。[②]黄运喜在《清末民初庙产兴学运动对近代佛教的影响》一文中，列举了广东地区庙产兴学风潮中僧人及寺庙的惨状：

> 岑春煊治粤除扫贪黩外，亦兴建许多中等学堂、初等学堂、启蒙学堂等，而其经费则来自庙产，且手段相当强硬。寄禅在"八指头陀诗集"谓：今秋八月，广东揭阳县因奉旨兴办学堂，驱逐僧尼，勒提庙产。时有老僧秃禅者，年已八十，不堪棍衙役之扰，乃断食七日，作辞世偈八首，沐浴焚香，诵护国仁王经毕，合掌端坐而逝。《东方杂志》第一卷第八期"教育"部份，载广东肇庆府庆云寺"岁入四、五万金，住持托言僧徒以百余，均仗寺产糊口，不肯报效学费，现已由董参军前往摧缴矣"。类似举动，在庙产兴学期间，可谓相当常见。由于广州等地寺庙报效情形不好，岑春煊遂下令拆华林寺，长寿寺二丛林，将华林寺遗址改作商业区，仅留罗汉堂，将劫予文物存放其中；对长寿寺则借口寺僧不守清规，发现妇女金镯而予全数拆毁，寺产没官。岑春煊这一拆寺行动，很快的就

---

① 《岭东日报》光绪三十一年（1905）七月十五日。
② 龚慧华：《民国时期广州寺庙变迁（1918—1937）》，暨南大学中国近代史硕士论文，2010年，第27—28页。

达到他预期目标,光绪三十年(1904)六榕寺僧铁禅捐寺产一百九十三亩,合洋银二万元以助兴学,尤其奖励青年留日以增广见闻,岑春煊立即上奏请求旌奖以鼓励。不久,与光孝、华林、长寿并列广州四大丛林的海幢寺,其住持适安亦主动要求报效学堂经费四万元,以免遭到拆寺命运。①

所以,庙产兴学对中国佛教的打击也是致命的,有学者甚至认为其恶果超过"三武一宗法难":"两次'庙产兴学'的风潮,在近代中国造成逐僧毁寺的汹涌狂潮,其恶果远远超过历史上的'三武一宗法难'。"②广东首当其冲,民国时期广东的佛教刊物《人海灯》曾发文指出:"光复以来佛寺之遭劫者,首推广东。"

二、广东佛教总会的成立与纷争

庙产兴学运动,使佛教面临着前所未有的生存危机,为团结一致、挽救危亡,中华佛教总会于1912年2月应运而生,随后,各地纷纷成立佛教会。

1921年前后,以海幢、光孝、大佛、华林为代表的广州四大丛林发起成立"广东佛教总会",会址设在六榕寺,推举六榕寺住持释铁禅为僧界代表并任会长,汤瑛为居士代表,力图谋求佛教

---

① 黄运喜:《清末民初庙产兴学运动对近代佛教的影响》,《国际佛学研究》创刊号,1991年12月,第293页。
② 王雷泉:《近代两次庙产兴学的恶果远超三武一宗法难》,凤凰佛教网:https://fo.ifeng.com/guanchajia/detail_2013_10/22/30539758_0.shtml。

之振兴。然而，围绕复兴的具体措施，佛教界存有严重分歧。广州的四大丛林，明清以来就是隶属禅宗的"十方道场"。民国成立后，广东本地出家者日少，外来游方僧人多羁留各丛林中。久之，粤僧与游僧分化为两派，势同水火。游僧认为，四大丛林弊病甚多：四大丛林之专制甚于官吏，而海幢寺住持盗卖寺产，应将其逐出佛门；为杜绝寺庙被私人把持，政府应当收回四大丛林为公产；僧人修行不必高梁大厦，蒲团所在即可为僧，寺产充公可化无用为有用。成立佛教会本为保存寺产，对游僧的改革意见，粤僧断难接受：四大丛林对十方僧人坦诚相待，无奈"人来无厌之求"，借改革泄私愤，政府应秉公办事，不能偏听一面之词；四大丛林是全粤道场之所望，改革事关全粤佛教，应广集大众认真商讨。[①]

　　此次佛教会的纷争，主要因海幢寺僧人内斗而起。清末民初，时局动荡，海幢寺僧人纷纷盗卖寺产，其中竹西、紫林二人盗卖最多。竹西后来离开海幢寺，远遁美国旧金山从医为生。1921年，竹西回国，见海幢寺败象，颇有悔意，拟设法维持。但竹西为人倨傲，寺僧鉴于往时被其把持之痛，对他不甚信服，而紫林素与竹西不睦，遂对其改革激烈反对。紫林本是湖南游方僧人，因在海幢寺受法，亦分得部分寺产。据说他身染世俗习气，为寺僧不喜，遂向海幢寺索要五百元还俗费，与其脱离关系。紫林将费用挥霍殆尽后，欲再回海幢寺，受到寺僧强烈抵制，遂借佛教会成立之机，煽动游僧与粤僧相攻讦，并建议将寺产投献政府。双方

[①] 汤瑛：《广州来函》，《海潮音》1921年第5期，见黄夏年主编：《民国佛教期刊文献集成》，全国图书馆文献缩微复制中心2006年版，第150卷，第493—494页。

互揭阴私,致使寺内黑暗尽情表露。①

三、广州佛教阅经社的设立

　　本地出家人的减少,导致佛教界势力的分化;而僧人素质的下降,则加剧了佛教人才的匮乏。唐宋以降,岭南深被六祖法泽,号为禅门渊薮。时至晚近,宗门人物凋零,在粤几无禅可参。嗜禅者只得采取变通,摸索自参自学之法。1920 年,汤瑛致信上海的太虚法师,就习禅之法、禅净关系等问题向其请教,后者亦一一作答:(1)禅宗如何入手,应读何书?答曰:禅宗端在"发明本心"。"心在何处?心是何物?于此二问题参究穿透,方有商量门路。参究时不拘行住坐卧均可,用不着阅看经书。要参看者",则《楞严经》《金刚经》《楞伽经》《六祖坛经》以及祖师语录,"须一一反向自心研究之"。(2)无念之法如何?这是参究为何要起疑。答曰:"无念"之惑,熟读《大乘起信论》"心真如门"一章,及"真如三昧"一章,义无不了。有疑故不得不研究,有疑故必须要求一个真明白,疑即参究,疑即要求个明白,有奋进之力,无住着之事。(3)关于禅净双修之问,答曰:"先由禅宗悟心,后依净土修行。禅宗是顿悟法门,净土是顿修法门。非禅宗,恐一生不能顿悟彻底,非净土,恐一生不能顿修到家。"②

---

　　① 汤瑛:《广州来函》,《海潮音》1921 年第 5 期,见黄夏年主编:《民国佛教期刊文献集成》,第 150 卷,第 493—494 页。
　　② 太虚:《答汤雪笃书》,《海潮音》1920 年第 10 期,见黄夏年主编:《民国佛教期刊文献集成》,第 149 卷,第 83—85 页。

总的来看，太虚的开示强调"参究"与"参看"相结合，学禅须打破疑情，明心见性后方能入门。受其教诲，1921年春，汤瑛撰写了《佛学学佛无师自通说》一文，力图为身处无师可学困境的习禅者开辟一新途径。他认为当今学佛者众，最可惜者"有心求道，苦无门径，读经不能了解，欲问无处得师。于是望洋兴叹，因噎废食"。经典中难懂者主要有梵语名词、语录话头以及玄理妙义。梵语等名词可依靠佛学辞典查询；禅宗语录及说理经论，重在"辨别虚活实字以贯串"，寻绎上下文理，久之可触类旁通，积累数年，渐渐开悟，一旦豁然贯通，即使离言妙谛亦能领会。禅宗虽不靠依文解意，重在反求自心，亲悟亲证，但是悟道亦是长期参学后的"自悟"，非师所予；况且禅门中亦不乏读经自悟者，如永嘉禅师读《维摩诘经》悟道，参访六祖只为求得印可而已。[①]

为落实此旨，初夏，汤瑛协助大佛寺影圆上人发起"佛经阅经室""佛经流通处"。10月，广州四大丛林常住在大佛寺基础上成立广州佛教阅经社，并附设佛经流通处。在成立宣言中，汤瑛结合自己的文化观，认为当下提倡佛法，可"息浮奢之恶习，绝斗争之嚣风"，乃契合时局之举：（1）欧美资本主义发展使得贫富差距加大，阶级对立严重，天演论之谬说导致人们醉心功利，推崇诡诈杀伐。自己虽赞同社会主义，但对俄国式的社会主义不甚以为然。（2）中国学者羡慕欧美富强而不知其本，盲目推崇西方

[①] 汤瑛：《佛学学佛无师自通说》，《海潮音》1921年第6期，见黄夏年主编：《民国佛教期刊文献集成》，第151卷，第6—8页。

导致国粹沦丧,道德伦常败坏。若要追赶西方文明,必须政教并行。世上学说莫如佛教之善,佛法重在明心见性,远超欧美宗教、哲学。(3)目前佛教遭人不齿,一方面固由于僧尼腐化;另一方面,禅宗不立文字的教法也使得教理研习消沉,佛法妙义光明久晦。达摩祖师也曾提倡以《楞伽经》印心,可知禅宗并非完全排斥文字。今欲辟邪说,正人心,必先从阐扬经义起。①

宣言发布之后,华林寺将所宝藏之《大藏经》千余册移存阅经社。11月13日,阅经社召开成立大会,佛弟子及诸名士来会者两百余人。大佛寺此举,深得孙中山的赞许,并亲笔赠书"阐扬三密"四字匾额以示鼓励。阅经社之成立,由汤瑛感于佛经难得而起,起初有人对此并不看好,"甚有目笑者,雪筠(汤瑛,字雪筠)回家大哭"②。汤瑛伤心之余,设供桌祷佛加持,欲得佛像供养。果然,11月14日他在大佛寺后楼内即寻得十八臂准提像一尊及窣堵波塔一座。在清理灰尘时,触开塔门,内有寸许锡盒,盒内有珠状舍利三颗,众咸庆贺。③舍利瑞应不仅使阅经社同人倍受鼓舞,也似乎为大佛寺带来了好运。此前,广州财政厅及公路处以大佛寺为官产,拟将其拆毁变卖,以充政费,阅经社诸人设法解救无果。12月初,陈炯明与邹鲁微服大佛寺,并入阅经社参观,汤瑛等借机谈及寺产变卖一事,陈炯明允诺保留两殿及库房、客

---

① 汤瑛:《广州佛教阅经社宣言书》,《海潮音》1922年第1期,见黄夏年主编:《民国佛教期刊文献集成》,第152卷,第232—238页。
② 王弘愿:《广州发现舍利记》,《海潮音》1922年第3期,见黄夏年主编:《民国佛教期刊文献集成》,第153卷,第92页。
③ 王弘愿:《广州发现舍利记》,《海潮音》1922年第3期,见黄夏年主编:《民国佛教期刊文献集成》,第153卷,第92页。

堂一边，其余变卖充公。当月下旬，陈炯明进一步得知大佛寺乃羊城文物名胜，遂萌保存全寺之意。到了1922年正月，广东省长公署召开财政会议时，决定取消变卖大佛寺之方案，四众皆大欢喜。大佛寺转危为安，阅经社的弘法活动得以顺利开展。2月20日，阅经社同人在大佛寺斋堂组织讲经堂①；9月份，广州信众又积极谋划成立佛学研究社，以期"明心见性，得阿耨多罗三藐三菩提，善度众生"②。

大佛寺能够保存，全赖陈炯明之力。然而好景不长，1922年6月，陈炯明因与孙中山政见不合，发动"六一六"兵变，经过数月混战，1923年初孙中山将陈炯明驱逐，并重建大元帅府。此时的广州市政府一方面要供给各路"讨陈军"之需，一方面还要为北伐筹饷，积欠甚多。为了广辟财源，广州市政府应大元帅府之要求，投变各种公产③，之前被取消的大佛寺投变案，再次被提上议程。1923年3月，商人李某以永业公司名义，向市政府以每井二百一十元价格承领大佛寺庙产。此事一出，即引起强烈反对。广州《现象报》记者指出，大佛寺地处市中心，每井至少价值八百元，李某若以二百一十元承领，必将会有损于政府收入，希望市长加以审查。而大佛寺则将投变消息发送《海潮音》《佛化新青年》等杂志，并抗议政府不该破坏信仰自由，强占寺庙财产，

---

① 《广州佛教辛酉年鉴》，《海潮音》1922年第4期，见黄夏年主编：《民国佛教期刊文献集成》，第153卷，第203页。

② 《广州佛学研究社简章》，《海潮音》1922年第9期，见黄夏年主编：《民国佛教期刊文献集成》，第153卷，第320页。

③ 龚慧华：《民国时期广州寺庙变迁（1918—1937）》，暨南大学中国近代史硕士论文，2010年，第27—28页。

呼吁佛教界有力之人能出面挽救。① 紧接着，佛教人士纷纷向大元帅、省长、参事会议呈交请愿书，称陈炯明任省长时见大佛寺乃宏伟古迹，仍加以保护，而现护法政府竟忍出此策？政府何必为大佛寺之微产，而毁坏数百年之古迹，恳请收回成命。②

经过此次公产投变，广州寺庙数量将近减少一半。寺庙的衰败直接导致佛事活动难以为继。1925年佛诞日，广州一位佛教徒欲入寺礼拜，竟发现几无可去之处：

> 本月初八日，为释迦如来降诞之辰，男思理应礼拜；寻省垣各大寺，废卖殆尽，全者厥惟六榕，（河南海幢寺亦在，但为福军大本营，大殿不能入）遂往焉，不料入门见大殿坚闭，寂其无人，不得其门而入；一瞻金容亦不可得。呜呼！省垣佛法之衰落，一至于是乎？其不令人痛心！而此间众生苦恼堕落，亦将无脱离时乎！诚堪悲憩者哉！③

四、"佛教革命"主张与论争

1926年1月，中国国民党第二次全国代表大会在广州召开，会议提出"对内当打倒一切帝国主义之工具，首为军阀"的口号，

---

① 何剑菁：《请看挽救广州市政厅变卖大佛寺之呼吁》，《海潮音》1923年第3期，见黄夏年主编：《民国佛教期刊文献集成》，第156卷，第563页。
② 《保存广州之大佛寺之请愿》，《海潮音》1923年第4期，见黄夏年主编：《民国佛教期刊文献集成》，第156卷，第103页。
③ 王福慧：《上严亲禀》，《佛化季刊》1925年第1期。黄夏年主编：《民国佛教期刊文献集成补编》，中国书店出版社2008年版，第14卷，第122页。

决议继续执行孙中山遗嘱,将革命进行到底。北伐临近,广州作为革命的策源地,革命思潮汹涌澎湃,旁及佛教,则涌现出"佛教革命"之主张。当月,"楞严佛学社"在广州成立,并出版刊物《楞严特刊》,该社宣称"革命是佛的素志,自由是佛的主义,扫除恶魔是佛的宗旨",其言论多围绕佛教革命的必要性、革命对象、革命措施等问题展开。

《楞严特刊》1926年第2—4期连续刊登了何勇仁的《佛的革命》,认为世界近代史就是一部革命史,所有的政治工作及社会工作都肩负着革命的使命。中国革命直到此时,才算有所成长,革命工作才算开始。压迫与不平等,是革命的动机。国民党领导的国民革命,属于"身境的革命",旨在政治、社会、经济等方面推翻种种压迫及不合理的制度,对国家进行改造。而造成种种压迫与不平等的"发动机"在于人心,因此在进行"身境的革命"的同时,还必须进行"身心的革命"。身心的革命分人道、天道、佛道三派,人道以儒家为代表,天道以基督教为代表,因排孔运动、反基督运动,人们对其已产生怀疑,不再适合时代需要。[1]佛家本由婆罗门教革命而兴,揭示万法唯心之真理,否认众生应该受天主宰,一切恶业都是由熏习迷了本性而起,禅宗提倡的"明心见性",即体现了身心革命的精神。[2]世人以佛教为消极避世,乃是误解。佛家教人看破红尘,是让人摒除尘世恶欲;提倡勇猛精进,

---

[1] 何勇仁:《佛的革命》,《楞严特刊》1926年第2期,见黄夏年主编:《民国佛教期刊文献集成》,第19卷,第188页。
[2] 何勇仁:《佛的革命》,《楞严特刊》1926年第3期,见黄夏年主编:《民国佛教期刊文献集成》,第19卷,第206页。

即教人舍弃私念而救世；主张"无我"，即教人须有牺牲精神。佛教提倡慈悲救护众生，与孙中山主张和平奋斗救中国、团结弱小民族抵抗强权的理念并无二致，所以佛教是可以与革命合作的。①

近代提倡佛教革命最有影响者莫过释太虚，其教理、教制、教产三大革命主张传播广泛。②就具体措施而言，楞严佛学社所提倡的佛教革命，大多不出其范围。不同的是，在革命领导权问题上，两者的追求相差甚大。在太虚的革命计划中，出家僧众对佛法有领导职责，占有重要地位；楞严佛学社则对出家众的领导地位提出质疑和批判，将出家众领导的佛教斥为"僧奴式的佛法"。观自的《国民政府下的佛化运动》一文，从佛经中寻章摘句，比附革命理论，肯定佛学是"最平等，最自由，最无阶级……是一种自由平等推翻阶级资本的学理"，并对当下的佛教发难道："那些和尚，设寺院收门徒，不耕而食，不织而衣，弄成一种宗教的式样，导人迷信，实在是与佛的本旨，大相违背……他们对于布施二字，不特是不行，反说是出家为僧，当受十方供养，禆贩如来以作生涯，依附丛林而逐粥饭，宜乎有此（寄生虫）徽号。"③

---

① 何勇仁：《佛的革命》，《楞严特刊》1926年第4期，见黄夏年主编：《民国佛教期刊文献集成》，第19卷，第221页。

② 三大革命：（1）教理革命的中心是要革除愚弄世人的鬼神迷信，积极倡导大乘佛教自利利他的精神，去改善国家社会。（2）教制革命的中心是要改革僧众的生活、组织制度，建立起适应时代需要的住持僧团。（3）教产革命的中心是要变按法派继承寺庙遗产的旧规为十方僧众公有制，并作为供养有德长老、培养青年僧伽、兴办佛教事业之用。（参见太虚：《我的佛教改进运动史略》，《海潮音》1940年第21卷第11期，见黄夏年主编：《民国佛教期刊文献集成》，第200卷，第218—224页。）

③ 观自：《国民政府下的佛化运动》，《楞严特刊》1926年第2期，见黄夏年主编：《民国佛教期刊文献集成》，第19卷，第189—190页。

针对太虚本人的行事作风，观自亦有若干不满：（1）有的人高唱佛法救世的腔调，集会结社，四处讲经演讲，大出风头；只有非宗教的佛法才能救世，僧奴式的佛法，是革命前途的一大障碍。（2）有人借僧奴式的佛法，行积极的号召，每到一处总有二三百人皈依受戒，军阀政客附庸其间，将来他的戒徒满布各省，他的势力就自然膨胀。（3）他目前要求国会选举须加入僧界代表，又赶赴日本参加东亚佛教联合会，与帝国主义发生联系，需要警惕。除去个人成见，观自与太虚的分歧主要集中在"非宗教"一节上。观自虽也承认，僧人要求参加国会，也是追求自由平等，与"总理遗嘱"亦不违背，但是太虚的动机很是可疑。他所定之居士学佛程式，仍不出传统佛教藩篱，信众受三皈五戒时须择出家人为本师，对其顶礼膜拜，种种仪式，不能不怀疑"他是借教谋权，且事实上最足以起人迷信。凡领受者，如受催眠术的一般！"所以，目前应该积极提倡"非佛的宗教，非宗教的佛法"，世界才可以大同平等。[1]

"非佛的宗教"，就是要打倒以佛法为宗教、诱人迷信的行为。对此，蔡慎鸣发有《伪佛》一文，揭露季世学佛者的种种丑行。他认为，俗僧未证佛心，未到佛地，居然学佛出家，甚为荒谬，还自欺欺人，诱人出家，大惑之至。进而指出，佛法贵在"依法不依人"，心戒重于身戒，"身在家而心出家，是真出家也"。愚夫愚妇则迷信盲从，求佛超生，媚佛要福，满口魔言，一身怪相，

---

[1] 观自：《国民政府下的佛化运动》，《楞严特刊》1926年第2期，见黄夏年主编：《民国佛教期刊文献集成》，第19卷，第189—190页。

被邪所乘。雅士骚人,或放浪形骸以为真,或幽隐山林以为高,是自闭其源,亦非真也。故真佛者,通达"自性即佛性"之理,人无我,法亦无我,何有教哉![①]

"非宗教的佛法",是说佛法真谛离言绝思,禅宗拈花微笑,破除妄情,不能以宗教视之。佛法是否属于"宗教",是近代佛教界争论的一大问题。在佛教内,宗、教放在一起使用时,一般是宗门(禅宗修行)与教下(教理研习)的简称。清末受日本语词影响,世人统以"宗教"一词概称佛教、道教及其他鬼神信仰。对此,在1923年,欧阳竟无较早提出"佛法非宗教非哲学"的观点,坚称佛法是一门独立之学,与宗教无涉。随着"非宗教运动"影响日隆,部分佛教徒力图撇清佛教与宗教的关联。1926年,高剑父发表《讨论宗教应否存在问题》一文,专门探讨宗、教二字的本义。他认为,"宗教"二字连用乃日本译自西文而来;在佛教未传入前,按照儒教的用法,宗有宗庙、宗旨、同姓、遵从等含义,教主要指教化。佛教、儒教之所以被称作教,皆因为"有宗旨底教化"[②]。在佛教内部,宗是指佛教内部的众多宗派,如般若宗、天台宗、华严宗、禅宗等。教是指大同普遍的教化。现代"宗教"一词,有"宗派"含义,而宗派只是佛家小部分的教法,佛之教化大同平等,因此"宗教"二字对佛家决不能成立。[③]当今

[①] 观自:《国民政府下的佛化运动》,《楞严特刊》1926年第2期,见黄夏年主编:《民国佛教期刊文献集成》,第19卷,第189—190页。

[②] 高剑父:《讨论宗教应否存在问题》,《楞严特刊》1926年第4期,见黄夏年主编:《民国佛教期刊文献集成》,第19卷,第224页。

[③] 高剑父:《讨论宗教应否存在问题》,《楞严特刊》1926年第4期,见黄夏年主编:《民国佛教期刊文献集成》,第19卷,第224页。

世俗之人，对"凡占有束缚性质，及谈说鬼神，可以起人迷信者，皆统名之曰'宗教'"，非宗教运动，因不满基督教而起，非宗教者认为宗教与科学不容并立，恐有碍国家进步，无论佛、道、耶、回，皆列入宗教，一并打倒。佛法提倡众生平等，皆可成佛，与宗教之独断教条不同，故提倡佛法非宗教，是今日弘扬佛法的关键。①此后，侠悟又撰写《我之佛非宗教谈》一文，从非迷信而系智信、非厌世而是入世、非专制而系平等、非外力而实自力四个方面详细论证了佛法与宗教的区别。②楞严学社认为，在佛、法、僧三宝中，"僧人的行为颇似今日之所谓宗教的性质"，故佛教革命势在必行！

5月，金佛发表《今日学佛者的面面观》一文，陈述其所见佛教界种种不堪。作者自称"奔走在佛学社团这年余间，觉得一切学佛的人，有种种不对的地方，我现在好像是有物哽喉，必要吐出然后方得快！"他认为，一些负时重名的佛学大家，无非为着"名利"，弘法利生根本无有。出家僧人中，消极者则完全不知佛法为何物，倚傍佛门，谋一立身吃饭地位，裨贩如来家业；更下者投靠有资产之师父，衣食无忧之余，吟诗书画附庸风雅，从而自抬身价，俗不可耐！积极者熟读一二卷经书，抄袭三两句佛言便口称弘法利生，实则借教谋权，广收门徒，扩充势力，追求名利恭敬。在家居士中，迷信、守旧者太半，不学经教，一味地对

---

① 高剑父：《讨论宗教应否存在问题》，《楞严特刊》1926年第4期，见黄夏年主编：《民国佛教期刊文献集成》，第19卷，第224页。
② 侠悟：《我之佛非宗教谈》，《楞严特刊》1926年第4、5期，见黄夏年主编：《民国佛教期刊文献集成》，第19卷，第225、238页。

和尚唯命是从；其余沽名钓誉、附庸时髦、消遣娱乐等种种动机各不相同。佛法若要复兴，今日之学佛者须"勿借教谋权，勿借教谋利，勿各存私见，勿互相毁谤"，应同心协力，共同讨论出个完善方法，认真去做才是。①

金佛自觉所言出自公心，无所偏党，但因对出家僧人"语多不敬"，引起了广州佛学会②的不满。不久，《频伽音》刊登《正告金某君〈今之学佛者的面面观〉之错误》一文，痛斥金佛"栩栩然自居善知识，学祖师禅之逞机弄棒……身非上座，而暴露干犯若此，恶訾四众，暴诸过失，抑何毁法！"《楞严特刊》对此反驳道：净禅所论只是指责金佛暴露佛教问题，而对其对错却不置可否，既然金佛把事情说穿了，又何害之有？③1927年，《楞严特刊》刊登了一系列的"扒黑"文章，揭露佛教界种种黑暗，号召僧界进行彻底的革命以获得新生。在对待丛林寺产问题上，楞严学社认为寺产收归公有，拆毁庙宇都是腐败的僧人"平日所作下的恶因，如今应收此恶果"，僧人应赶快觉醒，将剩余资财创办一切救世利生的事业，如兴办学校，办佛经图书馆，办日报，办医院；经营上可师法古代禅宗农禅结合、非劳不食的优良传统，积极参加劳作。④

---

① 金佛：《今日学佛者的面面观》，《楞严特刊》1926年第6、7期，见黄夏年主编：《民国佛教期刊文献集成》，第19卷，第248、259页。
② 广州佛学会成立于1926年春，会长为释式如，符苕庵等，其主办刊物《频伽音》，奉行改良主张，持论平和。
③ 静观：《评〈频伽音〉第三期编者净禅符苕庵之谬论》，《楞严特刊》1926年第9期，见黄夏年主编：《民国佛教期刊文献集成》，第19卷，第288页。
④ 高剑父：《学佛徒今后实行应有的觉悟》，《楞严特刊》1927年第10期，见黄夏年主编：《民国佛教期刊文献集成》，第19卷，第297页。

北伐胜利后百废待兴，庙产再次成为政府关注的对象。1928年3月，《新闻报》等媒体报道，内政部长薛笃弼拟于全国教育大会提议改僧寺为学校。同时传闻，中央大学教授邰爽秋有庙产兴学的具体方案，拟向全国教育会议提出。获悉这些消息，佛教界大受震动，并迅速作出了反映。[①] 各地佛学会纷纷上书中央，呼吁保存寺产，废除庙产兴学。4月，广州佛学会向南京国民政府发送通电，呼吁政府能够遵守《约法》，取消改寺为校提议，切实保障人民的宗教自由。6月，广州佛学会又发布《致全国僧伽书》，称佛教目前处于生死关头，主要原因在于僧伽平日贪图名闻利养，当家方丈"隐我慢贡高，灰身泯智"所致。此时，僧伽惊慌心理达于极点，"为整理计，为变法计，为办教育计，为设工艺、医院计，为社会公益计，为保存佛教计，为革新计，一发千钧，刻不容缓"，望诸山长老、居士大德速速商量对策，以解鱼肉之祸！[②] 最终，全国教育会议有关庙产兴学的决议，因佛教界的强烈反对未能付诸实施。

第二节　禅宗与密宗之融汇

密宗，又称真言宗，因主张依理事观行，修习三密瑜伽（相应）而获得悉地（成就）而得名，属于大乘佛教流派。此派兴起

[①] 陈金龙：《南京国民政府与佛教界互动关系的基础》，《六祖禅》2014年第2期，第7—8页。

[②] 式如：《广州佛学会致全国僧伽书》，《佛化旬刊》1928年第116期，见黄夏年主编：《民国佛教期刊文献集成》，第17卷，第561页。

于印度佛教后期,以《大日经》《金刚顶经》和《苏悉地经》等为主要经典。早在三国时代,竺律炎、支谦等就将佛教的经咒典籍介绍到中国。唐代因"开元三大士"——善无畏、金刚智和不空的大力弘传,密宗修持渐成气候,形成了中国密宗,亦称"唐密"。① 唐宪宗时期,日本遣唐僧空海等人将密宗传入扶桑,其后大唐佛教遭"会昌法难"之厄,真言密教日渐式微于中夏而兴隆于东瀛。② 在近代中国佛教振兴运动中,王弘愿教团作为国内首个弘密团体,经过十几年的努力将失传的"密宗"文化较完整地引入中国,成为中国近代佛教振兴运动中的一朵奇葩。尤其是在禅宗重镇岭南,形成了一股禅密融汇的暖流。时至今日,王弘愿教团开创的派别在一些地区仍具有一定影响力。

一、解行精舍的建立

1924年,密宗在潮汕、香港等地开始流传,不久便传至省城广州。1925年8月,廖仲恺被刺,在文华堂攻击、谩骂过廖仲恺的胡毅生,很快被锁定为重要追查目标。8月25日,蒋介石派军队搜捕胡毅生时,被其逃脱,后来胡毅生、赵士觐一干人等陆续离开广州,避难香港。赵士觐本是一道教徒,后受好友梁致广感化,转而向佛。一日与胡毅生偕游至香港真言宗居士林,适逢黎乙真阿阇梨正在举办胎藏界灌顶法会,二人遂加入其中,成为密教徒。1928年,国民政府解除对胡毅生、赵士觐等人的通缉,他们返回

---

① 吕建福:《中国密教史(修订版)》,中国社会科学出版社2011年版,序言。
② 杨曾文:《日本佛教史(新版)》,人民出版社2008年版,第120—136页。

广州后，遂积极致力于佛法的推广。一日，赵士觐与白云山广化善堂刘咏儒、孙桂芳等道教徒谈论佛法，为其说黄龙禅师度吕仙纯阳故事，刘等感动，愿约众人同归佛化，推赵士觐为善堂轮年值理之一，并在广化分院增供密严净土之阿弥陀佛一尊。广化善堂毗邻弥勒寺，该寺为石莲禅师建于清初，寺内供有石莲禅师法兄石濂大汕所赠藤织弥勒像，赵士觐是辛亥革命元老，"对于专供反清前辈大汕禅师所遗留藤像之弥勒寺，慨然有设法保存之志"[①]。

学佛后，赵士觐逐渐萌生人心改革之构想：人类社会之所谓秽浊者，即指杀盗淫之三种业果而言，此三种业果，无非以贪嗔痴三毒为因，以妄言恶口绮语两舌之四恶为缘，因缘和合，遂结此果。今欲人类社会，减少此杀盗淫三种业果，无论选择何种政体，采用何种治术，提倡何种学说，皆因果不相对，无有是处，必须令人类社会，贪嗔痴之三种毒因，妄言恶口绮语两舌四种恶缘，日渐减少，而后杀盗淫之三种业果，乃得比例减少，社会秽浊，亦因之而比例减少，此为因果不昧之理论。欲将以上理论付诸实践，必须建立一比较伟大之佛教道场，"缁素合组，显密双彰，解行并重，义取广摄，惟标准最低限度之五戒，为必守规约，号召此间有人格有地位足已转移社会观听之人，加入道场而共守之，则杀盗淫之毒因恶缘俱净，风行草偃，实有此一方秽浊之理，扩大而至于一省一国及世界，亦理无二致"[②]。于是，赵士觐提议，

---

① 梁季宽：《广州解行学社成立之经过》，《解行精舍特刊》，广州解行学社1932年版。见黄夏年主编：《民国佛教期刊文献集成补编》，第46卷，第85—87页。
② 梁季宽：《广州解行学社成立之经过》，《解行精舍特刊》，见黄夏年主编：《民国佛教期刊文献集成补编》，第46卷，第85—87页。

将广化善堂、弥勒寺合为一佛教道场，定名为广州佛教解行学社。由于工程耗费不訾，且白云山距市区偏远，解行精舍落成时日待定。此前，黎乙真在香港传胎藏界法时，与会者大半来自广州六榕寺大梅堂之念佛会，为了方便修密法，1928年春，念佛会假观音殿右室为公坛，从此大梅堂遂为广州净密二宗荟萃之场。大梅堂研究密教之风，"駸駸乎有驾净土而上之势"，而赵士觐更得黎乙真阿阇梨许可，假泰康路梁季宽家设方便密坛，代传简便印咒于曾经皈依香港居士林之居士。于是，密宗之名词，"几为此都人士之普遍观念"。六榕寺主持铁禅和尚鉴于此，在1930年秋，将炼石堂、大梅堂东舍等地交与解行学社改建密宗道场，新建道场名为"解行精舍"。六榕寺环境雅致，其中有"花塔"屹立巍峨，气势恢宏，据记载此塔曾屡放光辉，灵异非常。1931年农历四月二十三夕戌初，铁禅、赵士觐、胡毅生、梁季宽诸人在太湖石侧，紫荆树下纳凉，仰视塔影，若隐若现。梁季宽忽曰，我等发愿修塔，愿为我等放光否？座中有人遂持光明真言以助之，未几，花塔大放光明，轰动一时，因此而皈信者甚多，众人皆以为佛法将兴之瑞。[①]1932年夏，解行精舍楼阁竣工。

二、王弘愿省垣传密教与禅密关系的梳理

王弘愿，本名慕韩，法号弘愿，别号圆五居士，1876年出生

[①] 铁禅：《重修六榕寺花塔缘起》，《解行精舍特刊》，广州解行学社1932年版，见黄夏年主编：《民国佛教期刊文献集成补编》，第46卷，第117—129页。

于广东潮安一书香世家，少时因仰慕韩愈，曾署名"师愈"。幼年丧父，家道从此衰落。王弘愿二十岁时（1896）补博士弟子员，精于桐城古文，声名著于乡里。四十岁时（1916）迈入了"回首皈空王，习静观无始"的道路。①王弘愿在四处参访时，澄海的李律云居士曾送给他一本《显密圆通成佛心要集》，并授其准提真言。结果，王弘愿对密法一见倾心，学密热忱一发不可收拾。②1918年，王弘愿翻译、印行日文版《密教纲要》，于是，王弘愿遂成为中国近代弘扬密宗第一人。恰巧，此时远在上海的太虚法师也早有弘扬密宗的计划，他很快就注意到了王弘愿的举动。在太虚法师的支持下，王弘愿在当时中国最有影响力的佛教期刊《海潮音》发表了一系列介绍密宗的文章，积极向国人宣传这一在华夏失传千年的宗派。随后，不少佛教徒受其鼓舞，纷纷东渡求法，中国佛教界兴起了第一波"密宗"热潮。

1928年秋7月，大梅堂诸人就邀请潮州王弘愿阿阇梨来省城开坛传法，在欢迎会上，王弘愿援引禅理为初学密法者指示门径。他认为，禅宗即心即佛之理直指人心，见性成佛之处"尤为密教安心之旨要"，诚为密宗"如实知自心"之入德之门。能悟心、佛、众生三无差别之真理，方是密教之正机。③

---

① 王弘愿：《缵槐堂集》，见王弘愿著述，于瑞华主编：《密教讲习录》五，华夏出版社2009年版，第480页。
② 王弘愿：《李律云居士死难记》，见王弘愿著述，于瑞华主编：《密教讲习录》五，第321页。
③ 王弘愿：《广州六榕寺大梅堂密教同人欢迎会演说词》，见王弘愿著述，于瑞华主编：《密教讲习录》五，第236页。

对此番开示，冯达庵①甚有契悟。与汤瑛相似，冯达庵在学密前已自行学禅，入密后，发觉二宗颇有融通之处。他结合古德所论，将参禅分为四个阶段：

昭灵禅：自知意识攀缘不息为一切烦恼之资，遂专意遮遣之。及其纯熟，起应环境，觉得五俱意识随缘并显，当前万法咸有昭昭灵灵之观。此等禅境，凡外权小皆能得之，而于宗门则为未入流也。

明心禅：知六尘皆有所从出之根本，非若前类只知有浮尘根已也。此根本名曰阿赖耶。亦谓之曰心。参禅者若能顿入是心，则识量大集其中，前六识之分量概从未减，当前尘相遂觉如梦如影；向之"分别我执"及"分别法执"，一时顿亡，会此禅也，则为入宗门第三句。神秀偈云"心如明镜台"，是能发明赖耶心者。所谓"拂拭"，志在不沾染六尘；较前机唯从意识荐取者，其境自异。

无生禅：行人于发明赖耶后，能以利剑径破末那，则俱生我执失其依据；是为证入"生空真如"之境，亦谓"无生法忍"，《大日经》则谓之"觉心不生"，宗门则列为第二句禅。六祖初偈云"本来无一物，何处惹尘埃"，正是无生法见地。

见性禅：行人能于百尺竿头更进一步，脱去识阴，便觉得从前所见诸法绝无少许自性可言，而当体实相本不生，离言说，离尘垢，离因缘，等虚空，五德同时并发。所谓父母未生前本来面目，到此始得的实亲证。证此禅，目为见性，亦曰本分，宗门所

---

① 1926年，冯达庵初从香港真言宗居士林黎乙真受胎藏界受明灌顶，却后"归而实践数年"，1928年王弘愿传"三昧耶戒"时，又从受明，修习不辍，"渐渐发现其中理趣"。

列为第一句者也。六祖中夜悟道，即入此心。[1]

冯达庵所论述的禅密关系，含义丰富，牵连复杂，姑试论之。就文本而言，《大日经疏》中并没有对禅宗的直接判摄，甚至连"禅宗"一词都未出现。"觉心不生"出自经文："知自性如幻阳焰影、响旋火轮、乾闼婆城。秘密主，彼如是舍无我，心主自在，觉自心本不生。"[2]用以描述破除"我执"的境界，对应的学说乃是"唯识学"。后来，日本弘法大师空海在《十住心论》中，将"觉心不生心"列为第七，指对学说变成了"三论宗"。在《秘藏宝钥》中又说其"悟心性之不生，知境智之不异，斯乃南宗之纲领也"[3]。因此，日本真言宗通常把中国达摩—慧能一系禅宗判为"三乘禅"。权田雷斧《密教纲要》指出：

> 禅宗有二别：一三乘教之分齐，即当贤首大师五教判释中之顿教也。圭峰宗密（华严第五祖）所谓南北宗禅不出顿教者也（圆觉经钞）。夫顿教为三乘教，故禅亦为三乘教也；若属于一乘教分齐之禅，即当于大师法华开题之一如本觉之禅也。三乘禅摄于第七住心，一乘禅摄于第九住心……神秀师悟道之偈曰："菩提本是树，明镜亦台也，时时勤拂拭，莫令染尘埃。"慧能禅师之悟道之偈曰："菩提本无树，明镜亦

---

[1] 冯达庵：《禅观随笔》，见冯达庵：《佛法要论》，宗教文化出版社2008年版，第215—218页。

[2] （唐）一行：《大日经疏·住心品》，《大正藏》第39册，台湾电子佛教协会，2016年，第603页。

[3] 〔日〕释运敞：《大日经劫心义章》，《大正藏》第19册，台湾电子佛教协会，2016年，第20页。

非台，本来无一物，何处惹尘埃。"神秀之所见处，则菩提与烦恼为二，必断烦恼，乃证菩提，故渐次修证。慧能之所见处，则以"本来无一物"毕竟空之理为极致，尚未达圆理，又遮断文字，故不谈声字即实相之真理，是以南北宗禅，皆摄三乘教之分齐也。①

对权田此番论断，王弘愿在翻译时曾略表微词，他在段落之后的注文中解释道，禅宗初入中国时法式未备，不妨称作"三乘禅"；入于中华之后，"逐渐与华严等一乘教相感化，接近圆理之一乘禅，学者虚心而求之可也"②。在王弘愿基础上，冯达庵将"法式未备"之禅，判为宗门第二句，而以"极无自性心"当第一句。在《大日经疏》中，"极无自性心"本"摄《华严》《般若》种种不思议境界"，《十住心论》即承袭此说，以其指对华严宗。除了用它指对华严，在《大日经疏》中还曾不点名批评某种学说："或有说言，但观心性无相无为。不应种种纷动行菩萨道。此说非也……故不应未得谓得。保初心为极果也。"由于极无自性心又被称为成佛之"初心"，故辽代觉苑法师认为善无畏所批评的就是禅宗内的"泯绝无寄宗"。泯绝无寄宗位列宗门第二句之无生禅，冯达庵认为，见性禅"若从文字上研究，几与无生禅莫辨"，结合自身修证以及"二空真如"之法理，他认为"或有说言"一段，应指宗门第一句，即"直显心性宗"。理清了禅、密关系后，冯达庵进一步指出，禅宗之见性成佛，则指破除情识后之果位，由于"二

---

① 〔日〕权田雷斧撰，王弘愿译：《密教纲要》，潮安刻经处流通本，第18—19页。
② 〔日〕权田雷斧撰，王弘愿译：《密教纲要》，第21页。

严未具，净种未熏"，若要入金刚初心证等觉位，须进修胎藏界法，而后还要进一步修金刚界法以入金刚后心证妙觉位，至此方称究竟！因此，禅宗成就可称是入金刚法界之因，为大日宗（胎藏界法）之正机。①

冯达庵之得入第一句，乃由禅密二宗修习而来；他"志不欲盘桓于是，但急求向上，实践即身成佛之旨"。在其带领下，大梅堂兴起研究密教之风，密宗名词"几为此都人士之普遍观念"，新的密宗道场"解行精舍"应运而生。

1932年夏，解行精舍楼阁竣工，7月17日，王弘愿受解行精舍信众邀请，在六榕寺举行"壬申法会"，主传金刚界法，为满足新增信众需要，亦兼传胎藏界法及结缘法。开幕之日，将发行特刊，王弘愿在所撰序言中，列举了密教十项殊胜之处，其中明确涉及禅宗者有：（1）教主之不同而殊胜也。密宗以毗卢遮那佛为初祖，其他诸如禅宗、华严宗、天台宗、三论宗等皆祖菩萨，"未有能以佛为祖者也"。（2）教义之不同而殊胜也。诸宗但能说一切众生皆有佛性，"即心即佛"而已，曾不许"即身成佛"，唯有佛之性理，曾不显佛之相形。独密宗中有即身成佛之法，"以父母所生肉身，证得本觉毗卢全体也"。（3）真言梵文之不同而殊胜也。他宗以声尘为无常，如来说法无非标指以显月，禅门等龙象见月忘指，然后修持乃有大功。密宗则以声字即是"实相"，受持真言而念诵相续，已为成佛之正因。（4）法则之不同而殊胜也。他宗直趋无上菩提，必以戒、定、慧三学。律宗明戒相，严律仪，教

---

① 冯达庵：《禅观随笔》，见冯达庵：《佛法要论》，第215—218页。

家正法数名句，论难抉择，禅宗凝心修行，直契当下为宗。然而，末代众生根机劣弱，不堪三学修炼，难以相应。密宗方便多出，息灾除病，富贵显达，兼为众生利济之方。[①]

王弘愿因不满于外界对密宗之种种打压[②]，故所言多侧重于显密差别，突出密宗之殊胜，而解行学社则更强调"显密一如"。汤雪筠在宣言中讲道，解行精舍负有"显密双弘"之使命：（1）从祖师化迹言，密宗之"初祖"（应为三祖）师龙树菩萨，曾深入龙宫取出《华严经》，为华严宗初祖；其所著之《中论》《大智度论》《十二门论》为三论宗重要典籍，故又为三论宗初祖；天台宗慧文法师因于《大智度论》悟"一心三观"之理，开法华宗，故天台宗又奉龙树为始祖；根据禅宗传承，龙树为西天第十四祖；考其化迹，固无分显密也。现今应秉龙树祖师之愿力，负显密双弘之使命。（2）从佛学原理而言，华严宗演"现象与现象互相融摄之无尽缘起"之理，天台宗提倡"一念三千"，三千互融，自在无碍，与华严宗同。密宗"六大缘起"，一切皆为六大所造，从事相上显万有同一之理，与天台之一念三千、华严之四无碍法界，其途虽异，其归则同。在成佛理论方面，禅宗由一行三昧而致妙用现前，心佛众生三无差别；净土宗之净念相续，生、佛一片；密宗之三密加持，即身成佛，均不外"现相与本体合一，终至现相与现相合一，而合于华严之四法界"。如图9-1所示：

[①] 王弘愿：《解行精舍特刊序》，《解行精舍特刊》，见黄夏年主编：《民国佛教期刊文献集成补编》，第46卷。

[②] 李郑龙：《近代佛教界显密纷争的再探讨》，《中山大学学报（社会科学版）》2015年第2期，第74页。

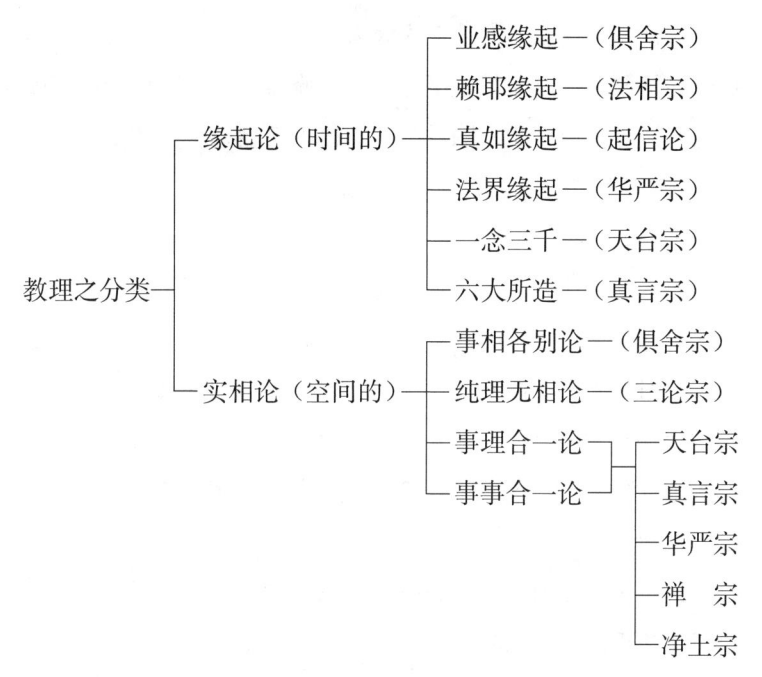

```
                            ┌─ 业感缘起 ─(俱舍宗)
                            ├─ 赖耶缘起 ─(法相宗)
              ┌─ 缘起论(时间的)─┼─ 真如缘起 ─(起信论)
              │             ├─ 法界缘起 ─(华严宗)
              │             ├─ 一念三千 ─(天台宗)
              │             └─ 六大所造 ─(真言宗)
教理之分类 ─┤
              │             ┌─ 事相各别论 ─(俱舍宗)
              │             ├─ 纯理无相论 ─(三论宗)
              │             │                    ┌─ 天台宗
              └─ 实相论(空间的)─┤ 事理合一论  ├─ 真言宗
                            │ 事事合一论  ├─ 华严宗
                            │                    ├─ 禅  宗
                            │                    └─ 净土宗
```

图 9-1 显密教理如一示意图

此后，汤雪筠再次强调，法界缘起、一念三千、六大所造，"悉属于真如缘起，数者融合贯通，须作一理观之。基此原理，可见各宗实无轩轾"。(3)从众生根机而言，众生根机万殊，故佛法有八万四千法门，如来布教不能不权分显密，故须显密双弘。[①]

解行精舍开幕时虽有"异论"，诸公亦在"和而不同"之列，法会期间可谓盛况空前，进展十分顺利，天公也来助兴。8 月 15

---

① 汤雪筠：《解行学社建立解行精舍后所负之使命》，《解行精舍特刊》，见黄夏年主编：《民国佛教期刊文献集成补编》，第 46 卷，第 104—111 页。

日为佛欢喜日,王弘愿率领众人修盂兰盆供,以光明真言超度幽冥众生。是夕,淫雨霏霏,漫天如墨,倏然,花塔再放光明,咸以为瑞,纷纷以诗纪之。除塔外,六榕寺名胜颇多,其中有宋代六祖紫铜法像一尊,王弘愿瞻礼之余,发生感想:

> 六祖为唐新州人,即吾粤人也。有唐时代,佛教兴盛,诸宗并起……禅宗以心传心,不在语言文字,慧光远照,普及全国,垂千百年……由是而言,则唐后中国之佛教,可谓为六祖之佛教,可谓为广东人之佛教也。今本人来广州,是为重兴密教。密教之在今日,正如春芽怒生,行将普及。本人比于六祖,不足为其厮养舆台,然希望诸大士勤修三密,得至悉地则推行有力。使他日之编佛教史者,亦谓密教自广州远及于全国如禅宗也。①

王弘愿在表达了对六祖的景仰之情后,对密宗"即身成佛"与禅宗"即心成佛"之异同进行了分析。他指出,密宗即身成佛之义有三,其中"理具成佛"谓众生之性体,本具足佛之智慧德相,其理与禅宗即心成佛相同,不过密宗更进一步。显教以心为本,以色为末,故四大本空,为因缘和合之妄尘。而密宗则说地、水、火、风、空、识六大法性周遍法界,且彼此容摄无碍,一一各具六大法性。因此,凡夫之体性与佛之体性互相交摄,我身周遍法界,佛身在我身中,故我身即佛身。凡夫与佛体虽不二,但

---

① 王弘愿:《开示辞》,见王弘愿著述,于瑞华主编:《密教讲习录》五,第293页。

相、用悬殊，须勤修三密，以期加持成佛，进而显得成佛。[1]

8月22日夜，王弘愿乘船返回潮州，解行精舍公赠以序，大意为佛教各宗权实顿渐，不必从同，本社不拣宗派，随机弘扬。目前学密乃"群机所向"，故组织壬申法会为弘法之先声。王大阿阇梨道德学问，为人钦敬，同人唯以精勤修法为祝云云。

密教的兴起，带动了广州信众的学佛热情，客观上促进了寺院的维护：六榕寺花塔得以重修，大佛寺也成立了重兴委员会，其他精舍、念佛会亦纷纷建立。1935年，广东省参议员梁锡鸿（曾受胎藏界灌顶）提出"保存全省宗教寺庙"议案，其义有二：（1）人民信仰自由受宪法保护，寺庙为举行宗教之场所，不能任意拆毁、占用。（2）一国之文化表现于古迹之中，寺庙大多历史悠久，为一地之名胜，保护寺庙即是对历史文化之尊重。拟请省政府严申禁令，对奉行宗教之寺庙，盖不得拆毁占用，被占之寺庙请交还原有之住持。[2] 梁氏之提案发心甚好，不过在现实中，寺庙之维护除了要有良好的政策，更需要得到"权力者"强有力的支持。

第三节　岭东佛学院的创办和《人海灯》的创刊[3]

岭南第一间佛教院校——岭东佛学院的创办以及佛教期刊

---

[1] 王弘愿：《开示辞》，见王弘愿著述，于瑞华主编：《密教讲习录》五，第294—296页。
[2] 陈其杰：《广东省参议员梁锡鸿提议保存宗教寺庙之原文》，《佛学半月刊》1935年第100期，见黄夏年主编：《民国佛教期刊文献集成》，第50卷，第474页。
[3] 这一节是在达亮法师的初稿基础上修改而成，对达亮法师的大力支持深表谢意。

《人海灯》的创刊，在清末民初岭南乃至中国佛教禅宗的发展历程中，也是一大盛事，在禅宗史上占有一席之地。

一、岭东佛学院的创办

近代中国佛教的复兴，主要表现在佛教人士积极从事佛学研究，创办各种佛教文化教育机构，推动佛教文化的发展，近代高僧太虚大师（1889—1947）是代表人物之一，又是近代佛教复兴运动的领袖之一。

1922年太虚法师始建武昌佛学院，使海内群才，咸归大冶，风声所树，举国咸钦。至武昌佛学院开幕，兴僧教育之势日增，在中国近代佛教史中放出一道曙光。故时人比武昌佛学院为佛教中的"黄埔学校"，诚为我国佛教复兴史上最有价值的一页。此后，各地"闻风而起，兴僧教育"，如闽南佛学院、九华山佛学院、河南佛学院、四川佛学院、汉藏教理院等学院相继成立。岭东佛学院就是在这一潮流的激荡下诞生的。

岭南是中国佛教禅宗的重镇，被喻为岭东的潮汕地区，则是岭南佛教禅宗的重镇之一。民国时期，当地佛教界已意识到人才培养和教育对复兴佛教的作用和意义，民国十二年（1923）3月13日（农历二月十九日）开元寺成立"岭东佛学院筹备处"[①]，以弘扬佛法，提高佛教缁素的佛学知识水平，培养合格的佛教僧才，

[①] 静贤：《佛学与人生之关系——在岭东佛学院讲》，见达诠主编：《人海灯》第一卷，中西书局2011年版，第10页。

他们曾先后多次礼请德高望重的高僧大德来寺弘法讲经：

> 民国二十一年（1932）冬际，因本院副寺澄弘法师，由闽南佛学院毕业归来，鼓吹兴学，教育僧材（才），振兴佛教；当下得其同志从礼法师，极力赞许，遂商之本寺退居智臻和尚，住持精光和尚，福来和尚，根宽监院，纯寂监院，纯密阿阇黎，及合寺两序大众等一致赞成通过，并公推智臻退居和周觉心居士，亲往厦门，恭请太虚大师，莅潮宏法，并要求为本院院长，指导一切。①

> 民国二十一年冬天的时候，开元寺有头脑崭新的福来、从礼、澄弘三上人，觉悟到欲兴岭东一带佛法非请太虚大师来潮弘法不可。遂开元寺全体大会征求意见，后来大众一致赞成了，乃特推代表数人赴厦恭请太虚大师莅临潮弘法，承大师不吝玉趾，慨然命驾。②

1932年12月，时任汕头岭东佛教会会长的释根宽和尚与潮州开元寺退居住持智臻和尚、在任住持精光和尚等恭请当时的中国佛教学会会长太虚大师到潮汕弘法。他们公推澄弘法师等为代表到福建厦门南普陀寺迎接太虚和尚法驾。12月10日，太虚法师与南普陀寺前任住持会泉法师等一行抵汕，他先在汕头岭东佛教会讲经三天，接着在开元寺宣讲《佛法与爱国》《十善业道经》《心

---

① 法幢：《由中国僧人集团讲学精神之检讨说到岭东佛学院筹备之经过》，见达诠主编：《人海灯》第一卷，第9页。

② 大本：《两年来之开元寺》，见达诠主编：《人海灯》第二卷，第622页。

经》《阿弥陀经大意》《诸法缘生无自性》《大悲心略义》等,法会隆重。

1933年,太虚大师在潮州开元寺全体僧众的强烈请求下,正式创办岭东佛学院,亲任院长,并令弟子大醒法师负责并主持教务,后因大醒法师负责编辑武昌《海潮音》,改由寄尘法师主持其事。再后来,静贤法师来岭东佛学院任教任职。经过多方努力,1933年10月9日,"潮安开元寺所创办之岭东佛学院,于十月九日下午一句钟,在该院大讲堂举行开学典礼"[①]。太虚大师亲笔题写了"岭东佛学院"校名。学院教职工十一人(其中法师九人)。"本院教学常年费用,由开元寺住持负担一半。"[②]

岭东佛学院首届学僧二十五人,年龄最大者二十五岁,最小者才十五岁,分甲、乙两班,甲班学制程度同于初中,乙班学制程度同于高小。

主要课程 每日授课六小时,共分三大类:(1)佛学课程,包括百法、沙弥律、佛学概论;(2)朝暮课诵,即行持课;(3)世俗学科,包括国文、历史、地理、艺术、作文等。

作息时间 佛学院把一般的学校教育与寺院出家僧人的修行结合起来,每天的作息时间如表9-1:

表9-1 岭东佛学院作息时间表

起床	早殿	早餐	上午三节课	午餐	下午一节课	晚殿	晚自修	养息
3:30	4:00—5:30	6:00	7:00—10:00	10:30	13:00—16:00	16:00—17:30	18:30—20:30	21:00

[①] 马楚生:《岭东佛学院开学典礼记盛》,见达诠主编:《人海灯》第一卷,第18页。
[②] 智诚:《岭东佛学院近况之报告》,见达诠主编:《人海灯》第一卷,第35页。

奖励办法 为了鼓励学僧学习的积极性，佛学院制定和实施奖励办法，学僧凡月考平均分数八十分以上者奖二元，七十分以上者奖一点五元，六十分及格者奖一元。①

岭东佛学院甲乙两班于1934年"二月二十九日正式开学"②，至4月份，"本院本学期曾招受插班生二十名，顷已满额"③。第二学期，又续招学僧十五人，学僧年龄最大者二十九岁，最小者才十七岁；学习的佛学课程增加了心地观经、俱舍论、佛学初等课本、密严等，朝暮课诵（行持课）不变。④7月，岭东佛学院"继招闽粤籍乙班插班生十名，年龄在十八岁以上二十五岁以下"，考试课目"分作文问答二种，随到随考"，开学时间为当年9月10号。⑤由此可知，岭东佛学院至第三学期共有学僧五十人。

岭东佛学院的课堂生活，学僧觉成有这样的描述："我们的课堂，在开元寺藏经楼的东首，面南背北，虽则是年久失修不适时代的古屋，可是伟大的高楼，富有古代建筑美的味儿。""金黄色的学僧书桌"，"教师上台了，大家行礼就座"，"课程的科别，分为佛学国文史地等科目，这也就是我们课堂里生活的要素"。⑥

岭东佛学院第一届培训班得到退居住持智臻老和尚和时任方丈福来和尚鼎力支持。当时全寺常住及佛学院师生近百人，呈现出一派革旧鼎新、朝气蓬勃的景象，是继乾隆年间密因和尚中兴

---

① 智诚：《岭东佛学院近况之报告》，见达诠主编：《人海灯》第一卷，第35页。
② 《佛教新闻·潮安》，见达诠主编：《人海灯》第一卷，第146页。
③ 《岭东佛学院启事》，见达诠主编：《人海灯》第一卷，第196页。
④ 隆祥：《岭东佛学院本学期概况报告》，见达诠主编：《人海灯》第一卷，第291页。
⑤ 《岭东佛学院招僧通告》，见达诠主编：《人海灯》第一卷，第294页。
⑥ 觉成：《我们的课堂里的生活》，见达诠主编：《人海灯》第一卷，第192—193页。

开元寺后又一次鼎盛时期。

1935年6月，首批学僧圆满毕业。这批学僧，成为各地振兴佛教的骨干。1936年春，浙江湖州白雀山法华寺开办佛学院，即延聘岭东佛学院毕业生隆祥、大本二法师主持其事，并任该寺监院。南京栖霞山寺组织栖霞律学苑，也礼请岭东佛学院毕业生觉成法师、心海法师（1936年6月闽南佛学院举行第五届毕业典礼，法师曾是本届学僧）主持教务。这说明当时岭东佛学院培育的优秀僧才，已能担起兴办佛学院的重任了。

1935年5月，岭东佛学院第一届学僧毕业后，又组织了研究部，聘请太虚大师高足现月法师主持其事，兼任主任。研究内容为法相唯识系、法性般若系、小乘俱舍系、中国佛学系、融通应用系，各系均延请专门学者，分别指导研究，以资深造。融通应用系以院长太虚大师之学说为标准，其余四门择一或二研究。

佛学院第二届招生普通班三十名，年龄在十八至二十五岁间，于1935年9月1日开学。聘请东初法师为教授，此前已辞职的智诚法师，亦被岭东佛学院聘回，担任教授。[①]

然而，由于教职人员以及办学经费的短缺，学院的运转遇到了困难：

> 岭东佛学院开办以来，已近三年，今年（1936年2月）第一届学生已毕业，教务主任寄尘法师以闽南佛学院诚恳延聘乃辞职而去，其训育主任智诚法师则以县属庵埠灵和寺诸

[①] 《佛教新闻·潮州》，见达诠主编：《人海灯》第二卷，第673页。

大护法坚请,已俯就该寺主持,亦已辞职,至佛学教授窥谛法师为求深造起见,拟明正东渡日本,投考大正大学,专攻佛学。故岭院刻已由负发起人澄弘法师维持现状,如何续办?刻尚未定云云。[①]

同时,作为主要经济来源的开元寺田产已大为减少,至1931年,开元寺田产只剩六七百亩,每年所收租谷除供给寺僧食用外,所剩无几,以至入不敷支,须得住持负责设法弥补。为解决经费问题,佛学院临时组建"岭东佛学院董事会",依靠常住及院董等缁素的支持,佛学院得以维持僧伽教育。至抗日战争中日本陷落前后,时局纷乱,人心惶惶,经济萧条,院董们已无暇顾及佛学院教育事业,经济后盾从此尽失,经费难以为继,佛学院暂告停办。

1947年9月,智诚法师继开元寺法席,遂于寺内藏经楼恢复岭东佛学院,第二届培训班开学,至1948年结业。1948年4月,因种种缘由,智诚和尚辞职,岭东佛学院亦随之正式停办。

纵观岭东佛学院的发展史,自1923年"岭东佛学院筹备处"创办以来,走过了一条坎坷的道路。然作为岭南佛教界创办的第一所佛学院校,它的创立,标志着潮汕甚至广东佛教从传统丛林式教育向现代学院式教育转变的开始,在岭南现代佛教禅宗史上留下了重要的一页,具有深远的历史意义。

[①]《一月佛教·潮州》,见达诠主编:《人海灯》第三卷,中西书局2011年版,第1043页。

二、佛教期刊《人海灯》的创刊

民国初期佛教期刊的纷纷创刊，也是当时中国佛教界的一道亮丽风景。民国元年（1912）10 月《佛学丛报》创刊，是为中国佛教出版界始初的月刊，不过创刊一年半后就停刊了。民国七年（1918）10 月《海潮音》杂志创刊，它最初由《觉社丛书》季刊发行到第五期改称《海潮音》，刊名意取"人海思潮中的觉音"，"为民国近二十年来中国佛教惟一杂志"。自民国元年至民国十九年（1930），近二十年来中国佛教出版的报纸杂志大概有四十三种。[①]《人海灯》就是在这样的大环境下创办的。

1933 年 2 月，"闽南佛学院师僧合组厦门佛学研究会，意在启导厦门社会人民，同皈佛化，自成一清净乐土。爰先出一周刊，定名《人海灯》，副刊在厦门全闽新日报[②]上"[③]。也就是说，《人海灯》最早是 1933 年闽南佛学院教务长芝峰法师和教师寄尘法师等，在《厦门日报》曾办过的专门宣传佛教的副刊。芝峰法师曾说："人海灯这个名字，记得是我给它的法名……记得在五年前，我在厦门……想在厦门的日报上附种佛教的星期副刊……但没有多久，因印刷所及该日报主持者故意为难，没有几个月，就夭折了。"[④] 迨

[①] 参见慈渡：《二十年来中国佛教的出版界》，《海潮音》1932 年第 1 期，见黄夏年主编：《民国佛教期刊文献集成》，第 74—77 页。

[②] 创刊于清光绪三十三年（1907）八月十日，为驻厦门日本领事馆办，经费由台湾总督府拨款。

[③] 大醒：《〈人海灯〉发刊辞》，《海潮音》1932 年第 2 期，见黄夏年主编：《民国佛教期刊文献集成》，第 65 页。

[④] 芝峰：《我个人对于本刊的希望》，见达诠主编：《人海灯》第四卷，中西书局 2011 年版，第 1746 页。

第九章 衰落与重振

移汕头岭东佛教会（1924年成立）办为周刊，嗣后，该刊又被大醒法师归并于《现代佛教周刊》，"本刊始在厦门日报为副刊，继在汕头为周刊，后又曾归并于现代佛教周刊"①，但由于多种原因而停办。

1933年12月1日，潮州开元寺岭东佛学院复办《人海灯》为半月刊，目的在于集中全国的僧青年的力量，期以内容划一而代表最新倾向的刊物，供给一般爱好文艺的僧青年。自称是继承前两种副刊与周刊而来的复刊，《复刊宣言》称：

> 兹就人海灯的立场而言："人"是指人世间的竖鼻横目的动物，不问他是"红""黄""黑""白""稷"，只要是人，——只要是富于理性而秉着五官四肢圆颅方趾的人；不分种族，不分性别，都在其中。"海"是寓意，因人世间的林林总总，形形色色，无以名之，名之曰海。盖以海量宏深，所涵者广，故假借来形容罢！"灯"是能灼破黑暗而导人以光明的意义，以今日红尘滚滚，白浪涛涛的尘世，舍了甚深无上微妙的佛教佛法以外，是没有第二种的学问，可以配得上导人以光明的灯了！"复刊"以前曾在厦门日报出过附刊，汕头佛教出过周刊，因为人事的变化莫测，以致其寿命不能久延下去！今因时世的要求，机缘的凑合，改为半月刊又在潮州开元寺出版了！回忆前尘，应曰复刊。②

---

① 《本刊启事（一）》，见达诠主编：《人海灯》第一卷，第24页。
② 大公：《复刊宣言》，见达诠主编：《人海灯》第一卷，第3页。

每月一日、十五日出版，由岭东佛学院负责人寄尘法师兼主其事，通一法师为编辑。复刊号《人海灯》刊名为潮州邑人王显诏所题，止于第九、十期合刊。第四卷第七期封面题签由黄葆成先生所题。该刊主办者为汕头佛教会和潮州开元寺，第九、十期合刊改为单独主办单位，汕头佛教会不再为主办单位，编辑与发行者为潮州岭东佛学院，印刷为潮安城兴昌印务公司，第七期改为潮安卍字印务局。初期的《人海灯》杂志不分卷，1933年共出版了两期。1934年1月1日，《人海灯》第三期由潮州开元寺岭东佛学院出版，鼓吹革新佛教的人间佛教思想，该年共出版了二十二期，自第十一期才开始分卷。1935年5月15日，《人海灯》第二卷第十二期因经费拮据而停办。

"人海灯因'人''境'两种关系，乃单独迁至香港发行。"[①] 1935年通一法师受聘于香港东莲觉苑，是年6月1日，《人海灯》杂志自第二卷十三期起，由香港东莲觉苑接办，改为半月刊、月刊；第三卷第一期由半月刊（第二十四期）改为月刊，由东莲觉苑的导师霭亭法师任审定，通一法师任主编，香港林发印务公司印刷。由此，太虚大师并题书勉励《人海灯》于香港出版，"冥冥夜空，茫茫人海，灯塔远瞻，引登彼岸"。当年曾有多位民国初期的高僧都曾于《人海灯》上发表文章，如太虚大师、东初、竺摩老和尚、霭亭法师等，内容均为弘扬正知正见的佛法。

该刊迁香港后，一直是香港佛教文化的代表，成为当时香港地区最有影响的佛教刊物，使香港居民及佛教徒能够汲取佛教教

[①] 旧僧：《两年来僧教育兴衰之清算》，见达诠主编：《人海灯》第三卷，第977页。

化，在茫茫人海中，看到导人光明的"明灯"。这份刊物对于抗战前"烽火离乱"的香港贫家妇女的处境及人们彷徨的心态进行了适时介绍，并启发世人面临乱世临降，必须要有忧患意识，起到了很好的教育作用。后来，由于日本侵华战火快要蔓延到香港而停办，通一法师遂转南洋。

1936年元月1日，即第三卷第一期改为月刊，嗣后因经费不敷而停办。1937年4月1日，《人海灯》杂志社发表《本刊迁移宁波编发启事》：

> 本刊自在香港发行以来，瞬将三载，兹以编辑通一法师将之他方讲学，迭请辞职，故另聘芝峰法师接任主持一切，唯芝法师一时不能南下，本刊编辑发行只得全部移甬以利办事，兹定香港方面出至四卷五期止，第六期即由新址编发……编辑部 宁波慈溪鸣鹤场金仙寺 发行部 宁波南湖延庆寺。[①]

但后来《人海灯》发行部没有迁至宁波，而是迁到了上海。1937年6月1日，自第四卷第六期起，编辑部再迁至浙江宁波慈溪鸣鹤场金仙寺，由芝峰法师主编，上海西竺寺发行，亦为月刊，上海美成印刷公司印刷。其编辑方针也更加明确，欢迎新旧佛学之文章，及建设明日佛教之理论，若有新兴佛教建设，适于时代潮流的文章，亦所欢迎。《人海灯》"复刊"二年后又改为月刊，除增加封面扩充篇幅外，同时又刷新了内容：

---

① 《本刊迁移宁波编发启事》，见达诠主编：《人海灯》第四卷，第1700页。

该刊登出了在当时看来也是属于有争议的文章，例如对江苏宝华山寺的方丈做了深刻的批评，又如对闽南佛学院发生的学僧思潮，做了激烈的评述，将当时佛学院的教务长指斥为"饭桶"。太虚大师与圆瑛就中国佛教会改组的事情发生矛盾，圆瑛动用段祺瑞的关系，由段致书蒋介石，段祺瑞之侄段宏纲与屈文六等谒蒋面递，蒋介石致电陈立夫着令缓办，加上戴季陶不准过问佛教，使得圆瑛等人在上海最终变更了已在南京理监事联席会议通过的议决案，中国佛教会的改组运动终归失败。……由于该刊的强烈火药味，使得其在民国时期的中国佛教出版物中，占有一席重要地位。不过该刊在后期也逐渐变得圆滑一些，就事说事的味道少了，谈理论的成分多了，这种变化可能与受到的压力有关系吧。……该刊后期曾经由芝峰负责编辑，据说芝峰与会觉、亦幻诸人，假"天声"名，作《新佛教人物的检讨》，对太虚大师有所批评，招致太虚的不满，专门撰写《复罗阁青书》表达自己的看法。①

后以时局动荡不安，在上海仅出三期，于1937年8月1日停刊。至于《人海灯》停刊的原因，《海潮音》杂志上是这样报道的：

> 自抗战开始，各地佛教刊物，不因印费困难，则以报纸缺乏，除少数减页继续出版外，大都宣布停刊。如北平微

---

① 黄夏年：《人海灯·前言》，见达诠主编：《人海灯》第一卷，第3页。

妙声，北平佛化报，天津佛教月报，太原佛教杂志，上海人海灯，咸音，淮阴觉津杂志，厦门人间觉，均已先后停刊。……数年来如雨后春笋之佛教刊物，竟受战争影响相继夭折，实亦佛教之不幸也。[①]

1933年创刊的《人海灯》，作为一种佛教刊物，在民国期间，前期在非战时情况下，办刊时间不长，但几经迁址，由厦门至潮汕，至香港，至上海，出版周期由副刊至周刊，至半月刊，至月刊，至季刊，前后五易其地，五换主办者，五改出刊时间，且有一次迁在当时英辖区内，可见其创办历程之艰辛，在国内佛教刊物出版史上当是绝无仅有之事。

第四节　虚云来粤与禅宗之复兴

明末，憨山德清曾重振南华，事未竟而入灭。三百年后，时人目睹佛教之衰败感叹道："庄严伟大的寺庙已仅存破屋草庵了；深山胜地的名刹已变作上海租界马路上的'下院'了；憨山、莲池的中兴事业也只是空费了一番手足，终不能挽回已成的败局……中古宗教是过去的了。"[②] 李曙豪在《虚云和尚传》对南华寺当时的景况描述得更为详尽：

[①]《新闻与通讯·各地佛教刊物消息》，《海潮音》1937年第10期，见黄夏年主编：《民国佛教期刊文献集成》，第190卷，第470页。

[②] 转引自江灿腾：《根本与方便——追寻以憨山大师为主流的晚明丛林改革之路》，《丛林》1998年第3期，第12—18页。

南华祖庭已衰败,变成子孙庙。全寺房分五家,每家不过十人,但都不住在寺里,而是携家眷住在附近村庄。平日耕田种地,饮食衣着同俗人一样。连六祖殿看管香灯的僧人都归乡人管。每年二月、八月两次佛祖和慧能诞辰法会的所有收入,皆由乡村头人管理。非但如此,平日村民在南华禅寺内外,宰杀烹饮,赌博吸烟,人畜粪秽,到处可见。寺中殿宇年久失修,多已破败不堪。殿宇已倾,房屋破坏,只得盖搭葵莲竹屋以住众。当虚云和尚进入南华禅寺时,看到的除祖殿、灵照宝塔和苏程庵略为完整外,其余的大殿、堂宇以及方丈寮、僧房等大多是墙倒屋圮。天王殿门前的大坪中野草丛生,高能没人。大雄宝殿中的佛像虽然还在,可金身大多破旧不堪。六祖殿中供奉六祖真身的木龛,早已被白蚁蛀朽,六祖真身外披的金漆也是层层剥落。木龛之中,蛛丝弥漫,灰尘盈寸。木龛左侧供奉的憨山法师肉身还被推倒在龛旁。殿内杂物横堆,凌乱不堪。①

面对曹溪之衰败,广东各界积极谋求南禅祖庭的复兴。

一、李汉魂迎请虚云入粤

李汉魂(1895—1987),字伯豪,号南华,广东吴川县岭头村人。从1912年离开家乡入读广东陆军小学至1949年离开中国侨

---

① 李曙豪编著:《虚云和尚传》,暨南大学出版社2014年版,第57页。

居美国，近四十年戎马生涯，铸造其高大的将军形象。然恰是这样一位指挥千军万马、驰骋疆场、战功赫赫的将军，却自己明言："我信佛教，只因公务身，未能皈依佛门。"[1] 至晚年侨居美国终于如愿皈依佛门。李汉魂主粤时期，大部分时间寓居韶关，亲身目睹禅宗祖庭南华寺之惨状，故在整军经武之余，注重市政建设及古迹文物的保护，并把重兴南华以复兴广东佛教作为自己的职责。他于1934年4月迎请虚云入粤，重振岭南佛教禅宗。

虚云老和尚是当时中国佛教界的泰斗，一面旗帜，全国各地争相迎请。在李汉魂主粤前，广东军政要人曾两次邀请虚公来粤均未果。第一次是1918年李根源督办韶州军务，见曹溪祖庭荒芜而稍事修葺，函请虚公主南华："中华民国七年（1918）岁次戊午，云在滇南鸡足山时，李公根源督办韶州军务，修理南华寺，讯至滇，嘱云来主持斯事，云以鸡山因缘未竟，谢却之。"[2] 第二次是1928年，广东省主席陈铭枢面请虚公主持南华："民国十七年（1928）戊辰，云与王居士九龄同寓香港，时粤主席陈公铭枢，邀至珠江，亦请云住持南华。而先有海军部长杨树庄、方声涛等，以闽之鼓山寺，急待整理，派人挟伴云往。云以出家鼓山因缘，勿能却也，遂之鼓山。"[3] 婉辞陈铭枢之请。

1934年春夏间，广东僧人敬禅、之清、福果等人亲往鼓山，

---

[1] 王杰、梁川主编：《枕上梦回——李汉魂吴菊芳伉俪自传》，广东人民出版社2012年版，第17页。
[2] 虚云：《重兴曹溪南华寺记》，见能净协会倡印《虚云和尚自述年谱》，2003年，第120页。
[3] 虚云：《重兴曹溪南华寺记》，见能净协会倡印《虚云和尚自述年谱》，第120页。

数述南华之衰落，祈虚公前来重兴南华。当虚公犹豫之际，忽一夜三梦六祖，嘱其往南华主事："至民国二十三年（1934）甲戌四月，粤僧敬禅、之清、福果等，参礼鼓山，屡言粤中佛法衰落，祖庭倾圮，欲云赴粤中兴之。意未决，一夜连获三梦六祖，唤来南华。次日向诸人叙述梦缘，感叹希有。"① 数日后，接时任粤北绥靖主任的李汉魂的电函，诚邀虚公住持南华。经众人相劝，终于愿意来粤，但向李汉魂提出了三个要求：（1）六祖道场南华寺，永作十方丛林，任僧栖止。（2）宜征取原有子孙房众愿意交出，不可迫胁。（3）所有出入货财，清理产业，交涉诉讼等事，概由施主负责。② 李汉魂完全答应虚公的要求，并赋诗一首《请虚云老和尚住持南华》赠虚云，诗云：

> 载得高僧南渡日，正当斯寺中兴年。
> 潮音欲听人如海，衣钵初来劫似烟。
> 谁恫风波沈大地，应携花雨散诸天。
> 禅关寂寞吾犹羡，时觉钟声在耳边。③

又派秘书吴种石率广东及香港僧众十余人往福建鼓山迎迓虚公来粤主理祖庭南华寺。粤省军政要人三请虚公终以如愿，应了"事不过三"之俗语。

---

① 虚云：《重兴曹溪南华寺记》，见能净协会倡印《虚云和尚自述年谱》，第120页。
② 虚云：《重兴曹溪南华寺记》，见能净协会倡印《虚云和尚自述年谱》，第120页。
③ 李曙豪编著：《虚云和尚传》，第52页。

二、虚云重修南华寺和云门寺

在虚云和尚来粤入主南华前,李汉魂已对南华进行了修葺。对此,《新编曹溪通志》有较详尽的记载:

> 民国二十二年(公元一九三三年),以绥靖委员之衔率部驻扎韶关的李汉魂居士,治军之余也曾多次来到南华禅寺,看到寺中诸殿瓦破屋漏,墙塌梁歪,佛像不全,慨然而兴重修之愿。随即在广州发出倡议,联络名流,组织"重修南华禅寺筹备会",以筹集经费。李汉魂先生带头捐献巨款,霍芝庭、李宗仁、陈济棠、余汉谋等纷纷响应,慷慨解囊,捐款献物,同年九月,李汉魂先生特地指派自己的秘书吴种石负责南华寺修复工程的具体操办。工程耗时达年余之久,次年八月,方告一段落。①

李汉魂因重修南华寺而有《李汉魂将军重修南华寺记》存世:

> 释氏之入震旦。始于汉永平千八百余年矣。能师振锡。而南宗称盛。厥后衣钵不传。是南华实集佛教之大成。其声闻宏远。盖有由矣。夫因果之说。圣人不讳。释氏之广大深微。足以赅纳上智。显示诸象。足以警惕下愚。而中土存亡。亦能戒惧身心。旁辅政教。为智者辟禅悦之门。愚者导迁善

---

① 何明栋主编:《新编曹溪通志》,第490—491页。

之径。而其象教越世。开哲学之津涯。尤彰彰也。今大府倡存名胜。响之摧陷廓清者。咸命有司谋所以保存之。著为令。曹溪于南中国为名丛林。顾自唐龙朔而还。代远年湮。虽屡完缮。亦就荒圮。汉魂受命绥靖。典军韶关。治军之余。少得瞻仰。怃然兴重修之愿。爰征贤达酿资。逾二万金。且以广州筹备会之推责也不敢引辞。爰命秘书吴种石董其事。鸠工庀材。简员设计。因其地以结庐筑榭。辟曹溪林营。南华精舍。拓田园五百亩。艺花果千万株。草菜者芟之。剥食者新之。而斯寺以濯以显。经始于民国二十二年（1933）九月。越岁八月而工竣。更捐廉奉大藏经。复祖殿为藏经阁。造储宝橱庋法物。以永其传。且礼请虚云老和尚来主是寺。於戏。宏宗阐法。非汉魂钝根所敢闻。他日祇园永茂。华实增繁。嘉树成林。民生少补。寓胜残于去杀。期解甲以销兵。庶不负斯举欤。谨以厓略志于石。与事捐助。例得另书。

吴川李汉魂记
民国二十三年八月[①]

虽然李汉魂对南华寺做了修葺，但只是小修小补，南华寺破败之象未有大的改观。所以，当虚云和尚入主南华后，目睹祖庭颓废之状，觉得非推倒重建不可，然若重建则耗时耗资。为此，虚公与李汉魂进行专门商议。虚云在述此事云：

---

① 李汉魂：《李汉魂将军重修南华寺记》，见能净协会倡印《虚云和尚自述年谱》，第97—98页。

（虚云）谓李公（汉魂）曰："此事实费踌躇，贫僧力薄，恐不胜任矣。"李公曰："何谓耶？"云曰："此系宇内名胜祖庭，今颓废若此，非掀翻重建，不足畅祖源而裕后昆。若作成次序如法，亦非历数年工程，费数十万金不办。贫僧安有此力哉？"李公曰："师勉任之，筹款我当尽力耳。"①

李汉魂在自传中也提及此事：

记得我和大师筹商修复计划时，他问我："是否赞成完全拆除改建？"我回答说："重建的是否有把握比修复的更好？"大师当即告我："我只问你许不许我拆，请你不要问我有无把握重建。我一九十余岁的贫僧，不敢说有把握，只知该做的事便当去做，做得一寸是一寸，做得一尺是一尺。凡应做之事，自己不能完成，也一定有人继起。"②

1934年夏，虚云一行入山，八月初二，虚云在憨山大师座前捻香云："今德清，古德清，今古相逢换了形。法运兴衰听时节，入林入草不曾停。"③虚云有此感叹，不仅在于二者同字"德清"，而且他对曹溪的建设基本上参照了憨山的方案，二者有明显的继承、发展关系：

---

① 虚云：《重兴曹溪南华寺记》，见能净协会倡印《虚云和尚自述年谱》，第120—121页。
② 王杰、梁川主编：《枕上梦回——李汉魂吴菊芳伉俪自传》，第45页。
③ 虚云：《南华寺进院升座法语》，见净慧主编：《虚云和尚全集》第一册《法语·开示》，中州古籍出版社2009年版，第83页。

一、驱恶棍以洗腥秽：当初憨山清理宝林，取缔屠门酒肆，主要依靠总督戴耀的支持。当戴耀于1608年离职后，憨山因"无特殊的权威作为护盾"，即被寺僧诬告，最终因此离开。虚云入山时，所见与憨山不殊："圣地道场，变作修罗恶境，祖庭成牧畜之所，大殿为屠宰之场，方丈作驻兵之营，僧寮化烟霞之窟，菩提路列为肉林酒肆，袈裟角现舞衫歌扇，罪秽弥伦，无恶不作。"在李汉魂及地方政府支持下，切实严禁，督警驱除，"与之争持，历三四年乃扫除净尽。"

二、培祖龙以完风气：当年六祖慧能向陈亚仙借地扩院时，陈氏就说曹溪之地"乃生龙白象之来脉，他日兴造，只可平天，不可平地"。憨山重兴祖庭，首先即整修已断之山脉，意欲填筑龙潭，统一各家方位，纠正山向。虚云认为，自憨山以后，历次修缮者，不审山脉，削去靠山，在风水格局上非常不利："使飞锡桥水直冲寺后。形成洗背水。此一忌也。龙潭之右小冈。形似象鼻。系寺内之白虎山。挖断数处。包围不密。缺乏遮蔽。此二忌也。外往浈溪路之山坳。破缺多处。正当北风。又无丛林掩护。此三忌也。寺之前后靠向不正。旧日头进山门。即在现今西边大樟树林内。中有深坑。如现今之曹溪门前。墓地丘陵起伏。秽积乱葬。坎坷寓目。幽明不安。此四忌也。云海楼下之井。名罗汉井。在旧天王殿西边。井右有一高坡。逶迤达天王殿门口。成为白虎捶胸格。此五忌也。寺后大山。虽号双峰。其实太弱。更因寺之坐靠。不依正主。以凹洼为背。是以子孙日渐衰弱。"入山不久，虚云相度全山形势，又结合历史经验，制定了曹溪整体建设的蓝图。1935年，在基建方面，曹溪完成了"更改河流以避凶煞""更正山向以成主体""培山主以免坐空及筑高左右护山以成大场局"等改造工程,结果是寺前林木葱郁,沙环水带,靠山牢固,望之俨然一清净道场。

三、清丈界址以保古迹:为明确寺院疆界,以防侵占,1936年,虚云请省府令行派员履勘划界并绘图立案,出示晓谕。界址明确后,南华寺得以照图管理产业。

四、增置产业以维常住:针对奸僧盗卖寺产的问题,虚云之设想与憨山颇相似,即"拟先清理产业,调验契据,如无红契,而属寺产者,不容侵占。有红契而原属寺产者,准以七成赎之"。正计划中,而时局屡变(抗战爆发),风波动荡,收回旧业无从进行。直至1939年,连赎回及新买之稻田若干亩,每年租谷数百担,至是常住始有粒食可靠。

五、新祖庭以尊瞻仰:由于长期未得到修缮,宝林道场破败不堪,虚云任主持十年间,不断增修殿宇,尽力庄严道场。1936年,新建大雄宝殿,"外像象王之居,中施狮子之座,塑五丈高金身大佛三尊。迦叶阿难二尊者侍侧。四周塑五百罗汉。左右文殊普贤二菩萨。座后塑观音大士。使寻声而至者。觌面相呈。慕曹溪而来者。饱尝而去"。此后又陆续修建曹溪门、四天王殿、香积厨斋堂、库房、宝林门、建钟楼、报恩堂、伽蓝殿、藏经楼、禅堂、念佛堂……经十年建设,重新祖庭,始成具体。

六、传戒法立学校以培育人才:在人才培养方面,虚云以《百丈清规》为依据,订立条约,严肃纲纪。虚云素认为,佛法坠落,僧尼不振,归根结底,皆又戒律不振导致。广东僧界,于戒学极腐败,故从1936年始,南华寺每年春定期传戒,各处求戒者益众，广东僧界渐有新风。1943 年，南华寺又成立"学戒堂"，教导青年僧伽学习律藏。

七、创禅堂安僧众以续慧命：岭南禅法之衰，前文已多述及，密宗讲禅，是作修密之方便，直到虚云来粤，禅宗才正式有专人传法。彼时，六祖顿教道场，寂寞久矣。虚云乃造禅堂，定香数，发警策，下钳槌，"冀其磨炼身心，渡已渡人，以续我佛慧命"。禅堂建好后，虚云和尚每日"早晨四时即起，领众上殿念经。早、午、晚同大众在禅堂静坐，每次坐香一炷。冬天，打禅七二十一天或三十五天，这期间法师每日三点半起床，在禅堂行行坐坐，一直到晚上十一点。每天晚间讲佛法，指示修行的方法"。

总的来说，虚云在原南华寺的基础上，"相度全山形势"以及南华寺的坐向，重新规划，"绘图参酌"，形成以大雄宝殿为重心的川字结构布局。①

重修南华寺最大的困难当是经费，所以李汉魂除了自己捐资，还利用一切机会争取各界的支持，甚至其夫人吴菊芳也参与劝捐："李汉魂对虚云嘉许备至，凡是西北区各县长来韶关，李汉魂必赞虚云'笃佛道高'、'手足胼胝'，南华之赖以兴，虚云力也。各县县长也体会到李汉魂之'扶道意殷'，于是争相捐助，如果有携带家眷的，吴菊芳也劝他们捐助。虚云预算的二三十万元，已陆续达到。……广东法界中有一个叫赵士北的人，喜欢禅学，与香港佛门人物接触频繁。……赵士北已知李汉魂倡修南华殿宇，于是

---

① 古德清对南华寺的改革，参见江灿腾：《晚明佛教改革史》，广西师范大学出版社 2006 年版，第 139—149 页。今德清对南华寺的改革，参见虚云：《重兴曹溪南华寺记》，见净慧主编：《虚云和尚全集》第五册《年谱》，中州古籍出版社 2009 年版，第 146—156 页。

函港、澳交好助振'宗风'。"① 同时，虚云也运用其社会影响力筹集了不少资金，确保了南华重修的开展和最终完成。

虚云老和尚与李汉魂合力重建南华，从1934年筹划算起至1944年基本竣工，历时约十年，"相继新建大雄宝殿、天王殿、虚怀楼、香积厨、斋堂、藏经楼、方丈室、祖师殿、功德堂、报恩堂、钟鼓楼、禅堂、观音堂、如意寮等殿宇房舍二百四十三楹。重塑大小佛像六百九十尊。使南华禅寺建筑群体，一改为以大雄宝殿为重心的川字型布局。气势雄伟、次第庄严"② 有着千余年悠久历史的南禅祖庭又以崭新的面貌展现在世人面前。

虚云在住持南华期间，曾往重庆主持"护国息灾法会"。彼时，正值抗战相持阶段，有传闻日寇为早日打败中国，竟请高野山修"降伏法"。国民政府中信佛之高层闻之，遂向蒋介石商议，以"神道设教"举办息灾法会，亦可激发民众抗战意志。③ 于是1942年冬，国民政府主席林森派屈映光、张子廉到南华寺，请虚云主持政府在重庆举办的息灾法会，虚云欣然命驾，遂有西南之行。所谓的"护国息灾法会"，举办地点在重庆南岸狮子山慈云寺，法会共七七四十九天，至1943年1月26日圆满。法会共有显、密两坛，上午显坛由虚云主持，修《大悲忏》；下午密坛由贡噶呼图克图主持；为满足信众需求，闲暇之余，两位主持人亦兼传法讲道。1月17—19日，虚云应慈云寺之请，为信众作开示，

---

① 李曙豪编著：《虚云和尚传》，第60页。
② 释传正主编：《南华史略》，中国社会科学出版社2002年版，第209页。
③ 南怀瑾：《序说虚老年谱致净慧长老》，见净慧主编：《虚云和尚全集》第五册《年谱》，第134—135页。

其旨有三：(1) 学佛者，要熟读《楞严经》，此经十卷，"初四卷示见道，第五、六卷示修行，第八、九卷渐次证果，最后并说阴魔妄想"。按照此经修行，大有利益。(2) 东密、藏密，现今风行一时，一般信众以为其特长在于"能发种种神通变化"，而神通属于用功过程，岂可立心希求！有此用心，岂能契无住真理？故《楞严经》五十种阴魔，均须识取，警惕步入魔道。(3) 藏密可以吃肉，与佛法慈悲之旨相悖，望修行人严格持戒，保养慈心。①

从重庆归来后，虚云因感于往日所睹云门寺之破败，遂于1943 年冬将南华职务交弟子复仁住持。由李济深、李汉魂等护送至云门驻锡，重荷中兴艰巨之任。

1943 年，虚云初到云门时，寺产已被乳源县立中学校长毛润峰欺占。为解决此事，虚云曾请各级政府彻底查究归还寺庙。省府下面的主办机关，原属于教育厅，只是站在维护教育产业的立场，民政厅不过例行会签，纯以教育厅的意见为意见。上面尽管接连交办，下面绝对坚持不变。故前后七年，经过粤省府好几任主席，都感爱莫能助。1949 年 9 月，时任寺庙监督主管部司的司官张剑芬，从报纸上看到云门大觉禅寺的诉讼，出于护法之诚，遂主动出面奔走。经过辛苦交涉，省政府同意将云门寺产一事，由教育厅转移民政厅办理，并令曲江区行政督察专员公署派人实地调查。张剑芬见事情有转机，又告假前往曲江，协助调查员陈某办理此事。在调查归途中，毛润峰率众截住二人，陈某在利益

---

① 虚云：《民国三十二年一月十九日开示》，见净慧主编：《虚云和尚全集》第一册《法语·开示》，第 138 页。

诱惑下，推翻调查结论，后经张剑芬据理力争，在曲江督查龚楚君的支持下，得以将实情上报省府。① 还未等到省府处理意见下发，曲江已被"解放"，10月，解放军攻占广州，不久全省解放，云门寺产之解决遂不了了之。

虚云在云门寺之经营，大致如下：（1）恢复祖庭云门山禅寺；（2）购置田产，农禅并重；（3）制定规约，整顿纲纪；（4）传授禅法，培养僧众。② 虚云日不暇给，四方佛徒慕名（亦避乱）而来者络绎不绝，寺院佛教因之日渐完善，禅法亦得到弘扬。他身为禅宗大师，所提倡的禅法，不拘宗派，运用灵活。参禅本离心、意、识，兹勉强将其对初参之开示，概言如下：

参禅的目的在"明心见性"，去除内心的污染，洞见本来面目。先决条件要深信因果，严持戒律，对参究要坚固信心，下定恒心。道心坚固后，"万缘放下，一念不生"，待自性光明全体显露，方可用功参究。参究方法主要是参话头，其入手处，关键在于认识"宾主"。自性为主人，妄想为客，初心人先认清了主与客，自然不被妄想迁流；进而明白自性的"澄清寂然"和妄想的纷扰流动，则妄想自不能为阻碍，至此，用功方有着落。参话头中所谓的"话"，就是一问句，如"念佛是谁？""父母未生前，如何是我本来面目？"所谓的"头"，就是心（第六意识）中此话之作意未生起前的状态，又称作"一念未生"或"不生"；行者觉知此状态而不昏沉、无记，叫作"不灭"。时时刻刻，一念回光

---

① 参见张剑芬：《云门寺产纪事》，见净慧主编：《虚云和尚全集》第五册《年谱》，第194—196页。

② 冯学成：《云门宗史话》，第321—323页。

这"不生不灭"就叫作"看话头"。看话头,要起"疑",因为话头是问句,行者就要住于此"疑情"中。初起疑时,静中收效较好,故要配合坐禅。疑情不是一般疑问,真要去寻出个答案,而是作为看话头的手段,以轻微之疑情保持意识的觉知,将散乱之心集中于一念,既不散乱,也不落无记(什么都不想)。功夫纯熟时,念头不由作意,自然而起,精力只在此一念,因而看到不生不灭之清净心,当下五蕴皆空,身心俱寂,是为"真疑",至此参究方到真正用功阶段。真疑起后,切勿自满,在绵绵密密中做功夫,时节一到,打破疑情,自然根尘脱落(宗门谓之破参)。[①]

虚云来粤重兴南华、云门诸名刹,对岭南佛教禅宗的复兴和发展居功至伟:

首先,广东乃至中国佛教的复兴和发展先有赖于教界人才,其中领军人物(宗教领袖)的作用是决定性的。在当时的中国佛教界,虚云老和尚无疑是一面旗帜,且在社会各界的影响力甚大,他到哪里,哪里就可能成为中国的佛教中心,四方信众就会向之聚集。所以,全国各地都争相邀请虚云,如上文所述,1928年广东省主席陈铭枢面请虚云时,却已被福建方面抢先一步,"不由分说"地"派人挟伴云往",住持鼓山。李汉魂能请来虚公,不论其是内在因缘还是何种缘故,对广东佛教的复兴和发展的作用是不言而喻的。事实上,自虚公入粤后,就以过人的勇气和担当精神,修祖庭(南华、云门),肃教规,育人才,传经义,驱流棍,革积

[①] 虚云:《参禅的先决条件》《参禅法要》,见净慧主编:《虚云和尚全集》第一册《法语·开示》,第157—173页。

习，保古迹，置产业，经过十年的辛勤耕耘，岭南佛教面貌一新。

其次，祖庭、道场的兴衰是岭南佛教的标杆。南华寺是南禅祖庭，六祖慧能的道场，六祖慧能真身的供养地，素有"东粤第一宝刹""岭南禅林之冠""禅门洙泗"之誉，在岭南乃至中国佛教拥有崇高的地位。云门寺是南禅五宗之一云门宗的祖庭。所以，在千百年历史进程中，南华、云门兴则岭南佛教旺，南华、云门衰则岭南佛教败。李汉魂请来虚云重建南华和云门，功德无量，"南华寺的复兴，既得力于李汉魂将军这样的大护法，更得力于虚云老和尚这种为法忘身捐躯的大菩萨"[①]。而南华寺和云门寺的复兴就预示着岭南佛教的复兴。

第五节　抗战胜利后的广东佛教禅宗

随着抗日战争的胜利，广东佛教禅门内部的矛盾升级并公开化，尤其是广东省佛教会与六榕寺的寺产及管理权之争成了焦点，最终致使铁禅以汉奸罪入狱，其继任者宽鉴被解职。另一方面，大居士冯达庵以《圆音月刊》为平台，发表了大量文章，阐释、普及佛教禅宗理念，成为是时岭南佛教禅门的亮点。

一、六榕之争与铁禅入狱

1945年8月15日，日本宣布无条件投降，各省市复原工作，

[①] 释传正主编：《南华史略》，第243页。

寓居粤北的各机关陆续迁回广州。中国佛教会广东分会（以下称"广东佛教会"）复职伊始，就委派黄荣欣向六榕寺主持释铁禅发难。铁禅在抗战中被迫与日本人合作，曾出任日本组织的国际佛教协会华南佛教支部部长一职。广东佛教会遂以此要挟，称铁禅为汉奸，强迫其交出六榕寺。六榕寺自1930年代修葺花塔之后，声誉冠益广州全市寺庵之上，"好似一块肥肉，觊觎的人不在少数"。当时省佛教会经济非常拮据，看见铁禅已是垂暮残年，要他把六榕寺交给佛教会管理，并大力支持佛教会经费。铁禅坚持不交寺产，只把历来广东佛教会一切档案证件等悉数移交黄荣欣接收。黄荣欣就留住会场，且放空气，要向法院控诉铁禅。

因双方皆有深厚背景，一时六榕寺交接处于胶着状态。黄荣欣背后的广东省佛教协会，会长虽是虚云，但"当家人"是一班有势力的居士，如邹鲁之妻梁定慧，陆军中将简作桢等。铁禅深耕政、教圈多年，亦得到政界高层保护。黄某来后不久，广东省长罗卓英曾来看望铁禅，并对他说，有人对长老多事，我甚明白，请长老安心云云。佛教会见铁禅是块硬骨头，便改口称六榕寺不必直接交给佛教会，可交于虚云挂名主持，由佛教会推选的宽念、净禅为代理，处置日常事务。铁禅明知宽念、净禅二人并无管理才能，只是佛教会的傀儡，便提出六榕寺不要代理，直接交付虚云方可。于是他亲笔书信，邀请虚云法驾羊城，虚云接到铁禅请书后，即派徒弟宽鉴亲送回书，其中说自己在云门事繁，不得抽身，六榕是广州古刹，还是铁禅自己管理为善。铁禅细看虚云回信，知其确不能来，而自己又老病交加，难以支撑，于是转而请求，可让宽鉴代理主持六榕。

主意已定，他就留宽鉴住在六榕。彼此正在讨论移交六榕住持之际，佛教会简作祯、梁定慧等忽派来人到寺，叫宽鉴到简作祯处谈话，简居士当场拍案大骂，威胁宽鉴闭关、守静，不得接管六榕主持。否则，"打死你宽鉴狗命"。简居士并手执小手枪，猛拍在桌子上，惊得宽鉴魂不附体，热泪泉涌。他还迫胁宽鉴作出书面承诺，表明不接管六榕住持职，闭关坐静，并盖章、签名、打手印。这时和宽鉴同来的僧人也是惊惶失色，借抽小解，逃回六榕，报告铁禅。铁禅即刻请求两广监察使刘侯武派宪兵八名，直捣简处，带回宽鉴脱险（刘侯武是宽鉴乡亲，他的儿子是宽鉴弟子）。铁禅见情势危急，遂择定日期（1945年，农历十一月间）公开发了请帖和通知书，悬牌设筵，恭贺新住持宽鉴接管六榕升座，并对公众宣布辞住持职权，六榕常住一切事和财产等由虚云之徒宽鉴代行职权。

铁禅的举措惹得佛教会诸居士甚是恼怒。就在宽鉴升座前夕，国民政府于11月23日正式公布了《处理汉奸案件条例》，并于12月6日予以通过。于是，佛教会便唆使黄荣欣出面，向广东高等法院控诉铁禅犯有汉奸罪：（1）铁禅两次东渡日本拜见日本天皇，媚敌辱国。（2）铁禅在六榕成立日华佛教会，做华南支部部长，为敌人做走狗。（3）铁禅追随日本军官藤井，画虎题诗（藤井画虎，铁禅题诗），并把画送到罗岗洞罗峰寺松青当家悬挂（当时罗峰寺有游击队出入），有污辱林森主席之意。1946年3月2日，广东高等法院，忽来传票，限期四日要铁禅、刘西航等人到法院候审。铁禅和刘西航请老友陈大年为义务律师，经过法院再三审讯，以汉奸罪状判处铁禅有期徒刑八年，刘西航以随从罪判处四年。①但原告人黄荣欣始终未曾到过法庭，据说铁禅判罪之日，黄忽然吐血身亡。铁禅对审判不服，复请义务律师上诉南京最高法院，后改判有期徒刑四年。②

铁禅入狱后，宽鉴接手寺院。他不负铁禅和师父重托，对寺务颇为关切。1946年6月，宽鉴感于人才寥落，遂邀请巨赞法师等人筹措"华南佛学院"。佛教会虽未达目的，但由于六榕内之解行精舍为赵士觐、胡毅生等居士所创建，故仍以解行精舍为活动场所。是年秋。政府通令全国寺院讽经，追荐亡者，广州信众诚邀虚云主持，和尚慨然随顺。到广州后，他到狱中看望铁禅，见其已病入膏肓，为之申请出狱觅医，法医不许。不久，铁禅就死在狱中。虚云此行还有意兴复光孝寺③，8月，广东佛教会向政府提出收回光孝寺的申请。9月17日，抗战追荐法会在六榕寺举行。结坛时，绯桃开花，众人以为祥瑞，期待光孝寺及佛法之复兴"当在不远"。④

---

① 对铁禅判罚似乎过重，按《处理汉奸案件条例》规定，曾在伪组织机关团体服务，为有利于敌伪或不利于本国或人民之行为于一定年限内，不得为公职候选人或任用为公务员，处一年以上七年以下有期徒刑。http://www.krzzjn.com/html/8269.html。

② 以上有关铁禅及六榕寺之事，参见觉澄：《关于铁禅与六榕寺若干资料》，见李齐念主编：《广州文史资料存稿选编》第十辑《华侨·宗教类》，中国文史出版社2008年版，第312—322页。

③ 光孝寺作为"五大丛林"之一，历史上因"戒坛预谶""风幡之辩""慧能落发"而闻名于世。晚清庙产兴学以来，相继被诸多学校占用。1938年，伪政府曾一度占用光孝寺作为"和平救国军总司令部"。日本投降后，该寺又被广东省义理学院占用，后义理学院撤出，又被广东省立艺术专科学校占用，并在寺里开设了美术部、音乐部、戏剧部，把绝大部分的禅房、佛殿占去。

④ 胡毅生：《绯桃瑞应记》，见净慧主编：《虚云和尚全集》第八册《杂录》，中州古籍出版社2009年版，第79页。

二、宽鉴与六榕风波

随着事务增多，佛教协会经费日渐紧张。为筹措资金，1947年初，佛教协会与宽鉴商议，希望六榕寺能让出"花塔"管理权。而宽鉴认为，花塔是六榕寺的产业，其款应归六榕常住公用，应由六榕僧众管理。因此，佛教协会对宽鉴很不满意，决心把他换掉。由于宽鉴是代理虚云主持六榕，佛教会便派一位有势力的居士，亲到云门寺请求虚云来穗，向宽鉴施压。虚云难以拒绝，只得前往。宽鉴听到师父来了，恐受责骂，便避而不见。虚云看不到宽鉴，一时也无法下手。8月，虚云则登报声明，对宽鉴"只负有劝诫之责，至于去留之命，非衲所能过问"，并与宽鉴脱离师徒关系，赴香港弘法去了。

虚云与宽鉴脱离师徒关系后，佛教会再难以利用其权威向宽鉴施压。1948年初，佛协唆使六榕寺僧十人出头控诉宽鉴在六榕任用私人、滥用常住公款，应给宽鉴革职出院。另一方面，汤瑛等人又连名控诉宽鉴出卖六榕宝物、饱充私囊、做事独裁、不合情理。而宽鉴亦不畏惧，请郑国强为常年顾问律师，反诉汤瑛等诽谤，双方互相登报，激烈争辩，相持不下。为打破僵局，佛教会祭出杀手，请来保安司令卓仁机，派军警到六榕拘执宽鉴之徒又光（负责管理库房财产），逼交六榕常住一切物件，即刻由虚云接管六榕全权，宽鉴师徒数人，一概下职。六榕则由虚云新出家徒弟宽念（原佛教协会居士陈哲梅，与佛协会居士交好）代理主持。虚云接管六榕后，宽鉴忽来拜见，并跟随虚云到云门栖身。而宽念新出家，对佛门仪规诸事务一概不懂，履职三个月，不胜其繁，屡向虚云辞职。到 1948 年尾，虚云写一封信，交云门寺僧明观来见宽念，宽念见到师父的手书，依照他所说的话，就把六榕常住财产法物，完全点交明观接管，宽念辞职后即离开广州，移居香港，六榕寺交接风波至此结束。①

三、冯达庵与《圆音月刊》

在广东佛教会的努力下，1947 年 3 月 15 日，《圆音月刊》问世，其发刊词由穗中"法慧最高"之冯达庵撰写。

冯达庵，名宝瑛，字玉衡，1887 年 11 月 7 日（光绪十三年丁亥九月二十二日）诞生于广东惠州，后迁居省垣（广州）芳草街。天资聪颖，勤奋好学。曾入读广东高等学堂数学系，毕业后，历任中学、大学数学教师、福建漳州煤炭局局长、报社主编等职。后因拜读《六祖坛经》，而长素学佛。一生著述甚丰，佛禅方面有《佛法要论》《佛学起源》《佛法源流》《禅宗六祖大鉴禅师传》《天眼通原理》《禅观随笔》《般若波罗蜜多心经广义》《金刚般若波罗蜜经广义》《金刚经提纲》《学密须知》《佛教真面目》《法华特论》《八识规矩颂详释》《人死问题》《禅关三颂》《禅宗明心见性与密宗即身成佛》《三密妙用》等。冯达庵《圆音月刊》发刊词中，开篇即指出"广东以发扬一乘佛旨著于世"，不论何人何派，凡能"得其妙旨密行于身心，莫不运用自在"，皆有所成就，此旨就是

---

① 觉澄：《关于铁禅与六榕寺若干资料》，见李齐念主编：《广州文史资料存稿选编》第十辑《华侨·宗教类》，第 312—322 页。

禅宗祖祖相传的"正法眼藏，涅槃妙心"。禅宗至六祖慧能，大放光彩，其"家风以般若波罗蜜多为本"。二战结束后，民德益衰，欲挽颓风，舍一乘而谁何！《圆音月刊》"盖本'圆音一演，异类等解'之义"，"从此发露一乘妙旨，曹溪威光当有重灿广东之概；或且推动全国，进而影响环球，终致世界于安定，未可量也"。①冯达庵作为佛教会讲师，兼负"普法"工作，就其演讲内容来看，他所说的"一乘妙旨"乃是"般若波罗蜜"，通达其法者，则有禅、密二途。

1947年3—4月，《圆音月刊》连续刊载了冯达庵的《佛教源流》一文。其中，他以密教修习之心得，阐发"一乘"之大义。所谓之一乘教，是指修习效验而言，"利根众生修习之，即生得契佛之初步境界，不待历劫经验而后明"。因此，禅宗与密教均属一乘范畴，一为显，一为密。佛教所言的"宗教"与世俗所说不同：

> 宗教两字，在佛学原来分门对立。何谓之教，将究研所得种种正理加以实习也。何谓之宗，能与真理契合，得微妙受用也。以喻明之，教如装设电灯，宗如拨通电流。有教无宗，如徒装电灯不得照明效用。有宗无教，如电流虽通，光力无从表现。②

---

① 冯达庵：《圆音月刊发刊词》，《圆音月刊》1947年第1期，见黄夏年主编：《民国佛教期刊文献集成》，第102卷，第169—170页。
② 冯达庵：《佛教源流》，《圆音月刊》1947年第1、2期，见黄夏年主编：《民国佛教期刊文献集成》，第102卷，第177—184、243—253页。

据此定义，学佛若要有所成就，必须"宗教"具足，缺一不可。教是指行者自身的努力修习，宗则是指"与十方如来法流相接，通过己心而运用于全身，进向一切众生灌输"。密教认为，修行要有所成就必须依靠"三力"：心诵持真言，以我功德力，如来加持力。如来加持力，即佛性遍舒十方，普入一切众生心中，又"正法相续不绝，如水之流也"，故概称"法流"。法流之于修行，类似于电流之于电器，能否接收到"法流"，是修行佛法是否有成效的关键。法流本为开"慧眼""法眼"后方可感受到，一般众生若要与佛、菩萨法流相接，必须要靠身为法流枢纽的"大善知识"加持。①

在5月发表的《佛教真面目》一文中，冯达庵提倡，佛教的精神在于佛性的开阐。禅宗直指佛性；真言宗扩展佛性；虽详略不同，皆显法身妙用。两宗修行均离不开祖师加持，否则佛性难现。按照通常方法修习，佛性之发明于心，其途甚为艰辛漫长，"但湛寂之极，得离意识以见真空；佛性虽未遽显，却有活跃之机。当此之时，若得善知识施以加持之力；根机猛利者便如脱颖而出"。慧能得法于五祖，虽由根机猛利，若"不蒙五祖之提掣，岂能遽见本来面目乎"。"根性较次者，一师加持之不足，则更参诸师以益之；非真灵光活现不获印可"，故禅宗之行脚、参学，大都如是。他将大乘禅法分为两类：（1）教内禅：未显法界性（佛性），依经教熏修而得，谓之渐教，气象平和。（2）教外禅：直显法界性，由祖

---

① 冯达庵：《佛教源流》，《圆音月刊》1947年第1、2期，见黄夏年主编：《民国佛教期刊文献集成》，第102卷，第177—184、243—253页。

加持而得，谓之顿教，气象雄猛。每资祖师提持之力，学子以殷重心求法，祖师内加威神，外加妙用，机缘成熟则行者心地顿开。公案中每出现之"提""棒""喝"多属此类加持。

禅宗在印度时，以龙树菩萨所传"月轮观"修法为正宗，行者"心中观圆明如月轮状，初虽不见，习之有恒，隐有实力支持其间，时节因缘一到，则随五尘之激发，心光乍明，即悟道矣。悟后重修，终致圆明无碍，则佛性全露"。"参话头"乃此中国自设之方便法。借参一句话头以集中心力，习至尘缘不能相扰时，心与诸根相应，即可悟道。既悟之后，仍然咬定话头，使心力益强，终于大显雄猛气象，入俗无碍，是谓"彻参"。其要点，须知言句为所观，意识为能观，于心力集中之际，舍所留能，便显意识自性。再由识性融归本觉，可以直透心体。"由体起用，接于外境则心光发焉。参话头之功效如此。"参禅顿见佛性，证"般若三昧"后，若就佛性流行之际，加以三密方法，则庄严胜境渐次开显；此乃密乘之妙用。①

1947年秋，《般若波罗蜜多心经广义》一书初稿写毕，作者以"真如（佛性）"开显之程度，将禅宗之见性，分为三等。（1）似见性：虽觉诸相如梦如幻当体即空；而所见法体，尚为阿赖耶识所蔽；未与真如相应（神秀四句偈同此境）。（2）略见性：虽觉真如总相为真，余相皆妄。而诸相之起，隐由异熟识主持，非迳由真如流出（六祖四句偈同此境）。（3）真见性：不惟会得真如总相；而诸法之起，一一迳由真如本性显现为相；不被诸识缠缚（六祖

---

① 冯达庵：《佛教真面目》，见冯达庵：《佛法要论》，第152—165页。

大悟后同此境)。此种证量,"其只具法界体性智总相大概",亦称法性佛,属因地毗卢遮那如来。若要"空中自在运用,极不空之能事",则须进修密教。①

1948年6月,冯达庵就禅密关系一题,特作一文阐释。他认为,禅宗本旨,在与般若波罗蜜相应,"尽离内外识,乃真一无所得。于无所得中,理致不昧,灵活自如,是名般若波罗蜜"。"依此三昧,泯入涅槃妙心任运应世,自身等佛,是为禅宗宗趣。"依此三昧,进求如来果位,精修三密,即身成佛,是为密宗宗趣。故二者关系为:(1)密宗原资禅宗而向上,即禅人仗三密加持力,修成月轮观;由此归于般若波罗蜜,可凭此以透关。(2)禅宗可资密宗而速成,即参禅透重关后,平等开展,心体朗然;观察融通,性理历然,从此归于无所得,即与般若波罗蜜相应,以此进求如来果位,精修三密,可即身成佛。②

冯达庵以居士身份接大阿阇黎位,他提倡的佛法,不重出家之形式,且认为在家者更契合一乘本旨:"此宗(禅宗)直显自性,烦恼即菩提,不须对治,自然清净耳。虽庄严净土,不废十善,但在家固优为之;且欲广利群生,亦以在家为便,菩萨四摄法,非出家所能圆满故。"③他与佛教会诸人,虽有交谊,但在佛学研究、讲习外,并不过多参与其事。佛教会在邀请冯达庵演讲的同时,还在积极筹划光孝寺的重建工作。

---

① 冯达庵:《般若波罗蜜多心经广义》,见冯达庵:《佛法要论》,第513—528页。
② 冯达庵:《禅宗明心见性与密宗即身成佛》,见冯达庵:《佛法要论》,第203—210页。
③ 冯达庵:《佛教真面目》,见冯达庵:《佛法要论》,第155页。

通过前文所述，清末民初的广东禅宗（佛教）发展有如下特点：

一、身处革命策源地，受革命影响颇深。革命政府较少受"神佛庇佑"等传统思想束缚，将各种传统信仰视为迷信，一概列为革命对象。为筹措军饷、市政建设等费用，革命政府长期将寺院作为提款机，侵占寺院财产，直接导致丛林的凋敝。客观上使得护法居士之权势日重。由于缺乏政治的保护以及佛教内部的不统一，二三十年代的佛教复兴运动十分曲折。大革命时期，广州兴起的佛教革命思想，欲对传统佛教作全新的改造，去除其中的"宗教化""迷信化""利己化"成分，并大力宣扬"非出家式的佛教"理念。

二、禅学与新兴宗派相互交融，出现以密修禅的新禅法。中国佛教深受禅宗影响，而广东作为六祖故里，其修行人对禅宗更是有一种使命感。由于缺乏明师指导，嗜禅者起初多自行参究。待密宗传入后，禅密二宗互相发明，密宗认为：禅宗之明心见性，是为修密之正机，而密宗则是其向上法门。总的来看，密宗禅已超出传统禅宗之藩篱，其归宿仍在密教。

三、居士佛教强势，与寺院佛教关系微妙。虚云来粤弘法，由于得到一帮军政要员的强力护持，其行事多能"顺利"开展。虚云对丛林的建设，既参考了明清时期的历史经验，如风水改造、律仪制定；又结合广东的特殊环境进行适当调整，将农禅合一与僧伽生产相结合，使得粤北丛林气象为之一新。广东佛教界虽组建了省佛教会，但各种势力之间独立性较强，佛教发展并没有形成统一的管理。虚云虽担任佛教会名誉会长，其实际主导的寺院也主要在粤北。部分居士凭借深厚的政治背景，主导佛教会的工作，当与出家人发生分歧时，不惜动用"暴力"干预。

岭南禅宗行进至民国，虽曾衰落，却又重生。而随着新中国的成立，岭南禅宗将告别一段漫长的历史，开启新的历程，本书至此则画上句号。新中国诞生后的岭南禅宗研究篇章，将留待后人去完成。

后　记

　　因组织六祖慧能的学术研讨活动，从1997年起就开始思考与禅宗相关的学术问题。随着了解面的拓宽和认识水平的相对提高，我就经常思考这样一个问题：岭南于中国佛教禅宗确是一个重镇，但迄今仍然没有一本通史式的岭南禅宗史，这是非常令人遗憾的。于是，我时常想，可否撰写一本关于岭南禅宗史的书呢？然囿于自己非专业研究者，尤其学识水平问题而一直没有付诸行动。后来与几位道友一起聊天，说起此事，他们均说很有意义，并要我牵头，他们共同参与。因他们或是大学的教授，或是社科研究机构的研究员，有了他们的支持、参与，完成此事应该是有把握的。于是，我就不知天高地厚牵头申报国家社科基金课题"岭南禅宗史"，于2012年获得立项（编号为12BZJ010）。

　　为了完成这一课题，组建了一个课题组，作了适当的分工：绪论、第一章、第二章、第三章由何方耀负责，第四章由我负责，第五章由罗燚英负责，第六章由江泓负责，第七章由邢益海负责，第八章由夏志前负责，第九章由李郑龙负责（第九章中的"岭东佛学院的创办和《人海灯》的创刊"一节，达亮法师提供了初稿），李庆新参与第五章和第七章的协调以及第四章中"慧能时代的岭南社会"一目的撰写。全书由我作最后统稿和改定。然而书做起来却并不容易,特别是课题组人员较多,每个人的研究方法和视角、书写风格、对资料的理解和把握、研究的进度等都不一样,尽管课题在2017年通过了结项,但我花了较多的时间来修订,有些章节的结构作了适当的调整,有些章节还增加了不少内容。

现在完成的这部《岭南禅宗史》,与自己所期望的还有一定的差距,不管是资料的搜集整理、研究的深广度,还是研究的方法、逻辑结构的安排、行文等,都有待进一步完善,比如说:一、历史上岭南禅宗的发展,既受各方面因素的影响,反过来又影响着社会方方面面。本书主要集中于岭南禅宗自身发展演变的纵向过程,对社会经济文化政治与禅宗间相互的横向影响,虽有考察,但远远不够。二、对岭南禅宗思想发展关注不多。三、在资料的搜集、分析和使用上,主要集中于与佛教禅宗相关的文献,其他方面的文献资料相对较少,即使是佛教禅宗的文献资料也难以全面掌握。四、岭南包括广东、香港、澳门、广西、海南及越南北部,本书主要着眼于广东禅宗的历史,对广东以外的岭南其他地区相对较少顾及。五、对岭南禅宗史上众多人物,尤其是禅门祖师和领袖的行迹和事迹尚未一一考释清楚,多是基于文献传说资料来叙述。六、对岭南禅宗文献无作系统的研究。如此等等,不一而足。

虽然本书还有许多需要补充、完善之处,然作为第一部通史式的岭南禅宗史的完成,还是令人欣慰的。这首先得感谢课题组的成员,他们本身有繁重的教学、科研任务,甚至是行政方面的工作,却都抽出时间撰写所承担的部分。其次要感谢许多朋友的帮助,如中国社会科学院的杨曾文老师、南京大学的洪修平老师、中国人民大学的温金玉老师、北京师范大学的徐文明老师、四川大学的张勇老师、中山大学的杨权老师等，他们对本书的构思和写作给予很多指导意见，《广东佛教》编辑部的达亮法师等在资料收集上提供了大力支持。还要感谢商务印书馆的编辑，他们在本书的编校、出版上做了许多工作。

这部书在修订过程中，某些章节的结构作了调整，某些章节增加了不少内容，所作的调整和增加的内容，均没有与原作者沟通协商，是个人的意见。由于本人不是专业研究者，学识水平有限，书中错漏肯定很多，真诚希望识者和读者为我们提出，帮我们纠正，我们先致诚挚感谢。我们也期待着有一部更好的岭南禅宗史问世。

林有能

2020 年 4 月